Die Institution des politischen Beamten im Spannungsfeld zum verfassungsrechtlichen Leistungsprinzip und den hergebrachten Grundsätzen des Berufsbeamtentums

Europäische Hochschulschriften Recht

European University Studies in Law

Publications Universitaires Européennes de Droit

Band/Volume 6844

Oliver Waack

Die Institution des politischen Beamten im Spannungsfeld zum verfassungsrechtlichen Leistungsprinzip und den hergebrachten Grundsätzen des Berufsbeamtentums

PETER LANG
Berlin · Bruxelles · Chennai · Lausanne · New York · Oxford

Bibliografische Information der Deutschen Nationalbibliothek
Die Deutsche Nationalbibliothek verzeichnet diese Publikation in der Deutschen Nationalbibliografie; detaillierte bibliografische Daten sind im Internet über http://dnb.d-nb.de abrufbar.

Zugl.: Hannover, Univ., Diss., 2025

DE-89
ISSN 3052-8291 (Print)
ISSN 3052-8305 (eBook)
ISBN 978-3-631-94518-6 (Print)
ISBN 978-3-631-94524-7 (ePDF)
ISBN 978-3-631-94525-4 (ePUB)
DOI 10.3726/b23784

Verlegt durch Peter Lang GmbH, Berlin, Deutschland

info@peterlang.com

www.peterlang.com

Kontakt zur Verordnung über die allgemeine Produktsicherheit (GPSR):
gpsr@peterlang.com

Meinen Eltern

Inhaltsverzeichnis

Vorwort

Diese Arbeit wurde im Sommersemester 2024 an der Juristischen Fakultät der Gottfried Wilhelm Leibniz Universität Hannover als Dissertationsschrift eingereicht und im Sommersemester 2025 angenommen. Die Disputation fand am 10. Juni 2025 statt. Das Erstgutachten wurde von Herrn Univ.-Präs. Prof. Dr. Volker Epping erstellt, dem ich nicht nur für seine Gutachtertätigkeit, sondern vor allem für seine prägenden Impulse als akademischer Lehrer meinen aufrichtigen Dank ausspreche. Ihm verdanke ich es in besonderer Weise, dass ich dieses Dissertationsvorhaben überhaupt verwirklichen durfte. Ohne seine kritische, aber wohlwollende Begleitung, seine Offenheit für das Thema und seinen beständigen Zuspruch wäre diese Arbeit nicht realisierbar gewesen.

Das Zweitgutachten hat Herr PräsVG Prof. Dr. Gert-Armin Neuhäuser übernommen, dem ich ebenfalls für seine Bereitschaft zur Mitwirkung am Verfahren herzlich danke.

Mein aufrichtiger Dank gilt zudem Frau VRiLG Charlotte Opresnik, die mich dazu ermutigt hat, den Weg in das Studium der Rechtswissenschaften einzuschlagen. Für ihre fortwährende Unterstützung während des Studiums danke ich darüber hinaus Frau RiVG Dr. Sandra Pfeifenbring und Herrn RiLG Alexander Manohin, deren fachlicher sowie freundschaftlicher Rat mir auf diesem Weg eine unerlässliche Hilfe war.

Diese Arbeit ist meinen Eltern gewidmet. Sie haben mich bei allem, was ich bislang im Leben angegangen bin, mit uneingeschränkter Unterstützung begleitet. Ihnen verdanke ich nicht nur diese Arbeit, sondern auch das Vertrauen in mich selbst.

Hannover, im Sommer 2025
Oliver Waack

Abkürzungsverzeichnis

a.A./A.A.	andere(r)/Andere(r) Ansicht
AA	Auswärtiges Amt
Abb.	Abbildung
ABl.	Amtsblatt
Abs.	Absatz
AöR	Archiv des öffentlichen Rechts
Art.	Artikel
Aufl.	Auflage
BAG	Bundesarbeitsgericht
BBG	Bundesbeamtengesetz
BeamtStG	Beamtenstatusgesetz
BeckOK	Beck'scher Online-Kommentar
BGB	Bürgerliches Gesetzbuch
BGBl.	Bundesgesetzblatt
BfV	Bundesamt für Verfassungsschutz
BKA	Bundeskriminalamt
BMI	Bundesministerium des Innern
BND	Bundesnachrichtendienst
BT-Drs.	Bundestagsdrucksache
BVerfG	Bundesverfassungsgericht
BVerfGE	Bundesverfassungsgerichtsentscheidung
BVerfGK	Kammerentscheidung des Bundesverfassungsgerichts
BVerwG	Bundesverwaltungsgericht
BVerwGE	Bundesverwaltungsgerichtsentscheidung

bzw.	beziehungsweise
DÖV	Die Öffentliche Verwaltung – Zeitschrift für Öffentliches Recht und Verwaltungswissenschaften
Drs.	Drucksache
DtZ	Deutsch-Deutsche Rechts-Zeitschrift
DVBl	Deutsches Verwaltungsblatt
EuGH	Europäischer Gerichtshof
EMRK	Europäische Menschenrechtskonvention
GBA	Generalbundesanwalt
GG	Grundgesetz
GVBl.	Gesetz- und Verordnungsblatt
HIB	Heute im Bundestag
KMK	Kultusministerkonferenz
LBG	Landesbeamtengesetz
LPP	Landespolizeipräsident
LRH	Landesrechnungshof
LT-Drs.	Landtagsdrucksache
MAD	Militärischer Abschirmdienst
NDR	Norddeutscher Rundfunk
NRW	Nordrhein-Westfalen
NVwZ	Neue Zeitschrift für Verwaltungsrecht
NWZ	Nordwest-Zeitung
OLG	Oberlandesgericht
OVG	Oberverwaltungsgericht
PersV	Personalvertretung
POG	Polizeiorganisationsgesetz
PP	Polizeipräsident
PrMinBliV	Ministerial-Blatt für die gesammte innere Verwaltung in den Königlich Preußischen Staaten
PUA	Parlamentarischer Untersuchungsausschuss
RDH	Reichsdeputationshauptschluss
RGBl.	Reichsgesetzblatt
RND	Redaktionsnetzwerk Deutschland
Rn.	Randnummer

Rs.	Rechtssache
Slg.	Amtliche Sammlung der Entscheidungen des Europäischen Gerichtshofes bzw. des Europäischen Gerichts Erster Instanz
StGB	Strafgesetzbuch
u.a.	unter anderem
ugs.	umgangssprachlich
VG	Verwaltungsgericht
vgl.	vergleiche
VO	Verordnung
WRV	Weimarer Reichsverfassung
ZBR	Zeitschrift für Beamtenrecht

Einleitung

I. Explikation der Frage- und Problemstellung

> „Der Staatsdienst muss zum Nutzen derer geführt werden, die ihm anvertraut werden, nicht zum Nutzen derer, denen er anvertraut ist.“[1]

Es erscheint naheliegend, dass der Verfasser dieses über 2000 Jahre alten Zitats auch eine gewisse Sympathie für das in der deutschen Verfassung verankerte Leistungsprinzip des Art. 33 Abs. 2 GG sowie des Art. 33 Abs. 5 GG gehabt hätte, zumal er seinerzeit selbst dem Beamtentum angehörte. Allerdings war Marcus Tullius Cicero (106 v. Chr. – 46 v. Chr.) auch das, was man heutzutage einen Spitzenpolitiker nennen würde, und somit stünde für ihn auch die Frage zur Beantwortung an, wie er sein engstes berufliches Umfeld sowie die wichtigsten Posten innerhalb seiner Verwaltung personell besetzt wissen möchte. Als Antwort auf diese Frage kennt das deutsche Beamtenrecht seit jeher die politisch-administrative Institution des politischen Beamten, der sich in wesentlichen Merkmalen von der Gruppe der Laufbahnbeamten unterscheidet. Das Dissertationsvorhaben unter dem Titel „Die Institution des politischen Beamten im Spannungsfeld zum verfassungsrechtlichen Leistungsprinzip und den hergebrachten Grundsätzen des Berufsbeamtentums“ befasst sich mit der Thematik, ob, und wenn ja inwieweit die Besetzung von öffentlichen Ämtern mit politischen Beamten

---

1 Im Original: Ut enim tutela, sic procuratio rei publicae ad eorum utilitatem, qui commissi sunt, non ad eorum, quibus commissa est, gerenda est., vgl. *Cicero*, Marcus Tullius: De officiis, Liber primus, Abs. 85.

zum Grundsatz der Bestenauslese des Art. 33 Abs. 2 GG sowie zu den Strukturprinzipien des Art. 33 Abs. 5 GG in einem verfassungsrechtlichen Konflikt steht. Auch die Vereinbarkeit mit dem Funktionsvorbehalt des Art. 33 Abs. 4 GG ist in diesem Zusammenhang in den Blick zu nehmen. Insbesondere die Reichweite des Ämterkreises für politische Beamte erscheint angesichts der jüngeren Verfassungsrechtsprechung problematisch.[2] Eine gesetzliche Legaldefinition zur Beschreibung der Rechtsfigur und ihrer Aufgaben existiert zudem nicht; lediglich eine nähere Erläuterung des Begriffs findet sich in der Vorschrift des § 30 Abs. 1 S. 1 BeamtStG, wonach es sich bei einem politischen Beamten um einen Beamten handelt, der ein Amt bekleidet, bei dessen Ausübung er in fortdauernder Übereinstimmung mit den grundsätzlichen politischen Ansichten und Zielen der Regierung stehen muss.[3] Ein weiteres einfachgesetzliches Merkmal des Ämterkreises ist zudem, dass die ihm zugehörigen Beamten jederzeit in den einstweiligen Ruhestand versetzt werden können.[4] Fraglich ist, ob dies ohne die Nennung eines sachlichen Grundes erfolgen darf.

Innerhalb der jeweiligen Verwaltungsspitzen von Bund und Ländern existiert eine Vielzahl von Dienstposten für politische Beamte, wobei deren Umfang einem stetigen Wandel unterliegt. Einzig der Freistaat Bayern verzichtet seit jeher auf die Institution. Für die Bundesebene wird ausweislich der Vorschrift des § 54 Abs. 1 S. 1 Nr. 1–14 BBG ersichtlich, dass nahezu sämtliche Spitzenämter innerhalb der Ministerien sowie der Bundesoberbehörden mit politischen Beamten besetzt werden. Zuletzt aufgenommen in diesen Kreis wurden im Juni 2023 die Ämter der Präsidenten des Bundesamts für Migration und Flüchtlinge sowie des Bundesamtes für Sicherheit in der Informationstechnik.[5] Die Gesamtzahl der Dienstposten für politische Beamte

---

2 BVerfG, Beschluss vom 09. April 2024 – 2 BvL 2/22 –.

3 Vgl. hierzu BVerfGE 7, 155, 166; 8, 332, 347, 349, *Müller*, in: Grabendorff/Arend, § 41.

4 § 54 Abs. 1 BBG, § 30 Abs. 1 BeamtStG. Über den Kreis der Beamten hinaus existiert die Möglichkeit der jederzeitigen Versetzung in den einstweiligen Ruhestand über die Vorschrift des § 50 Abs. 1 SG auch für Soldaten ab der Besoldungsgruppe B6, wozu gemäß Anl. 1 BBesG auch ein Generalapotheker oder auch ein General- bzw. Admiralsarzt zählen, vgl. § 4 Abs. 3 SG i.V.m. § 1 der Anordnung des Bundespräsidenten über die Dienstgradbezeichnungen und die Uniform der Soldaten vom 14. Juli 1978, BGBl. I 1978, Nr. 40, S. 1067.

5 BGBl. 2023 I Nr. 190 vom 20. Juli 2023, S. 4.

im Bund und in den Ländern beläuft sich derzeit auf knapp 800 Stellen[6], was insbesondere vor dem Hintergrund der jüngsten Rechtsprechung des Bundesverfassungsgerichts, welches sich in einem Beschluss vom 09. April 2024 erstmalig mit der Frage nach der Verfassungsmäßigkeit einer Zuordnung eines Dienstpostens zum Kreis der politischen Beamten zu befassen hatte und dies zum Anlass nahm, einer möglichen Rechtfertigung für die Einrichtung derartiger Ämter nochmals engere Grenzen zu setzen als in der Vergangenheit, erstaunt.[7] Es begegnet insoweit erheblichen Zweifeln, dass sämtliche dieser Ämter, die derzeit mit politischen Beamten besetzt werden, den nunmehr festgelegten und einzelfallbezogenen Kriterien genügen. Das Gericht hat im Zusammenhang mit seiner Entscheidung zudem erneut den Ausnahmecharakter der Institution und der mit ihr verbundenen Möglichkeit zur jederzeitigen Versetzung von politischen Beamten in den einstweiligen Ruhestand gegenüber dem Regelfall des Beamtenverhältnisses auf Lebenszeit betont und darauf hingewiesen, dass die mit dieser Ausnahme verbundene Durchbrechung des Lebenszeitprinzips aus Art. 33 Abs. 5 GG ausschließlich in solchen Fällen gerechtfertigt sein könne, in denen es die besondere Sachgesetzlichkeit des Amtes, dessen Inhaber regelmäßig zum engsten Kreis unmittelbarer Berater der Träger politischer Ämter zählen müsse, erforderlich mache.[8] Nach Auffassung des Gerichts ergibt sich der verfassungsrechtliche Maßstab, an dem die einfachgesetzlichen Rechtsgrundlagen für die Einrichtung politischer Ämter zu messen seien, zudem ausschließlich aus Art. 33 Abs. 5 GG.[9] Von den dortigen Strukturprinzipien nimmt das Bundesverfassungsgericht zudem lediglich das Lebenszeitprinzip näher in den Blick.[10] Einem möglichen Verstoß gegen das Leistungsprinzip aus Art. 33 Abs. 2 sowie aus Art. 33 Abs. 5 GG tritt das Gericht, wie auch in seinen vorherigen Entscheidungen, die die politischen Beamten teilweise zum Gegenstand

---

6 Die Zahl ergibt sich anhand der in § 54 Abs. 1 S. 1 BBG genannten Ämter sowie den jeweiligen landesrechtlichen Vorschriften i.V.m. den entsprechenden Organisationsplänen der einzelnen Behörden sowie den Anlagen zur Besoldungsordnung. Die Anzahl der politischen Beamten im Auswärtigen Amt wurde durch den Verfasser beim dortigen Personalreferat erfragt.

7 BVerfG, Beschluss vom 09. April 2024 – 2 BvL 2/22 –, Rn. 53.

8 BVerfG, Beschluss vom 09. April 2024 – 2 BvL 2/22 –, Rn. 50, 54.

9 BVerfG, Beschluss vom 09. April 2024 – 2 BvL 2/22 –, Rn. 43.

10 BVerfG, Beschluss vom 09. April 2024 – 2 BvL 2/22 –, Rn. 46.

hatten, ebenso nicht näher wie einem möglichen Verstoß gegen die Neutralitäts- und Treuepflicht. Allerdings erscheint es im Zusammenhang mit der Institution durchaus fraglich, ob dem Bestenauslesegrundsatz, der u.a. das öffentliche Interesse an einer dem Leistungsprinzip verpflichteten funktionstüchtigen Verwaltung gewährleisten soll,[11] noch entsprochen werden kann, wenn bei jedem Regierungswechsel auf Bundesebene ein hoher zweistelliger Prozentsatz der Staatssekretäre und Abteilungsleiter in den Ministerien zeitgleich ausgetauscht werden und somit auch deren Fachexpertise für die Verwaltung entsprechend verloren geht.[12] Zudem dürfte die derzeitige Praxis, nach der die Ruhestandsversetzung ohne die Nennung eines sachlich nachvollziehbaren Grundes erfolgt, insbesondere bei jüngeren und besonders leistungsstarken Beamten die Frage aufwerfen, ob das Erreichen eines politischen öffentlichen Amtes angesichts der ungewissen und fremdbestimmten Verweildauer überhaupt noch erstrebenswert erscheint. Medial begleitet und kommentiert werden die Ruhestandsversetzungen von politischen Beamten regelmäßig mit Formulierungen wie „abgesägt“ oder auch „geschasst“, während die Opposition ihrerseits von „Bauernopfern“ spricht, jedoch nach einem Regierungswechsel in gleicher Weise weiterverfährt.[13] Es wird somit teilweise der Eindruck erweckt, politische Beamte seien lediglich Verfügungspersonal ihrer Regierung und schutzlos in Bezug auf eine Versetzung in den einstweiligen Ruhestand.[14]

---

11 *Battis*, in: Sachs, GG, Art. 33, Rn. 19; *Hense*, in: Epping/Hillgruber, BeckOK GG, Art. 33, Rn. 8.

12 Vgl. BT-Drs. 19/3785, S. 2; Regierung schickte 53 Spitzenbeamte in Ruhestand, WELT.de, 16. Februar 2013, https://www.welt.de/politik/deutschland/article113679733/Regierung-schickte-53-Spitzenbeamte-in-Ruhestand.html; *Reuth/Boss*: Schröders Stühlerücken kostet 100 Millionen, Welt am Sonntag, 04. März 2001.

13 Vgl. *Gaida*: Endstation einstweiliger Ruhestand: Auch diese Minister sägten ihre Vertrauten ab, FOCUS Online, 06. November 2018, https://www.focus.de/politik/deutschland/maassen-ist-nicht-der-erste-fall-endstation-einstweiliger-ruhestand-auch-diese-minister-saegten-ihre-vertrauten-ab_id_9863319.html.

14 Das jüngste Beispiel, welches sowohl zu einem hohen medialen Interesse als auch zu einem Untersuchungsausschuss geführt hat, war die Ruhestandsversetzung der hessischen Wirtschaftsstaatssekretärin, der seitens ihres Ministers ein „nicht hinnehmbares Fehlverhalten“ attestiert wurde, vgl. *Masuch*, NVwZ 2024, 314 f. Dieses Verhalten sollte darin bestehen, dass die Staatssekretärin versucht haben soll, ihr Amt dafür einzusetzen, die Abiturnoten ihrer Tochter aufbessern zu lassen, vgl. *Müller*, Experte sieht Fürsorgepflicht im Fall Messari-Becker nicht verletzt, Hessenschau,

Ebenso wie der Bund nehmen auch die Länder regelmäßig Erweiterungen und Einschränkungen ihrer Kataloge für politische Beamte vor. Auffällig ist hierbei die gegenwärtige Umsetzung des § 30 Abs. 1 S. 1 BeamtStG in den einzelnen Ländern, was die höchst unterschiedliche Reichweite des Ämterkreises für politische Beamte angeht. Dieser Umstand wird teilweise mit dem jeweils unterschiedlichen Verwaltungsaufbau begründet, was durchaus fragwürdig erscheint.[15]

Ein weiteres wesentliches Merkmal, das charakteristisch für die politischen Beamten ist, ist neben der Möglichkeit zur jederzeitigen Versetzung der Amtsinhaber in den einstweiligen Ruhestand der Umstand, dass die Ämter regelmäßig nicht mittels einer öffentlichen Ausschreibung besetzt werden, sondern zur freien Entscheidung der jeweiligen Regierungsverantwortlichen stehen. Hierbei ist es in der Vergangenheit zudem wiederholt vorgekommen, dass Kandidaten, die ihr bisheriges Berufsleben außerhalb des öffentlichen Dienstes verbracht haben und über keinerlei praktische Verwaltungserfahrung verfügten, unmittelbar in ein politisches Spitzenamt berufen worden, was die Frage aufwirft, ob eine derartige Verfahrensweise mit dem Funktionsvorbehalt des Art. 33 Abs. 4 GG in Einklang zu bringen ist.[16]

Teilweise wird seitens der Politik sogar der Versuch unternommen, den Kreis der politischen Beamten ohne eine entsprechende Anpassung der länderrechtlichen Vorschriften in faktischer Hinsicht zu erweitern.[17] Trotz regelmäßiger Kritik[18] sowohl an der Größe des Ämterkreises sowie an

02. Juni 2025, https://www.hessenschau.de/politik/entlassungsaffaere-experte-sieht-fuersorgepflicht-im-fall-messari-becker-nicht-verletzt-v1,messari-becker-una-100.html.

15 *Martin*, in: BeckOK BeamtenR NRW, § 37, Rn. 10.

16 Ein Beispiel, welches das geschilderte Prozedere abbildet, war die Berufung des von 2021–2025 amtierenden Regierungssprechers in das Amt des Leiters der Vertretung der Freien und Hansestadt Hamburg beim Bund (B10) im Jahr 2015, vgl. Biographie Steffen Hebestreit, https://www.bundesregierung.de/breg-de/service/regierungssprecher-1988244; auch auf den derzeitigen Staatsrat in der Behörde für Mobilität und Verkehrswende der Freien und Hansestadt Hamburg trifft das beschriebene Phänomen zu, vgl. Lebenslauf Staatsrat Martin Bill, https://www.hamburg.de/politik-und-verwaltung/senat/staatsraetinnen-und-staatsraete/lebenslauf-martin-bill-256698.

17 Vgl. beispielhaft Jahresbericht des Landesrechnungshofs Mecklenburg-Vorpommern, Teil 1 – Landesfinanzbericht, S. 148 ff.

18 Vgl. Sonderbericht an den Thüringer Landtag und die Thüringer Landesregierung nach § 99 ThürLHO über die Prüfung „Stellenbesetzung in den Leitungsbereichen der obersten Landesbehörden“, S. 21 f.

der Einstellungspraxis von politischen Beamten zeichnet sich bislang kein Umdenken auf Seiten der politischen Entscheidungsträger ab, sodass der Einsatz von Vertrauenspersonen in den entsprechenden Schlüsselstellen innerhalb der Verwaltung gegenwärtig nicht nur zu einer Politisierung der administrativen Elite[19] führt, sondern auch die Verwendung von Personen in Spitzenpositionen ermöglicht, deren Eignung, Befähigung und fachliche Leistung für das Erreichen und auch die Bewältigung derartiger Ämter im Vorfeld keiner tiefergehenden Überprüfung unterzogen wurde.

Es ist daher der Frage nachzugehen, ob es verfassungsgemäß ist, wenn eine Regierung öffentliche Ämter mit Vertrauenspersonen besetzt und dadurch die entsprechenden Stellen dem Zugang für Laufbahnbeamte faktisch entzieht. Genauer betrachtet wird hierbei u.a. eine mögliche Modifizierung des Leistungsprinzips gem. Art. 33 Abs. 2 GG um die Erfordernisse eines besonderen Vertrauensverhältnisses seitens einer Regierung sowie einer fortdauernden politischen Übereinstimmung mit deren politischen Zielen. Ein weiterer Aspekt, der in diesem Zusammenhang aktuell Einzug in die Diskussion um das Rechtsinstitut und die mit ihm verbundenen weitreichenden Einsetzungs- und Versetzungskompetenzen der jeweiligen Regierung gefunden hat, betrifft nicht die Verfassungsmäßigkeit des Rechtsinstituts selbst, sondern vielmehr die seiner Amtsinhaber. Bislang gab es wenig Zweifel an dem notwendigen Bedürfnis einer Regierung, ihre politischen Ziele auch durch die Einsetzung von Vertrauenspersonen in Schlüsselposition umsetzen zu wollen. Fraglich ist in diesem Zusammenhang jedoch, wie diese weitreichenden Befugnisse zu beurteilen sind, wenn in Bezug auf die handelnden Akteure selbst Zweifel hinsichtlich ihrer Verfassungstreue bestehen. Vor dem Hintergrund der Treuepflicht und des Neutralitätsprinzips aus Art. 33 Abs. 5 GG ist die Institution des politischen Beamten in seiner derzeitigen Ausgestaltung und Reichweite auch in dieser Hinsicht einer kritischen Betrachtung zu unterziehen.

Auch in strafrechtlicher Hinsicht kann es durchaus von Relevanz sein, wenn bei der Vergabe von politischen Ämtern eine geradezu willkürliche und lediglich parteipolitisch motivierte Vorgehensweise nachgewiesen werden sollte: In mehreren Fällen sah sich zuletzt die jeweils zuständige Staatsanwaltschaft veranlasst, Ermittlungen wegen des Verdachts der Untreue

19 *Ellwein*, Das Dilemma der Verwaltung, S. 112 ff.

gem. § 266 Abs. 1 StGB aufzunehmen.[20] Die tatbestandliche Handlung ist vorliegend darin zu sehen, dass eine Regierung die ihr eingeräumte Verfügungsbefugnis im Außenverhältnis durch die unter bewusstem Verstoß gegen Vorschriften des Haushalts- und Personalrechts vorgenommene Einstellung nicht qualifizierter Personen auf leitende Dienstposten im Sinne von § 266 Abs. 1 StGB missbraucht.[21] Der Sonderbericht des Landesrechnungshofs Thüringen hat für die dortige Vergabe der Ämter der Staatssekretäre exakt diese Verfahrensweise festgestellt. Die Kriterien des Art. 33 Abs. 2 GG wurden demnach nahezu gänzlich ausgeblendet und durch das Erfordernis einer politischen Nähe zur Regierung sowie eines besonderen Vertrauensverhältnisses ersetzt.[22] Die Landesregierung hielt dieses Vorgehen zudem für gerechtfertigt, da aus ihrer Sicht „im Wege der praktischen Konkordanz die Bestenauslese dahingehend einzuschränken sei, dass die Kriterien Eignung, Leistung und Befähigung ohne Belang seien, wenn das politische Vertrauen nicht vorläge".[23] Diese Auffassung belegt, dass die Politik die Vorgaben, die das Bundesverfassungsgericht an die Vergabe von politischen Ämtern stellt, teilweise nicht nur zu verkennen scheint, sondern vielmehr vorsätzlich ignoriert. Auch in Rheinland-Pfalz löste die Ämtervergabe der Landesregierung zuletzt entsprechende Ermittlungen der Staatsanwaltschaft aus. Vorausgegangen war eine Große Anfrage der Opposition, die die Einstellungs- und Beförderungspraxis in der Staatskanzlei sowie in den Ministerien zum Gegenstand hatte. Im Rahmen ihrer Antwort vertrat die Landesregierung hierbei

---

20 Vgl. hierzu *von Arnim*, DVBl 2021, 481; Thüringer Rechnungshof geißelt Ramelows Personalpolitik, SPIEGEL Politik, 25. November 2022, https://www.spiegel.de/politik/deutschland/bodo-ramelow-rechnungshof-geisselt-personalpolitik-von-linken-ministerpraesident-a-07be896a-031e-4c3d-ae70-ba7a50ec4a51.

21 Im Jahr 2006 wurde der damalige Landrat des Landkreises Gotha, Siegfried Liebezeit, wegen eines ähnlich gelagerten Sachverhalts, bei dem sieben Personen entgegen dem Leistungsprinzip in öffentliche Ämter eingesetzt wurden, zu einem Jahr und vier Monaten Haft verurteilt, die zur Bewährung ausgesetzt wurden, vgl. BGH, Urteil vom 26. April 2006 – 2 StR 515/05.

22 Sonderbericht an den Thüringer Landtag und die Thüringer Landesregierung nach § 99 ThürLHO über die Prüfung der „Stellenbesetzung in den Leitungsbereichen der obersten Landesbehörden", S. 21 f.

23 Sonderbericht an den Thüringer Landtag und die Thüringer Landesregierung nach § 99 ThürLHO über die Prüfung der „Stellenbesetzung in den Leitungsbereichen der obersten Landesbehörden", S. 21.

die Auffassung, dass sie Fragen zu Planstellen, die mit politischen Beamten besetzt werden, überhaupt nicht beantworten müsse.[24] Auch unterlägen die Ämter keinerlei Ausschreibungspflichten.[25] Das Oberverwaltungsgericht Koblenz bescheinigte der Landesregierung in diesem Zusammenhang eine „willkürliche" Personalpolitik, die das verfassungsrechtliche System der Bestenauslese „gänzlich unterläuft" und das Leistungsprinzip „konterkariert".[26] Eine derartige Auffassung zur Vergabe von Ämtern dürfte ebenfalls durchaus geeignet sein, den Straftatbestand der Untreue gem. § 266 Abs. 1 StGB, der eine gravierende Pflichtverletzung verlangt, zu bejahen.[27]

II. Meinungsstand

An der grundsätzlichen Verfassungsmäßigkeit des Instituts des politischen Beamten bestehen in Rechtsprechung und Literatur bis auf wenige Ausnahmen bislang keine Zweifel.[28] Die vorhandenen Monographien zum Prinzip der Bestenauslese im öffentlichen Dienst hingegen verfolgen jeweils andere Untersuchungsschwerpunkte als den möglichen Konflikt mit der Institution des politischen Beamten sowie dessen grundsätzlicher Verfassungsmäßigkeit.[29] Die Frage nach einer Vereinbarkeit der Rechtsfigur mit dem Leistungsprinzip des Art. 33 Abs. 2 GG sowie den hergebrachten Grundsätzen des Berufsbeamtentums gem. Art. 33 Abs. 5 GG ist hierbei bislang nicht schwerpunktmäßig in den Blick genommen worden. Die letzten staatsrechtlichen Studien, welche den Bereich der politisch (und auch religiös) gebundenen öffentlichen Ämter zum zentralen Untersuchungsgegenstand hatten, stammen aus den Jahren

---

24 Vgl. Antwort des Ministeriums des Innern und für Sport auf die Große Anfrage der Fraktion der CDU, LT-Drs. 13278, S. 1.

25 Vgl. Antwort des Ministeriums des Innern und für Sport auf die Große Anfrage der Fraktion der CDU, LT-Drs. 13278, S. 3.

26 Vgl. OVG Koblenz, Beschluss vom 27. August 2020 – 2 B 10849.

27 Vgl. BVerfGE 126, 170, 210 f.

28 Vgl. Jarass, in: Jarass/Pieroth, Art. 33, Rn. 27; Stern, Staatsrecht I, S. 374 f.; kritisch *Pieper*, in: Hofmann/Henneke, Art. 33, Rn. 30; ablehnend *Lindner*, ZBR 2011, 150 ff.

29 *Lutze*, Die Stellenausschreibung im Beamtenrecht, 2023; *Yasin*, Öffentliche Ämter im Spannungsfeld rechtlicher Anforderungen und politischer Erforderlichkeit, 2021; *Jasper*, Religiös und politisch gebundene öffentliche Ämter, 2015; *Wagner*, Das Prinzip der Bestenauslese im öffentlichen Dienst, 2009.

2015 und 2021.[30] Diese kommen teilweise zu dem Ergebnis, dass Art. 33 Abs. 2 GG bereits kein Maßstab für die verfassungsrechtliche Zulässigkeit der Einrichtung politisch gebundener Ämter sei. Lediglich die Versetzung politischer Beamter in den einstweiligen Ruhestand verstoße demnach in Einzelfällen gegen das Prinzip der Bestenauslese, da diese nicht mit einer fehlenden Eignung begründet werde.[31] Zudem wird vertreten, dass die Institution des politischen Beamten zur Gewährleistung der Funktionsfähigkeit der Bundesregierung sowie zur Transformation der Regierungspolitik in den Verwaltungsapparat hinein durchaus notwendig sei.[32] Amtsposten lediglich für politische Beamte seien im Falle des tatsächlichen Vorhandenseins einer herausgehobenen und unmittelbaren Transformations- oder auch Repräsentationsfunktion nicht nur verfassungsrechtlich zulässig, sondern für die Funktionsfähigkeit einer Regierung vielmehr erforderlich.[33] Auf die Frage nach einem Umgang mit verfassungskritischen Amtsinhabern, denen offensichtlich das entsprechende Eignungsmerkmal für ein öffentliches Amt fehlt, wurde bislang noch nicht eingegangen. Das Bundesverfassungsgericht hat sich in seiner Rechtsprechung der vergangenen Jahre wiederholt dahingehend geäußert, dass die Institution des politischen Beamten zwar grundsätzlich verfassungsgemäß sei, der Kreis derer, die hierzu zählen, aufgrund des Ausnahmecharakters der Rechtsfigur jedoch eng zu begrenzen sei, was insbesondere in der jüngsten Entscheidung betreffend die Zugehörigkeit der nordrhein-westfälischen Polizeipräsidenten zu der Institution nochmals verdeutlicht wurde.[34] Bei der Charakterisierung der Rechtsfigur selbst bezieht sich das Gericht im Kern zudem weiterhin auf zwei Beschlüsse aus den Jahren 1957 und 1958, in denen es um die Wartezeitbestimmungen eines Oberkreisdirektors bzw. die Abwahl eines hauptamtlichen

---

30 *Yasin*, Öffentliche Ämter im Spannungsfeld rechtlicher Anforderungen und politischer Erforderlichkeit, 2021; *Jasper*, Religiös und politisch gebundene öffentliche Ämter, 2015.

31 *Jasper*, Religiös und politisch gebundene öffentliche Ämter, S. 394 f.

32 *Jasper*, Religiös und politisch gebundene öffentliche Ämter, S. 427 f.; *Yasin*, Öffentliche Ämter im Spannungsfeld, S. 236.

33 *Jasper*, Religiös und politisch gebundene öffentliche Ämter, S. 427 f.; *Yasin*, Öffentliche Ämter im Spannungsfeld, S. 236 f.

34 BVerfG, Beschluss vom 09. April 2024 – 2 BvL 2/22 –, Rn. 53; Beschluss vom 24. April 2018 – 2 BvL 10/16 –, Rn. 43, Beschluss vom 28. Mai 2008 – 2 BvL 11/07 –, Rn. 76.

Bürgermeisters einer Kommune ging.[35] Eine tiefergehende Befassung mit der grundsätzlichen Verfassungsmäßigkeit der Rechtsfigur des politischen Beamten bzw. den einfachgesetzlichen Normen des § 54 Abs. 1 S. 1 BBG sowie des § 30 Abs. 1 S. 1 BeamtStG ist bislang nicht erfolgt. Das Gericht scheint das Rechtsinstitut jedoch zunehmend restriktiver zu sehen und hat beispielsweise den bereits erwähnten Abteilungsleitern in den Bundesministerien maximal eine beschränkte Transformationsfunktion zuerkannt.[36]

In den einschlägigen verwaltungs- und beamtenrechtlichen Fachzeitschriften findet sich eine Vielzahl von Aufsätzen und Beiträgen, welche sich (überwiegend kritisch bis ablehnend) mit der Figur des politischen Beamten beschäftigen. Hierbei erfolgt die Auseinandersetzung mit der Thematik häufig vor dem Hintergrund des Vorwurfs einer vorsätzlichen Ämterpatronage durch die Politik, welcher vorliegend jedoch nicht zentraler Gegenstand der Untersuchung sein soll.[37]

Die Arbeit wird erstmals eine Antwort auf die Frage geben, ob die Rechtsfigur des politischen Beamten und die jederzeit mögliche Versetzung in den einstweiligen Ruhestand ausschließlich am Maßstab des Lebenszeitprinzips aus Art. 33 Abs. 5 GG zu messen ist, oder darüber hinaus auch am Leistungsprinzip des Art. 33 Abs. 2 GG, dem Funktionsvorbehalt des Art. 33 Abs. 4 GG sowie an weiteren Strukturprinzipien des Art. 33 Abs. 5 GG.

III. Untersuchungsweg

Der wissenschaftliche Beitrag dieser Arbeit soll darin bestehen, rechtlich fundiert herauszuarbeiten, ob die Rechtsfigur des politischen Beamten mit dem verfassungsrechtlichen Leistungsprinzip gem. Art. 33 Abs. 2 GG, dem Funktionsvorbehalt gem. Art. 33 Abs. 4 GG sowie mit den hergebrachten Grundsätzen des Berufsbeamtentums gem. Art. 33 Abs. 5 GG in Einklang steht. Hierbei wird auch der Frage nachgegangen, ob die Institution, verbunden mit der jederzeit möglichen Versetzung der politischen Beamten in den einstweiligen Ruhestand, selbst ein Strukturprinzip des Art. 33 Abs. 5 GG darstellt.

---

35 BVerfGE 7, 155, 166; 8, 332, 347, 349

36 BVerfG, Beschluss vom 28. Mai 2008 – 2 BvL 11/07, Rn. 77; Beschluss vom 24. April 2018 – 2 BvL 10/16, Rn. 84; *Spitzlei/Lehner*, PersV 2024, 388, 393.

37 *Bochmann*, ZBR 2023, S. 325–340; *von Arnim*, DVBl 2021, 481–490.

Nach einer Einleitung, in welcher eine Explikation der Frage- und Problemstellung erfolgt, wird zunächst untersucht, wo die Rechtsfigur des politischen Beamten ihren Ursprung findet und nach welchen Merkmalen sie sich gegenwärtig definieren lässt. Hierzu wird zunächst ein historischer Überblick über die Entstehung der Institution, bei der parallel zu der preußischen auch die Entwicklung in Bayern in den Blick genommen wird, gewährt. Im Anschluss wird die Rechtsprechung des Bundesverfassungsgerichts, welches in seinen bisherigen Beschlüssen die Rechtsfigur sowohl definiert als auch die zulässige Reichweite des Ämterkreises zu bestimmen versucht hat, dargestellt. Hierbei wird ein Schwerpunkt darin bestehen, die nach Ansicht des Gerichts den politischen Beamten prägenden und sachlich rechtfertigenden Merkmale kritisch auf ihre Zwecktauglichkeit hin zu untersuchen. Sodann erfolgt eine Darstellung der einfachgesetzlichen Möglichkeiten und Grenzen für die Einrichtung politischer Ämter sowie auch der Qualifikationserfordernisse der Amtsinhaber. Im Anschluss werden die politischen Ämter im Bund sowie im Land Niedersachsen einer einzelfallbezogenen Prüfung dahingehend unterzogen, ob sie den besonderen Sacherfordernissen, die das Bundesverfassungsgericht für eine Rechtfertigung der Institution im Einzelfall als maßgeblich erachtet, genügen. Hierbei wird insbesondere die konkrete Ausgestaltung des Aufgabenbereichs des jeweiligen Amtes in den Blick genommen. Im nachfolgenden Kapitel erfolgt sodann die Prüfung eines möglichen Verstoßes der Institution des politischen Beamten gegen den Bestenauslesegrundsatz und das Leistungsprinzip gem. Art. 33 Abs. 2 GG sowie dessen verfassungsrechtliche Rechtfertigung. In diesem Zusammenhang wird insbesondere die Frage untersucht, ob die Institution des politischen Beamten selbst einen hergebrachten Grundsatz des Berufsbeamtentums darstellt. Zudem wird ein Schwerpunkt in der Beantwortung der Frage liegen, ob sich aus der Vorschrift eine generelle Ausschreibungspflicht auch für die politischen Ämter ergibt. Ebenso nachgegangen wird der Frage, ob eine Modifizierung des Leistungsprinzips um das Kriterium eines besonderen Vertrauensverhältnisses gerechtfertigt ist. Hierbei werden auch Beispiele aus der vergangenen sowie aus der gegenwärtigen Praxis bei der Ämtervergabe herangezogen und genauer betrachtet.

Anschließend wird der Frage nachgegangen, ob die derzeitige Verfahrensweise bei der Besetzung der politischen Ämter insbesondere im Hinblick auf die Einsetzung verwaltungsexterner Personen im Widerspruch zu dem verfassungsrechtlichen Funktionsvorbehalt des Art. 33 Abs. 4 GG steht.

Im Anschluss daran erfolgt die Prüfung eines möglichen Eingriffs in die verschiedenen hergebrachten Grundsätze des Berufsbeamtentums gem. Art. 33 Abs. 5 GG sowie dessen verfassungsrechtliche Rechtfertigung. Hierbei wird zunächst der Grundsatz der lebenslänglichen Anstellung als Strukturprinzip des Art. 33 Abs. 5 GG umfassend dargestellt. In diesem Zusammenhang erfolgt zudem eine Untersuchung der einfachgesetzlichen Regelungen, die eine Versetzung in den einstweiligen Ruhestand ermöglichen. Hierbei wird sowohl die bundes- als auch die länderrechtliche Regelung in den Blick genommen. Sodann wird herausgearbeitet, ob die Institution des politischen Beamten auch einen Eingriff in die sich ebenfalls aus Art. 33 Abs. 5 GG ergebende Neutralitäts- und Treupflicht darstellt. Ein Schwerpunkt der Untersuchung wird in diesem Zusammenhang auf der gegenwärtig diskutierten Frage liegen, wie es rechtlich zu beurteilen ist, wenn die weitreichenden Einsetzungsbefugnisse seitens einer Regierung zum Anlass genommen würden, Personen in politische Ämter zu bringen, die ihrerseits zumindest verfassungskritische Tendenzen aufweisen.

Nach einer zusammenfassenden und auch politischen Einordnung der Ergebnisse der Untersuchung werden abschließend Vorschläge unterbreitet, wie eine zukünftige Verfahrensweise im Hinblick auf die Einsetzung und Verwendung von Beamten in entsprechenden öffentlichen Spitzenämtern aussehen könnte. Diese hat in jedem Fall sowohl den Anforderungen des Grundgesetzes als auch denen an eine professionelle und effiziente Verwaltung, welche die politischen Zielsetzungen in einem vertrauensvollen Verhältnis zur Regierung umsetzt, gerecht zu werden.

IV. Themenbegrenzung

Untersucht wird die Rechtsfigur des politischen Beamten im Hinblick auf ihre Verfassungsmäßigkeit. Im Zusammenhang mit der Institution werden vielfach auch die Ämter auf kommunaler Ebene, die durch demokratische Wahlen der Bürger oder eines ebenfalls demokratisch gewählten Wahlkörpers besetzt werden, zum Gegenstand der Diskussion gemacht. Aufgrund des Umstands, dass dieser Personenkreis jedoch nicht dem Anwendungsbereich des Art. 33 Abs. 2 GG unterfällt,[38] wird er in der vorliegenden Arbeit entsprechend auch nicht Gegenstand der Untersuchung sein.

---

[38] Vgl. BVerfG, Beschluss vom 20. September 2016 – 2 BvR 2453/15 –, Rn. 21; *Battis*, in: Sachs, GG, Art. 33, Rn. 25.

Die Rechtsfigur des politischen Beamten

I. Historische Entwicklung

Die Institution des politischen Beamten ist keineswegs eine Begleiterscheinung der bundesdeutschen parlamentarischen Demokratie, sondern hat eine lange Tradition, deren Genesis in den deutschen Ländern bis in die späte zweite Hälfte des 18. Jahrhunderts zurückreicht. Bedeutung konnte sie denklogisch jedoch erst zu einem Zeitpunkt erlangen, ab dem neben den politischen Beamten auch die Gruppe der „unpolitischen" existierte, was zu Zeiten der absoluten Monarchie nicht der Fall sein konnte. Bei der Suche nach den historischen Ursprüngen für den Personenkreis, der sich heute unter der Bezeichnung politische Beamte zusammenfindet, ist es notwendig, sich die Entstehung und Entwicklung des Beamtentums insgesamt zu verdeutlichen. Das Hauptaugenmerk liegt hierbei auf dem preußischen Beamtentum, welches aufgrund seines hohen Maßes an Professionalität und Effizienz richtungsweisend auch für die Entwicklung in den übrigen deutschen Ländern war.[39] Der entscheidende Auslöser für das Erfordernis einer erleichterten Entfernbarkeit bestimmter Beamter war und ist zudem das Bestehen einer grundsätzlich lebenslangen beamtenrechtlichen Anstellung und Vergütung, sodass bei der historischen Betrachtung ein Schwerpunkt auf den Zeitpunkt zu legen ist, in dem sich die entsprechenden Rechte und Ansprüche für die Beamten entwickelten.

---

39 *Lenze*, Der politische Beamte, S. 9.

1. Entwicklung im Königreich Preußen

Unter dem Soldatenkönig Friedrich Wilhelm I. (1688–1740) entwickelte sich das Beamtentum zu einer wichtigen und staatstragenden Säule Preußens. Friedrich Wilhelm I. gilt mithin auch als Vater des Beamtentums, wobei der einzelne Beamte zur damaligen Zeit mehr ein Diener des jeweiligen Fürsten als des Staates war.[40] Abweichende Meinungen oder Ansichten zu der des herrschenden Monarchen wurden angesichts des Eids zu unbedingter Treue und zwingendem Gehorsam nicht geduldet.[41] So trat Friedrich Wilhelm I. seinen Beamten mit den Worten: „Wir sind Herr und König und können tun, was wir wollen" gegenüber.[42] Zwar schrieb bereits das Preußische Allgemeine Landrecht von 1794, Teil II, Titel 10, in den §§ 98 ff. vor, dass kein Vorgesetzter, auch nicht ein Departements-Chef, „einen Civilbediensteten wider seinen Willen einseitig entsetzen oder verabschieden" dürfe. Die Vorschrift sah somit grundsätzlich bereits einen gewissen Schutz für Beamte vor willkürlichen Entlassungen vor, wobei eine erleichternde Sonderregelung für eine bestimmte Gruppe nicht vorgesehen war.[43] Allerdings war dies aufgrund der weitreichenden Befugnisse des Landesherrn auch nicht erforderlich, da es allein in dessen Macht lag, auch ohne eine entsprechende Rechtsgrundlage oder die Zustimmung des Staatsrats, welche lediglich einen formellen Charakter besaß, Beamte jederzeit zu entlassen. Eine Notwendigkeit, für einen bestimmten Personenkreis Ämter zu schaffen, welche sich von denen der übrigen Beamten in Bezug auf die Besetzungs- und Entlassungsmodalitäten unterscheiden, bestand somit nicht.[44]. Vielmehr war es der damals vorherrschenden Staatsform immanent, dass Beamte als dem regierenden Monarchen unmittelbar dienende Getreue zur unbedingten Gefolgschaft verpflichtet waren und es diesem freistand, deren Dienstverhältnis jederzeit zu beenden. Das Erfordernis einer fortwährenden inhaltlichen und politischen Übereinstimmung zum König bestand somit für alle Beamten gleichermaßen. Zudem ließen sich aus dem Beamtenverhältnis selbst keine schützenswerten Positionen ableiten. Ein durchsetzbarer Rechtsanspruch auf die Zahlung einer Pension bestand im Falle einer Entlassung

---

40 *Huber*, Deutsche Verfassungsgeschichte seit 1789, Band 3, S. 965 f.

41 *Schunke*, Die politischen Beamten, S. 17.

42 *Hartung*, Staatsbildende Kräfte der Neuzeit, S. 126.

43 *Wacke*, AöR 1964, 441, 445.

44 *Fisch*, Politische Beamte und Politisierung von Beamten, S. 30; *Lotz*, Geschichte des deutschen Beamtentums, S. 206 f.

somit ebenfalls nicht, obgleich sie in vielen Fällen dennoch gewährt wurde. Derartigen Zahlungen waren zur damaligen Zeit jedoch eher ein Gunstbeweis seitens des Monarchen für geleistete Dienste, welche nicht einmal zwangsläufig im Staatsdienst erbracht worden sein mussten.[45]

Mit der Herrschaft Friedrich II. (1712–1786) ab 1740 begann die Zeit des aufgeklärten Absolutismus, welcher u.a. dadurch gekennzeichnet war, dass der Gedanke des Konstitutionalismus, der die uneingeschränkte Herrschaftsgewalt der Fürsten durch ein Staatsgrundgesetz ersetzen wollte, an Einfluss gewann.[46] Ziel des Konstitutionalismus war es, die Staatssouveränität als höchste und durch eine Verfassung manifestierte, aber auch gleichzeitig durch sie begrenzte Gewalt zu etablieren.[47] Friedrich II. war einerseits Absolutist, andererseits aber auch ein Vertreter der Aufklärung und verstand sich selbst als ersten Diener bzw. Beamten des Staates, wie er selbst in seinem politischen Testament festhielt.[48] Wörtlich heißt es dort:

> Der Herrscher ist der erste Diener des Staates. Er wird gut besoldet, damit er die Würde seiner Stellung aufrechterhalte. Man fordert aber von ihm, daß er werktätig für das Wohl des Staates arbeite und wenigstens die Hauptgeschäfte mit Sorgfalt leite.[49]

Dieses Selbstverständnis Friedrichs des Großen veranschaulicht dessen Pflichtbindung sowie seinen Einsatz für das Wohl des Staates im Sinne aller Bürger. Seine Herrscherstellung begründete Friedrich II. zudem nicht auf einem göttlichen Recht. Stattdessen neigte er zu der naturrechtlichen Auffassung, dass seine königliche Gewalt auf einer Art Erbvertrag beruhen sollte.[50] Unter den Nachfolgern Friedrich II. schwand die vollumfängliche und eingeschränkte Autoritätsstellung des Königs von Gottes Gnaden zugunsten eines politisch stärker werden Gewichts der Minister immer weiter.[51]

---

45 *Hattenhauer*, Geschichte des deutschen Beamtentums, S. 125 f.

46 *Schunke*, Die politischen Beamten, S. 17 f.

47 *Huber*, Deutsche Verfassungsgeschichte seit 1789, Band 2, S. 377.

48 *Fisch*, Politische Beamte und die Politisierung von Beamten, S. 30; *Wussow*, DÖD 1986, 168, 172.

49 *Wussow*, DÖD 1986, 168, 172.

50 *Hintze*, Die Hohenzollern und ihr Werk 1415–1915, S. 400.

51 *Hartung*, Staatsbildende Kräfte der Neuzeit, S. 249; *Schunke*, Die politischen Beamten, S. 18.

Eine gewichtige Verbesserung für die Stellung der Beamten war zudem die zu Beginn des 19. Jahrhunderts entstandene Möglichkeit der Versetzung in den Ruhe- oder auch Wartestand, welche an die Stelle einer Entlassung ohne jegliche Versorgungsansprüche trat.[52] Wartestand bedeutete in diesem Zusammenhang, dass der Beamte zwar keinen aktiven Dienst mehr versah, sich aber unter Fortzahlung von Bezügen bereitzuhalten hatte, um bei Bedarf wieder eingesetzt werden zu können.[53] Rechtliche Grundlage für dieses Institut war der sog. Reichsdeputationshauptschluss (RDHS) vom 25. Februar 1803, welcher zugleich das letzte bedeutsame Gesetz des Heiligen Römischen Reiches Deutscher Nation darstellte.[54] Anlass für die Fassung dieses Beschlusses war der Frieden von Lunéville vom 09. Februar 1801, welcher die Annexion der linksrheinischen deutschen Gebiete durch Frankreich beinhaltete.[55] Der Reichsdeputationshauptschluss sah angesichts des Umstands, dass die von der Depossedierung betroffenen weltlichen Reichsfürsten große Gebietsverluste erleiden würden, einen entsprechenden Ausgleich durch Säkularisation und Mediatisierung vor. Die damit einhergehenden Gebietsveränderungen hätten jedoch zur Folge gehabt, dass eine Vielzahl von Beamten ihren Dienstherren und somit auch ihr Dienstverhältnis insgesamt verloren hätten.[56] Der Reichsdeputationshauptschluss sollte diesem Verlust vorbeugen und beinhaltete für die von den säkularisierten und mediatisierten Gebieten betroffenen Beamten erstmals eine Pensions- sowie eine Wartestandsregelung.[57] So wurde gem. § 59 RDHS der

> Hof-[,] geistlichen und weltlichen Dienerschaft, Militair und Pensionisten, in so ferne der abgehende Regent solche nicht in seinem persönlichen Dienste behält, so wie der Kreisdiener, da[,] wo mit den Kreisen eine Veränderung vorgehen sollte, wird diesen allen der unabgekürzte[,] lebenslängliche Fortgenuß ihres bisherigen Rangs, ganzen Gehalts, und rechtmäßiger Emolumente, oder[,] wo diese wegfallen, eine dafür zu regulierende Vergütung unter der Bedingniß gelassen, daß sie sich dafür nach Gutfinden des neuen Landesherrn, und nach Maasgabe ihrer Talente

---

52 *Goldberg*, Die politischen Beamten, S. 10 f.

53 *Schmidt-Burgk*, Der Wartestand nach deutschem Beamtenrecht, S. 11 ff.

54 *Huber*, Deutsche Verfassungsgeschichte seit 1789, Band 1, S. 43 ff.

55 *Huber*, Deutsche Verfassungsgeschichte seit 1789, Band 1, S. 43 ff.

56 *Fisch*, Politische Beamte und die Politisierung von Beamten, S. 37 f.

57 *Hufeld*, Der Reichsdeputationshauptschluss von 1803, S. 69 ff.

> und Kenntnisse, auch an einem andern Orte, und in andern Dienstverhältnissen gebrauchen und anstellen lassen müssen.[58]

Zudem war es „solchen Dienern, welche in einer Provinz ansässig sind, und in eine andere gegen ihren Willen übersetzt werden sollen, freizustellen, ob sie nicht lieber in Pension gesetzt werden wollen". Im letztgenannten Fall war „einem fünfzehnjährigen Diener sein voller Gehalt mit Emolumenten, einem zehnjährigen zwei Dritttheile, und denen, die noch nicht volle zehen Jahre dienten, die Hälfte als Pension zu belassen." Für den Fall, dass der neue Landesherr einen Beamten „gar nicht in Diensten zu behalten gedenken, so verbleibt demselben seine genossene Besoldung lebenslänglich". Zusammenfassend galt durch die Einführung des § 59 RDHS somit, dass den Beamten, welche in ihrer Provinz verblieben und sich gegenüber ihrem neuen Herrn zu einer loyalen Gefolgschaft verpflichteten, eine Weiterbeschäftigung unter Fortzahlung ihrer Bezüge eingeräumt wurde, so der Landesvater es denn wünschte. War dies nicht der Fall, erwuchs hieraus direkt ein Anspruch auf Fortzahlung des bisherigen Gehalts. Voraussetzung hierfür war allerdings die fortdauernde Bereitschaft des Beamten, seinen Dienst jederzeit wieder aufzunehmen, es sei denn, dass damit auch gleichzeitig die Versetzung in eine andere Provinz verbunden gewesen wäre. Somit war durch § 59 RDHS sowohl die Möglichkeit der Versetzung in den einstweiligen Ruhestand als auch das Institut des Beamtenwartestands geschaffen.

Der Reichsdeputationshauptschluss wurde seinerzeit mit dem Ziel verabschiedet, die gotische Reichsverfassung zu bewahren und zu modernisieren.[59] Im Ergebnis waren die darin enthaltenen geopolitischen Veränderungen jedoch so weitreichend, dass sie letztlich maßgeblich dazu beitrugen, dass sich einige süddeutsche Fürstentümer vom Reich abspalteten und am 12. Juli 1806 den Rheinbund gründeten, woraufhin Kaiser Franz II. am 06. August 1806 abdankte und das Reich für aufgelöst erklärte.[60] Obwohl dieses als Träger eines eigenen Rechtssystems somit nicht mehr vorhanden war, hielten die Länder an den rechtlichen Vorschriften des Reichsgrundgesetzes dennoch weitgehend fest und transformierten diese in das jeweilige Landesrecht,

---

58 Hauptschluß der außerordentlichen Reichsdeputation vom 25. Februar 1803, S. 57, § 59.

59 *Clarke*, Preußen, S. 345 f.

60 *Clarke*, Preußen, S. 346; *Nipperdey*, Deutsche Geschichte 1800–1866, S. 13 f.

sodass auch die gesetzlichen Bestimmungen für die Wartestands- sowie für die Pensionsregelungen dort fortbestanden.[61] In Preußen hingegen wurde der Wartestand nicht durch eine Übernahme der Bestimmungen des Reichsdeputationshauptschlusses, sondern durch eine Vielzahl von Einzelverordnungen eingeführt.[62] Aufgrund der weitreichenden Gebietsveränderungen kam es für viele Beamte zu einem Wechsel ihres Dienstherrn, was sich entsprechend auf den Personalkörper der preußischen Verwaltung auswirkte, da ein Teil der Beamtenschaft eingebüßt wurde, aber zugleich auch Staatsdiener aus bislang fremden Gebieten übernommen wurden. Bedingt durch die mit dem Wiener Kongress im Jahr 1815 und dem Frankfurter Territorialrezess vom 20. Juli 1819 erreichten Gebietszuwächse für Preußen entstand auch ein entsprechender Bedarf am Ausbau der Verwaltung, welcher u.a. durch die Reaktivierung von Beamten aus dem Wartestand bewältigt wurde, um so die personelle Kontinuität in der preußischen Verwaltung sicherzustellen.[63] Der militärische und politische Zusammenbruch Preußens nach der Niederlage gegen Frankreich in den Jahren 1806–1807 zog zudem viele fortschrittsorientierte Beamte an, welche nach einer grundlegenden Erneuerung des preußischen Staates strebten. Es entstand eine Reformbewegung, an deren Spitze Reichsfreiherr Karl vom und zum Stein und Fürst Karl August von Hardenberg standen.[64] Stein wurde 1807 Erster preußischer Minister und setzte neben der Bauernbefreiung und einer neuen Städteordnung auch eine Verwaltungsreform durch, deren Ziel es war, einen leistungsfähigen, kosteneffizienten und bürgernahen Staatsapparat zu schaffen.[65] Hardenberg übernahm 1810 als Staatskanzler die Regierungsgeschäfte Preußens und schloss die Reformen ab.[66] Durch diese Stein-Hardenbergschen Reformen wurde letztlich der Grundstein für einen Wandel vom Absolutismus hin zum Nationalstaat gelegt. Dieser hatte auch entsprechende Auswirkungen auf das Beamtentum, welches fortan weniger stark an den König gebunden war und zunehmend mit Rechtsgarantien

---

61 *Schunke*, Die politischen Beamten, S. 8 ff.
62 *Schunke*, Die politischen Beamten, S. 11.
63 *Schunke*, Die politischen Beamten, S. 14.
64 *Clarke*, Preußen, S. 373 ff.
65 *Clarke*, Preußen, S. 374; *Lotz*, Die Geschichte des deutschen Berufsbeamtentums, S. 323 f.
66 *Lotz*, Die Geschichte des deutschen Berufsbeamtentums, S. 337.

ausgestattet wurde.[67] Zwar stand es dem König als alleinigem Regenten nach wie vor frei, auch höhere Beamte jederzeit zu entlassen; dennoch existierte seit dem Jahr 1823 ein förmliches Entlassungsverfahren, welches den Beamten gewisse Garantien zusprach.[68] Diejenigen Beamten, die als „disponibel" erachtet wurden, konnten aufgrund des „preußischen Königlichen Erlaß vom 25. Mai 1820" unter Fortzahlung der Hälfte ihres bisherigen Gehalts in den Wartestand entsendet werden. Seit dem Jahr 1825 bestand für preußische Beamte mit der Einführung der Verordnung über das „Pensions-Reglement für die Civil-Staatsdiener vom 30. April 1825" zudem ein garantierter institutioneller Pensionsanspruch ab dem Zeitpunkt des Eintritts in den Ruhestand.[69] In der Eingangsformel der Verordnung heißt es hierzu: „Wir Friedrich Wilhelm, von Gottes Gnaden, König von Preussen, haben es stets als einen vorzüglichen Gegenstand unserer landesherrlichen Sorgfalt betrachtet, die öffentlichen Verhältnisse unserer Staatsdiener, in Beziehungen auf ihre Pflichten sowohl als ihre Berechtigungen, durch feste Bestimmungen zu ordnen und ihr Loos zu sichern. Diese Fürsorge veranlasst uns, gegenwärtig auch die Grundsätze festzustellen, nach welchen den Dienern des Staats vom Civilstande bei ihrem Austritte aus dem Staatsdienste künftig lebenslängliche Pensionen bewilligt werden sollen." Auch wenn der König sich neben der neu gewährten Pensionsregelungen weiterhin ein umfassendes Entlassungsrecht für die Beamten vorbehielt und somit jeder Staatsdiener nach heutigem Verständnis auch eine Art politischer Beamter war, so wird anhand der gewählten Formulierung dennoch deutlich, dass sich die Stellung der Beamtenschaft und auch das Maß ihrer Unabhängigkeit gegenüber dem regierenden Monarchen stetig verbesserte. Das Pensions-Reglement für die zivilen Staatsdiener sollte seine Gültigkeit bis zum Inkrafttreten des preußischen Pensionsgesetzes vom 27. März 1872 beibehalten.[70]

Insgesamt wandelte sich in der ersten Hälfte des 19. Jahrhunderts das Verständnis über die Rolle der Beamten innerhalb des Staatsgefüges weg von einer lediglich privatrechtlichen Ausgestaltung, in der dem Beamten die Funktion eines landesherrlichen Dieners zufiel, hin zu einem öffentlich-rechtlich

---

67 *Schunke*, Die politischen Beamten, S. 19.

68 Kgl. Verordnung vom 21. Februar 1823, PrGS. 1823, 25, 26.

69 *Henning*, Die deutsche Beamtenschaft im 19. Jahrhundert, S. 17 f.

70 *Wacke*, in AöR 91, 441, 448.

ausgestalteten Dienstverhältnis, welches eine Festigung und Verselbstständigung der Beamtenschaft gegenüber dem König mit sich brachte.[71]

2. Entwicklung in Preußen und im Deutschen Reich

Eine durchgreifende Änderung für die Stellung der Beamten vollzog sich mit dem Wandel Preußens weg von einem absolutistischen hin zu einem konstitutionellen Staat. Bereits in der Spätphase der absoluten Monarchie erwuchs innerhalb der Beamtenschaft ein immer größeres politisches Selbstbewusstsein, welches sich u.a. darin äußerte, dass besonders sachverständige und gebildete Beamte offen für die Durchsetzung einer Verfassung stritten.[72] Hinzu kam, dass Art. 13 der Deutschen Bundesakte entsprechend vorsah, dass jedes Mitglied des Deutschen Bundes, und somit auch Preußen, sich eine Verfassung zu geben hatte, und obwohl die Könige Friedrich Wilhelm III. und Friedrich Wilhelm IV. zunächst ihre diesbezüglichen Versprechen gebrochen hatten, war Letzterer aufgrund des Drucks der Märzrevolution sowie der reaktionären Kräfte in seinem Umfeld schließlich gezwungen, am 05. Dezember 1848 eine Verfassung zu oktroyieren.[73] Nachdem Friedrich Wilhelm IV. diese erste Ausarbeitung unter Beibehaltung vieler liberaler Elemente nochmals abändern ließ, trat am 31. Januar 1850 schließlich die Verfassung für den preußischen Staat in Kraft, welche eine Festigung und Verselbstständigung der Beamtenschaft gegenüber dem König ermöglichte und bis zur Novemberrevolution 1918 in Kraft blieb.[74] Die Rolle der Beamten wandelte sich vom Diener des Königs zum Diener des Staates.[75] Auch wenn das in Art. 98 der Verfassung angekündigte Beamtengesetz für Preußen niemals umgesetzt wurde, so vermochte das am 21. Juli 1852 erlassene Disziplinargesetz für nichtrichterliche Beamte dennoch wichtige Punkte wie beispielsweise das aktive und passive Wahlrecht zu bewirken.[76] Die durch das Wahlrecht

---

71 *Köttgen*, Das deutsche Berufsbeamtentum und die parlamentarische Demokratie S. 22; *Goldberg*, Der politische Beamte, S. 10.

72 *Schunke*, Die politischen Beamten, S. 23.

73 *Huber*, Deutsche Verfassungsgeschichte seit 1789, Band 2, S. 764–766; *Ule*, DÖV 1963, 293.

74 *Winkler*, Der lange Weg nach Westen, Band I, S. 115.

75 *Benthues*, Die politischen Beamten in Preußen, S. 4; *Hartung*, Staatsbildende Kräfte der Neuzeit, S. 249 f.

76 *Köttgen*, Das deutsche Beamtentum und die parlamentarische Demokratie, S. 23.

erlangte Möglichkeit zur aktiven Beteiligung am parlamentarischen sowie am parteipolitischen Betrieb führte innerhalb des Beamtentums vielfach zu einem Wandel in Bezug auf die Treuepflicht, welche bislang ausschließlich dem König zuteilwurde. Da innerhalb der konstitutionellen Monarchie Preußens die Staatsgewalt nicht ausschließlich vom König, sondern auch von einer aus Ministern bestehenden Regierung ausgeübt wurde, erwuchs auch ein entsprechendes Abhängigkeitsverhältnis der Beamten zu diesem Personenkreis und somit auch von wechselnden politischen Richtungen.[77] Dies wiederum führte auf Seiten der Politik dazu, dass insbesondere innerhalb der ersten bürgerlich-liberalen Regierung Preußens unter Camphausen und Hansemann ein gewisses Misstrauen vorherrschte, ob die zur Verfügung stehenden Beamten angesichts des Umstands, dass sie aufgrund ihrer dienstlichen Sozialisierung noch während der vorkonstitutionellen Zeit größtenteils konservativ geprägt waren, die entsprechenden politischen Zielvorgaben in der Praxis nicht umsetzen, sondern stattdessen behindern würden.[78] Im Zuge der revolutionären Verfassungsgedanken und der Einführung der konstitutionellen Monarchie tauchte somit erstmals das Phänomen bzw. das Problem auf, Beamte aus politischen Gründen, wenn auch nur vorübergehend, möglichst aus dem Dienst entfernen zu wollen.[79] Aufgrund der Vielzahl von Beamten, welche in diesem Zusammenhang binnen kurzer Zeit zur Disposition gestellt und quiesziert werden sollten, unterbreitete das Staatsministerium dem König zwecks Schonung der Staatskasse den Vorschlag einer Wiederanwendung der Wartestandsregelung vom 25. Mai 1820, welche eine Fortzahlung der Hälfte der Bezüge vorsah. Diesem Vorschlag kam Friedrich Wilhelm IV. am 14. Juni 1848 nach und ordnete eine entsprechende Regelung „betreffend die Bewilligung von Wartegeldern an disponible Beamte" per Erlass an, welche jedoch lediglich auf die damals „bevorstehende Umbildung der Staatsbehörden" anwendbar war und aus der sich noch keine konkrete politische Intention herauslesen ließ, wenngleich selbige wohl durchaus vorgelegen haben dürfte.[80] Diese Regelung sah für diejenigen Beamten, die in den Wartestand versetzt werden sollten, eine Dotierung vor, die sich zwischen

77 *Huber*, Deutsche Verfassungsgeschichte seit 1789, Band 3, S. 20 ff.
78 *Schunke*, Die politischen Beamten, S. 26 f.
79 *Hartung*, Staatsbildende Kräfte der Neuzeit, S. 248 f.
80 PrGS 1848, S. 153; PrMinBliV 1848, S. 187.

dem aktiven Gehalt und der Pension bewegte.[81] Zudem enthielt der Erlass keinerlei Regelungen über die dienstrechtliche Zulässigkeit der Maßnahme und somit zu der Frage, für welche Beamten unter welchen Voraussetzungen die Versetzung in den Wartestand möglich sein sollte. Diese Entscheidung hierüber oblag weiterhin dem Landesherrn.[82] Die entscheidende materielle Regelung betreffend die politischen Beamten enthielt sodann die Verordnung betreffend die Dienstvergehen der nichtrichterlichen Beamten, die Versetzung derselben auf eine andere Stelle oder in den Ruhestand vom 11. Juli 1849, mit der ein förmliches Disziplinarverfahren mit einem im Falle von Entlassungen nicht überspielbaren richterlichen Disziplinarhof eingeführt würde, was faktisch eine grundsätzliche Unabsetzbarkeit sowie die Einführung eines Lebenszeitprinzips bedeutete.[83] Dieser Grundsatz der Unabsetzbarkeit war es auch, der zum Hauptfundament dafür wurde, dass ein weitgehend unabhängiges Berufsbeamtentum entstehen konnte, welches dennoch in einem ständigen Spannungsverhältnis zum Selbstständigkeitsstreben des Königs stand.[84] Die Verordnung kam aufgrund des in der oktroyierten Verfassung vom 5. Dezember 1848 enthaltenen Art. 105 zustande, welcher den König ermächtigte, „in dringenden Fällen, unter Verantwortlichkeit des gesamten Staatsministeriums“ Verordnungen mit Gesetzeskraft zu erlassen.[85] Hiervon machte die Regierung Brandenburg am 11. Juli 1849 während einer parlamentslosen Phase Gebrauch und regelte im achten und letzten Abschnitt der Verordnung, in dem es um „Verfügungen im Interesse des Dienstes, welche nicht Gegenstand eines Disziplinarverfahrens sind“ ging (aber zur besonderen Klarstellung dennoch aufgenommen wurden), eine bis heute für die Position des politischen Beamten entscheidende Ausnahme: als derartige Verfügungen zählten gemäß § 94 Ziffer 1) fortan auch solche, welche Versetzungen in ein anderes Amt „von nicht geringerem Range und etatmäßigem Diensteinkommen“ betrafen und gemäß Ziffer 2) die Versetzungen in den neu eingeführten „einstweiligen Ruhestand“. Durch diese Formulierung

---

81 *Wacke*, AöR 91, 441, 448.
82 *Wacke*, AöR 91, 441, 449.
83 *Fisch*, Politische Beamte und Politisierung von Beamten, S. 25.
84 *Köttgen*, Das deutsche Beamtentum und die parlamentarische Demokratie, S. 22 f.
85 *Huber*, Dokumente zur deutschen Verfassungsgeschichte, Band 1, S. 484 ff.

wurde die Stellung der späteren ‚politischen Beamten' geregelt und auch der Kreis der darunterfallenden Stellen abschließend definiert:

> [... Es] können durch königliche Verfügung jederzeit die nachbenannten Beamten mit Gewährung des vorschriftsmäßigen Wartegeldes einstweilig in den Ruhestand versetzt werden:
> Unterstaatssekretäre,
> Ministerialdirektoren,
> Oberpräsidenten,
> Regierungspräsidenten und Vicepräsidenten,
> Beamte der Staatsanwaltschaft bei den Gerichten,
> Vorsteher Königlicher Polizeibehörden,
> Landräthe;
> ferner die Gesandten und andere diplomatische Agenten.

Die vier Kernelemente, die auch heute noch den heutigen politischen Beamten definieren, waren somit festgelegt: die Entlassbarkeit ohne Angabe von Gründen, die jederzeitige Möglichkeit hierzu, die Begrenzung des betroffenen Personenkreises auf wenige hohe Verwaltungspositionen sowie die Zahlung eines Ruhe- bzw. Wartestandsgehalts. Aus dem § 94 Ziffer 2 der (Not-)Verordnung wurde schließlich im Gesetz gleichen Titels vom 21. Juli 1852[86] der unwesentlich anders gefasste § 87 Ziffer 2.38.[87] Diese gesetzliche Regelung galt fortan bis zum Ende der Monarchie im Jahr 1918. Nicht unerwähnt bleiben darf an dieser Stelle die Tatsache, dass die vorliegende Aufzählung lediglich einen bestimmten Ämterkreis umgrenzen sollte. Das landesherrliche Ermessen, jeden Beamten zu jeder Zeit aus dem Dienst zu entfernen, blieb hiervon gänzlich unberührt. Auch wurde durch die Verordnung vom 11. Juli 1849 für die politischen Beamten kein neuer Rechtszustand begründet, sondern sie wurden lediglich von den beamtenrechtlichen Veränderungen, welche die Verordnung mit sich brachte, ausgenommen.[88]

Aufbauend auf die Verordnung, jedoch noch konkreter in Bezug auf den Wunsch nach einer direkten Einflussnahme auf die Quieszierung von unliebsamen Beamten handelte die Regierung Auerswald-Hansemann, welche bereits mit Verfügung vom 15. Juli 1848 ihre Pläne für die Entfernung

---

86 PrGS, S. 465.

87 *Hattenhauer*, Geschichte des deutschen Beamtentums, S. 245.

88 *Wacke*, AöR 91, 441, 451; *Anders*, DÖV 1964, 293.

konservativer Beamter aus dem Amt zwecks Neuorganisation der Verwaltung als durchaus politisch motiviert erkennen ließ:

> [Es fehlt] nicht ganz an Fällen, wo Männer in amtlicher Funktion sich noch befinden, welche dem dermaligen Regierungs-System ihre Anerkennung geradehin versagen und demselben geflissentlich widerstreben. Ein solches Verhältnis darf nicht ferner geduldet werden, denn abgesehen davon, dass die Regierung, wenn sie sich in der Lage befindet, solcher Organe sich bedienen zu müssen, der zweckmäßigen und kräftigen Ausführung ihrer Anordnungen nicht gewiss sein kann, ist es als ein wesentlicher Übelstand zu betrachten, wenn hinterher die amtlichen Handlungen der bezeichneten Beamten gemißbilligt werden müssen; dadurch wird nicht nur der Beamtenstand, als solcher, kompromittirt, sondern auch die amtliche Autorität überhaupt, vornämlich unter den jetzt obwaltenden Umständen, auf eine sehr nachtheilige Weise beeinträchtigt. [... Es sollen] ohne Verzug die erforderlichen Schritte geschehen, um solche Beamte, von denen überhaupt eine den Verhältnissen entsprechende Wirksamkeit nicht zu erwarten ist, in gesetzlich zulässiger Weise ihrer amtlichen Thätigkeit zu entheben. [Wir ersuchen,] namentlich auf die Einzelnstehenden, und unter diesen wiederum besonders auf die Landräthe und deren Vertreter, sowie auf die Bürgermeister, ihre Aufmerksamkeit zu richten [...] Wir ersuchen [...] die Schritte zur Entfernung untauglicher Beamter zu beschleunigen, als es die bevorstehende neue Organisation der Behörden erleichtern wird, wenn untaugliche Beamte schon vorher entfernt worden sind.[89]

Wenngleich der Wortlaut dieser Rundverfügung darauf schließen lässt, dass diese sich lediglich auf die Entlassung politisch unliebsamer Beamter beziehen sollte, so wurde hierdurch dennoch eine Entwicklung eingeleitet, welche zu einer Institutionalisierung der Versetzung von Beamten in den Wartestand, aus dem später der heutige einstweilige Ruhestand hervorging, aufgrund politischer Erwägungen führte.[90]

In Preußen und im Reich entfaltete sich als Folge des neu geschaffenen Instruments der Versetzung in den einstweiligen Ruhestand eine hohe personalpolitische Wirksamkeit, welche bereits dadurch erzielt wurde, dass ein Bewusstsein unter den Beamten über die entsprechende Vorschrift vorherrschte.[91] Zudem erstreckte sich infolge des Deutschen Krieges im Jahre

---

[89] PrMinBliV 1848, S. 250.

[90] *Fisch*, Politische Beamte und die Politisierung von Beamten, S. 29; *Schunke*, Die politischen Beamten, S. 28.

[91] *Fisch*, Politische Beamte und die Politisierung von Beamten, S. 41.

1866 der Machtbereich des siegreichen Preußens nunmehr auch auf weite Teile Nord- und Mitteldeutschlands, was zur Folge hatte, dass gemäß der „Verordnung, betreffend die Ausdehnung des preußischen Disziplinargesetzes auf die in den Beamten in den neu erworbenen Landesteilen“ vom 23. September 1867 die gesetzlichen Regelungen über die Versetzung in den einstweiligen Ruhestand auch dort zur Anwendung kamen.[92] Durch eine entsprechende Verordnung vom 23. September 1867 wurde in diesen Gebieten eine Vielzahl von Beamten zu „politischen“ erklärt, u.a. sogar die Dirigenten von Gestüten oder auch die Oberforstmeister.

Seit der Reichsgründung 1871 existierte eine an die preußische Regelung über die politischen Beamten angelehnte Vorschrift in § 25 Reichsbeamtengesetz vom 31. März 1873, welche als Regelfall die Anstellung auf Lebenszeit vorsah.[93] Als Motiv für die Einführung findet sich eine Formulierung, die in ihrem Grundcharakter bis zum heutigen Tage als Begründung für die Notwendigkeit der Institution des politischen Beamten herangezogen wird, nämlich die „Notwendigkeit einer fortdauernden Übereinstimmung in prinzipiellen Ansichten zwischen der leitenden Autorität und den ihr zunächststehenden Beamten“.[94] Bei genauerer Betrachtung der Vorschrift fällt zudem auf, dass auch der Reichskanzler selbst zu den politischen Beamten gezählt wurde. Dies hatte allerdings lediglich beamtenrechtliche Hintergründe, da auch der Kanzler trotz seines Rechts zur Gegenzeichnung der monarchischen Akte, durch welche er die parlamentarische Verantwortung für dessen Inhalt übernahm, in formeller Hinsicht nicht selbstständig zu entscheiden befugt war, sondern ebenso wie die Minister lediglich die Weisungen der Krone ausführte.[95] Durch verschiedene Gesetze[96] und Erweiterungen des bestehenden Katalogs[97] wurde in der Folgezeit der Kreis der politischen Beamten stetig erweitert. Insbesondere unter Otto von Bismarck erfolgte neben einer Ausweitung der Stellen für politische Beamte auch ein Rückschlag für die Stellung des Beamtentums insgesamt und speziell seiner Unabhängigkeit zum regierenden Monarchen. Zwar wollte Bismarck dem Grunde nach ein

92 *Fisch*, Politische Beamte und die Politisierung von Beamten, S. 41.

93 § 2 Reichsbeamtengesetz vom 18. Januar 1871; RGBl. S. 61.

94 *Goldberg*, Die politischen Beamten, S. 15.

95 *Schunke*, Die politischen Beamten, S. 36.

96 RGBl. S. 41, 164, 166, 245, 881; GBl. Elsaß-Lothringen S. 479.

97 RGBl. S 201.; *Lenze*, Der politische Beamte, S. 24.

ausschließlich dem Staat und nicht dem König dienendes Beamtentum. Was allerdings im staatlichen Interesse liege, sollte wiederum ausschließlich durch Bismarck selbst zu bestimmen sein. Hierzu gehörten auch weitreichende Befugnisse über die Beamten, auf deren Seite er keinerlei Widerspruch duldete.[98] Die Begriffe König bzw. Kaiser waren in diesem Zusammenhang auch nicht gleichbedeutend mit Krone zu verstehen. Nach Bismarcks Verständnis hatte der König bzw. der Kaiser lediglich das höchste Amt im Staat inne, und diesem Amt galt es, rückhaltlos und mit voller Hingabe zu dienen.[99] Diese Hingabe wurde sogar dadurch sichergestellt, dass Beamte per Erlass hierzu verpflichtet wurden. Dies bedeutete beispielsweise auch eine aktive Unterstützung der politischen Linie des Monarchen bei Wahlen bzw. in Wahlkämpfen.[100] Diese bedingungslose Gefolgschaft war zudem nicht nur ein Ansinnen Bismarcks selbst. Auch der preußische Minister Robert Viktor von Puttkammer vertrat die Ansicht, dass Beamte bei Wahlen zumindest ihr jeweiliges Ministerium aktiv zu unterstützen hätten.[101] Jede oppositionelle Handlung in diesem Zusammenhang wurde entsprechend missbilligt.[102] Nachdem beispielsweise die Kreistagsordnung 1872 gescheitert war, erklärte Bismarck es für unerlässlich, „diejenigen Verwaltungsbeamten, die bis auf den letzten Punkt bei ihrer Opposition verharren, durch Zurdispositionstellung ihrer Ämter zu entheben".[103] Ein weiterer Erlass vom 04. Januar 1882[104] spiegelt Bismarcks Wut über das Ergebnis der Reichstagswahlen einige Monate zuvor wider, als die konservativen politischen Beamten angeblich die oppositionellen linksliberalen Parteien unterstützt hätten. Als Konsequenz hieraus enthielt der anschließend verabschiedete „Allerhöchste (königliche) Erlass" im Namen Wilhelms I. folgende Formulierung:

> Es ist die Aufgabe meiner Minister, Meine verfassungsmäßigen Rechte durch Verwahrungen gegen Zweifel und Verdunkelung zu vertreten; das Gleiche erwarte Ich

---

98 *Hartung*, Staatsbildende Kräfte der Neuzeit, S. 263.

99 *Kugele*, ZBR 2007, 109, 110.

100 Vgl. Erlass des Preußischen Innenministeriums vom 26. September 1863, MBl. S. 190 sowie § 25 Reichsbeamtengesetz (RBG) vom 31. März 1873.

101 *Hartung*, Staatsbildende Kräfte der Neuzeit, S. 264.

102 *Hartung*, Staatsbildende Kräfte der Neuzeit, S. 261.

103 *Hartung*, Staatsbildende Kräfte der Neuzeit, S. 263.

104 Vgl. Allerhöchster Erlaß vom 4. Januar 1882, https://www.deutsche-digitale-bibliothek.de/item/TOAJEV3S7U33IG3LZ36SVRRUENEEJYBJ.

> von allen Beamten, welche Mir den Amtseid geleistet haben, Mir liegt es fern, die Freiheit der Wahlen zu beeinträchtigen, aber für diejenigen Beamten, welche mit der Ausführung Meiner Regierungsakte betraut sind und deshalb ihres Dienstes nach dem Disziplinargesetze enthoben werden können, erstreckt sich die durch den Diensteid beschworene Pflicht auf Vertretung der Politik Meiner Regierung auch bei den Wahlen. Die treue Erfüllung dieser Pflicht werde ich mit Dank erkennen und von allen Beamten erwarten, daß sie sich im Hinblick auf ihren Eid der Treue von jeder Agitation gegen Meine Regierung auch bei den Wahlen fernhalten.
> gez. Wilhelm.
> gez. Fürst von Bismarck.

Nach der Auffassung Bismarcks gab es bei Wahlen somit nur zwei Möglichkeiten für die politischen Beamten: entweder sie vertraten die politische Linie des Kaisers, oder sie blieben der Wahl gänzlich fern.

Ein weiteres bemerkenswertes Ereignis, welches das Verständnis über die Rolle der politischen Beamten zur Zeit des Deutschen Reiches zu verdeutlichen hilft, ist das der sog. Kanalrebellen aus dem Jahr 1899.[105] Diesem aus heutiger Sicht politischen Skandal zugrunde lag der Gesetzesentwurf über den Bau des Mittellandkanals, der seinerzeit ein Herzensprojekt Kaiser Wilhelms II. war.[106] Vor der entscheidenden dritten Abstimmung im Parlament richtete der konservative Minister des Innern Eberhard von der Recke einen eindringlichen Appell an die insgesamt 23 politischen Beamten, die in der zweiten Lesung gegen die Vorlage gestimmt hatten, sich entweder der Stimme zu enthalten oder aber, ihr Mandat niederzulegen.[107] Die Aufforderung des Ministers verlief in 20 Fällen dennoch fruchtlos.[108] Die Beamten, bestehend aus zwei Regierungspräsidenten sowie achtzehn Landräten, stimmten allesamt so ab, wie sie es schon in der zweiten Lesung getan hatten. Die Vorlage der Regierung, für die Wilhelm II. leidenschaftlich gestritten hatte, war somit abgelehnt.[109] Die Regierung dachte infolgedessen zunächst sogar über eine komplette Auflösung des Abgeordnetenhauses nach, entschied sich im Ergebnis aber dazu, lediglich die Abweichler zur Disposition zu stellen. Dies stellte dennoch die umfassendste Anwendung des § 87 Abs. 2 Disziplinargesetz von 1852 dar und verursachte eine lebhafte

---

105 *Schunke*, Die politischen Beamten, S. 57 f.
106 *Hartung*, Staatsbildende Kräfte der Neuzeit, S. 266.
107 *Hartung*, Staatsbildende Kräfte der Neuzeit, S. 266.
108 *Fisch*, Politische Beamte und die Politisierung von Beamten, S. 44.
109 *Hartung*, Staatsbildende Kräfte der Neuzeit, S. 266; *Kugele*, Der politische Beamte, S. 28.

öffentliche Diskussion über die Verfassungsmäßigkeit der Vorschrift.[110] Im Ergebnis endete die Kanalrebellen-Krise selbst zwar sanft, da die ursprünglich zwecks Maßregelung zur Disposition gestellten Beamten aufgrund oppositionellen und gesellschaftlichen Drucks am Ende doch nicht in den einstweiligen Ruhestand versetzt, sondern stattdessen auf politisch weniger bedeutsame Posten „wegbefördert" wurden.[111] Dieses prominente Ereignis hatte dennoch weitreichende Konsequenzen. Grundsätzlich galt das Beamtentum der wilhelminischen Zeit insgesamt als äußerst fähig und integer[112]. Allerdings hatte das inkonsequente Handeln der Regierung in Bezug auf die Kanalrebellen und die erstmalige Anwendung des § 87 Abs. 2 Disziplinargesetz von 1852 zur Folge, dass die politischen Beamten des konservativen Lagers massiv gestärkt aus dieser Krise hervorgingen und sich dieses Selbstbewusstsein auf die gesamte Beamtenschaft ausdehnte.[113] Durch diese immer stärker hervortretende parteikonservative Prägung des preußischen Beamtentums bei gleichzeitigem Verlust der bisherigen überparteilichen Stellung der Verwaltung ging das Vertrauen in diese bislang überaus erfolgreich agierende Institution innerhalb der Bevölkerung zunehmend verloren[114]. Erst ab dem Jahr 1917 wurden erneut Stimmen laut, die eine Entpolitisierung der Verwaltung forderten, welche u.a. bewirken sollte, dass die parteipolitische Zuordnung eines Beamten bei seiner Ernennung keine Rolle mehr spielen dürfe.[115] Zu erwähnen ist im Zusammenhang mit der Ablehnung der Kanalvorlage, dass dieses Ereignis neben den beschriebenen weitreichenden Folgen auch die Verabschiedung eines Erlasses des Staatsministeriums zur Folge hatte, welcher als erste historische Akte gilt, die die Formulierung „politische Beamte" verwandte und jene dazu verpflichtete, „die ihnen bekannten Anschauungen des Staatsministeriums bei allen Beziehungen, in welche sie durch ihre amtliche Stellung mit dem öffentlichen Leben gebracht werden, einzutreten, und ohne Rücksicht auf ihre persönliche Ansicht über den Wert und die Folgen beabsichtigter gesetzgeberischer Maßnahmen sowie ohne Rücksicht auf die

---

110 *Hartung*, Staatsbildende Kräfte der Neuzeit, S. 266.

111 *Hartung*, Staatsbildende Kräfte der Neuzeit, S. 266; *Kugele*, Der politische Beamte, S. 30.

112 *Gmür/Roth*, Grundriss der deutschen Rechtsgeschichte, S. 179.

113 *Kugele*, Der politische Beamte, S. 31.

114 *Kugele*, Der politische Beamte, S. 31.

115 *Hartung*, Staatsbildende Kräfte der Neuzeit, S. 271.; *Kugele*, Der politische Beamte, S. 31.

Anschauung der Bevölkerung ihrer Amtsbezirke für die Politik der Regierung Verständnis zu erwecken und zu pflegen".[116] Der politische Beamte war somit inhaltlich erstmalig umrissen.

3. Parallele Entwicklung in Bayern

Für die vorliegende Untersuchung ebenfalls von Bedeutung ist die in der ersten Hälfte des 19. Jahrhunderts parallel zu der preußischen stattgefundene Entwicklung des Beamtentums in Bayern, welche einen gänzlichen anderen Verlauf genommen hat und sich, geprägt durch die napoleonische Zeit bis zum heutigen Tag erkennbar auf das dortige Dienstrecht auswirkt.[117] In Bayern wurden die im Reichsdeputationshauptbeschluss gewährten Ansprüche auf eine lebenslängliche Anstellung für die Beamten der depossedierten Landesherren am 01. Januar 1805 durch die „Hauptdienstpragmatik über die Dienstverhältnisse der Staatsdiener im Königreich Bayern" direkt übernommen und anschließend auf alle Beamten mit höheren Posten übertragen.[118] Diesem Gesetz, welches mehr als ein Jahrhundert lang die Grundlage für den bayerischen Staatsdienst bilden sollte, lag eine grundlegend andere Auffassung über die Rolle des Beamtentums zu Grunde, als es zur gleichen Zeit in Preußen der Fall war.[119] Architekt des Gesetzes war Maximilian Montgelas, der bereits im Jahr 1796 mit dem Ansbacher Mémoire ein Regierungsprogramm entworfen hatte, welches die Unabsetzbarkeit von höheren Beamten vorsah, da nach seinem Dafürhalten hierdurch eine Möglichkeit geschaffen würde, besonders leistungsfähige Männer für den Staatsdienst zu gewinnen.[120] Montgelas vertrat die Auffassung, dass eine personelle Beständigkeit innerhalb der Beamtenschaft ein Gegengewicht zu den häufigen Wechseln innerhalb ihrer Vorgesetzten bilden müsse und griff hierbei schon das fortan immer

---

116 *Lotz*, Politische Beamte in Preußen?, Schmollers Jahrbuch, S. 95.

117 *Hattenhauer*, Geschichte des deutschen Beamtentums, S. 195; *Schunke*, Die politischen Beamten, S. 40.

118 *Grigoleit*, in: Stern/Becker, Art. 33, Rn. 5 f.; Fisch, Politische Beamte und die Politisierung von Beamten, S. 38.

119 *Hattenhauer*, Geschichte des deutschen Beamtentums, S. 198.

120 *Fisch*, Politische Beamte und die Politisierung von Beamten, S. 38; *Stern*, Das Staatsrecht der Bundesrepublik Deutschland, Band V, S. 157 f.

wiederkehrende Argument der Notwendigkeit eines Vertrauensverhältnisses zwischen Minister und nachgeordnetem Bereich auf:

> Es wäre unmöglich, für einen einzelnen Amtsleiter allen Einzelheiten seines Geschäftsbereiches zu genügen, egal, welche Fähigkeiten man ihm zuschreibt. Er könnte nicht auf Mitarbeiter verzichten. Es stellt sich hier natürlich die Frage, ob ihm die Wahl der Referendäre seiner Abteilungen obliegen soll, oder ob es angemessener ist, wenn der Herrscher sich an seiner Stelle darum kümmert. Ersteres wurde von den Ministern stark befürwortet. Sie gaben vor, die Verantwortung nur für solche Untergebenen übernehmen zu können, denen sie vertrauten; indem man sie zwinge, die Referendäre von fremder Hand zu akzeptieren, beschneide man zu sehr ihre Autorität und schade der Harmonie sowie dem Dienstgehorsam. Auf den ersten Blick erscheint diese Überlegung plausibel. Sie verliert jedoch viel von ihrer Überzeugungskraft, wenn man an den unschätzbaren Vorteil denkt, den man mit der Möglichkeit gewinnt, ehrbare Bürger einzustellen, die auf Grund ihrer guten Bildung Anspruch auf diese Stellen erheben können. Man wird sie [jedoch] nur dann hierzu bewegen, wenn ein Patent des Fürsten ihre Existenzgrundlage sichert. Man kann sich im übrigen schwerlich darüber hinwegtäuschen, daß allein die Beständigkeit der Untergebenen den Ersatz für den mehr oder weniger häufigen Wechsel der Vorgesetzten schafft, der in der Natur der Arbeit sowie in den Verbindungen der Minister liegt, und die somit in jedem Zweig die Einheitlichkeit der Prinzipien aufrechterhält, diesen Geist von Ganzheitlichkeit und Kontinuität, der die Seele einer Verwaltung darstellt. Aus Vorsicht ist es vielleicht angebracht, ein Gegengewicht zur zu großen Macht der Minister zu bilden, indem man unabhängig von ihrem Willen die Dauer der Tätigkeit der Referendare festlegt.[121]

Die für die damalige Zeit erstaunlichen und von Wohlwollen geprägten beamtenethischen Ansichten Montgelas` prägen noch heute den daraus entstandenen Grundgedanken des bayerischen Beamtenrechts, wonach Beamte nicht nach dem Willen der Regierung ohne jeglichen disziplinarrechtlichen, sondern lediglich aus einem politischen Grund heraus in den einstweiligen Ruhestand versetzt werden können. Im Gegensatz zum preußischen Rollenverständnis über die Beamten, wonach diese zusammen mit ihren Ministern und dem König eine geschlossene Opposition gegen das Parlament zu bilden hatten, wurden die höheren Verwaltungsposten in Bayern so ausgestaltet, dass es den Beamten möglich sein sollte, ein inhaltliches Gegengewicht gegen die Macht der Minister (der Krone) zu bilden.[122] Dem Gesetz der

---

[121] Vgl. Ansbacher Mémoire, https://www.hdbg.de/montgelas/pages/hmv33.htm.

[122] *Fisch*, Politische Beamte und die Politisierung von Beamten, S. 40.

Staatsdienerpragmatik (oder auch Hauptlandespragmatik[123]) wohnte hierbei Verfassungsrang inne und entfaltete somit auch eine entsprechende Bindungswirkung gegenüber dem Monarchen.[124] Es veranschaulicht, dass der Konstitutionalismus in Bayern früh verankert wurde und ihm von Beginn an die Idee eines „inner-administrativen Mechanismus von checks and balances" innewohnte.[125] Im Ergebnis bezog sich die Bindungswirkung der Hauptlandespragmatik für den Monarchen jedoch nur auf die persönlichen Rechte des Beamten, was bedeutete, dass zwar der „dienerschaftliche Stand" und auch das „Standesgehalt" vor Entziehung geschützt waren, nicht aber die „Funktionen des Dieners".[126] Die Möglichkeit einer Versetzung bestand somit auch damals. Allerdings nicht in den einstweiligen Ruhestand.

4. Entwicklung in der Weimarer Republik

Obgleich die Niederlage im 1. Weltkrieg den militärischen und staatlichen Zusammenbruch des Deutschen Reichs und somit auch das Ende der Monarchie zur Folge hatte, bildete die Weimarer Republik faktisch den Rechtsnachfolger des Deutschen Reiches von 1871.[127] Auch wurde die Organisation der kaiserlichen Beamtenschaft in diese übertragen.[128] Nach dem Umsturz im Jahr 1918 regelte zunächst § 1 des Übergangsgesetzes vom 04. März 1919, dass auch die Vorschriften über die politischen Beamten in Kraft blieben.[129] Die Versetzung in den einstweiligen Ruhestand erfolgte gem. § 4 des Gesetzes nunmehr durch den Reichspräsidenten statt durch den Kaiser. Die Weimarer Reichsverfassung vom 11. August 1919 sah darüber hinaus erstmals die politische Neutralität des Berufsbeamtentums vor.[130] Beamtentum und Politik sollten nach dem Willen des Verfassungsgesetzgebers gegensätzliche Begriffe sein.[131] Die Wirklichkeit war jedoch bereits wenige Jahre nach Inkrafttreten der Verfassung eine gänzlich andere: die rechtlichen Möglichkeiten zur

---

123 *Henning*, Die deutsche Beamtenschaft im 19. Jahrhundert, S. 15 f.

124 *Kotulla*, Deutsches Verfassungsrecht 1806–1918, S. 426 ff.

125 *Fisch*, Politische Beamte und die Politisierung von Beamten, S. 40.; *Voitl*, in: BeckOK Beamtenrecht Bayern, Rn. 5 ff.

126 *Goldberg*, Die politischen Beamten, S. 11.

127 *Frotscher/Pieroth*, Verfassungsgeschichte, S. 261.

128 *Goldberg*, Die politischen Beamten, S. 26.

129 RGBl. I 1919, Nr. 55, S. 285.

130 *Battis*, in: Battis: BBG, Einleitung, Rn. 3.

131 *Lenze*, Der politische Beamte, S. 3.

Politisierung der Verwaltung, sprich zum Ersetzen der fachlichen Eignung durch politische Gesinnungsgleichheit, wurde nicht eingedämmt, sondern stark ausgeweitet, was insbesondere durch die Einführung des Gesetzes über die Pflichten der Beamten zum Schutze der Republik vom 21. Juli 1922 ermöglicht wurde.[132] Das Gesetz brachte in Art. III sowohl eine Erweiterung als auch eine Neuerung mit sich. Dort hieß es:

> Durch Reichs- oder Landesgesetz kann über die bestehenden Vorschriften hinaus bestimmt werden, daß im Interesse der Festigung der verfassungsmäßigen republikanischen Staatsform nichtrichterliche Beamte, die den jetzigen Besoldungsgruppen von A XII an aufwärts angehören und die entweder sich in leitender Stellung oder in der Stellung von Stellvertretern leitender Beamten befinden oder politische Entscheidungen zu treffen haben oder mit Aufgaben zum Schutze der Republik besonders betraut sind, jederzeit durch die vorgesetzte oberste Reichs- oder Landesbehörde mit Gewährung des gesetzlichen Wartegeldes einstweilen in den Ruhestand versetzt werden können. Dabei ist es unerheblich, ob die betroffenen Beamten vor oder nach dem Inkrafttreten der Reichsverfassung angestellt worden sind. Das Gesetz hat die Kategorien von Beamten, auf die es anzuwenden ist, im Rahmen der Ermächtigung des Abs. 1 näher zu bezeichnen.

Fortan konnte somit jeder Beamte ab der Besoldungsgruppe A13 und gem. Art. IV im Falle einer Betrauung mit Aufgaben zum Schutze der Republik auch schon ab der Besoldungsgruppe A12 jederzeit in den einstweiligen Ruhestand versetzt werden, sofern dies im Interesse der Festigung der verfassungsmäßigen republikanischen Staatsform erfolgte.[133] Diese Formulierung verschaffte der Regierung einen sehr weiten Gestaltungsraum, was die Möglichkeit zur Quieszierung von Beamten anging. Hinzu kam der Umstand, dass die Regelung in objektiver Hinsicht insofern weit über den Kreis solcher Personen hinausging, die tatsächlich mit politisch relevanten Aufgaben betraut waren, als dass sie pauschal jeden Beamten ab einer gewissen Gehaltsstufe ohne Rücksicht auf die Natur seiner Tätigkeit für politisch oder zumindest für politisierbar erklärte.[134] Mit dem Republikschutzgesetz wollte man seinerzeit somit ein Instrumentarium schaffen, mit dem

---

[132] RGBl. I 1922, Nr. 52, S. 590.

[133] RGBl. I, S. 590.

[134] *Goldberg*, Die politischen Beamten, S. 32; *Köttgen*, Das deutsche Beamtentum und die parlamentarische Demokratie, S. 110.

es gelingen sollte, konservative monarchische Kräfte aus dem öffentlichen Dienst zu entfernen.[135] Allerdings muss die Vorschrift auch im historischen Kontext gesehen werden: Nach dem abrupten Ende der Monarchie sollte eine umfangreiche Einflussnahme der Regierung auf das Beamtentum als Schutzmaßnahme dienen, die in wirtschaftlich, politisch und gesellschaftlich äußerst unsicheren Zeiten des Wandels gerade in den Anfangsjahren der Republik für eine gewisse Stabilität auf staatlicher Ebene sorgen sollte.[136] Das Beamtentum, dessen Parteipolitisierung wie bereits beschrieben schon vor dem Krieg deutlich sichtbar zu Tage getreten war, sollte so durch die Regierung kontrolliert und im Zaum gehalten werden. Natürlich versuchten die zahlreichen politischen Gruppierungen in der Nachkriegszeit nach dem Wegfall des Kaisers als ruhendem Integrationspol, dessen umfassende Macht zugleich eine ausgleichende und zusammenhaltende Wirkung auf die Beamtenschaft hatte, durch direkte Einflussnahme bei der Besetzung von Stellen im öffentlichen Dienst die eigenen politischen Ziele wirksam voranzutreiben.[137] Die Folge dieser direkten Einflussnahme auf die Stellenbesetzungen bei politischen Beamten war jedoch, dass Personen ohne entsprechende Ausbildung und Erfahrung in exponierte Ämter gelangten, deren fachlichen Anforderungen sie nicht gewachsen waren.[138] Als Maßstab für die Eignungsbeurteilung trat an die Stelle des Laufbahnprinzips die bisherige parteipolitische Karriere.[139] Diese Praxis musste sich jedoch unweigerlich auf die Qualität der Kandidaten auswirken, da die Parteien der Weimarer Koalition bestehend aus Sozialdemokraten, katholischem Zentrum und Linksliberalen infolge der vorherigen langjährigen monarchisch-konservativ geprägten Personalauswahl nicht über eine ausreichende Zahl an qualifiziertem Personal verfügte.[140] Es existierten allerdings auch Ausnahmen von dieser Parteipolitisierung der Beamtenschaft, und zwar zumeist in solchen Fällen, in denen es nicht erforderlich war, einen parteipolitisch sozialisierten Beamten durch einen des eigenen Lagers auszutauschen. Dies war zumeist dann der Fall, wenn der jeweilige Amtsinhaber aufgrund seiner politischen Neutralität

---

135 *Hattenhauer*, Geschichte des deutschen Beamtentums, S. 351.
136 *Winkler*, Der lange Weg nach Westen, Band I, S. 426 f.
137 *Kugele*, Der politische Beamte, S. 32.
138 *Hartung*, Staatsbildende Kräfte der Neuzeit, S. 340 f.
139 *Kugele*, Der politische Beamte, S. 33.
140 *Fisch*, Politische Beamte und die Politisierung von Beamten, S. 48.

keine vermeintliche Gefahr darstellte, sondern vielmehr lediglich durch fachliche Kompetenz auffiel, wie das nachfolgende Beispiel verdeutlicht: Die Verfassungsreform des Jahres 1917 brachte eine für die weitere Untersuchung durchaus bemerkenswerte Änderung in der Organisation der Ministerialverwaltung mit sich. Zu Zeiten des Deutschen Reichs war es den politischen Beamten möglich, während ihrer Laufbahn bis in das Amt zu gelangen, das nunmehr dem eines Minister entsprach. Der Staatsaufbau zwischen 1871 und 1918 sah allerdings weder eine Reichsregierung noch Minister an den Spitzen der obersten Reichsbehörden vor. Lediglich der Reichskanzler, der zugleich preußischer Ministerpräsident und preußischer Außenminister war, war dem Kaiser in ministerieller Form unmittelbar unterstellt und hatte als einzige Person das Recht zur Gegenzeichnung von Gesetzesentwürfen.[141] An den Spitzen der Reichsämter standen als politische Beamte Staatssekretäre, die formell wiederum unmittelbar dem Reichskanzler unterstellt waren, jedoch keine Ressortverantwortlichkeit wie die heutigen Bundesminister im Sinne von Art. 65 S. 2 GG besaßen.[142] In der Weimarer Republik hingegen wurden die Spitzen der Ministerien nunmehr durch Politiker besetzt, was mit jedem Regierungswechsel auch einen entsprechenden Austausch auf diesen Positionen mit sich brachte. Während beispielsweise das Reichsjustizamt während der Kaiserzeit vom 11. Juli 1893 – 25. Oktober 1909 und somit 16 Jahre lang lediglich von Rudolf Arnold Nieberding[143] geleitet wurde, ging das Amt des Reichsjustizministers in der Weimarer Republik innerhalb von 14 Jahren durch 16 verschiedene Hände.[144] Bemerkenswert ist in diesem Zusammenhang, dass mit dem jeweiligen Wechsel an der Spitze des Ministeriums nicht gleichzeitig auch ein Wechsel des Amtschefs einherging, obwohl rechtlich gesehen die Möglichkeit dazu bestanden hätte. Vielmehr übertrug sich das

---

141 Vgl. Art. 17 Gesetz betreffend die Verfassung des Deutschen Reiches vom 16. April 1871.

142 *Frotscher/Pieroth*, Verfassungsgeschichte, S. 215.

143 Während seiner Zeit an der Spitze des Reichsjustizamtes trieb Nieberding, ohne inhaltlich selbst Einfluss zu nehmen, die Entstehung des BGB entscheidend voran, vgl. *Schulte-Nölke*, Das Reichsjustizamt und die Entstehung des Bürgerlichen Gesetzbuchs, S. 195.

144 *Hattenhauer*, Geschichte des deutschen Beamtentums, S. 340; *Schulte-Nölke*, Das Reichsjustizamt und die Entstehung des Bürgerlichen Gesetzbuchs, S. 195 ff.

Element der Kontinuität auf die Ebene des Staatssekretärs.[145] So bewahrte der (parteilose) Justiz-Staatssekretär Curt Joël dem Amt von 1920–1931 losgelöst von allen politischen Wirrungen der damaligen Zeit die Dauer und sorgte in fachlicher Hinsicht für Verlässlichkeit und Beständigkeit innerhalb des Ministeriums.[146] Parteiübergreifend wurde zur damaligen Zeit trotz des Wunsches nach der Einsetzung „eigener" Leute somit ebenso die Notwendigkeit erkannt, dass die politische Führung eines Ministeriums in Zeiten einer Parlamentsherrschaft von der Ebene der Verwaltung zu trennen ist.

Wie auch in der heutigen Bundesrepublik entwickelte sich die Rechtsfigur des politischen Beamten während der Weimarer Zeit innerhalb der jeweiligen Länder unterschiedlich. Bei dem zuvor erwähnten Gesetz über die Pflichten der Beamten zum Schutze der Republik handelte es sich um ein Grundsatzgesetz im Sinne von Art. 10 Nr. 3 WRV, was bedeutete, dass es auch von den einzelnen Ländern übernommen werden konnte.[147] In Preussen wurde hiervon entsprechend Gebrauch gemacht und der Kreis der politischen Beamten durch das Gesetz zur Festigung der verfassungsmäßigen republikanischen Staatsform vom 31. Dezember 1922[148], welches wiederum aufgrund Art. III des Republikschutzgesetzes vom 24. Juli 1924[149] erging, entsprechend den reichsrechtlichen Vorschriften erweitert. Durch Gesetz vom 04. Juli 1923[150] wurden schließlich auch die Beamten der Pressestelle beim Staatsministerium zu politischen Beamten erklärt.[151] Während die reichsrechtliche Regelung auch von weiteren Ländern entsprechend übernommen wurde, wodurch dort das Institut des politischen Beamten teilweise erst entstand,[152] lehnte man dies in Bayern wiederum nicht nur ab, sondern rang der Reichsregierung,

---

145 *Hattenhauer*, Geschichte des deutschen Beamtentums, S. 340.

146 *Hattenhauer*, Geschichte des deutschen Beamtentums, S. 340.

147 *Schunke*, Die politischen Beamten, S. 59.

148 PrGS, 1923, S. 1.

149 Zu den Gründen seines Entstehens vgl. *Winkler*, Der Lange Weg nach Westen, Band 1, S. 409 ff.

150 PrGS, S. 301.

151 *Schunke*, Die politischen Beamten, S. 61.

152 Sachsen bspw. kannte die Rechtsfigur bis zum Jahr 1923 nicht und führte sie erst durch das Gesetz über die Pflichten der Beamten und Lehrer und über Änderungen des Dienststrafrechts vom 26. Juli 2023 (GBl. S. 244) ein. Auch Thüringen schuf sich durch das Staatsbeamtengesetz vom 14. März 1923 ein politisches Beamtentum von erheblichem Umfang, vgl. *Goldberg*, Die politischen Beamten, S. 29 ff.

nachdem man zuvor das Republikschutzgesetz einen Tag nach dessen Inkrafttreten eigenmächtig wieder aufgehoben hatte, im Berliner Protokoll vom 11. August 1922[153] sogar die Zusage ab, von der Befugnis des Art. IV Republikschutzgesetz in Bezug auf bayerische Reichsbeamte, deren Tätigkeit sich ausschließlich auf Bayern bezog, erst Gebrauch zu machen, nachdem der bayerischen Landesregierung Gelegenheit zur Äußerung gegeben wurde.[154] Die Institution blieb somit in Bayern nicht nur weiterhin unbekannt, sondern man wehrte sich aktiv gegen eine Einflussnahme durch das Reich auf diejenigen Beamten, die aus Bayern kamen und mit bayerischen Belangen befasst waren.

5. Entwicklung im Nationalsozialismus

Aus verfassungsrechtlicher Sicht ist zunächst festzuhalten, dass die Nationalsozialisten die Weimarer Reichsverfassung formell weder aufhoben noch durch eine neue Verfassung ersetzten.[155] Allerdings wurde die Weimarer Reichsverfassung in wesentlichen Teilen durch die Gesetze der Nationalsozialisten in materieller Hinsicht außer Kraft gesetzt und hatte somit faktisch zu gelten aufgehört.[156] Infolge der Machtergreifung der Nationalsozialisten wurden zunächst die Länder aufgrund des vorläufigen sowie des zweiten Gesetzes zur Gleichschaltung der Länder mit dem Reich vom 31. März 1933[157] bzw. vom 07. April 1933[158] in ihrer Eigenstaatlichkeit aufgehoben. Das Reich wurde somit auch Dienstherr über die dortigen Beamten. Im Zuge dieser Angleichung wurde am 07. April 1933 das Gesetz zur Wiederherstellung des Berufsbeamtentums erlassen, welches in erster Linie jedoch Regelungen zur Entlassung politisch missliebiger Beamter[159] enthielt.[160] Gemäß § 4 des Gesetzes konnten Beamte, die nach ihrer bisherigen politischen Betätigung nicht die Gewähr

---

153 Der Tag wird auch „Verfassungstag" genannt, vgl. *Winkler*, Der lange Weg nach Westen, Band 1, S. 426 f.; RGBl. I S. 96.

154 *Goldberg*, Die politischen Beamten, S. 28; *Schunke*, Die politischen Beamten, S. 62.

155 *Di Fabio*, Die Weimarer Verfassung, S. 245.

156 *Frotscher/Pieroth*, Verfassungsgeschichte, S. 344.

157 RGBl. I, S. 153.

158 RGBl. I, S. 173.

159 Bspw. wurde die Vorschrift im Falle des Oberpräsidenten von Hannover, Gustav Noske, entgegen einer Zusage Hermann Görings entsprechend angewendet.

160 RGBl. I. S. 175; *Frotscher/Pieroth*, Verfassungsgeschichte, S. 317; *Schunke*, Die politischen Beamten, S. 75.

dafür boten, dass sie jederzeit rückhaltlos für den nationalsozialistischen Staat eintreten würden, aus dem Dienst entlassen werden. Für die Dauer von drei Monaten nach der Entlassung wurden ihnen ihre bisherigen Bezüge belassen. Nach dieser Zeit erhielten sie fortan drei Viertel des Ruhegeldes (§ 8) sowie bei Bedarf eine entsprechende Hinterbliebenenversorgung. Die letztgenannten Regelungen scheinen für die damalige Zeit angesichts des ansonsten erbarmungslosen Umgangs mit politischen Gegnern sowie einer vielfach vorherrschenden Verachtung der Nationalsozialisten für das Beamtentum[161] vergleichsweise milde. Der Grund hierfür war allerdings ein von Eigennutz geprägter: man wollte aufgrund der eh schon sehr weit gefassten Möglichkeit zur Entfernung aus dem Dienst kein zu großes Misstrauen auf Seiten des Beamtentums schüren, weshalb auch die Zahlungen der Ruhegelder und Pensionen in vielen Fällen tatsächlich eingehalten wurden. Zwei prominente Beispiele, bei denen bis zum Kriegsende trotz aller zusätzlichen Schikanen und Verhaftungen entsprechend verfahren wurde, waren Gustav Radbruch und Konrad Adenauer.[162] Insgesamt folgte ab dem Zeitpunkt der Machtergreifung dennoch das im Vorfeld bereits angekündigte „große Aufräumen" in den Amtsstuben sowie die Vertreibung der sog. Parteibuchbeamten, zu denen man hauptsächlich diejenigen politischen Beamten zählte, die seit dem 09. November 1918 ohne Nachweis der für ihre Ämter vorgeschriebenen oder üblichen Vorbildung und Eignung in das Beamtenverhältnis berufen worden waren.[163] Allerdings ging es hierbei weniger um eine Steigerung der Qualität innerhalb des Beamtentums, sondern vielmehr um die schlichte Ergreifung von Macht durch Erlangung entsprechender Posten, für deren amtsangemessene Ausübung den eingesetzten Personen vielfach ebenfalls die entsprechende Verwaltungserfahrung fehlte.[164] Die Parteiherrschaft der NSDAP in der Verwaltung nahm fortan ihren Lauf. Dem Gesetz zur Wiederherstellung des Berufsbeamtentums folgte das Deutsche Beamtengesetz vom 26. Januar 1937[165], welches die Versetzung in den einstweiligen Ruhestand in

---

161 *Klotz*, Nationalsozialismus und Beamtentum, S. 3 f.

162 *Hattenhauer*, Geschichte des deutschen Beamtentums, S. 410 f.

163 *Frotscher/Pieroth*, Verfassungsgeschichte, S. 339; *Hattenhauer*, Geschichte des deutschen Beamtentums, S. 409.

164 *Fisch*, Politische Beamte und die Politisierung von Beamten, S. 49; *Hattenhauer*, Geschichte des deutschen Beamtentums, S. 406.

165 RGBl. I, S. 39.

eine Versetzung in den Wartestand[166] änderte und den Kreis der politischen Beamten in § 44 DBG festlegte. Über § 44 Abs. 2 DBG war es zudem möglich, eine Erweiterung dieses Personenkreises vorzunehmen, was in den besetzten Gebieten während der Kriegsjahre auch vielfach geschah.[167] Noch stärker als zu Zeiten der absoluten Monarchie waren die Beamten im Nationalsozialismus im Grunde allesamt als politische Beamte anzusehen, da jede von der nationalsozialistischen Ideologie abweichende Haltung zur Entfernung aus dem Dienst führte.[168] Aus der damaligen Zeit finden sich Formulierungen wie „der Beamte ist politischer Soldat in Zivil", woran deutlich wird, dass es für das Berufsbeamtentum keine politische Unabhängigkeit mehr gab und somit auch die Rechtsfigur des politischen Beamten im Ergebnis bedeutungslos wurde, was auch im damaligen Schrifttum so bewertet wurde:

> Gewisse Beamtengruppen, die vorzugsweise mit der Bearbeitung politischer Sachen vertraut sind, müssen sich die jederzeit formlose Versetzung in den einstweiligen Wartestand gefallen lassen; sie werden auch jetzt noch politische Beamte genannt, obwohl alle Beamten heute politische Kämpfer sein müssen.[169]

Das Beamtentum hatte mit der Politik des „Führers" nicht nur in jeder Hinsicht übereinzustimmen, sondern war auch zum politischen Handeln im Sinne des nationalsozialistischen Ideenguts verpflichtet. Es genügte für einen Beamten nicht, lediglich Anhänger des Staates zu sein. Er musste kämpferisch für diesen tätig werden.[170] Bis zum Untergang des Reichs stand für jeden Beamten fortan die personale Verpflichtung auf den „Führer" an oberste Stelle. Die bisher erlangten Errungenschaften für die Beamtenschaft wie Neutralität und politische Passivität hatten keinerlei Bedeutung mehr. Der Verbleib oder das Entfernen eines jeden Beamten oblag Hitler selbst, wie § 71 Abs. 1 RBG festlegte:

---

166 Der Wartestand unterschied sich vom einstweiligen Ruhestand dadurch, dass bei Ersterem weiterhin ein aktives Beamtenverhältnis vorlag, wohingegen der Ruhestandsbeamte sich nicht mehr im aktiven Dienst befand.

167 *Fischbach*, DBG, S. 275 f.; *Schunke*, Die politischen Beamten, S. 76.

168 *Fischbach*, DBG, S. 276; *Kugele*, Der politische Beamte, S. 36.

169 *Brand*, DBG, S. 86 ff.; *Klotz*, Nationalsozialismus und Beamtentum, S. 3 f.; *Morstein Marx*, DVBl. 1955, 6, 10.

170 *Brand*, DBG, S. 90.

> Der Führer und Reichskanzler kann einen Beamten auf Lebenszeit oder auf Zeit auf einen von der obersten Dienstbehörde im Einvernehmen mit dem Reichsminister des Innern gestellten Antrag in den Ruhestand versetzen, wenn der Beamte nicht mehr die Gewähr dafür bietet, daß er jederzeit für den nationalsozialistischen Staat eintreten wird.

Für die weitere Untersuchung zu beachten ist, dass die Beamtengesetze in der Zeit zwischen 1933–1945 aufgrund ihrer Prägung durch den Nationalsozialismus für die Bestimmung der hergebrachten Grundsätze des Berufsbeamtentums i.S.v. Art. 33 Abs. 5 GG vom Bundesverfassungsgericht nicht berücksichtigt werden.[171]

6. Entwicklung in der Bundesrepublik Deutschland

a) Entwicklung im Bund

Für die weitere Untersuchung von Interesse ist die Beantwortung der Frage, wie die junge Bundesrepublik mit der Institution des politischen Beamten, die bereits in vorkonstitutioneller Zeit ihren Ursprung gefunden hatte und zur Zeit der ersten Republik stetig ausgeweitet wurde, weiter verfahren würde. Nach dem Ende des „Dritten Reichs“ 1945 behielt das Deutsche Beamtengesetz vom 26. Januar 1937 zunächst dennoch seine Gültigkeit, welche es auch nach dem Inkrafttreten des Grundgesetzes am 25. Mai 1949[172] nur insoweit einbüßte, als dass solche Vorschriften ihre Gültigkeit verloren, die der demokratischen Rechtsauffassung des Grundgesetzes entgegenstanden.[173] Diese entnazifizierte Fassung wurde als Übergangslösung für den Bund sowie für diejenigen Länder, die noch keine eigenen Beamtengesetze erlassen hatten, am 30. Juni 1950 offiziell verkündet.[174] In § 44 des Gesetzes[175] fanden sich auch die politischen Beamten wieder. Allerdings wurde der Personenkreis, der hiervon umfasst wurde, im Vergleich zu der vorherigen Regelung des Jahres 1937 deutlich eingeschränkt und umfasste lediglich noch die Staatssekretäre, sonstige Vertreter des Ministers, Ministerialdirektoren, Beamte, die als Pressereferenten in den obersten Dienstbehörden angestellt sind, Ministerialdirigenten, Staatsanwälte und sonstige Beamte des höheren Dienstes

171 Vgl. BVerfGE 83, 89, 98; 106, 225, 232; 107, 218, 237.
172 BGBl. I, 1949, Nr. 1, S. 1 ff.
173 *Fischbach*, DBG, S. 4.
174 BGBl. I, 1950, Nr. 30, S. 279–305.
175 BGBl. I, 1950, Nr. 30, S. 288.

im Bundespräsidialamt, im Bundeskanzleramt und im Auswärtigen Amt sowie Beamte des höheren Dienstes bei den diplomatischen und konsularischen Vertretungen.[176] Ein noch zurückhaltenderer Ämterkreis fand sich sodann in § 36 des Bundesbeamtengesetzes vom 14. Juli 1953[177], welches der Übergangslösung vom 30. Juni 1950 nachfolgte.[178] Fortan nicht mehr zum Kreis der politischen Beamten des Bundes gezählt wurden die Ministerialdirigenten des Bundespräsidialamts und des Bundeskanzleramts sowie die sonstigen Beamten des höheren Dienstes und auch die Bundesanwälte (nicht aber die Oberbundesanwälte[179]).[180] Anstelle der jeweiligen Pressereferenten in den oberen Dienstbehörden gehörten nur noch der Bundespressechef sowie dessen Vertreter und im Auswärtigen Amt nur noch die Beamten des höheren Dienstes ab der Besoldungsgruppe A 1a[181] der Gruppe der politischen Beamten an. Erweitert wurde der Personenkreis hingegen um den Präsidenten sowie den Vizepräsidenten des Bundesamtes für Verfassungsschutz. Zudem wurde die „Versetzung in den Wartestand" wieder in eine „Versetzung in den einstweiligen Ruhestand" geändert.[182] Ebenso wurde über § 36 Abs. 2 BBG die Möglichkeit beibehalten, auch andere Beamte in den einstweiligen Ruhestand zu versetzen, soweit gesetzliche Vorschriften dies ermöglichen.[183] Von Interesse für die vorliegende Untersuchung ist hingegen eine an anderer Stelle des Gesetzes neu platzierte Vorschrift. In § 8 BBG, der in Abs. 1 regelt, dass

176 Unter die Rubrik fielen auch der damalige Oberbundesanwalt und die Bundesanwälte beim Bundesgericht, vgl. hierzu *Fischbach*, DBG, S. 608.

177 Zudem sah bereits der Regierungsentwurf zum BBG eine strikte Bindung aller Beförderungen an die Grundsätze von Eignung, Befähigung und fachlicher Leistung vor, vgl. *Wengst*, Beamtentum zwischen Reform und Tradition 1948–1953, S. 254.

178 BGBl. I, 1953, Nr. 36, S. 551.

179 Mit Oberbundesanwälten waren der Generalbundesanwalt beim Bundesgerichtshof und der Oberbundesanwalt beim Bundesverwaltungsgericht gemeint, welche durch eine Änderung von § 62 Bundesbesoldungsgesetz vom 27. Juli 1957 (BGBl. I, 1957, Nr. 39, S. 1005) in den § 36 Abs. 1 Nr. 5 BBG nun auch namentlich aufgeführt wurden, vgl. *Fischbach*, BBG, S. 308.

180 BGBl. I, 1953, Nr. 36, S. 556.

181 Entspricht dem heutigen A16 BBesG.

182 BGBl. I, 1953, Nr. 36, S. 556.

183 Vgl. *Fischbach*, BBG, S. 307.

die Berufung in ein Beamtenverhältnis mittels einer Stellenausschreibung zu erfolgen hat, hieß es in Abs. 2 fortan wie folgt:

> Die Pflicht zur Stellenausschreibung gilt nicht für die Stellen der Staatssekretäre, Abteilungsleiter in den Bundesministerien und Leiter der den Bundesministerien unmittelbar nachgeordneten Behörden sowie der bundesunmittelbaren Körperschaften, Anstalten und Stiftungen des öffentlichen Rechts. Über weitere Ausnahmen von der Pflicht zur Stellenausschreibung entscheidet der Bundespersonalausschuß.

Diese Vorschrift hatte somit unmittelbar zur Folge, dass bei der Vergabe der genannten Posten, welche mit denen des § 36 Abs. 1 BBG nahezu deckungsgleich war, die Selbstbindung durch Nennung von fachlichen Voraussetzungen für potentielle Bewerber entfiel, was im Grunde der Verfahrensweise zu Beginn der 1920er Jahre der Weimarer Republik entsprach, wenngleich auch der Personenkreis der politischen Beamten damals deutlich weiter gezogen war.[184] Der Gesetzgeber hat für die aktuelle Fassung des § 8 Abs. 1 BBG in Bezug auf die Ausschreibungspflicht, welche grundsätzlich auch für die Stellen von politischen Beamten greift, eine noch offenere Formulierung gewählt und gestattet es der Bundesregierung gem. § 8 Abs. 1 S. 3 BBG, durch Rechtsverordnung Ausnahmen von der Ausschreibungspflicht festzulegen.[185] Dies gilt sogar für die Ausschreibungspflicht in Bezug auf die Einstellung in das Beamtenverhältnis. Nachdem durch das am 12. Februar 2009 in Kraft getretene Dienstrechtneuordnungsgesetz (DNeuG)[186] das BBG neu gefasst wurde[187], hat die Bundesregierung parallel dazu von der Möglichkeit des § 8 Abs. 1 S. 3 BBG Gebrauch gemacht und die Verordnung über die Laufbahnen der Bundesbeamtinnen und Bundesbeamten (BLV)[188] beschlossen, welche in § 4 Abs. 2 BLV regelt, dass die nachfolgenden Stellen keiner Ausschreibungspflicht unterliegen:

1) Staatssekretäre, Abteilungsleiter in den Bundesministerien und im Bundestag, sonstige politische Beamte, Leitungen der anderen obersten Bundesbehörden und Leiter der den Bundesministerien unmittelbar

---

184 *Fisch*, Politische Beamte und die Politisierung von Beamten, S. 51.
185 BGBl. I, 2023, Nr. 389, S. 8.
186 BGBl. I, 2009, Nr. 7, S. 160.
187 BGBl. I, 2009, Nr. 7, S. 160.
188 BGBl. I, 2009, Nr. 8, S. 284.

nachgeordneten Behörden sowie der bundesunmittelbaren Körperschaften, Anstalten und Stiftungen des öffentlichen Rechts,
2) Persönlichen Referenten der Leiter der obersten Bundesbehörden sowie der beamteten und Parlamentarischen Staatssekretäre,
3) Stellen, die mit Beamten unmittelbar nach Abschluss ihres Vorbereitungsdienstes oder eines Aufstiegsverfahrens besetzt werden,
4) Stellen, die durch Versetzung nach vorangegangener Abordnung, nach Übertritt oder nach Übernahme von Beamtinnen und Beamten besetzt werden,
5) Stellen, die zur Vermeidung der Versetzung in den Ruhestand wegen Dienstunfähigkeit oder zur erneuten Berufung in das Beamtenverhältnis nach Wiederherstellung der Dienstfähigkeit besetzt werden,
6) Stellen des einfachen Dienstes, für Bewerber von der Bundesagentur für Arbeit vermittelt werden können.

Durch die Verordnung wurde der Ämterkreis, für den keine Ausschreibungspflicht bestehen soll, im Vergleich zum ursprünglich im BBG selbst gefassten Rahmen somit erheblich erweitert. Hinzu kommt die Vorschrift des § 4 Abs. 3 Nr. 1 BLV, welche es ermöglicht, in Einzelfällen oder auch allgemein von einer Stellenausschreibung in den Fällen abzusehen, in denen Gründe der Personalplanung oder des Personaleinsatzes entgegenstehen und es sich nicht um Einstellungen handelt, wobei gem. § 4 Abs. 3 Nr. 2 BLV wiederum auch hiervon abgewichen werden kann, so denn einer der in § 4 Abs. 1 Nr. 1 BLV genannten Fälle vorliegt.[189] Darüber hinaus ermöglicht es die Vorschrift des § 78 Abs. 4 BPersVG, dass die in § 78 Abs. 1 BPersVG geregelten Mitbestimmungstatbestände des Personalrats nicht für politische Beamte und entsprechende Arbeitnehmer gelten.[190] Bei der Einstellung von politischen Beamten im Sinne des § 54 BBG erfolgt somit keine Beteiligung des Personalrats, wie sie ansonsten gem. § 78 Abs. 1 Nr. 1 BPersVG obligatorisch ist.[191] Selbiges gilt gem. § 84

---

189 Vgl. hierzu auch *Battis*, in: Battis: BBG, § 8, Rn. 7.

190 Bemerkenswert sind die Ausführungen des BVerwG zu dieser Vorschrift: Danach solle der Ausschluss der Mitbestimmung der Bedeutung der auf diesen Stellen verrichteten Tätigkeit und der damit verbundenen Verantwortung Rechnung tragen und die Unabhängigkeit von Personalentscheidungen bei herausgehobenen Stellen sichern, vgl. BVerwG, Beschluss vom 7. Juli 2008 – 6 P 13/07 –, Rn. 19.

191 Vgl. *Spitzlei*, ZfPR 2024, 77.

Abs. 2 S. 1 BPersVG zudem für die Versetzung von politischen Beamten in den einstweiligen Ruhestand.[192] Das BBG enthält zudem keine Regelung, die die Begründung eines Beamtenverhältnisses direkt im Status eines Lebenszeitbeamten untersagt.[193] Über § 10 S. 2 BeamtStG sind entsprechende Abweichungen von einer Mindestprobezeit auch durch länderrechtliche Regelungen zulässig.[194] Die bis zum Jahr 2009 in § 36 BBG a.F. enthaltene Regelung über die Versetzung politischer Beamter in den einstweiligen Ruhestand findet sich nunmehr in § 54 BBG und hat im Laufe der Jahre eine Vielzahl von Änderungen erfahren, was den von ihr umfassten Ämterkreis betrifft. So wurde beispielsweise der Bundesbeauftragte für den Zivildienst mit Gesetz vom 28. April 2011 aus der Vorschrift gestrichen.[195] Mit Gesetz vom 21. Juli 2012 wurden die Präsidenten des Bundesamtes für das Personalmanagement der Bundeswehr, des Bundesamtes für das Personalmanagement der Bundeswehr sowie des Bundesamtes für das Personalmanagement der Bundeswehr in die Vorschrift aufgenommen.[196] Mit Gesetz vom 03. März 2015 fand zudem das Amt des Präsidenten der Generalzolldirektion Einzug in den Kreis der politischen Beamten.[197] Eine weitere beachtenswerte Änderung erfuhr die Regelung im Jahre 2023, als die bisherigen Abs. 1 Nr. 11 und Nr. 12 geändert und in Abs. 1 Nr. 13 und Nr. 14 sowie der neue S. 2 hinzugefügt wurden.[198] Auffällig hierbei ist, dass die Bundesregierung die Aufnahme zweier Spitzenämter in Gestalt des Präsidenten des Bundesamtes für Sicherheit in der Informationstechnik (§ 54 Abs. 1 S. 1 Nr. 13 BBG) sowie des Präsidenten des Bundesamtes für Migration und Flüchtlinge (§ 54 Abs. 1 S. 1 Nr. 14 BBG) nicht durch ein Gesetz zur Änderung des Bundesbeamtengesetzes bewirkt hat, sondern stattdessen in Art. 5 des Gesetzes zur Änderung des Bevölkerungsstatistikgesetzes, des Infektionsschutzgesetzes, personenstands- und dienstrechtlicher Regelungen sowie der Medizinprodukte-Abgabeverordnung vom 17. Juli 2023 „untergebracht" hat.[199]

---

192 Vgl. *Spitzlei*, ZfPR 2024, 77.

193 Vgl. *Schwidden*, RiA 1999, 13, 15.

194 Vgl. *Schwarz*, DÖV 2021, 1045, 1048.

195 BGBl. I, 2011, Nr. 19, S. 687, 692.

196 BGBl. I, 2012, Nr. 35, S. 1583, 1590 f.

197 BGBl. I, 2015, Nr. 49, S. 2178, 2180.

198 BGBl. I 2023, Nr. 190, S. 4.

199 Dieses Vorgehen hat zur Folge, dass bei einer Durchsicht des Bundesgesetzblatts auf der hierfür offiziellen Seite www.recht.bund.de zunächst lediglich die Bezeichnung des Gesetzes sowie die zugehörigen Sachgebiete ersichtlich sind, die vorliegend lauten:

Die Federführung für dieses Gesetz hatte zudem nicht, wie man aufgrund der Bezeichnung vermuten dürfte, das Bundesministerium für Gesundheit, bei dem die fachliche Zuständigkeit für den Infektionsschutz ressortiert, sondern das Bundesministerium für Inneres und Heimat, dessen nachgeordnete Behörden sowohl das Bundesamt für Sicherheit in der Informationstechnik als auch das Bundesamt für Migration und Flüchtlinge sind.

Die zuletzt erfolgte Änderung des Gesetzes betrifft ebenfalls die Gruppe der politischen Beamten und erfolgte mit dem Gesetz zur Beschleunigung von Disziplinarverfahren in der Bundesverwaltung und zur Änderung weiterer dienstrechtlicher Vorschriften vom 22. Dezember 2022, welches am 01. April 2024 in Kraft trat.[200] Durch Art. 6 des Gesetzes wurde der Überschrift des § 56 BBG die Formulierung „Bekenntnis zur freiheitlich demokratischen Grundordnung" hinzugefügt sowie in den Gesetzestext der Satz 3 „Politische Beamtinnen und politische Beamte müssen sich auch während des einstweiligen Ruhestands durch ihr gesamtes Verhalten zu der freiheitlichen demokratischen Grundordnung im Sinne des Grundgesetzes bekennen" aufgenommen.[201] In § 77 Abs. 2 BBG wurde zudem der Satz „Für politische Beamtinnen und politische Beamte gilt ein Verstoß gegen § 56 Satz 3 als Dienstvergehen" angefügt und § 105 Abs. 2 Nr. 1 BBG lautet nunmehr: „Zur Anzeige jeder Erwerbstätigkeit oder sonstigen Beschäftigung außerhalb des öffentlichen Dienstes verpflichtet ist eine Ruhestandsbeamtin oder ein Ruhestandsbeamter, wenn sie oder er vor Eintritt in den Ruhestand politische Beamtin oder politischer Beamter nach § 54 Absatz 1 war".[202] Die Rechtslage für politische Beamte des Bundes im

---

„Sachgebiet: Genehmigungs- und überwachungsbedürftige Anlagen; Krankheitsbekämpfung, Impfwesen; Personenstandswesen; Besoldung, Reise- und Umzugskosten, Unterhaltszuschuss; Statistik; Beamte". Eine Änderung des BBG um die Erweiterung politischer Beamte dürfte ein Leser somit nicht vermuten.

200 BGBl. 2023 I Nr. 389.

201 BGBl. 2023 I Nr. 389, S. 8; Die Intention zur Aufnahme dieser Formulierung in die Vorschrift dürfte nicht zuletzt der Speicherung des ehemaligen Präsidenten des Bundesamtes für Verfassungsschutz in das Informationssystem der Behörde, was ihn somit zu einem Verdachtsobjekt macht, geschuldet sein, vgl. hierzu „Maaßen wird als Rechtsextremist eingestuft und beobachtet", Deutschlandfunk, 03. Februar 2024, https://www.deutschlandfunk.de/maassen-wird-als-rechtsextremist-eingestuft-und-beobachtet-100.html.

202 BGBl. 2023 I Nr. 389, S. 9.

einstweiligen Ruhestand wurde durch diese Änderungen insoweit verschärft, als dass diese im Hinblick auf ihre Pflicht zur Verfassungstreue den aktiven Laufbahnbeamten gleichgestellt werden, was im Hinblick auf Art. 3 Abs. 1 GG sowie auf Art. 5 Abs. 1 GG verfassungsrechtlich durchaus Bedenken begegnen dürfte.[203] Hintergrund für diese umfangreichen Änderungen betreffend auch die politischen Beamten im einstweiligen Ruhestand ist das grundsätzliche Bestreben der Bundesregierung, mutmaßlich verfassungsfeindliche Beamte schneller aus dem Dienst und auch aus dem Beamtenverhältnis entfernen zu können, was u.a. dadurch bewirkt werden soll, dass zukünftig Disziplinarmaßnahmen unmittelbar durch Verfügung der zuständigen Behörde selbst ausgesprochen werden können statt wie bislang als mögliches Ergebnis ein gerichtliches Verfahrens, welches nunmehr lediglich noch im Anschluss eine gerichtliche Überprüfung der Maßnahme ermöglichen soll.[204] Der Kern der Neuregelung ist somit die Ersetzung der Disziplinarklage durch eine Disziplinarverfügung für sämtliche statusrechtlichen Disziplinarmaßnahmen.[205]

Gegenwärtig umfasst die Vorschrift des § 54 Abs. 1 BBG den nachfolgenden Personenkreis als den der politischen Beamten (des Bundes):

1. Staatssekretäre sowie Ministerialdirektoren,
2. sonstige Beamte des höheren Dienstes im auswärtigen Dienst von der Besoldungsgruppe B3 an aufwärts sowie Botschafter in der Besoldungsgruppe A16,
3. Beamte des höheren Dienstes des Militärischen Abschirmdienstes, des Bundesamtes für Verfassungsschutz und des Bundesnachrichtendienstes von der Besoldungsgruppe B6 an aufwärts,
4. den Chef des Presse- und Informationsamtes der Bundesregierung, dessen Stellvertretung und den Stellvertretenden Sprecher der Bundesregierung,
5. den Generalbundesanwalt beim Bundesgerichtshof,

---

203 *Lindner*, ZBR 2024, 217 ff.

204 Vgl. hierzu *Faeser*, Wer den Staat ablehnt, kann ihm nicht dienen, 01. April 2024, https://www.bundesregierung.de/breg-de/service/gesetzesvorhaben/verfassungsfeinde-entfernen-2165536; *Lindner*, ZBR 2024, 217 ff.

205 *Lindner*, ZBR 2024, 217, 222.

6. (weggefallen; bis zum 03. Mai 2011 der Bundesbeauftrage für den Zivildienst)
7. den Präsidenten des Bundeskriminalamtes,
8. den Präsidenten des Bundespolizeipräsidiums,
9. den Präsidenten des Bundesamtes für das Personalmanagement der Bundeswehr,
10. den Präsidenten des Bundesamtes für Ausrüstung, Informationstechnik und Nutzung der Bundeswehr,
11. den Präsidenten des Bundesamtes für Infrastruktur, Umweltschutz und Dienstleistungen der Bundeswehr,
12. den Präsidenten der Generalzolldirektion,
13. den Präsidenten des Bundesamtes für Migration und Flüchtlinge und
14. den Präsidenten des Bundesamtes für Sicherheit in der Informationstechnik.

Weiterhin findet sich über § 54 Abs. 2 BBG die Möglichkeit, auch andere politische Beamte neben denen aus Abs. 1 in den einstweiligen Ruhestand zu versetzen. Ein Amt, welches bis vor Kurzem nicht in dem Katalog des § 54 Abs. 1 S. 1 BBG zu finden war, aber dennoch mit einem politischen Beamten besetzt wurde, war das des Direktors des Bundesrates, welches in § 129 Abs. 1 BBG aufgeführt wurde.[206] Das Amt fällt mittlerweile jedoch ebenso wie das des Direktors beim Deutschen Bundestag unter die Vorschrift des § 54 Abs. 1 S. 1 Nr. 1 BBG, da beide mit einem Beamten im Range eines Staatssekretärs besetzt werden.[207] Neben der entsprechenden bundesrechtlichen Regelung innerhalb des BBG wurde mit dem Rahmengesetz zur Vereinheitlichung des Bundesrechts vom 01. Juli 1957 (Bundesrechtsrahmengesetz – BRRG)[208] früh eine Vorschrift geschaffen, welche die Länder gem. § 1 S. 2 BRRG verpflichtete,

---

206 Mit Gesetzesänderung vom 19. Oktober 2016 wurde der § 129 Abs. 2 BBG aufgehoben, vgl. BGBl. I, 2016, Nr. 50, S. 2362.

207 Vgl. hierzu Organisationsplan des Bundesrates sowie Organisationsplan der Verwaltung des Deutschen Bundestages, S. 4, https://www.bundesrat.de/SharedDocs/downloads/DE/sekretariat/organisationsplan.pdf?__blob=publicationFile&v=60; https://www.bundestag.de/resource/blob/909948/d2368d9fcb00430c31f442235c0fd8f3/orgplan-de-bf-.pdf.

208 BGBl. I, 1957, Nr. 29, S. 667–691.

ihr Beamtenrecht innerhalb von drei Jahren nach dem Inkrafttreten des Gesetzes[209] nach dessen Vorschriften unter Berücksichtigung der hergebrachten Grundsätze des Berufsbeamtentums und der gemeinsamen Interessen von Bund und Ländern zu regeln.[210] Über § 139 Nr. 8 BRRG wurden zudem die Beamten des höheren Dienstes des Bundesamtes für Verfassungsschutz sowie des Bundesnachrichtendienstes ab der Besoldungsgruppe A 1a an aufwärts in den Kreis der politischen Beamten nach § 36 BBG aufgenommen.[211] Die Vorschrift des § 31 BRRG regelte nunmehr Folgendes:

(1) Durch Gesetz kann bestimmt werden, daß der Beamte auf Lebenszeit jederzeit in den einstweiligen Ruhestand versetzt werden kann, wenn er ein Amt bekleidet, bei dessen Ausübung er in fortdauernder Übereinstimmung mit den grundsätzlichen politischen Ansichten und Zielen der Regierung stehen muß. Welche Beamten hierzu gehören, ist gesetzlich zu bestimmen.
(2) Der Beamte auf Probe, der ein Amt im Sinne des Absatzes 1 bekleidet, kann jederzeit entlassen werden.

Das BRRG wurde am 01. April 2009 inhaltlich weitgehend durch das Beamtenstatusgesetz (BeamtStG)[212] abgelöst, welches fortan die beamtenrechtliche Stellung der Angehörigen des öffentlichen Dienstes in den Ländern und in den Kommunen regeln sollte. Hintergrund für diese Änderung war die Föderalismusreform I vom 30. Juni 2006[213], welche umfangreiche

---

209 Da eine dreijährige Umsetzungsfrist nicht ausreichend war, wurde mit Änderung des Gesetzes vom 21. August 1961 der 31. Dezember 1963 als Stichtag festgelegt (vgl. BGBl. 1961, Nr. 68, S. 1361).

210 BGBl. I, 1957, Nr. 29, S. 668.

211 BGBl. I, 1957, Nr. 29, S. 687.

212 BGBl. I, 2009, Nr. 24, S. 1010.

213 Die Bundestagsfraktionen von CDU/CSU und SPD und auch mehrere Länder im Bundesrat hatten Entwürfe zur Änderung des Grundgesetzes (BR-Drs. 178/06) und eines Föderalismusreform-Begleitgesetzes (BR-Drs. 179/06) eingebracht. Der Bundestag hat die Gesetzentwürfe am 30. Juni 2006 angenommen und auch der Bundesrat hat den Gesetzentwürfen am 07. Juli 2006 mit der erforderlichen Zwei-Drittel-Mehrheit zugestimmt.

Grundgesetzanpassungen[214] mit sich brachte und die Bund-Länder-Beziehungen neu ordnete[215]. Die Regelungskompetenzen von Bund und Ländern im Bereich des Beamtenrechts wurden durch das Gesetz neu aufgeteilt, was den Ländern neue Handlungs- und Gestaltungsspielräume eröffnete, indem ihnen die alleinige Gesetzgebungskompetenz für das Laufbahnrecht sowie für das Besoldungs- und Versorgungsrecht übertragen wurde. Die bisherige Rahmengesetzgebungskompetenz des Bundes wurde durch eine konkurrierende Gesetzgebungskompetenz für die Regelung der Statusrechte und -pflichten der Beamten der Länder und Kommunen abgelöst.[216] Der Bund machte mit dem Erlass des Beamtenstatusgesetzes von seiner neuen Zuständigkeit Gebrauch, womit eine Neukonzeption der Beamtengesetze der Länder notwendig wurde. Deutliche Kritik am Gesetzesentwurf der Bundesregierung zum BeamtStG wurde im Verlauf der 34. Sitzung des Innenausschusses des Deutschen Bundestags vom 19. März 2007, deren Gegenstand die öffentliche Anhörung von Sachverständigen war, durch Heinrich Amadeus Wolff geäußert. Dieser stellte fest: „Das Beamtenrecht soll vor allem ein rechtliches Bollwerk gegen die politisch motivierte Personalentwicklung bieten. Dies kommt in dem Gesetzesentwurf aber überhaupt nicht vor."[217] Weitere Kritik an dem Entwurf bestand darin, dass dieser lediglich eine Flexibilisierung des Beamtenrechts für den Dienstherrn vorsehe und seine eigentliche Aufgabe, eine verbesserte Mobilität der Beamten innerhalb Deutschlands insbesondere in Bezug auf länderübergreifende Dienstherrenwechsel zu verbessern, nicht erfülle.[218] Das BeamtStG beschränkt sich entsprechend der konkurrierenden Gesetzgebungszuständigkeit gem. Art. 74 Abs. 1 Nr. 27 GG auf die Regelung der sogenannten Statusrechte und -pflichten der Beamten im Sinne von Art. 33 GG.[219] In § 30 Abs. 1 S. 1 BeamtStG findet sich die Vorschrift für die Länder, die die Versetzung in den einstweiligen Ruhestand für politischen Beamte

---

214 Änderungen erfolgten in den Art. 22, 23, 33, 52, 72, 73, 74, 74a, 75, 84, 85, 87c, 91a, 91b, 93, 98, 104a, 104b, 105, 107, 109, 125a, 125b, 125c, 143c GG.

215 Vgl. BGBl. I, 2006, Nr. 41, S. 2034; BGBl. I, 2006, Nr. 42, S. 2098.

216 Vgl. *Wolff*, DÖV 2007, 504 ff.

217 Protokoll der 34. Sitzung des Innenausschusses des Deutschen Bundestages vom 19. März 2007 (Nummer 16/34), S. 44; *Wolff*, DÖV 2007, 504, 506.

218 *Wolff*, DÖV 2007, 504, 509.

219 Vgl. hierzu *Battis*, in: Battis: BBG, Einl., Rn. 30; *Reich*, in: Reich, Einf., Rn. 1; *Wolff*, DÖV 2007, 504 ff.

regelt. Zugleich handelt es sich um die einzige gesetzliche Vorschrift, die einer Legaldefinition des politischen Beamten zumindest nahekommt:

> (1) Beamtinnen auf Lebenszeit und Beamte auf Lebenszeit können jederzeit in den einstweiligen Ruhestand versetzt werden, wenn sie ein Amt bekleiden, bei dessen Ausübung sie in fortdauernder Übereinstimmung mit den grundsätzlichen politischen Ansichten und Zielen der Regierung stehen müssen.

In welchem Umfang die Länder die Vorschrift jeweils umgesetzt haben, wird nachfolgend einer einzelfallbezogenen Betrachtung unterzogen. Ein Zwang zur Einführung des Instituts bestand zudem nicht, wie anhand des bayerischen Beispiels deutlich wird.[220]

b) Entwicklung in den Ländern

Bis zum Inkrafttreten des BRRG hatten die Länder jeweils recht unterschiedliche Wege eingeschlagen, was den Umgang mit den politischen Beamten anging. Von der Ermächtigung des § 31 BRRG wurde ebenfalls sehr individuell Gebrauch gemacht, was insbesondere anhand eines Vergleichs der Länder Baden-Württemberg, Bayern, Niedersachsen, Rheinland-Pfalz und Schleswig-Holstein deutlich wird.[221]

aa) Baden-Württemberg

Abgesehen vom Freistaat Bayern, der die Rechtsfigur bis zum heutigen Tage nicht eingeführt hat, ist Baden-Württemberg das Land, das am längsten auf die Institution des politischen Beamten verzichtet hat. Dem durch das BRRG auferlegten Erfordernis nach einer landesrechtlichen Regelung kam Baden-Württemberg durch den Erlass des Landesbeamtengesetzes vom 01. August 1962 nach, welches die unterschiedlichen beamtenrechtlichen Regelungen in den damaligen Regierungsbezirken Nordbaden, Südbaden,

---

220 Vgl. *Yasin*, Öffentliche Ämter im Spannungsfeld, S. 43.

221 Es handelte sich bei § 31 BRRG um eine Sondervorschrift zu den allgemeinen Ruhestandsbestimmungen, welche den Ländern nicht die Möglichkeit eröffnen sollte, den Ämterkreis beliebig weit zu ziehen, vgl. hierzu auch *Yasin*, Öffentliche Ämter im Spannungsfeld, S. 42.

Nordwürttemberg und Südwürttemberg-Hohenzollern ersetzte.[222] Bei der Beratung des Gesetzes wurde von der Einführung des politischen Beamten mit der Begründung abgesehen, dass nach Auffassung des baden-württembergischen Landesgesetzgebers eine strikte Trennung zwischen den politischen Instanzen (Parteien, Parlament und Landesregierung) und dem parteipolitisch neutralen Beamtentum, welches die Kontinuität der Verwaltung zu gewährleisten habe, herrschen müsse.[223] Auch eine anschließende Neufassung des Gesetzes vom 27. Mai 1971 enthielt ebenfalls noch keine Regelung über die Versetzung in den einstweiligen Ruhestand.[224] Am 22. Juli 1972 trat zudem eine länderrechtliche Besonderheit in Form des Gesetzes über die Rechtsverhältnisse der politischen Staatssekretäre (Staatssekretäregesetz – StSG) in Kraft[225]. Das Gesetz regelte in § 1 StSG, dass dem Ministerpräsidenten und den Ministern zur Unterstützung ein Staatssekretär, der nicht Mitglied der Landesregierung ist, beigegeben werden kann. Gem. § 2 StSG steht dieser politische Staatssekretär in einem öffentlich-rechtlichen Amtsverhältnis, welches gem. § 6 StSG mit dem Amtsverhältnis des Ministerpräsidenten oder des Ministers, dem er zur Unterstützung beigegeben ist, endet. Zudem kann der Staatssekretär jederzeit vom Ministerpräsidenten im Benehmen mit dem Minister, dem er zur Unterstützung beigegeben ist, entlassen werden und darüber hinaus auch jederzeit um seine Entlassung bitten.[226] Das StSG ist bis zum heutigen Tag in nahezu unveränderter Form in Kraft. Lediglich im Jahr 1992 brachte die FDP/DVP Fraktion erfolgslos einen Gesetzesentwurf in den Landtag ein, der zum Inhalt hatte, das Gesetz aufzuheben.[227] Nach dem Inkrafttreten des Staatssekretäregesetzes entschied sich die damalige Landesregierung, die aufgrund einer im Rahmen der Landtagswahl vom 23. April 1972 errungenen absoluten Mehrheit lediglich durch die CDU gestellt wurde, ebenfalls zur Einführung des politischen Beamten. Hierbei handelte es sich jedoch nicht um Lebenszeitbeamte, sondern um Beamte auf

---

[222] *Hug*, in BeckOK BeamtenR BW, Grundlagen des Beamtenrechts in Baden-Württemberg, Rn. 25.
[223] *Haubrichs*, ZBR 1964, 136, 137.
[224] GBl. 1971, S. 225.
[225] GBl. 1972, S. 392.
[226] Vgl. § 6 StSG.
[227] LT-Drs. 11/449.

Zeit.[228] Bis zur tatsächlichen Einführung vergingen allerdings noch einige Jahre. Die erste gesetzliche Regelung über die politischen Beamten findet sich in § 60 Abs. 1 LBG vom 16. Oktober 1979, wonach die Ministerialdirektoren und die Regierungspräsidenten, soweit sie Beamte auf Lebenszeit sind, zum Kreis der politischen Beamten gezählt wurden.[229] Das baden-württembergische Landesbeamtengesetz erfuhr im Laufe der Jahre viele Änderungen und wurde zudem mehrfach neu bekanntgemacht. Im Kern blieben seine Regelungen und somit auch die über die politischen Beamten jedoch weitgehend erhalten. Bis zum Jahr 2010 wurden die politischen Beamten, zu denen nach wie vor lediglich die Ministerialdirektoren sowie die Regierungspräsidenten zählten, in § 60 LBG auch explizit als politische Beamte benannt.[230] Seit dem 01. Januar 2011[231] zählten in Baden-Württemberg gem. § 42 Abs. 1 Nr. 1–3 LBG der Chef der Staatskanzlei, die Ministerialdirektoren und die Regierungspräsidenten zum Kreis der politischen Beamten im Sinne des § 30 Abs. 1 S. 1 BeamtStG. Im Jahr 2016 wurde noch der Staatssekretär des stellvertretenden Ministerpräsidenten in die Vorschrift des § 42 Abs. 12 LBG[232] aufgenommen. In Bezug auf die Anzahl der Staatssekretäre beinhaltet Art. 45 der Verfassung des Landes Baden-Württemberg in Abs. 2 zudem die Regelung, dass deren Anzahl ein Drittel der Zahl der Minister nicht übersteigen darf.

bb) Bayern

Obgleich eine landesrechtliche Umsetzung des § 30 Abs. 1 S. 1 BeamtStG in Bayern bislang nicht erfolgt ist, erscheint die dortige Genese des Beamtenrechts sowie die gegenwärtige Verfahrensweise bei der Besetzung von Spitzenämtern für einen möglichen Vergleich mit den übrigen Ländern in

---

228 Der damalige Ministerpräsident Hans Filbinger äußerte sich im Hinblick auf seine Intention für die Einführung von politischen Beamten auf Zeit dahingehend, dass es ihn verärgere, wenn im Falle einer Vergabe von Spitzenposten auf Lebenszeit „der Staat weniger qualifizierte Leute“ dauerhaft mit sich „herumschleppen“ müsse, statt wenn diese jederzeit ausgetauscht werden können. Im Falle einer Anstellung auf Lebenszeit bliebe dem Staat nur die Alternative, leistungsschwache Beamte entweder in ihren Positionen zu belassen oder aber „wegzubefördern“, vgl. *Konnerth*, FAZ, 09. August 1972, Ausgabe Nr. 182, S. 6.

229 Vgl. GBl. 1979, S. 398, 412.

230 Vgl. GBl. 1996, S. 285.

231 Vgl. GBl. 2010, S. 793.

232 Vgl. GBl. 2016, S. 561, 562.

Bezug auf die Frage nach der Leistungsfähigkeit des öffentlichen Dienstes von Bedeutung.[233] Sowohl der Begriff des politischen Beamten als auch die Rechtsfigur selbst finden sich im Bayerischen Beamtengesetz (BayBG) weder in seiner ursprünglichen Fassung vom 18. Juli 1960[234] noch in der gegenwärtigen vom 29. Juli 2008.[235] Im Unterabschnitt 3 des Gesetzes existieren in den Art. 68–70 BayBG allerdings Regelungen betreffend die Versetzung von Beamten in den einstweiligen Ruhestand. Dies betrifft gem. Art. 68 BayBG Fälle, in denen Behörden aufgelöst oder umgebildet werden und dadurch Planstellen entfallen; oder aber gem. Art. 69 BayBG Fälle, in denen Körperschaften i.S.v. Art. 51 BayBG aufgelöst oder umgebildet werden. Politische Beamte im Sinne von § 30 Abs. 1 BeamtStG sind damit jedoch nicht gemeint. Die Staatssekretäre zählen in Bayern gem. Art. 43 Abs. 2 BV zu den Mitgliedern der Staatsregierung.[236] Sie verfügen gem. § 5 Geschäftsordnung der Bayerischen Staatsregierung (StRGO) über Sitz und Stimme innerhalb der Regierung und sind nicht an Weisungen gebunden[237]. Sie sind weder Beamte noch Amtschefs ihres jeweiligen Ressorts und stehen wie auch der Ministerpräsident und die Staatsminister gem. Art. 1 Bayerisches Ministergesetz (BayMinG) in einem öffentlich-rechtlichen Amtsverhältnis. Auf die Amtschefs der Staatsministerien sowie auch auf die Abteilungsleiter hingegen findet die Vorschrift des Art. 45 BayBG Anwendung.[238] Es handelt sich bei diesen Ämtern um solche mit leitender Funktion auf Zeit, welche zunächst für die Dauer einer Amtsperiode von fünf Jahren übertragen werden und erst im Anschluss daran auf Lebenszeit.[239] Zu diesem Ämterkreis zählen gem.

---

233 Vgl. hierzu auch *Voitl*, in: BeckOK BeamtenR Bayern, Grundlagen des Beamtenrechts in Bayern, Rn. 79 ff.

234 Vgl. GVBl 1960, Nr. 15, S. 161 ff.

235 Vgl. Bayerisches Beamtengesetz (BayBG) vom 29. Juli 2008 (GVBl. S. 500, BayRS 2030-1-1-F), das zuletzt durch die Verordnung vom 4. Oktober 2023 (GVBl. S. 595) geändert worden ist.

236 Vgl. Art. 43 der Verfassung des Freistaates Bayern in der Fassung der Bekanntmachung vom 15. Dezember 1998 (GVBl. S. 991, 992, BayRS 100-1-I), die zuletzt durch Gesetze vom 11. November 2013 (GVBl. S. 638, 639, 640, 641, 642) geändert worden ist.

237 Vgl. § 5 Geschäftsordnung der Bayerischen Staatsregierung (StRGO) vom 15. Mai 2018 (GVBl. S. 373, BayRS 1102-2-1-S), die zuletzt durch Beschluss vom 14. November 2023 (GVBl. S. 621) geändert worden ist.

238 *Lindner*, ZBR 2011, 150, 154.

239 Vgl. Art. 45 Abs. 1, S. 2, 6 BayBG.

Art. 45 Abs. 1 Nr. 1–3 BayBG neben den Vorgenannten auch die Bereichsleiter in den obersten Landesbehörden, die Leiter sowie die stellvertretenden Leiter von Behörden, soweit sie in der Besoldungsordnung B eingestuft sind und die Leiter von Organisationseinheiten von Behörden, soweit sie mindestens in der Besoldungsgruppe B 4 eingestuft sind.

Auch gegenwärtig bestehen innerhalb der bayerischen Staatsregierung keinerlei Absichten, das Institut des politischen Beamten einzuführen.[240] Ein interessanter Aspekt angesichts der vielfach vorgebrachten Notwendigkeit von politischen Beamten in Bezug auf politische Stabilität und ein optimales Hineinwirken in die Verwaltung, ist die Tatsache, dass selbst zu Zeiten der Weimarer Republik, in denen auf Reichsebene und in den Ländern aufgrund von Streitigkeiten keine stabilen Mehrheiten mehr regierten, die parlamentarischen Regierungssysteme sowohl in Bayern als auch in Baden-Württemberg auch in den Hochzeiten der Krise intakt blieben, und erst nach dem Staatsstreich der Nationalsozialisten 1933 aufgehoben wurden.[241] Dass der Freistaat Bayern nur deshalb auf politische Beamte verzichtet, weil die Staatsregierung seit jeher eh von derselben Partei angeführt werde und daher alle Spitzenbeamten politisch loyal eingestellt seien, geht ebenfalls fehl. Der erste Widerstand gegen die Einrichtung der Institution in Bayern regte sich bereits im Jahr 1850 und somit fast 100 Jahre vor der Gründung der CSU.

cc) Berlin

Das Berliner Landesbeamtengesetz (LBG) vom 24. Juli 1952[242] erfasste in seiner ursprünglichen Fassung gem. § 55 Abs. 1 LBG die Senatsdirektoren, den Chef der Staatskanzlei, die Leiter des Senats-Presseamtes sowie den Leiter des Landesamts für Verfassungsschutz als politische Beamte. Mit dem Gesetz zur Änderung des Landesbeamtenrechts vom 02. Dezember 1954 wurden lediglich noch die Senatsdirektoren sowie der Leiter des Landesamts für Verfassungsschutz genannt, da der Chef der Staatskanzlei und der Leiter des Senats-Presseamts fortan die Amtsbezeichnung eines Senatsdirektors führten.[243] Durch das 5. Gesetz zur Änderung des Landesbeamtenrechts

---

240 Vgl. Koalitionsvertrag „Freiheit und Stabilität – Für ein modernes, weltoffenes und heimatverbundenes Bayern“ vom 26. Oktober 2023, S. 49.

241 *Di Fabio*, Die Weimarer Verfassung, S. 139 f.

242 GVBl. 1952, S. 603.

243 GVBl. 1954, S. 729, 731; vgl. auch *Schunke*, Die politischen Beamten, S. 90.

vom 21. Mai 1962 wurde auch der Generalsekretär der Ständigen Konferenz der Kultusminister in den Kreis der politischen Beamten aufgenommen.[244] Dieser erfuhr im Verlauf der Jahre noch einige Erweiterungen, sodass gem. § 46 Abs. 1 LBG gegenwärtig die Staatssekretäre, der Leiter der Presse- und Informationsabteilung der Senatskanzlei, der Leiter der Protokoll- und Auslandsabteilung der Senatskanzlei, der Generalsekretär der Ständigen Konferenz der Kultusminister und seiner Ständigen Vertretung sowie der Polizeipräsident in Berlin zum Kreis der politischen Beamten im Sinne des § 30 Abs. 1 S. 1 BeamtStG zählen.

dd) Brandenburg

Einführend und stellvertretend auch für die übrigen neuen Länder Mecklenburg-Vorpommern, Sachsen, Sachsen-Anhalt und Thüringen ist an dieser Stelle kurz auf die Wiedervereinigung und ihre Auswirkungen auf die Entstehung der beamtenrechtlichen Regelungen in den neuen Ländern einzugehen.[245] Durch den Einigungsvertrag[246] vom 31. August 1990, der am 29. September 1990 in Kraft trat, wurde die Existenz der DDR durch die Übernahme des Grundgesetzes und der darauf aufbauenden Rechtsordnung in staatsrechtlicher Hinsicht beendet. Bereits am 22. Juli 1990 hatte die Volkskammer durch das „Verfassungsgesetz zur Bildung von Ländern in der DDR" die Wiedereinführung der Länder, welche mit der Verwaltungsreform im Jahr 1952 abgeschafft worden waren, beschlossen.[247] Ein Berufsbeamtentum existierte in der DDR ebenso wenig wie ein eigenständiges öffentliches Dienstrechtssystem.[248] Durch den Einigungsvertrag wurde sowohl das bundesdeutsche Beamten- und Laufbahnrecht als auch das Berufsbeamtentum in den neuen Ländern eingeführt.[249] Die Länder waren verpflichtet, bis zum 31. Dezember 1992 jeweils ein eigenes Landesbeamtenrecht einzuführen.[250]

---

244 GVBl. 1962, S. 471.

245 Vgl. hierzu auch *Vogelsang*, ZBR 1990, 200 ff.

246 BGBl. II, 1990, Nr. 35, S. 885.

247 Das Gesetz findet sich auch unter der Bezeichnung „Ländereinführungsgesetz", vgl. GBl. DDR 1990 I, S. 955.

248 Vgl. *Bernet*, Zur normativen Regelung des Staatsdienstes in der DDR und zum Rechtsverständnis der Staatsfunktionäre, ZBR 1991, 40, 42.

249 Vgl. Art. 20 Abs. 2 S. 1 EinV.

250 *Schelo*, Peter, PersV 91, 65, 66.

Brandenburg wahrte diese Frist und führte in der ursprünglichen Fassung seines Landesbeamtengesetz vom 24. Dezember 1992 in § 105 Abs. 1 LBG den Chef der Staatskanzlei, die Staatssekretäre, den Generalstaatsanwalt, den Leiter der Verfassungsschutzabteilung des Ministeriums des Innern sowie die Polizeipräsidenten, soweit sie Beamte auf Lebenszeit waren, als politische Beamte auf.[251] Mit der notwendigen Neufassung des Gesetzes im Jahr 2009 wurde der Umfang der politischen Beamten auf das noch heute gültige Maß reduziert.[252] Gegenwärtig zählen in Brandenburg gem. § 105 Abs. 1 LBG der Chef der Staatskanzlei, die Staatssekretäre, der Leiter der Abteilung für Verfassungsschutz in dem hierfür zuständigen Ministerium sowie der Polizeipräsident zum Kreis der politischen Beamten im Sinne des § 30 Abs. 1 S. 1 BeamtStG.[253]

ee) Bremen

Die Freie Hansestadt Bremen hatte bis zum Jahr 1968 von der Einführung des politischen Beamten und auch von der Möglichkeit der Versetzung in den einstweiligen Ruhestand keinen Gebrauch gemacht. Erstmalige Erwähnung findet die Institution im Rahmen der Einfügung der Vorschrift des § 41a Bremisches Beamtengesetz (BreBG) aufgrund des Gesetzes zur Änderung des bremischen Beamtengesetzes vom 18. Juni 1969.[254] Zu den politischen Beamten gem. § 41a BreBG wurden fortan die Staatsräte und die Staatsdirektoren gezählt.[255] In der Fassung des Bremischen Beamtengesetzes vom 01. Mai 1995 (BG BR)[256], welche am 01. Februar 2010 durch das BremBG abgelöst wurde[257], fanden sich in § 41a BremBG lediglich noch die Ämter der Staatsräte sowie des Senatssprechers wieder. Dieser Personenkreis hat sich fortan nicht mehr verändert, wobei sich die entsprechende Vorschrift nunmehr in § 37 BremBG wiederfindet. Über § 106 Abs. 2 BremBG wird zudem auch der Direktor bei der Bürgerschaft als politischer Beamter geführt.

---

251 GVBl. I 1992, Nr. 28, S. 506.

252 GVBl. I 2009, Nr. 04, S. 26.

253 GVBl. I 2013, Nr. 36, S. 24.

254 Brem.GBl. 1969, S. 65.

255 Zu den Senatsdirektoren zählte ebenfalls der Direktor der Bürgerschaft, vgl. Art. 2 zur Änderung des BreBG vom 18. Juni 1969, Brem.GBl. 1969, S. 65.

256 Brem.GBl. 1995, S. 387.

257 Brem.GBl. 2010, S. 17.

ff) Hamburg

In der Freien und Hansestadt Hamburg trat die erste beamtenrechtliche Vorschrift in Form des Hamburgischen Beamtengesetzes (HmbBG) mit Datum vom 13. März 1961 in Kraft[258]. Eine Übernahme der Institution des politischen Beamten unterblieb allerdings bewusst, da man innerhalb der Bürgerschaft angesichts der Überschaubarkeit der Verwaltung keine Notwendigkeit hierfür sah.[259] Dies änderte sich erst im Jahr 1978, als durch eine Änderung im Hamburgischen Beamtengesetz auch der politische Beamte in Gestalt der Staatsräte sowie des Leiters der Staatlichen Pressestelle und dessen Stellvertreters erstmals Erwähnung fand.[260] Der Personenkreis blieb in Hamburg jedoch klein. In dem Gesetz zur Neuregelung des hamburgischen Beamtenrechts vom 15. Dezember 2009 fanden sich gem. § 37 Nr. 3 HmbBG zusätzlich zu dem ursprünglichen Ämterkreis lediglich noch der Polizeipräsident.[261] Diese Aufzählung findet sich gleichermaßen in der aktuellen Fassung des Gesetzes wieder.[262]

gg) Hessen

Das Land Hessen hat bereits frühzeitig und lange vor dem Inkrafttreten des BRRG von der Möglichkeit Gebrauch gemacht, den politischen Beamten in seinen landesrechtlichen Vorschriften zu verankern. Dies erfolgte erstmalig durch das Gesetz über die Rechtsstellung der Beamten und Angestellten im öffentlichen Dienste des Landes Groß-Hessen vom 12. November 1946 (HBG)[263], welches in § 70 Abs. 4 der Vorschrift den folgenden Personenkreis als politische Beamte im heutigen Sinne definierte:

a) Staatssekretäre, Ministerialdirektoren und beamtete Pressereferenten,
b) Regierungspräsidenten, Regierungsvizepräsidenten, Polizeipräsidenten und Polizeidirektoren,
c) Generalstaatsanwälte und Oberstaatsanwälte,

---

[258] HmbGVBl. 1961, S. 49.
[259] *Schunke*, Die politischen Beamten, S. 92.
[260] HmbGVBl. 1978, S. 315.
[261] HmbGVBl. 2009, S. 405, 417.
[262] HmbGVBl. 2023, S. 250.
[263] GVBl. 1946, S. 205, 212.

d) Beamte, die als selbstständige Leiter einer dem Staatsministerium unterstellten selbstständigen Behörde (Landwirtschaftsamt, Landesfinanzamt, Finanzämter u.ä.) tätig sind.

Die Vorschrift hatte über einen langen Zeitraum Bestand. Bedingt durch die Einführung des BRRG kam es im Jahr 1962 allerdings zu einer Neuregelung des Hessischen Beamtengesetzes.[264] In § 57 dieser Fassung des Gesetzes wurden zwar die Regierungsvizepräsidenten gestrichen und die General- sowie die Oberstaatsanwälte nur noch in der Funktion eines Behördenleiters erfasst, allerdings wurden im gleichen Zuge die Pressereferenten und auch die persönlichen Referenten bei der Landesregierung ebenso aufgenommen wie der Leiter des Amtes für Verfassungsschutz. Die bislang in Nr. 4 der Vorschrift genannten Personen zählten fortan ebenfalls nicht mehr zu den politischen Beamten. Allerdings wurde der Leiter der Landeszentrale für Heimatdienst neu in § 57 Nr. 7 HBG erfasst.[265] Der Kreis der politischen Beamten wurde in den Folgejahren noch erweitert, sodass sich in der Neufassung des HBG vom 16. Februar 1970 in § 57 der Vorschrift auch der Leiter der Landeszentrale für politische Bildung wiederfand.[266] Eine hessische Besonderheit in Bezug auf die Reichweite des Personenkreis für politische Beamte ereignete sich im Jahr 1980, als die Landtagsfraktionen mittels einer Festschreibung im Haushaltsgesetz[267] sogar die Stellen für die Fraktionsassistenten zu Ämtern für politische Beamte umwandelte.[268] Im Zuge der Föderalismusreform setzte Hessen für die notwendige Neufassung seines Beamtengesetzes eine Mediatorengruppe[269] ein, die entsprechende Eckpunkte, welche das neue Gesetz definieren sollte, erarbeiten sollte. In ihrem Abschlussbericht vom 02. Dezember 2009 definierte diese Gruppe u.a. eine Stärkung der Leistungsfähigkeit des öffentlichen Dienstes sowie eine höhere Motivation seiner Beamten als erstrebenswerte

264 GVBl. I, 1962, S. 173.

265 GVBl. I, 1962, S. 183.

266 GVBl. I, 1970, S. 109, 121 f.

267 Hessischer Landtag, Drs. 9/3331 vom 01. August 1980.

268 Vgl. hierzu ausführlich *von Arnim*, Der Staat als Beute, S. 222 ff.; *von Arnim*, Diener vieler Herren, S. 97.

269 Die Gruppe setzte sich zusammen aus Bundesminister a.D. Friedrich Bohl, dem damaligen Oberbürgermeister von Wetzlar Wolfram Dette sowie den Staatsministern a.D. Lothar Klemm und Rupert v. Plottnitz.

Ziele.[270] Auswirkungen auf den Kreis der politischen Beamten hatten diese Empfehlungen gleichwohl keine. Gegenwärtig zählen in Hessen gem. § 7 Abs. 1 HBG die Staatssekretäre, die Regierungspräsidenten, der Leiter des Landesamtes für Verfassungsschutz, die Polizeipräsidenten, der Landespolizeipräsident sowie der Präsident des Hessischen Landeskriminalamts zum Kreis der politischen Beamten im Sinne des § 30 Abs. 1 S. 1 BeamtStG.[271]

hh) Mecklenburg-Vorpommern

Das Land Mecklenburg-Vorpommern hat bislang nur sehr zurückhaltend Gebrauch von der Möglichkeit des Rechtsinstituts gemacht. Bei Einführung des ersten Landesbeamtengesetzes im Jahr 1992 zählten lediglich die Staatssekretäre, der Sprecher der Landesregierung, der Leiter der Abteilung für Verfassungsschutz im Innenministerium sowie der Generalstaatsanwalt zu den politischen Beamten.[272] Als Konsequenz aus dem Inkrafttreten des BeamtStG erließ Mecklenburg-Vorpommern im Jahr 2009 das Beamtenrechtsneuordnungsgesetz (BRNG MV vom 17.12. 2009), dessen wichtigsten Bestandteil das neue Landesbeamtengesetz darstellte.[273] Mit der Neufassung des Gesetzes vom 17. Dezember 2009 wurde der Generalstaatsanwalt aus der damaligen Vorschrift des § 40 LBG M-V gestrichen.[274] Seitdem zählen in Mecklenburg-Vorpommern gem. § 37 LBG M-V lediglich die Staatssekretäre, der Sprecher der Landesregierung sowie der Leiter der Abteilung für Verfassungsschutz im Innenministerium zum Kreis der politischen Beamten im Sinne des § 30 Abs. 1 S. 1 BeamtStG.[275]

ii) Niedersachsen

Bereits im Jahr 1949 findet sich in Art. 1 Nr. 1 der Ersten Verordnung über Maßnahmen auf dem Gebiete des Beamten-, Besoldungs- und Versorgungsrechts eine gesetzliche Möglichkeit, Beamte auf Lebenszeit vor Erreichung der Altersgrenzen und ohne Feststellung der Dienstunfähigkeit in den Ruhestand

---

270 Vgl. *Masuch*, in: BeckOK BeamtenR Hessen, Grundlagen des Beamtenrechts in Hessen, Rn. 4–6.

271 GVBl. I, 2013 S. 218.

272 Vgl. LT-Drs. 1/2320 vom 29. September 1992.

273 GVOBl. M-V, 2009, S. 687.

274 GVOBl. M-V, 2009, S. 685, 699.

275 GVOBl. M-V, 2021, S. 600, 676.

zu versetzen.[276] Dieser Vorschrift lagen sowohl nachvollziehbare politische Motive als auch organisatorisch-fiskalische zugrunde, da eine Versetzung solcher Beamten, die im Entnazifizierungsverfahren für betroffen erklärt wurden, einerseits im dienstlichem Interesse lag, andererseits aber auch die Vielzahl von Beamten für das Land und die Gemeinden in finanzieller Hinsicht eine Belastung darstellten und sich teilweise keine amtsangemessene Verwendung fand, weshalb in Art. 1 Nr. 2 der Verordnung zusätzlich die Möglichkeit geschaffen wurde, Beamte auch „in einem Amte von geringerem planmäßigen Diensteinkommen zu verwenden".[277] Auch das Wartegeld wurde gem. § 2 Abs. 1 der Zweiten Verordnung über Maßnahmen auf dem Gebiet des Beamten-, Besoldungs- und Versorgungsrechts auf den Betrag des im Zeitpunkt der Versetzung in den Wartestand verdienten Ruhegehalts herabgesetzt.[278] Die allgemeine Regelung über den Wartestand fand sich ab 1949 vorübergehend in § 18 der Zweiten Verordnung über Maßnahmen auf dem Gebiet des Beamten-, Besoldungs- und Versorgungsrechts. Im Anschluss besaß bis zum Erlass des ersten niedersächsischen Beamtengesetzes die Bundesfassung des Deutschen Beamtengesetzes vom 30. Juni 1950[279] Gültigkeit und somit auch dessen in § 44 DBG normierte Wartestandsbestimmungen. In der Urfassung des Niedersächsischen Beamtengesetzes (NBG) vom 14. Juli 1960 fanden sich in § 47 Abs. 2 NBG die Ministerialdirektoren mit der Amtsbezeichnung Staatssekretär, die Regierungspräsidenten und Präsidenten der Verwaltungsbezirke, der Leiter des Landesamtes für Verfassungsschutz, der Leiter der Pressestelle der Landesregierung, die Generalstaatsanwälte sowie die Polizeipräsidenten als solche Beamten, die jederzeit in den einstweiligen Ruhestand versetzt werden können, wieder.[280] Interessant in diesem Zusammenhang ist die Bezeichnung der Staatssekretäre in § 47 Abs. 2 Nr. 1 NBG als „Ministerialdirektoren mit der Bezeichnung Staatssekretär", welche allerdings im Jahr 1967 in lediglich „Staatssekretär" geändert wurde.[281] Ministerialdirektor war und ist die Dienstbezeichnung für die Ämter, nach denen die Amtschefs der Ministerien ausschließlich in Baden-Württemberg und Bayern

276 Nds. GVBl. 1949, Nr. 4, S. 19.
277 Nds. GVBl. 1949, Nr. 4, S. 19.
278 Nds. GVBl. 1949, Nr. 12, S. 57.
279 BGBl. I, 1950, Nr. 30, S. 279.
280 Nds. GVBl. 1960, Nr. 17, S. 145, 162 f.
281 Nds. GVBl. 1967, Nr. 9, S. 79.

besoldet werden (B9). Allerdings werden diese Ämter dort, anders als im Bund, nicht mit politischen, sondern mit Laufbahnbeamten besetzt. Diesen Eindruck galt es womöglich zu vermeiden. Fortan kam es in Niedersachsen zu mehreren Neufassungen des Gesetzes[282], von denen die Regelung über die Versetzung in den einstweiligen Ruhestand jedoch nicht betroffen war. Durch Art. 1 Nr. 3 des Gesetzes zur Änderung dienstrechtlicher Vorschriften vom 08. März 1989 wurde das Amt des Generalstaatsanwalts aus dem Kreis der politischen Beamten gestrichen.[283] In der ersten Fassung des nach Abschaffung der Bezirksregierungen im Jahr 2004 und im Anschluss an die Föderalismusreform I mit den übrigen norddeutschen Bundesländern abgestimmten Niedersächsischen Beamtengesetzes vom 25. März 2009[284] fanden sich die politischen Beamten in § 39 Abs. 1 NBG wieder. Neu aufgenommen wurde gem. § 39 Abs. 1 Nr. 3 NBG der Präsident des Landespräsidiums für Polizei, Brand- und Katastrophenschutz. Obgleich die Bezeichnung dies so nicht offenbart, handelte es sich bei dem Landespräsidium für Polizei, Brand- und Katastrophenschutz lediglich um die Abteilung 2 des Niedersächsischen Ministeriums für Inneres und Sport.[285] Mit dem Gesetz zur Änderung des Niedersächsischen Beamtengesetzes vom 21. Juni 2023 wurden durch Artikel 1 Ziff. 2 a) cc) die Polizeipräsidenten aus dem Kreis der politischen Beamten gestrichen. Niedersachsen hat somit die seinerzeit noch bevorstehende Entscheidung des BVerfG hinsichtlich der Zuordnung der Polizeipräsidenten zum Kanon der politischen Beamten insoweit bereits zutreffend antizipiert und umgesetzt. Zudem wurden die jetzigen Absätze 2 und 3 angefügt.[286] Gegenwärtig zählen in Niedersachsen gem. § 39 Abs. 1 NBG somit die Staatssekretäre, der Sprecher der Landesregierung, die Landesbeauftragten für regionale Landesentwicklung, der Landespolizeipräsident

---

282 Nds. GVBl. 1963, Nr. 9, S. 95; 1967, Nr. 18, S. 175; 1970, Nr. 34, S. 393; 1974, Nr. 10, S. 147; 1978, Nr. 53, S. 677; 1985, Nr. 46, S. 493; 2001, Nr. 4, S. 33.

283 Nds. GVBl. 1989, Nr. 10, S. 55.

284 Nds. GVBl. 2009, Nr. 6, S. 72.

285 Mittlerweile wurden die Bereiche Brand- und Katastrophenschutz sowie Rettungswesen aus der Abt. 2 ausgegliedert und in der neu gegründeten Abt. 7 organisiert. Die Abt. 2 heißt nunmehr lediglich Landespolizeipräsidium, vgl. hierzu Organisationsplan des Niedersächsischen Ministeriums für Inneres und Sport, https://www.mi.niedersachsen.de/startseite/das_ministerium/organisationsplan/organisationsplan-des-niedersaechsischen-ministeriums-fuer-inneres-und-sport-63126.html.

286 Nds. GVBl. 2023, Nr. 11, S. 110; Kümmel, § 39, Rn. 2.

sowie der Verfassungsschutzpräsident zum Kreis der politischen Beamten im Sinne des § 30 Abs. 1 S. 1 BeamtStG. Diese Aufzählung ist abschließend. Andere Ämter könnten nur durch eine Änderung des NBG als Ämter i.S.v. § 30 Abs. 1 S. 1 BeamtStG festgelegt werden.[287]

jj) Nordrhein-Westfalen

Auch in Nordrhein-Westfalen findet sich eine vergleichsweise frühe Landesgesetzgebung in Bezug auf das Beamtenrecht. Bereits am 15. Juni 1954 wurde das Landesbeamtengesetz Nordrhein-Westfalen NRW in seiner Urfassung verabschiedet.[288] Aus § 38 LBG NRW ging der damalige Personenkreis der politischen Beamten bestehend aus dem Chef der Staatskanzlei, den Staatssekretären und Ministerialdirektoren, den Regierungspräsidenten, dem Leiter des Landesamtes für Verfassungsschutz, dem Landespressechef, den Generalstaatsanwälten sowie den Polizeipräsidenten und Polizeidirektoren hervor. Gegenwärtig zählen in Nordrhein-Westfalen gem. § 37 Abs. 1 LBG NRW der Chef der Staatskanzlei sowie die Staatssekretäre, die Regierungspräsidenten, der Leiter der für den Verfassungsschutz zuständigen Abteilung sowie der Regierungssprecher zum Kreis der politischen Beamten im Sinne des § 30 Abs. 1 S. 1 BeamtStG.[289] Über § 106 Abs. 2 LBG NRW wird zudem der Direktor beim Landtag als politischer Beamter geführt. Hinsichtlich der Zugehörigkeit der Polizeipräsidenten zu den politischen Beamten gem. § 37 Abs. 1 Nr. 5 LBG NRW existierten innerhalb der Landespolitik seit einigen Jahren unterschiedliche Auffassungen. Im Jahr 2013 brachte die Fraktion der FDP einen Entwurf für ein „Gesetz zur Entpolitisierung der Polizei" ein, welches die Streichung der Polizeipräsidenten aus dem Kreis der politischen Beamten zum Gegenstand hatte.[290] Als Begründung wurde eine Schwächung der Ämter aufgrund des Umstands der jederzeitigen Möglichkeit einer Versetzung in den einstweiligen Ruhestand angeführt. Zudem bestünde die Gefahr einer politischen Abhängigkeit der bzw. parteipolitischen Einflussnahme auf die Polizeiarbeit.[291] Der Gesetzentwurf fand keine Mehrheit. Mit

---

[287] *Brunner*, in: BeckOK Beamtenrecht Niedersachsen, § 39, Rn. 2.

[288] GVBl. 1954, S. 339.

[289] GV. NRW. 2023, S. 1430.

[290] LT-Drs. 16/2336 vom 20. März 2007, Rn. 1.

[291] Vgl. LT-Drs. 16/2336 vom 20. März 2007, S. 1. Von 2005–2010 stellte die FDP in der damaligen Landesregierung mit Ingo Wolf den für die Polizei zuständigen

Beschluss vom 09. April 2024 hat das Bundesverfassungsgericht die Zuordnung der Polizeipräsidenten in Nordrhein-Westfalen zur Gruppe der politischen Beamten für verfassungswidrig und den § 37 Abs. 1 Nr. 5 LBG NRW für nichtig erklärt.[292] In Nordrhein-Westfalen existiert mit § 37 Abs. 2 LBG NRW zudem eine gesetzliche Regelung, die der jeweiligen Landesregierung eine nahezu vollumfängliche unmittelbare Zuständigkeit für den beamtenrechtlichen Umgang mit den politischen Beamten verleihen, welche grundsätzlich dem Landespersonalausschuss zufiele, so es sich um einen regulären Laufbahnbeamten handelte. Hierzu zählt die Feststellung der Befähigung anderer Bewerber[293]als Laufbahnbewerber[294], eine mögliche Verkürzung der Probezeit[295], die direkte Ernennung in einem höheren Amt als dem regulären Einstiegsamt[296] sowie auch Ausnahmen von den Beförderungsverboten und dem Verbot der Sprungbeförderung.[297] Zusammenfassend betrifft § 37 Abs. 2 LBG NRW somit sämtliche Abweichungen von den Prinzipien, die für Beamte sowohl bei Einstellungen als auch bei Beförderungen im Normalfall Gültigkeit besitzen und deren Einhaltung vom Landespersonalausschuss entsprechend überwacht werden.

kk) Rheinland-Pfalz

Noch vor Bremen hat Rheinland-Pfalz mit seinem Beamtengesetz vom 13. Dezember 1949[298] als erstes Land eine eigene beamtenrechtliche Regelung auf den Weg gebracht. Gemäß § 44 Abs. 1 des Gesetzes zählten die Staatssekretäre, die Ministerialdirektoren, der Regierungsoberpräsident in der Pfalz und die Regierungspräsidenten, die Landräte und die Leiter staatlicher Polizeibehörden zu denjenigen Beamten, die jederzeit durch den Ministerpräsidenten

---

Innenminister. In der Neufassung des LBG NRW vom 21. April 2009 (GV. NRW. S. 224) finden sich in § 37 Abs. 1 Nr. 5 LBG NRW auch die Polizeipräsidenten. Eine Recherche des Verfassers über eventuelle Bestrebungen der damaligen Landesregierung und speziell der FDP-Fraktion, die Gruppe der Polizeipräsidenten nicht in das neue LBG aufzunehmen, verlief hingegen negativ.

292 BVerfG, Beschluss vom 09. April 2024 – 2 BvL 2/22 –, Rn. 42.

293 Vgl. § 3 Abs. 1 S. 2 LBG NRW.

294 Vgl. § 12 Abs. 3 LBG NRW.

295 Vgl. § 13 Abs. 2 LBG NRW.

296 Vgl. § 14 Abs. 1 S. 1 LBG NRW.

297 Vgl. § 19 Abs. 5 LBG NRW.

298 GVBl. I 1949, S. 605.

in den einstweiligen Ruhestand versetzt werden konnten.[299] Der Katalog der politischen Beamten wurde fortan stetig erweitert. Lediglich im Jahr 1990 wurde die Gruppe der Landräte aus der Gruppe ausgeschlossen, da deren Funktion kommunalisiert wurde. In diesem Zusammenhang wurde auch das Instrument der Abwahl eingeführt, sodass für eine Versetzung in den einstweiligen Ruhestand aufgrund einer mangelnden politischen Übereinstimmung mit der Regierung kein Raum mehr bestand.[300] Gegenwärtig zählen in Rheinland-Pfalz gem. § 41 Abs. 1 LBG die Staatssekretäre, die Ministerialdirektoren, der Sprecher der Landesregierung sowie Beamte, die mit ihrer Zustimmung schriftlich zu Referenten für Presse- oder Öffentlichkeitsarbeit bei einer obersten Landesbehörde bestellt worden sind, der Ständige Vertreter des Bevollmächtigten des Landes beim Bund und für Europa, der Präsident und der Vizepräsident der Aufsichts- und Dienstleistungsdirektion, die Präsidenten sowie Vizepräsidenten der Struktur- und Genehmigungsdirektion, der Leiter der Abteilung für Verfassungsschutz bei dem für den Verfassungsschutz zuständigen Ministerium sowie der Beauftragte der Landesregierung für Migration und Integration zum Kreis der politischen Beamten im Sinne des § 30 Abs. 1 S. 1 BeamtStG.[301] Rheinland-Pfalz verfügt somit über den umfangreichsten Personenkreis unter allen Ländern, allerdings mit einer Besonderheit, die in § 41 Abs. 3 LBG normiert ist. Dort heißt es:

> Wer bereits vor Übertragung eines Amtes nach Absatz 1 Beamtin oder Beamter auf Lebenszeit war, ist auf seinen Antrag, der binnen drei Monaten nach Beginn des einstweiligen Ruhestands zu stellen ist, spätestens drei Monate nach Antragstellung erneut in das Beamtenverhältnis auf Lebenszeit zu berufen. Das zu übertragende Amt muss derselben oder einer gleichwertigen Laufbahn angehören wie das vor der Übertragung des Amtes nach Absatz 1 zuletzt bekleidete Amt und mindestens mit demselben Grundgehalt verbunden sein.

Das Land Rheinland-Pfalz bietet seinen politischen Beamten somit eine gesetzliche Rückkehrmöglichkeit in ihre vorherige Laufbahn an. § 41 Abs. 3 S. 2 LBG verweist insoweit auf die entsprechende Anwendung von § 29 Abs. 2

---

299 GVBl. I 1949, S. 609.

300 *Müller*, in: Grabendorff/Arend, § 41.

301 LBG vom 20. Oktober 2010 (GVBl. S. 319), zuletzt geändert durch Artikel 2 des Gesetzes vom 26. Februar 2024 (GVBl. S. 47).

und 6 BeamtStG, wonach Beamte, die wegen Dienstunfähigkeit in den einstweiligen Ruhestand versetzt wurden, unter bestimmten Voraussetzungen erneut in ein Beamtenverhältnis berufen werden können (Abs. 2) und sodann das frühere Beamtenverhältnis als fortgesetzt gilt (Abs. 6).[302]

ll) Saarland

Während der französischen Besatzungszeit galt im Saarland zunächst das DBG weiter. Im Anschluss an die Eingliederung in die Bundesrepublik Deutschland durch das gleichnamige Gesetz vom 23. Dezember 1956[303] blieb im Hinblick auf die Beamtenschaft dennoch das bisherige Regelungswerk erhalten.[304] Auch das Gesetz Nr. 737 zur Neuregelung der beamtenrechtlichen Vorschriften vom 21. November 1960 enthielt keine Bestimmungen hinsichtlich des Umgangs mit politischen Beamten und der Möglichkeit ihrer Versetzung in den einstweiligen Ruhestand.[305] Diese wurde erst durch das Saarländische Beamtengesetz vom 11. Juli 1962[306] geschaffen, in dessen § 56 fortan der Chef der Staatskanzlei, die ständigen Vertreter der Minister, der Direktor beim Landtag, der Bevollmächtigte des Saarlandes beim Bund, der Generalstaatsanwalt, der Landespolizeipräsident, der Leiter des Amtes für Verfassungsschutz, der Pressechef der Landesregierung sowie auch die Landräte aufgeführt wurden. Mit der Neufassung des Gesetzes vom 11. März 2009 wurde der Personenkreis deutlich verkleinert. Fortan zählten gem. § 51 Abs. 1 SBG lediglich noch die Staatssekretäre, der Bevollmächtigte beim Bund, der Bevollmächtigte für Europaangelegenheiten sowie der Beauftragte für Strukturwandel zu den politischen Beamten.[307] Dieser Ämterumfang hat sich seitdem nicht mehr verändert.

mm) Sachsen

Der Freistaat verfügt seit dem 12. Dezember 1992 über eine eigene landesrechtliche Regelung.[308] In dieser ursprünglichen Fassung des Beamtengesetzes

---

302 Vgl. *Müller*, in Grabendorff/Arend, § 41.
303 BGBl. I, 1956, Nr. 54, S. 1011.
304 Vgl. *Schunke*, Die politischen Beamten, S. 97.
305 Vgl. Beamtenrechtsneuregelungsgesetz, ABl. 1960, S. 936.
306 ABl. 1962, S. 505.
307 ABl. 2009, S. 514.
308 SächsGVBl. 1992, Nr. 39, S. 615.

für den Freistaat Sachsen (SächsBG) finden sich die politischen Beamten in § 59 SächsBG. Als solche werden die Staatssekretäre, Regionspräsidenten sowie die Regierungssprecher genannt. In der Neufassung des Gesetzes vom 12. Mai 2009[309] wurde sodann auch der Direktor des Landtags in § 59 SächsBG aufgenommen. Nachdem zunächst im Jahr 2008 aus den damaligen Regierungspräsidien die Landesdirektionen Chemnitz, Dresden und Leipzig hervorgegangen waren und deren Präsidenten sich ebenfalls in der Neufassung des Gesetzes vom 12. Mai 2009 wiederfanden, wurden auch diese Präsidien im Jahr 2012 unter dem Dach der Landesdirektion Sachsen als nunmehr einzige Landesmittelbehörde zusammengefasst, sodass in § 59 SächsBG in der Fassung vom 17. Dezember 2013 auch nur noch das Amt „des" Präsidenten statt wie zuvor „der" Präsidenten aufgeführt wird.[310] Gegenwärtig zählen in Sachsen gem. § 57 SächsBG somit die Staatssekretäre, der Präsident der Landesdirektion Sachsen, der Regierungssprecher und der Direktor beim Sächsischen Landtag zum Kreis der politischen Beamten im Sinne des § 30 Abs. 1 S. 1 BeamtStG.

nn) Sachsen-Anhalt

In der ersten Fassung des sachsen-anhaltinischen Beamtengesetzes vom 14. Mai 1991 finden sich die politischen Beamten in § 36 Abs. 1 BG LSA. Hierzu zählten die Staatssekretäre, die Regierungspräsidenten, der Leiter des Presse- und Informationsamtes der Landesregierung sowie die Polizeipräsidenten.[311] Dieser Personenkreis blieb bis zur Neuregelung des Gesetzes im Jahr 2009 unverändert. Seit dem Inkrafttreten des LBG LSA vom 15. Dezember 2009[312] findet sich der Kreis der politischen Beamten in § 41 der Vorschrift. Dieser hat sich fortan keine Veränderungen mehr erfahren, sodass in Sachsen-Anhalt gem. § 41 LBG LSA gegenwärtig die Staatssekretäre, der Präsident sowie der Vizepräsident des Landesverwaltungsamtes, der Leiter des Presse- und Informationsamtes der Landesregierung sowie der Leiter der für den Verfassungsschutz zuständigen Abteilung im Ministerium

---

309 SächsGVBl. 2009, Nr. 6, S. 194.

310 Vgl. Pressemitteilung des Freistaats Sachsen „Landesdirektion nimmt ihre Arbeit auf", 001/2012, 01. März 2012; Sächsisches Standortegesetz vom 27. Januar 2012; SächsGVBl. 2012, Nr. 4, S. 130, 556.

311 GVBl. LSA 1991, Nr. 8, S. 61, 67.

312 GVBl. LSA 2009, S. 648.

des Innern zum Kreis der politischen Beamten im Sinne des § 30 Abs. 1 S. 1 BeamtStG zählen.[313]

oo) Schleswig-Holstein

Bereits mit Datum vom 04. März 1948 hatte der schleswig-holsteinische Landesgesetzgeber die zum damaligen Zeitpunkt noch gültigen Bestimmungen der §§ 44 ff. DBG durch das Gesetz über die Versetzung von Beamten in den Ruhestand[314] dahingehend erweitert, dass gem. § 1 Abs. 1 der Vorschrift auch die Landesdirektoren jederzeit in den Wartestand versetzt werden konnten.[315] In der ersten Fassung des ersten Beamtengesetzes für das Land Schleswig-Holstein vom 19. März 1956[316], welches somit noch vor dem Erlass des BRRG in Kraft trat, fanden sich die politischen Beamten in § 48 LBG wieder. Hierzu zählten die Ministerialdirektoren, der Pressechef der Landesregierung, der Leiter der Abteilung für Verfassungsschutz sowie der Generalstaatsanwalt. Gegenwärtig zählen in Schleswig-Holstein gem. § 37 LBG lediglich die Staatssekretäre sowie der Regierungssprecher zum Kreis der politischen Beamten im Sinne des § 30 Abs. 1 S. 1 BeamtStG[317]. Diese beiden Ämter waren bereits im Gesetzesentwurf zur Neuregelung des Beamtenrechts vom 31. Oktober 2008 die einzigen, die zu den politischen Beamten gezählt wurden, was fortan auch nicht mehr verändert wurde.[318] Schleswig-Holstein ist somit das Land mit dem kleinsten Personenkreis für dieses Institut.

pp) Thüringen

In Thüringen trat am 21. Juli 1991 zunächst als Übergangslösung[319] das Gesetz zur vorläufigen Regelung des Beamtenrechts (Kurztitel: Beamtenrechtliches

---

313 GVBl. LSA 2022, S. 338.

314 GVOBl. 1948, S. 19.

315 Die schleswig-holsteinische Landesverwaltung war zur damaligen Zeit in Ämter aufgeteilt, die von einem Landesdirektor geleitet wurden. Dessen Rolle war am ehesten mit der eines heutigen Staatssekretärs vergleichbar. Neben den Landesdirektoren bestand die Landesregierung aus einem Oberpräsidenten sowie den Landesministern, vgl. *Schunke*, Die politischen Beamten, S. 99.

316 GVOBl. 1956, S. 19.

317 GVOBl. 2023, S. 634.

318 Vgl. LT-Drs. 16/2306 vom 31. Oktober 2008, S. 47.

319 Vgl. *Hochbaum*, DtZ 1994, 401, 402.

Vorschaltgesetz, BeamtVorschaltG[320]) in Kraft, welches in § 4 Abs. 1 BeamtVorschaltG die Befugnis für den Ministerpräsidenten enthielt, die Staatssekretäre, den Leiter des Landesverwaltungsamtes, den Leiter des Landesamtes für Verfassungsschutz, den Sprecher der Landesregierung sowie auch die Leiter der Ministerbüros jederzeit in den einstweiligen Ruhestand versetzen zu können. Diese Übergangsvorschrift wurde drei Jahre später durch das erste Thüringische Beamtengesetz vom 10. Juni 1994[321] abgelöst. Dieses Gesetz änderte den Kreis der politischen Beamten, deren Regelung sich nunmehr in § 41 Abs. 1 ThürBG wiederfand, wie folgt: gestrichen wurden die Leiter der Ministerbüros, hinzugefügt wurden wiederum der Generalstaatsanwalt sowie die Frauen- und der Ausländerbeauftragte der Landesregierung.[322] In der ersten Fassung nach Inkrafttreten der Föderalismusreform wurde der Personenkreis der politischen Beamten abermals weiter gezogen und umfasste nunmehr auch den Beauftragten für Menschen mit Behinderungen beim Ministerium für Soziales, Familie und Gesundheit.[323] Dieser Kreis erfuhr dann allerdings nur noch sehr geringfügige Veränderungen. Seit der Neufassung des Gesetzes vom 14. August 2014[324] bis zur Gegenwart zählen im Freistaat Thüringen gem. § 27 Abs. 1 ThürBG somit die Staatssekretäre, der Präsident des Landesverwaltungsamtes, der Präsident des Amtes für Verfassungsschutz, der Präsident der Landespolizeidirektion, die Beauftragte für die Gleichstellung von Frau und Mann beim Ministerium für Soziales, Familie und Gesundheit, der Ausländerbeauftragte beim Ministerium für Soziales, Familie und Gesundheit sowie der Regierungssprecher zum Kreis der politischen Beamten im Sinne des § 30 Abs. 1 S. 1 BeamtStG.[325] Thüringen leistet sich somit gegenwärtig neben Rheinland-Pfalz den umfangreichsten Personenkreis innerhalb der Länder. Im Unterschied zu den Beamtengesetzen der übrigen Länder lässt das thüringische Beamtenrecht über § 27 Abs. 2 ThürBG zudem die Möglichkeit zu, per Gesetz neben den politischen auch andere Beamte in den einstweiligen Ruhestand versetzen zu können.[326] Gegenwärtig existieren

---

320 GVBl. 1991, S. 217.
321 Vgl. LT-Drs. 1/2002 vom 02. März 1993, S. 22; GVBl. 1994, S. 589.
322 GVBl. 1994, S. 589, 599.
323 GVBl. 1999, S. 525.
324 GVBl. 2014, S. 472.
325 GVBl. 2021, S. 508, 519.
326 GVBl. 2021, S. 508, 519.

jedoch Bestrebungen seitens der Thüringischen Landesregierung, den Kreis für die politischen Beamten umfassend einzukürzen und zukünftig auf die Ämter des Regierungssprechers sowie der Staatssekretäre zu beschränken.[327] Zudem ist die Einführung eines § 27 Abs. 3 ThürBG geplant, welcher es in den einstweiligen Ruhestand versetzten politischen Beamten ermöglichen soll, in ihr früheres Dienstverhältnis beim Freistaat Thüringen zurückzukehren.[328]

7. Zusammenfassung

Der Entstehungsprozess der Rechtsfigur des politischen Beamten, so wie sie sich heute im Bund und in den allermeisten Ländern vorfindet, war bereits zu Beginn der konstitutionellen Monarchie in Preussen im Jahre 1852 abgeschlossen. Nach dem Verlust der absolutistischen und unmittelbaren Einwirkung auf die Beamten musste ein anderes Werkzeug gefunden werden, um die Einheitlichkeit von Regierung und Verwaltung zu wahren. Dieses Mittel hatte sich daher auch vorrangig gegen solche Beamten zu richten, die an der Spitze der Verwaltung standen. In sämtlichen deutschen Staaten, in denen nach 1848 politische Beamte eingeführt wurden, geschah dies in erster Linie, weil die Regierungen die demokratischen Zugeständnisse, zu denen sie sich veranlasst sahen, von Beginn an streng begrenzen und Widersprüche gegen die Staatshoheit bereits im Keim ersticken wollten. Man kann daher sagen, dass die Institution des politischen Beamten als eine Art Zwangsmittel zur Disziplinierung des Beamtentums eingeführt wurde. Die Verwaltung sollte stets „auf Linie" gehalten werden. Weder in der Weimarer Republik noch in der Bundesrepublik gab es zudem jemals ernsthafte politische Bestrebungen, auf die Institution zu verzichten. Die einzige Veränderung, die fortlaufend zu beobachten war und ist, betrifft den Kreis der Ämter, die mit politischen Beamten besetzt werden. War dieser insbesondere in der Weimarer Republik nahezu ausufernd, so lässt sich aktuell feststellen, dass die Politik sich zumindest auf Länderebene teilweise etwas mehr in Zurückhaltung übt, was die Besetzung von Spitzenposten mit politischen Beamten anbelangt. Bei allen Erweiterungen und Verkleinerungen des Ämterkreises seit seiner Entstehung wurde zudem ein Amt bislang noch nie in Frage gestellt: das des Staatssekretärs. Bis auf den Freistaat Bayern nennt jedes Bundesland dieses

---

327 LT-Drs. 7/8656.

328 Vgl. *Austermann*, ThürVBl 2024, 128, 129.

in seiner jeweiligen landesrechtlichen Vorschrift als ein Amt, dessen Inhaber jederzeit in den einstweiligen Ruhestand versetzt werden kann. Diese Zuordnung erscheint angesichts der verfassungsrechtlichen Anforderungen an politische Beamte jedoch keineswegs selbstverständlich.

II. Verfassungsgerichtliche Charakterisierung der Institution

1. Allgemeines

Es stellt sich zunächst die Frage, was inhaltlich hinter der Begrifflichkeit des „politischen Beamten“ zu verstehen ist. In seinen bisherigen Entscheidungen, in denen die Rechtsfigur Erwähnung gefunden hat, hat das Bundesverfassungsgericht Sacherfordernisse sowie auch Rechtfertigungsmerkmale definiert, die den Ausnahmecharakter der Institution verdeutlichen und zu einer entsprechend restriktiven Anwendung bei der Einrichtung derartiger Ämter anhalten sollen. Die Grundlage für die Beschreibung dieser Wesens- und Funktionsmerkmale bilden seit jeher zwei Beschlüsse aus den Jahren 1957 und 1958, in welchen es um die Wartezeitbestimmungen eines Oberkreisdirektors sowie die Abwahl eines hauptamtlichen Bürgermeisters einer Kommune ging.[329] Beide Entscheidungen hatten demnach bereits keinen politischen Beamten im heutigen Sinn zum Gegenstand, sondern kommunale Wahlbeamte, die weder dem heutigen § 54 Abs. 1 S. 1 BBG noch dem § 30 Abs. 1 S. 1 BeamtStG unterfallen. Es erscheint daher bereits fraglich, ob die damals definierten Wesensmerkmale für einen politischen Beamten auf die heutige Rechtsfigur dem Grunde nach überhaupt anwendbar sind. Hinzu tritt der Umstand, dass die seinerzeit formulierten strukturellen Merkmale mit den Anforderungen, die an den heutigen, sehr heterogenen Ämterkreis zu stellen sind, aufgrund der gänzlich unterschiedlichen fachspezifischen Voraussetzungen sowie der Tatsache, dass es sich bei einem hauptamtlichen Bürgermeister um einen Beamten auf Zeit und nicht um Lebenszeitbeamten handelt, kaum vergleichbar sein dürften.[330] Die damals vom Gericht erdachten Kriterien einer erforderlichen fortdauernden Übereinstimmung mit den politischen Zielen und Ansichten einer Regierung sowie dem Bedürfnis nach einem, aufgrund

329 BVerfGE 7, 155, 166; 8, 332, 347, 349

330 Vgl. *Hoffmann*, DÖV 1990, 320, 321.

der zu erfüllenden Aufgabe notwendigen, besonderen Vertrauensverhältnis auf Seiten der Staatsführung bilden jedoch auch heute noch die zwei wesentlichen Kriterien zur Rechtfertigung der Institution. In einem obiter dictum aus dem Jahr 2008 verwendete das Gericht sodann erstmalig den Begriff des „Transformationsamtes" und stellte einschränkend fest, dass der Institution grundsätzlich ein „eng zu begrenzender Ausnahmecharakter" zufalle. Die mit ihr einhergehende Abweichung vom Lebenszeitprinzip sei zudem nur zulässig, solange der Kreis der politischen Beamten eng begrenzt sei.[331] In einem weiteren obiter dictum aus dem Jahr 2018 verschärfte das Gericht seine Sichtweise bezüglich der Ausnahmestellung des politischen Beamten nochmals und gab zu bedenken, dass dieser selbst innerhalb der Gruppe von Beamten, bei denen eine Durchbrechung des Lebenszeitprinzips gerechtfertigt sein könne, eine „atypische Sonderrolle" einnehme.[332] Im Zusammenhang mit dieser Entscheidung griff das Gericht zudem erstmalig ein konkretes politisches Amt in Gestalt des Abteilungsleiters in einem Bundesministerium auf und sprach diesem eine „nur beschränkte Transformationsaufgabe" zu.[333] In seiner jüngsten Entscheidung hat das Bundesverfassungsgericht nunmehr weitere Anknüpfungspunkte formuliert, nach denen die Einstufung eines Amtes als ein politisches anzunehmen und eine Durchbrechung des Lebenszeitprinzips gerechtfertigt sein könne. Dies hänge regelmäßig von einer Reihe von Faktoren ab, die einzelfallabhängig im Rahmen einer vorzunehmenden Gesamtbetrachtung Anhaltspunkte dafür bieten müssten, dass eine fortdauernde politische Übereinstimmung des jeweiligen Amtsträgers mit den politischen Zielen der Regierung für die wirksame Aufgabenerfüllung unerlässlich sei.[334] Von entscheidender Bedeutung sei hierbei insbesondere die konkrete Ausgestaltung des Aufgabenbereichs des in Frage stehenden Amtsträgers.[335] Wo die Möglichkeit bestehen müsse, beispielsweise als Folge politischer Kompromisse oder als Ausdruck politischer Grundeinstellungen und des der Regierung zugewiesenen politischen Gestaltungswillens nach einem Regierungswechsel, die Grundlinien politischen Handelns zu ändern,

331 BVerfG, Beschluss vom 28. Mai 2008 – 2 BvL 11/07 –, Rn. 76.
332 BVerfG, Beschluss vom 24. April 2018 – 2 BvL 10/16 –, Rn. 42.
333 BVerfG, Beschluss vom 24. April 2018 – 2 BvL 10/16 –, Rn. 84.
334 BVerfG, Beschluss vom 09. April 2024 – 2 BvL 2/22 –, Rn. 54.
335 BVerfG, Beschluss vom 09. April 2024 – 2 BvL 2/22 –, Rn. 54.

müsse sich dies auch im konkreten Verwaltungshandeln der Amtsträger ausdrücken können.[336] Lediglich administrativ-gesetzesvollziehendes Verwaltungshandeln innerhalb eines hierarchischen Behördenaufbaus erfordere indes keine Ausnahme vom Lebenszeitprinzip.[337] An der Erforderlichkeit einer solchen Ausnahme fehle es zudem regelmäßig dort, wo es nicht um die Umsetzung politischer Ziele einer Regierung geht, sondern um die bloße Wahrnehmung von Beurteilungs- und Ermessensspielräumen, welche normativ gesteuert und eingeschränkt rechtlich überprüfbar sind.[338] Dem Begriff des „Transformationsamtes" als äußerste Grenze für eine Durchbrechung des Lebenszeitprinzips verleiht das Bundesverfassungsgericht in seiner jüngsten Entscheidung ohne Rückgriff auf das einfachgesetzliche Beamtenrecht unmittelbar Verfassungsrang.[339] Dennoch scheint das Gericht das Rechtsinstitut insgesamt zunehmend restriktiver zu sehen und hat erneut eine enge Begrenzung des Ämterkreises angemahnt. Das Regel-Ausnahme-Verhältnis, wonach der Lebenszeitbeamte die Regel darstellt und der politische die Ausnahme hiervon, wurde durch die jüngste Entscheidung weiter verschärft.[340]

Fraglich ist jedoch, ob das Vorliegen der einzelnen Merkmale und Indizien in sachlicher Hinsicht tatsächlich eine conditio sine qua non bildet und die Einsetzung eines politischen Beamten derart unverzichtbar macht, dass eine Besetzung mit einem klassischen Laufbahnbeamten nach Durchführung eines Auswahlverfahrens tatsächlich zu einem Qualitätsverlust bei der Aufgabenerfüllung sowie bei der Regierungsarbeit insgesamt führen würde. Darüber hinaus erscheint es bereits zweifelhaft, dass die nunmehr vom Bundesverfassungsgericht entwickelten Merkmale, die den politischen Beamten ausmachen sollen, überhaupt zwecktauglich sind, um dessen Aufgabengebiet in tatsächlicher Hinsicht zu definieren bzw. seine Ausnahmestellung rechtfertigen zu können.

336 BVerfG, Beschluss vom 09. April 2024 – 2 BvL 2/22 –, Rn. 54.

337 BVerfG, Beschluss vom 09. April 2024 – 2 BvL 2/22 –, Rn. 54.

338 BVerfG, Beschluss vom 09. April 2024 – 2 BvL 2/22 –, Rn. 54.

339 BVerfG, Beschluss vom 09. April 2024 – 2 BvL 2/22 –, Rn. 53; *Von Roetteken*, NVwZ 2024, 1089, 1090.

340 Beschluss vom 24. April 2018 – 2 BvL 10/16, Rn. 84.; BVerfG, Beschluss vom 28. Mai 2008 – 2 BvL 11/07 –, Rn. 77; BVerfG NVwZ 2003, 1506.

2. Transformationsfunktion

Die Transformationsfunktion soll einen der beiden zentralen Wesenskerne der Rechtsfigur darstellen. Das Bundesverfassungsgericht bezeichnet die Ämter der politischen Beamten als sog. Transformationsämter, denen die zentrale Aufgabe zufalle, politische Vorgaben in gesetzeskonformes und rechtsstaatliches Verwaltungshandeln umzuwandeln.[341] Es gehöre demnach zu den besonderen Funktionen des politischen Beamten, die Intentionen der Regierung in die Verwaltung hineinzutragen und für ihre Beachtung und Umsetzung Sorge zu tragen.[342] Er fungiere in diesem Zusammenhang als ein notwendiger Brückenkopf zwischen der politisch verantwortlichen Spitze der Verwaltung und dem sonstigen Personalkörper.[343] Ihm komme an der Nahtstelle zwischen Politik und Verwaltung somit eine Schlüsselposition zu, an der verlangt werde, dass die Politik der Regierung nicht nur nicht behindert, sondern vielmehr aktiv unterstützt werde.[344] Um dieses vermeintliche Erfordernis genauer betrachten zu können, müssen zunächst zwei auf den ersten Blick divergierende demokratische Prinzipien verdeutlicht werden: auf der einen Seite das der politischen Macht auf Zeit und auf der anderen Seite der Kontinuität bewirkende Grundsatz der lebenslänglichen Anstellung des Berufsbeamtentums. Der politische Beamte ist in beiden Welten unterwegs und muss die Fähigkeit besitzen, unter Beachtung der jeweils unterschiedlichen Eigenarten auch in beiden möglichst effektiv zu wirken. In einer parlamentarischen Demokratie ist der Weg von einer gesetzgeberischen Intention bis hin zu dessen praktischer Umsetzung lang und erfordert in der Regel neben der Beteiligung verschiedener Bundes- und Landesinstanzen beispielsweise auch eine Verbandsbeteiligung und geht darüber hinaus in vielen Fällen mit einer medienbegleiteten öffentlichen Diskussion einher.[345] Teilweise wird den politischen Beamten auch die Notwendigkeit einer direkte

---

341 BVerfG, Beschluss vom 24. April 2018 – 2 BvL 10/16 –, Rn. 84, *Kugele*, ZBR 2007, 109, 111.

342 Vgl. *Schunke*, Die politischen Beamten, S. 1; *Thiele*, DÖD 1961, 81, 83 f.

343 BVerfG, Beschluss vom 24. April 2018 – 2 BvL 10/16 –, Rn. 84, *Lindner*, DÖV 2018, 983.

344 BVerwG, Urteil vom 29.10.1964 – II C 182.61 – BVerwGE 19, 332, 336; *Kugele*, ZBR 2007, 109, 111.

345 Vgl. *Kugele*, ZBR 2007, 109, 111. Prominente Beispiele hierfür sind z.B. das Heizungs- oder auch das Cannabisgesetz der damaligen Bundesregierung.

Zusammenarbeit mit den jeweiligen, die Regierung bildenden Parteispitzen zugesprochen.[346] Dies erscheint allerdings deswegen zweifelhaft, weil der politische Beamte lediglich der Regierung und nicht einer Partei zuarbeiten kann, was bereits aus der Formulierung des Art. 21 Abs. 1 S. 1 GG hervorgeht, wonach die Parteien bei der politischen Willensbildung des Volkes lediglich mitwirken. Dies bedeutet jedoch nichts anderes als eine Funktion in Gestalt eines Mittlers zwischen Gesellschaft und Staat.[347] Das Grundgesetz spricht nicht von der Teilnahme an der Willensbildung von Staat, Regierung oder Verwaltung, sodass auch eine direkte Einflussnahme von Parteien auf politische Beamte ebenso wenig stattzufinden hat wie eine direkte Zuarbeit politischer Beamter in Richtung einer Partei.[348] Der politische Beamte erhält seine Weisungen ausschließlich von der Regierung und nicht vom Vorstand bzw. Vorsitzenden einer politischen Partei. Er fungiert lediglich als Mittler zwischen Politik und Verwaltung und in Anbetracht seines besonderen politischen Einflusses, den er dienstlich nehmen kann und den er auch nehmen soll, ist er zumindest diesbezüglich aus der Gesamtheit der Beamtenschaft herausgestellt.[349] Eine weitergehende Mittlerfunktion wohnt der Rechtsfigur jedoch nicht inne.

3. Fortdauernde Übereinstimmung mit den politischen Zielen der Regierung

Als zweites konstituierendes und unerlässliches Rechtfertigungselement für die Institution des politischen Beamten fordert das Bundesverfassungsgericht auf Seiten der jeweiligen Amtsinhaber eine fortdauernde politische Übereinstimmung mit Auffassung und Zielsetzung der weisungsberechtigten, demokratisch gewählten und verantwortlichen Organe des Staates.[350] Für die Beantwortung der Frage, wann ein Amt die genannte fortdauernde Übereinstimmung erfordert, sei eine im Rahmen einer Gesamtbetrachtung vorzunehmende Einzelfallprüfung des in Rede stehenden Amtes erforderlich, wobei eine Reihe von Faktoren in Frage komme, bei deren Vorliegen die Notwendigkeit einen inhaltlichen fortdauernden Gleichgestimmtheit

346 *Hebeler*, in: Battis: BBG, § 54, Rn. 4; *Franz*, ZBR 2008, 236, 238.
347 Vgl. *Kluth*, in: Epping/Hillgruber, BeckOK GG, Art. 21, Rn. 59 ff.
348 Vgl. *Kugele*, Der politische Beamte, S. 129.
349 Vgl. *Fischbach*, BBG, S. 306; *Kugele*, ZBR 2007, 111.
350 BVerfGE 121, 205, 223.

angenommen werden könne. Ein Faktor bestehe hierbei in der Beantwortung der Frage, ob der in Rede stehende Amtsträger zum engsten Kreis unmittelbarer Berater der Träger politischer Ämter zählt.[351] Ein unmittelbares Näheverhältnis des politischen Beamten zur politischen Führung sei daher ein typisches Merkmal der Institution.[352]

4. Besonderes Vertrauensverhältnis auf Seiten der Regierung

Das womöglich am kontroversesten, da justitiablen Überprüfungsmöglichkeiten faktisch nicht zugängliche Merkmal eines politischen Beamten ist das besondere Vertrauensverhältnis, welches seitens der jeweiligen Regierung zu ihm bestehen müsse.[353] Nicht nur die fortdauernde politische Übereinstimmung mit Auffassung und Zielsetzung weisungsberechtigter, demokratisch gewählter und verantwortlicher Organe des Staates sei demnach ein konstituierendes und unerlässliches Element für die besondere Institution des politischen Beamten, sondern auch das Erfordernis, dass die Amtsinhaber nach der Art ihrer jeweiligen Aufgabe in besonderer Weise des politischen Vertrauens der Staatsführung bedürften.[354] Die politischen Beamten hätten sich von den „nicht politischen" Beamten dadurch zu unterscheiden, dass von ihnen mehr als parteipolitische Neutralität und Loyalität erwartet würde.[355] Dieses sog. gesteigerte Treueverhältnis des Dienstherrn in die Loyalität des politischen Beamten werde zudem nicht erst durch eine Abweichung in Bezug auf politische Ansichten gestört, sondern könne schon dann beeinträchtigt sein, wenn seitens der Regierung Zweifel dahingehend bestünden, dass die fachliche oder persönliche Eignung des Beamten, seine Amtstätigkeit oder auch sein außerdienstliches Verhalten den höchstmöglichen Grad einer zielstrebigen und wirkungsvollen Zusammenarbeit im Sinne der von ihr verfolgten Politik gewährleisten.[356] Das Bundesverwaltungsgericht hat anlässlich der Versetzung eines politischen Beamten in den einstweiligen Ruhestand das besondere Vertrauensverhältnis zudem dahingehend interpretiert, dass es nicht speziell zu einer „Regierung im institutionellen oder organisatorischen

---

351 BVerfG, Beschluss vom 09. April 2024 – 2 BvL 2/22 –, Rn. 54.

352 BVerfG, Beschluss vom 09. April 2024 – 2 BvL 2/22 –, Rn. 53.

353 BVerfGE 7, 155, 166 f.;

354 BVerfGE 121, 205, 223; 149, 1, Rn. 43.

355 *Kugele*, ZBR 2007, S. 109.

356 BVerwG, Urteil vom 29. Oktober 1964 – II C 182.61 – BVerwGE 19, 332, 336.

Sinne“ bestehen müsse, sondern lediglich auf das jeweilige in Betracht kommende Verfassungsorgan zu beziehen sei.[357] Diese Ansicht begegnet indes Zweifeln. Das Bundesverfassungsgericht verwendet in diesem Zusammenhang regelmäßig die eindeutige Formulierung des „politischen Vertrauens der Staatsführung“, zu dem zusätzlich eine „fortwährende Übereinstimmung mit den grundsätzlichen politischen Ansichten und Zielen der Regierung“ treten müsse.[358] Staatsführung meint in diesem Zusammenhang jedoch kein anderes Verfassungsorgan als das der Bundes- oder einer Landesregierung wie z.B. den Bundestag oder den Bundesrat. Dies würde auch dem Begriff des „politischen Vertrauens“ widersprechen, da sämtliche Verfassungsorgane mit Ausnahme der Regierung als Teil der Exekutive politisch neutral sind und entsprechend keine eigenen politischen Ziele verfolgen, zu denen eine fortwährende Übereinstimmung bestehen könnte bzw. müsste.[359] Das besondere politische Vertrauensverhältnis sowie die fortwährende politische Übereinstimmung können daher, wenn überhaupt, nur auf Seiten der Bundes- bzw. einer Landesregierung bestehen. Um den Begriff des besonderen Vertrauensverhältnisses greifbarer zu machen, hat das Bundesverfassungsgericht in seiner jüngsten Entscheidung zudem erstmalig eine Reihe weiterer Sacherfordernisse formuliert, bei deren Vorliegen die Annahme eines besonderen Vertrauensverhältnisses für die wirksame Aufgabenerfüllung unerlässlich sei und somit die Einrichtung eines politischen Amtes rechtfertigen könne. Hierzu zählt der Senat neben dem konkret zu erfüllenden Aufgabenbereich und der besonderen Sachgesetzlichkeit eines Amtes auch die organisatorische Stellung des betroffenen Amtsträgers sowie der ihm zugemessene Entscheidungsspielraum.[360] Ein weiteres Indiz sei zudem der Umfang der dem Beamten auferlegten Beratungspflichten gegenüber der Regierung.[361]

5. Repräsentationsfunktion

Fraglich ist, ob neben den genannten Kriterien auch die Außenwirkung eines Amtes die Einordnung als ein politisches zu rechtfertigen vermag. Nach einer

---

357 BVerwG, Urteil vom 13. September 2001 – 2 C 39/00 – NVwZ 2002, 604, 606; BVerwGE 115, 89; *Bodanowitz*, Beamtenrecht in der Praxis, § 5, Rn. 35.

358 BVerfG, Beschluss vom 09. April 2024 – 2 BvL 2/22 –, Rn. 24; BVerfGE 7, 155, 166.

359 BVerfG, Urteil vom 10. Juni 2014 – 2 BvE 2/09 –, Rn. 94.

360 BVerfG, Beschluss vom 09. April 2024 – 2 BvL 2/22 –, Rn. 54.

361 NVwZ 2024, 1082.

in der Literatur vertretenen Ansicht sei neben der Transformationsfunktion auch eine den Ämtern teilweise innewohnende Repräsentationsfunktion ein Kriterium, aufgrund dessen sich die Zuordnung zu den politischen Ämtern sachlich rechtfertigen lasse.[362] Damit ist jedoch nicht gemeint, dass die Amtsinhaber die jeweilige Regierung aktiv zu repräsentieren hätten, sondern es geht vielmehr um die Tatsache, dass es sich um Funktionsämter handele, die aufgrund ihrer exponierten Stellung einer besonders starken öffentlichen Wahrnehmung unterliegen, was wiederum dazu führen könne, dass ein wirkliches oder auch nur vermeintliches Fehlverhalten der Amtsinhaber sich angeblich zulasten der jeweiligen Regierung auswirken könne.[363] Aufgrund der dienstlichen Nähe würden beispielsweise Aussagen eines Staatssekretärs außerhalb des Ministeriums von der Öffentlichkeit zumeist als offizielle Meinung des Ministers interpretiert.[364] Bei einem Repräsentationsamt solle nicht die möglichst wirksame Umsetzung der politischen Ziele der Regierung bzw. des zuständigen Ministers Grund für die Zuordnung des Amtsinhabers zum Kreis der politischen Beamten sein.[365] Vielmehr bestünde dieser darin, dass aufgrund der Exponiertheit des Amtes in Fällen eines Fehlverhaltens des Amtsinhabers Nachteile für das öffentliche Ansehen der Regierung entstehen könnten, falls diese sich nicht schnell von dem jeweiligen Amtsinhaber trennen könne.[366] In seiner jüngsten Entscheidung hat das Bundesverfassungsgericht indes die Aussage getroffen, dass die bloße Einstufung eines Amtes als sogenanntes Repräsentationsamt die Besetzung mit einem politischen Beamten grundsätzlich nicht rechtfertige.[367] Ein derartiger Amtsbegriff sei mit der Stellung der Verwaltung in der verfassungsmäßigen Ordnung unvereinbar und ließe die betroffenen Ämter wie einen „verlängerten Arm" der Regierung erscheinen, was wiederum deren organisatorische sowie funktionale Trennung von der Staatsleitung grundlegend verkenne.[368] Allerdings könne die besondere Exponiertheit eines Amtes bei der Frage nach einer möglichen

---

362 Vgl. *Echtler*, Der beamtete Staatssekretär, S. 180 ff.

363 Vgl. *Kugele*, ZBR 2007, 109, 113.

364 *Echtler*, Der beamtete Staatssekretär, S. 179.

365 *Steinbach*, VerwArch 2018, 6, 8, 22; *Kugele*, ZBR 2007, 109, 113.

366 OVG NRW, Beschluss vom 15. Dezember 2021 – 6 A 739/18, Rn. 113.

367 BVerfG, Beschluss vom 09. April 2024 – 2 BvL 2/22 –, Rn. 55; *Von Roetteken*, NVwZ 2024, 1089, 1090.

368 BVerfG, Beschluss vom 09. April 2024 – 2 BvL 2/22 –, Rn. 56.

Zuordnung zu den politischen Ämtern als weiteres Indiz im Rahmen der erforderlichen Gesamtbetrachtung zu berücksichtigen sein.[369]

6. Bewertung der Kriterien

Es erscheint – losgelöst von der verfassungsrechtlichen Rechtmäßigkeit der Institution – bereits fraglich, ob es sich bei den Eigenschaften und Kriterien, mit denen das Bundesverfassungsgericht den politischen Beamten umschreibt und rechtfertigt, nicht zuletzt auch aufgrund ihrer Abstraktionshöhe überhaupt um sachgerechte Erwägungen handelt. Die Parameter eines besonderen politischen Vertrauens der Staatsführung aufgrund eines speziellen dienstlichen Aufgabenbereichs sowie einer fortwährenden Übereinstimmung mit den grundsätzlichen politischen Ansichten und Zielen der Regierung beschreiben Eigenschaften von zutiefst subjektiver Natur und sind zudem weder justiziabel noch reliabel noch valide. Dennoch werden diese Merkmale als entscheidende Faktoren für die Beschreibung einer Rechtsfigur, die mit grundrechtsgleichen Rechten in Konflikt steht, herangezogen und als zwingend erforderlich für die Bewältigung einer in objektiver Hinsicht durchaus mess- und nachvollziehbaren Verwaltungsaufgabe für zwingend notwendig erachtet. Der Aufgabenzuschnitt der politischen Beamten mag für einen gewissen Teil des Ämterkreises in der zumindest teilweisen Umwandlung politischer Vorgaben in gesetzeskonformes und rechtsstaatliches Verwaltungshandeln zu sehen sein. Das Gericht leitet aus diesem Umstand jedoch einen unerfindlichen Zusammenhang zwischen einem Gefühl bzw. einer Überzeugung von der Redlichkeit eines Beamten auf Seiten einer oder mehrerer Personen in Gestalt einer Regierung und der recht- und ordnungsgemäßen Aufgabenerfüllung dieser Person ab. Rein denklogisch kann zwischen beiden allerdings kein direkter Zusammenhang bestehen, da das Vertrauen seitens einer Regierung auf die recht- und zweckmäßige Aufgabenerfüllung eines Beamten ersichtlich keinen Einfluss hat. Diesen Zusammenhang behauptet das Gericht zudem auch gar nicht. Hinzu tritt der Umstand, dass der Senat mit der Formulierung des „besonderen Vertrauens der Staatsführung“ sowie „der fortwährenden Übereinstimmung mit den grundsätzlichen politischen Ansichten und Zielen der Regierung“ regelmäßig eine Formulierung aus dem Jahr 1957 übernimmt und auf die heutigen politischen Ämter anwendet,

---

369 BVerfG, Beschluss vom 09. April 2024 – 2 BvL 2/22 –, Rn. 58.

obgleich die gegenwärtige Verwaltungswirklichkeit und die Anforderungen an Führungspersonal mit denen von vor 65 Jahren wohl kaum noch vergleichbar sein dürften. In seiner jüngsten Entscheidung hat das Gericht das Kriterium des besonderen Vertrauensverhältnisses zwar etwas verständlicher umschrieben und zudem auch eine gewisse Negativabgrenzung dahingehend vorgenommen, welche Aufgaben die Einsetzung eines politischen Beamten gerade nicht rechtfertigen sollen.[370] Allerdings unterlässt es der Senat, die genannten Kriterien näher zu konkretisieren. Auch die zwingend erforderliche Voraussetzung einer fortdauernden politischen Übereinstimmung der Amtsträger mit der Auffassung sowie mit der Zielsetzung der Regierung dürfte in tatsächlicher Hinsicht unmöglich zu erfüllen und darüber hinaus auch nicht notwendig bzw. konstitutiv sein. Dass ein derartig intrinsisches Motiv für eine effektive und sachorientierte Aufgabenerledigung eines politischen Beamten zwingende Voraussetzung sei, wird selbst seitens der Politik nicht behauptet. Dass Beamte, nur weil sie derselben Partei wie ihr Dienstherr zugehörig sind, in sämtlichen zentralen Themen, die bei Amtsantritt womöglich noch gar nicht existieren bzw. absehbar sind, sondern sich erst im Laufe einer Legislatur entwickeln, mit diesem inhaltlich übereinstimmen, dürfte weder der politischen Lebenswirklichkeit entsprechen, noch ist es von entscheidender Bedeutung für die Aufgabenerfüllung eines politischen Beamten. Dieser muss nicht zwingend aus einer tiefen inneren Überzeugung handeln, sondern seine Aufgabe professionell, verschwiegen und unter Einbringung seines gesamten fachlichen Könnens sowie seiner persönlichen Integrität schlichtweg erledigen. Auch ein Beamter aus dem politischen Lager der Regierung wird nicht jede der politischen Entscheidungen, die er begleitet und umzusetzen hat, innerlich gutheißen, zumal bereits jede Regierungsbildung aufgrund eines oder mehrerer Koalitionspartner von Beginn an von einer Vielzahl politischer Kompromisse geprägt ist. Dass sich zudem dort, wo die Grundlinien politischen Handelns festgelegt werden, dies auch im konkretisierenden Verwaltungshandeln der Amtsträger ausdrückt, ist weniger die Beschreibung bzw. Nennung eines Kriteriums, welches für die Einrichtung eines politischen Amtes spricht, sondern vielmehr die Darstellung tatsächlicher Abläufe innerhalb einer Verwaltung, die sich bereits aufgrund der bestehenden Weisungsgebundenheit sowie einfachgesetzlicher Normen wie

[370] BVerfG, Beschluss vom 09. April 2024 – 2 BvL 2/22 –, Rn. 54.

beispielsweise Gemeinsamen Geschäftsordnungen oder auch Geschäftsverteilungsplänen, an die Grundlinien des politischen Handelns zu halten hat. Das Gericht beschreibt außerdem den von ihm selbst erdachten Begriff des Transformationsamtes als eine politische Schlüsselstelle[371] und verkennt hierbei die Trennung von Politik und Verwaltung, die aufgrund des Neutralitätsprinzips gem. Art. 33 Abs. 5 für Beamte von Verfassungs wegen einzuhalten ist. Es formuliert somit ein in sich widersprüchliches Anforderungsmerkmal. Eine kritische Würdigung verdient in diesem Zusammenhang auch die regelmäßig vom Gericht gewählte Formulierung des „Brückenkopfes", an dem ein politischer Beamter agiere bzw. agieren müsse.[372] Es handelt sich hierbei um einen juristisch und verwaltungsrechtlich unbekannten Begriff, dessen eigentlich Bedeutung aus dem Bereich des Militärs stammt und eine militärische Stellung auf feindlichem Territorium beschreibt. Dass mit dem Begriff ein öffentliches Amt, dem eine politische Transferaufgabe zufallen soll, zu umschreiben ist, erscheint verfehlt. Ein weiteres Kriterium, welches der Senat in seiner jüngsten Entscheidung nennt, ist das Erfordernis eines eng begrenzten Ämterkreises für die grundsätzliche verfassungsrechtliche Rechtfertigung der Rechtsfigur.[373] Dieses Erfordernis steht zum einen im Widerspruch zu der weiteren Argumentation des Gerichts, wonach für jedes Amt eine einzelfallbezogene Prüfung vorzunehmen sei, und zum anderen stellt es bereits für sich genommen ein sachfremdes Argument dar. Es kann für die verfassungsrechtliche Rechtfertigung eines einzelnen, mit bestimmten Aufgaben versehenen Amtes nicht darauf ankommen, wie groß der weitere Ämterkreis insgesamt ist. Das Gericht spricht in diesem Zusammenhang selbst von Anhaltspunkten, die in jedem Einzelfall im Rahmen einer Gesamtbetrachtung vorliegen müssen. Wenn ein Amt diese Kriterien erfüllt, dann kann die Frage nach einer verfassungsrechtlich legitimen Zuordnung zum Kreis der politischen Beamten nicht davon abhängig gemacht werden, wie groß der Ämterkreis darüber hinaus ist. Zusammenfassend sind die vom Bundesverfassungsgericht festgelegten Kriterien somit bereits objektiv nicht zwecktauglich und darüber hinaus ihrem Inhalt nach auch nicht nachvollziehbar oder gar erforderlich, um die beschriebene Aufgabenerfüllung

---

371 BVerfG, Beschluss vom 09. April 2024 – 2 BvL 2/22 –, Rn. 53.

372 BVerfG, Beschluss vom 24. April 2018 – 2 BvL 10/16 –, Rn. 84.

373 BVerfG, NVwZ 2024, 1082.

innerhalb einer Verwaltung bewerkstelligen zu können. Meinungen und Ansichten dürfen bei der Vergabe eines öffentlichen Amtes nicht den Vorrang vor Kompetenz und Leistungsfähigkeit genießen.[374]

Auch der Ansicht, wonach dem Amt eine Repräsentationsfunktion innewohne, die geeignet wäre, die Besetzung mit einem politischen Beamten zu rechtfertigen, ist nicht zu folgen. Dass die höchsten Ämter in der öffentlichen Wahrnehmung stärker im Fokus stehen als die nachgeordneten, liegt in der Natur der Sache, da ein Amtsleiter oder ein Regierungssprecher seine Behörde regelmäßig nach außen und insbesondere gegenüber der Presse vertritt. Dass beispielsweise der Präsident des Bundeskriminalamtes oder einer sonstigen Bundesoberbehörde jedoch allein aus dem Grund ein politischer Beamte sein müsste, weil man ihn irrtümlich zum Kreis der Regierungsverantwortlichen zählt und seine öffentlichen Verlautbarungen entsprechend im dortigen Lager verortet, erscheint nicht gerechtfertigt. Irrtümer bzw. Unwissenheit über den Staatsaufbau und Regierungsverantwortlichkeiten auf Seiten der Öffentlichkeit können nicht zu Lasten des Inhabers eines öffentlichen Amtes fallen. Selbst für den Fall der Bejahung einer besonderen Exponiertheit der Ämter aufgrund des mit ihnen verbundenen erweiterten Gestaltungsspielraums, ginge dieser in der einzelfallbezogen vorzunehmenden Gesamtbetrachtung auf. Einer besonderen medialen Aufmerksamkeit des jeweiligen Amtes kann indes keinerlei Bedeutung beigemessen werden.[375]

III. Einfachgesetzliche Anforderungen an den Ämter- und Personenkreis

Angesichts der strengen Kriterien des Bundesverfassungsgerichts, welche die Einrichtung von politischen Ämtern auf eng begrenzte Ausnahmefälle beschränken soll, erscheint es fraglich, ob die derzeitigen einfachgesetzlichen Regelungen für die Schaffung entsprechender Ämter diesem Erfordernis entsprechen. In diesem Zusammenhang ebenfalls Zweifeln begegnen die einfachgesetzlichen Anforderungen an die potenziellen Kandidaten für die bestehenden Ämter.

---

374 Vgl. hierzu auch *Bernet*, ZBR 1991, 40, 47.

375 *Spitzlei/Lehner*, PersV 2024, 388, 392.

1. Ämterkreis

Es findet sich keine einfachgesetzliche Regelung, welche den Ämterkreis der politischen Beamten ausdrücklich beschränkt. In Bund und Ländern existieren daher gegenwärtig knapp 800 politische Ämter. Für die Bundesebene ist der enumerative Nummernkatalog des § 54 Abs. 1 S. 1 BBG hierbei abschließend zu verstehen.[376] Die Aufnahme weiterer Ämter in die Gruppe der politischen Beamten hätte somit zwingend über eine Anpassung dieser Vorschrift zu erfolgen.[377] Der § 54 Abs. 1 S. 1 BBG nennt im Gegensatz zu § 30 Abs. 1 S. 1 BeamtStG zudem keine Normmerkmale, anhand derer zu bestimmen ist, wer zulässigerweise einen Dienstposten für politische Beamte bekleiden darf. Die Vorschrift bestimmt lediglich, dass ihr ausschließlich politische Beamte auf Lebenszeit unterfallen. Solange die Ämter der zu ernennenden politischen Beamten unter die in § 54 Abs. 1 S. 1 Nr. 1–14 BBG genannten zu fassen sind, besteht in quantitativer Hinsicht keine Obergrenze. Dies ist weniger von Interesse im Bereich der Ämter, von denen es keine Mehrzahl gibt, wie beispielsweise bei denen der Präsidenten gem. § 54 Abs. 1 S. 1 Nr. 7–14 BBG. In Bezug auf die Gruppe der Staatssekretäre sowie der Ministerialdirektoren gem. § 54 Abs. 1 S. 1 Nr. 1 BBG eröffnet sich der Regierung durch die offene Formulierung der Vorschrift jedoch ein weites Feld zur Ausdehnung der politischen Ämter. Aufgrund des Umstands, dass auch das Grundgesetz keine Bestimmung über eine Obergrenze für die Anzahl an Ministerien trifft und dies auch nicht dem Gesetzgeber vorbehält, obliegt es der jeweiligen Bundesregierung, die Anzahl der Ressorts nach eigenem Ermessen festzulegen, was somit im Ergebnis auch auf die politischen Beamten innerhalb des jeweiligen Ministeriums zutrifft.[378] Sah der Verfassungsentwurf von Herrenchiemsee noch eine Zahl von maximal acht Ministerien vor, so beläuft sich diese Zahl bei der gegenwärtigen Bundesregierung auf sechzehn.[379] Durch jedes zusätzliche Ministerium entstehen somit auch Ämter für politische

---

376 *Hebeler*, in: Battis: BBG, § 54, Rn. 2.

377 Die über § 54 Abs. 2 BBG grds. möglich erscheinende Schaffung einer Rechtsgrundlage zur Versetzung von Beamten in den einstweiligen Ruhestand über ein anderes Bundesgesetz dürfte lediglich theoretischer Natur sein.

378 *Böckenförde*, Die Organisationsgewalt im Bereich der Regierung, S. 192 f.

379 *Böckenförde*, Die Organisationsgewalt im Bereich der Regierung, S. 192 f.; Liste der Bundesministerien, https://www.protokoll-inland.de/Webs/PI/DE/rang-titulierung/amtliche-reihenfolgen/bundesministerien/liste-der-bundesministerien-node.html.

Beamte in Gestalt (mindestens) eines verbeamteten Staatssekretärs sowie ca. 6–8 Abteilungsleitern.[380] Darüber hinaus besteht auch die Möglichkeit zur Installation von Staatssekretären mit Sonderaufgaben.

Auf der Ebene der Länder hingegen gestaltet sich der Rechtsrahmen für den Ämterkreis anders als auf Bundesebene. Gemäß § 30 Abs. 1 S. 2 BeamtStG ist die Bestimmung der Ämter nach § 30 Abs. 1 S. 1 BeamtStG dem jeweiligen Landesrecht vorbehalten.[381] Damit soll der Tatsache Rechnung getragen werden, dass in den verschiedenen Ländern die Stellen für politische Beamte unterschiedlich zugeordnet und gekennzeichnet sein können, was jeweils abhängig von der Größe und des Verwaltungsaufbaus des Landes sei.[382] Der Vorbehalt des Landesrechts verlangt zudem, dass zwingend eine entsprechende landesrechtliche Vorschrift existieren muss, die die Versetzung von politischen Beamten in den einstweiligen Ruhestand regelt, bevor diese benannt werden können.

Wie bereits ausgeführt, fallen sowohl der Ämterkreis als auch die rechtliche Interpretation des § 30 Abs. 1 S. 1 BeamtStG innerhalb der Länder sehr unterschiedlich aus. Das Land Niedersachsen hat erst kürzlich eine Änderung des Beamtengesetzes vollzogen, wonach die Ämter der Polizeipräsidenten nicht mehr mit politischen Beamten, sondern mit Laufbahnbeamten besetzt werden.[383] Der hessische Landtag hingegen hat im Jahr 2021 eine Änderung des Beamtengesetzes beschlossen und den Präsidenten des Landeskriminalamts, der faktisch auch ein Polizeipräsident ist, ebenfalls in den Kreis politischer Beamter aufgenommen.[384] Zudem wird in Niedersachsen die Position des

---

380 Das Auswärtige Amt leistet sich sogar 11 Abteilungen, vgl. Organisationsplan des Auswärtigen Amtes, https://www.auswaertiges-amt.de/resource/blob/215270/2766a22849d228daba33fdded43d387c/organisationsplan-data.pdf.

381 *Hebeler*, in: Battis: BBG, § 54, Rn. 2; *Reich*, in: Reich, § 30, Rn. 7.

382 *Reich*, in: Reich, § 30, Rn. 7.

383 Nds. GVBl. Nr. 11/2023, S. 110.

384 § 7 Abs. 1 Nr. 6 HBG. Vgl. Art. 1 Nr. 3 bb) des Dritten Gesetzes zur Änderung dienstrechtlicher Vorschriften (3. DRÄndG) vom 15. November 2021, GVBl. 2021, Nr. 46, S. 718. Hintergrund für die Aufnahme des LKA-Präsidenten in den Kreis der politischen Beamten war der erfolglose Versuch des damaligen Innenministers Boris Rhein im Jahr 2011, die Amtsinhaberin Sabine Thurau von ihrem Posten zu entfernen. Thurau klagte erfolgreich dagegen und verblieb im Amt. Unmittelbar nach ihrem Ausscheiden wurde dieses zu einem politischen umgewandelt, sodass der Amtsinhaber nunmehr jederzeit in den einstweiligen Ruhestand versetzt werden kann, vgl. hierzu auch *Türk*: Hessens Polizeipräsidenten winkt mehr Schutz vorm

Präsidenten des Landesamtes für Verfassungsschutz ausweislich der Vorschrift des § 39 Satz 1 Nr. 5 NBG mit einem politischen Beamten besetzt. In Schleswig-Holstein oder auch im Saarland ist dies wiederum nicht der Fall.[385] In Thüringen zählten bis zum Jahr 2005 zudem sowohl die Frauenbeauftrage als auch der Ausländerbeauftragte der Landesregierung zu den politischen Beamten.[386] An das Beispiel der Fraktionsassistenten im Hessischen Landtag sei an dieser Stelle ebenfalls erinnert. Dass diese Ämter dem engsten Kreis politischer Berater einer Regierung zufallen sollen, mag indes nur schwer zu überzeugen. Es stellt sich daher die Frage, welche tatbestandlichen Voraussetzungen die Vorschrift des § 30 Abs. 1 BeamtStG an die Einrichtung von Ämtern für politische Beamte knüpft.

In quantitativer Hinsicht bestehen zunächst auch für die Länder keine einfachgesetzlich normierten Obergrenzen für die Benennung politischer Beamter, solange die tatbestandlichen Bedingungen des § 30 Abs. 1 S. 1 BeamtStG beachtet werden.[387] Es existieren für eine Regierung darüber hinaus keinerlei Dokumentations- oder Erklärungspflichten für den Fall, dass diese ein Laufbahnamt in ein politisches Amt umwandelt. Allein aus diesem Grund sind die tatbestandlichen Voraussetzungen in Form einer irgendwie gearteten Transformations- oder Repräsentationsaufgabe bereits im Ansatz relativ wirkungslos, da das Nichtvorhandensein dieser Voraussetzungen zumindest bei der Einrichtung des Amtes ohne Folgen bleibt. Die Erfolgsaussichten einer Konkurrentenklage für nicht berücksichtigte Kandidaten sind angesichts mangelnder Ausschreibungen ebenfalls eher theoretischer Natur.[388] Lediglich im Falle einer Versetzung in den einstweiligen Ruhestand kann ein Gericht, wie im Fall des Kölner Polizeipräsidenten Wolfgang Albers durch das Oberverwaltungsgericht für das Land Nordrhein-Westfalen geschehen, eine rechtliche Prüfung vornehmen und die entsprechende beamtenrechtliche Norm dem Bundesverfassungsgericht zur Entscheidung über deren Verfassungsmäßigkeit vorlegen.

Minister, Hessenschau, 25. Mai 2024, https://www.hessenschau.de/politik/hessens-polizeipraesidenten-winkt-mehr-schutz-vorm-minister-v1,hessen-polizeipraesidenten-politischer-status-100.html.

385 § 37 NBG, § 51 Abs. 1 SBG.

386 Vgl. § 41 Abs. 1 Nr. 5, 6 ThürBG im Geltungszeitraum bis zum 10. Mai 2005.

387 *Reich*, in: Reich, § 30, Rn. 6.

388 Vgl. *Hettche*, in: Lukosek/ Schlüter, S. 502.

Einige Länder haben in ihren Landesverfassungen zudem die Festlegung einer Höchstzahl an Ministerien und dementsprechend auch an Ministern getroffen.[389] Gem. Art. 33 Abs. 3 der Verfassung der Freien und Hansestadt Hamburg wird die Höchstzahl der Senatsmitglieder durch Gesetz festgelegt. In § 1 des Hamburgischen Senatsgesetzes wird diese Zahl sodann auf zwölf Senatoren beschränkt.[390] Für die Anzahl an politischen Beamten haben derartige Begrenzungen jedoch keine direkten Auswirkungen. So arbeiten derzeit in Hamburg insgesamt siebzehn Staatsräte für lediglich zwölf Senatoren.[391] Auch die Verweildauer in den politischen Ämtern war in Hamburg in der Vergangenheit oftmals kurz: der damalige Erste Bürgermeister Ole von Beust beispielsweise versetzte in den ersten sieben Jahren seiner Amtszeit insgesamt sechzehn Staatsräte in den einstweiligen Ruhestand.[392]

Für das Land Niedersachsen ist die Aufzählung der politischen Beamten in § 39 S. 1 NBG abschließend.[393] Weitere Dienstposten können somit nur durch eine Änderung des NBG als Ämter i.S.v. § 30 Abs. 1 S. 1 BeamtStG festgelegt werden.[394]

Eine einfachgesetzliche Obergrenze für die Benennung von politischen Beamten hingegen existiert auch auf der Ebene der Länder nicht.

2. Personenkreis auf Bundesebene

Losgelöst von der Frage des Ämterkreises zu betrachten ist die Frage nach den persönlichen Voraussetzungen und Qualifikationen, die für die Ernennung als politischer Beamter erforderlich sind. Zu berücksichtigen ist hierbei auch das Laufbahnprinzip, welches zu den hergebrachten Grundsätzen des Berufsbeamtentums zählt und verlangt, dass sowohl für die Einstellung als auch für das

---

389 Vgl. zum Anwuchs von Ministerien nach Regierungswechseln *von Beyme*, VERW 1969, 279, 284 f.

390 HmbGVBl. 1971, 23.

391 Vgl. Liste der Staatsräte der Freien und Hansestadt Hamburg, https://www.hamburg.de/staatsraete/.

392 *Meyer*, Peter Ulrich: Rekord: Ole von Beust entließ bislang 16 Staatsräte, Hamburger Abendblatt vom 05. März 2009, https://www.abendblatt.de/hamburg/article106758555/Rekord-Ole-von-Beust-entliess-bislang-16-Staatsraete.html.

393 Kümmel, § 39, Rn. 4.

394 *Brunner*, in: BeckOK Beamtenrecht Niedersachsen, § 39, Rn. 2.

berufliche Fortkommen von Beamten Laufbahnen mit jeweils typisierenden Mindestanforderungen bestehen müssen.[395] Da sämtliche Stellen für politische Beamte solche des höheren Dienstes[396] sind, sind für Personen, die sich noch nicht in einem Beamtenverhältnis befinden, auf Bundesebene die Vorschriften des § 17 Abs. 5 Nr. 1, 2 BBG einschlägig, wonach für die Zulassung zu den Laufbahnen des höheren Dienstes als Bildungsvoraussetzung mindestens ein mit einem Master abgeschlossenes Hochschulstudium oder aber ein vergleichbarer Abschluss[397] und zusätzlich hierzu als sonstige Voraussetzung entweder ein mit einer Laufbahnprüfung abgeschlossener Vorbereitungsdienst, eine inhaltlich dem Vorbereitungsdienst entsprechende Ausbildung sowie eine inhaltlich der Laufbahnprüfung entsprechende Prüfung oder auch eine hauptberufliche Tätigkeit erforderlich sind. Gem. § 17 Abs. 5 BBG müssen diese sonstigen Voraussetzungen zudem geeignet sein, die Befähigung für die Laufbahn zu vermitteln. Für Volljuristen hingegen ist die Vorschrift des § 21 Abs. 2 BLV einschlägig. Der „Türöffner" für die Einstellung verwaltungsexterner Personen direkt in Leitungspositionen ist auf Bundesebene die Vorschrift des § 20 S. 1 BBG, wonach eine Einstellung auch in ein höheres Amt als das Einstiegsamt der Laufbahn zulässig ist. Voraussetzung hierfür sind entsprechende berufliche Erfahrungen oder sonstige erworbene Qualifikationen.[398] Die Vorschrift ermöglicht zudem nicht lediglich eine Einstellung in das nächsthöhere Amt als das des Einstiegsamtes, sondern auch in Ämter, die noch höher angesiedelt sind.[399] Die Einstellung in das Beamtenverhältnis ist neben dem Vorliegen der

---

395 BVerfGE 107, 257, 273; *Grigoleit*, in: Battis: BBG, § 16, Rn. 2.

396 In einigen Ländern wird mittlerweile die Bezeichnung „Zweites Einstiegsamt der zweiten Laufbahngruppe" oder auch „Qualifikationsebene 4" verwendet, vgl. § 24 Abs. 2 NLVO für das Land Niedersachsen sowie Art. 7 Abs. 1 Nr. 4 LlbG für den Freistaat Bayern.

397 Hierunter fallen Diplomabschlüsse an Universitäten sowie auch das erste juristische Staatsexamen, vgl. *Grigoleit*, in: Battis: BBG, § 17, Rn. 23.

398 *Grigoleit*, in: Battis: BBG, § 20, Rn. 2.

399 *Grigoleit*, in: Battis: BBG, § 20, Rn. 2. Die Vorschrift entstand im Zuge des Dienstrechtsneuordnungsgesetzes (DNeuG) vom 05. Februar 2009, BGBl. I S. 160, und wurde seinerzeit damit begründet, dass die Einstellung in ein höheres Amt als dem des Einstiegsamtes bislang nur mit Zustimmung des Bundespersonalausschusses möglich war, was „sehr aufwändig" gewesen sei und die Einstellung „erschwert" habe, vgl. BT-Drs. 16/7076, 104.

genannten Qualifikationsmerkmale somit eine Frage der Argumentation, was man unter entsprechenden beruflichen Erfahrungen oder sonstigen Qualifikationen verstehen möchte. In jedem Fall eröffnen die Formulierungen der §§ 17, 20 BBG einer Regierung, diejenigen externen Personen, die für bestimmte Ämter ausgewählt sind, auch entsprechend einzusetzen. Für Lebenszeitbeamte des höheren Dienstes, die sich bereits in einem langjährigen Dienstverhältnis befinden, existieren zudem keine rechtlichen Voraussetzungen für die Ernennung zum politischen Beamten. Für den Fall, dass eine Zuordnung unter § 17 Abs. 5 Nr. 1, 2 BBG nicht möglich sein sollte, eröffnet § 19 BBG die Möglichkeit, auch andere Bewerber als für die Laufbahn des höheren Dienstes befähigt zu erachten. Tatbestandliche Voraussetzung für diese Befähigung ist lediglich die Feststellung seitens des Bundespersonalausschusses, dass die Person über eine entsprechende „Lebens- und Berufserfahrung" verfügt, welche auch außerhalb des öffentlichen Dienstes erworben worden sein kann.[400] Anzumerken ist in diesem Zusammenhang, dass auch andere Bewerber im Sinne des § 19 BBG die durch spezielle Berufsregelungen festgelegten Anforderungen wie z.B. die Befähigung zum Richteramt erfüllen müssen.[401] Für einen Großteil der politischen Ämter auf Bundesebene ist dies jedoch wenig von Bedeutung, da beispielsweise für das Amt des beamteten Staatssekretärs keine entsprechenden durch Berufsregelungen festgelegten Anforderungen existieren und die politischen Ämter nicht zu den Laufbahnämtern sondern zu den sog. Einzelämtern gerechnet werden.

3. Personenkreis auf Länderebene

Auf Länderebene sind die entsprechenden Regelungen unterschiedlich ausgestaltet. Ob die politischen Ämter laufbahnrechtlich als Laufbahnämter oder als Einzelämter ausgestaltet werden, ist durch das Laufbahnrecht des jeweiligen Landes zu regeln. Dies gilt ebenso für die Frage, ob politische Beamte eine Probezeit zu durchlaufen haben.[402] In Niedersachsen ist die einschlägige Vorschrift für die Einstellung in Ämter mit leitender Funktion auf Probe § 5 Abs. 2 NBG i.V.m. § 24 Abs. 2 NLVO. Gem. § 5 Abs. 1 NLVO

---

400 Auch für den Zugang zum höheren Dienst darf hierbei kein bestimmter Bildungsabschluss wie z.B. eine Hochschulreife als Voraussetzung gefordert werden, vgl. *Grigoleit*, in Battis: BBG, § 19, Rn. 3.

401 *Grigoleit*, in Battis: BBG, § 19, Rn. 5.

402 *Seeck*, in: Metzler-Müller, S. 309.

ist zudem auch eine Einstellung über dem Einstiegsamt möglich, wenn entsprechende berufliche Erfahrung bzw. berufliche Qualifikationen vorhanden sind. Die politischen Ämter unterfallen dieser Gruppe der Ämter mit leitender Funktion allerdings nicht.[403] Sie werden neuerdings gem. § 39 Abs. 2 S. 1 NBG einer Laufbahn der Laufbahngruppe 2 einer der in § 13 Abs. 2 NBG genannten Fachrichtungen zugewiesen.[404] Die Zulassungskriterien der jeweils einschlägigen Laufbahngruppe finden nunmehr auch für das politische Amt Anwendung, was bedeutet, dass für den Zugang gem. § 14 Abs. 4 Nr. 1 NBG, § 24 Abs. 2 NLVO als Bildungsvoraussetzung ein mit einem Mastergrad abgeschlossenes Hochschulstudium oder ein gleichwertiger Abschluss erforderlich ist. Es handelt sich hierbei zudem um Mindestvoraussetzungen.[405] Welcher der jeweiligen Fachrichtungen ein politisches Amt zuzurechnen ist, lässt § 39 Abs. 2 S. 1 NBG hingegen offen, weshalb es dem Organisationsermessen des Dienstherrn zufällt, im Vorfeld der Übertragung eine entsprechende Zuordnung vorzunehmen.[406] Im Zuge der Streichung der Polizeipräsidenten aus dem Kreis der politischen Beamten dürfte die Zuordnung der übrigen politischen Beamten zu den Laufbahnbeamten in erster Linie unter rechtspolitischen Gesichtspunkten vorgenommen worden sein, da dadurch der Eindruck vermittelt wird, die politischen Beamten wären Beamte wie alle anderen auch, was alleine aufgrund der faktisch nicht vorhandenen Zugangsmöglichkeiten zu diesen Ämtern für die übrigen Laufbahnbeamten und den gesonderten Ruhegehaltsregelungen keineswegs der Fall ist.[407] Im Übrigen findet sich in § 17 Abs. 1 S. 1 NBG nach wie vor ein entsprechender

---

403 Vgl. dazu auch § 5 Abs. 2 Nr. 1 lit. a NBG, wonach die politischen Ämter des Landespolizeipräsidenten und des Verfassungsschutzpräsidenten nicht den Abteilungsleitern bei einer obersten Landesbehörde und somit den Laufbahnämtern zugerechnet werden, obwohl es sich bei beiden in organisationsrechtlicher Hinsicht um Abteilungsleiter handelt. Gem. § 5 Abs. 2 Nr. 2 NBG werden auch die politischen Ämter der Landesbeauftragten für regionale Entwicklung nicht den Ämtern mit leitender Funktion zugerechnet.

404 Kümmel, § 39, Rn. 6. Die Änderung erfolgte mit der Novellierung des NBG vom 21. Juni 2023 (Nds. GVBl. Nr. 11/2023).

405 Kümmel, § 14, Rn. 59.

406 Vgl. LT-Drs. 19/1648: Schriftlicher Bericht zum Entwurf eines Gesetzes zur Änderung des Niedersächsischen Beamtengesetzes und des Niedersächsischen Besoldungsgesetzes vom 19. Juni 2023, S. 3

407 Vgl. Kümmel, § 39, Fußnote 1 zu Rn. 6.

Ausnahmetatbestand für die Fälle, in denen ein verwaltungsexterner Kandidat, der die Qualifikationserfordernisse gem. § 14 Abs. 4 Nr. 1 NBG, § 24 Abs. 2 NLVO nicht erfüllt, dennoch wunschgemäß in das jeweilige politische Amt gelangen kann. Erforderlich ist hierfür gem. § 17 Abs. 1 S. 1 NBG lediglich eine entsprechende „Lebens- und Berufserfahrung", die der Kandidat zudem auch außerhalb des öffentlichen Dienstes erworben haben darf. Die Feststellung über das Vorliegen dieser Erfahrungswerte trifft gem. § 17 Abs. 2 NBG der Landespersonalausschuss, der darüber hinaus auch von der Altershöchstgrenze von fünfzig Jahren gem. § 17 Abs. 3 S. 2 NBG Ausnahmen zulassen kann. Der Landespersonalausschuss besteht gem. § 98 Abs. 1 NBG aus neun Mitgliedern sowie aus neun stellvertretenden Mitgliedern. Zu den ständigen Mitgliedern zählen u.a. die Präsidentin des Landesrechnungshofs, der Leiter der Dienstrechtsabteilung des für Inneres zuständigen Ministeriums sowie der Leiter der Dienstrechtsabteilung des Finanzministeriums. Gem. 99 Abs. 1 S. 1 NBG sind die Mitglieder unabhängig und nur dem Gesetz unterworfen. Insbesondere die Präsidentin des Landesrechnungshofs genießt losgelöst von ihrer Zugehörigkeit zum Landespersonalausschuss gem. Art. 70 NdsVerf, § 1 Abs. 1 sowie § 5 Abs. 1 NdsLRHG auch im Hauptamt Unabhängigkeit und Weisungsfreiheit.[408] Die weiteren Mitglieder hingegen werden gem. § 98 Abs. 2 S. 1 sowie S. 2 NBG für eine Amtszeit von vier Jahren von der Landesregierung selbst berufen. Dass die Entscheidungen dieses Ausschusses in Bezug auf die Besetzung der politischen Ämter trotz des Vorsitzes der Präsidentin des Landesrechnungshofs angesichts dieser personellen Zusammenstellung ausschließlich sachorientiert und völlig unbeeinflusst entscheidet, erscheint angesichts der vorherrschenden Stellenbesetzungspraxis der Hauptämter der ständigen Mitglieder fraglich.[409] Über die genannten

---

408 Vgl. *Lenz*, in: BeckOK Beamtenrecht Niedersachsen, § 98, Rn. 2.

409 Das Amt des Präsidenten des Landesrechnungshofs ist neben dem Direktor beim Landtag das einzige nicht-politische Amt, welches in Niedersachsen mit B9 besoldet wird, vgl. Anlage 2 NBesG. Ebenso wie das Amt des Vizepräsidenten (B7) und die der weiteren vier Senatsmitglieder (B6) wird das Amt des Präsidenten nach vorheriger politischer Absprache innerhalb der Landesregierung vergeben, vgl. hierzu: *Ahlers*, Michael: Personalrochaden im Rechnungshof, Braunschweiger Zeitung, 15. Februar 2019, https://www.braunschweiger-zeitung.de/niedersachsen/article216452333/Personalrochaden-im-Rechnungshof.html. Die derzeitige Präsidentin bspw. war zuvor Staatssekretärin im Innenministerium und somit selbst politische Beamtin. Die weiteren ständigen Mitglieder sind im Hauptamt Abteilungsleiter der Personalabteilungen

Öffnungsklauseln bleibt es somit trotz der Zuordnung der politischen Ämter zu denen der Laufbahnen im Ergebnis dabei, dass sich die Niedersächsische Landesregierung die Kandidaten erwählen kann, die sie auf den jeweiligen politischen Dienstposten eingesetzt wissen möchte.

IV. Einfachgesetzliche Anforderungen zur Versetzung in den einstweiligen Ruhestand

Losgelöst von der Frage nach der Rechtmäßigkeit einer möglichen Durchbrechung von Verfassungsgrundsätzen stellt sich zudem die Frage, welche einfachgesetzlichen Voraussetzungen für eine Ruhestandsversetzung von politischen Beamten bestehen. Zunächst einmal handelt es sich bei dem einstweiligen Ruhestand um ein echtes Ruhestandsverhältnis.[410] Wer zudem in den endgültigen Ruhestand versetzt wurde, kann nicht mehr in den einstweiligen Ruhestand zurückversetzt werden.[411] Zwischen den Bundes- und den Länderbeamten bestehen darüber hinaus einige Unterschiede, was die einfachgesetzlichen Voraussetzungen für eine Ruhestandsversetzung anbelangt.[412]

1. Versetzung gem. § 54 Abs. 1 S. 1 BBG

a) Sachliche Zuständigkeit

Im Gegensatz zu den jeweiligen länderrechtlichen Vorschriften besagt § 54 Abs. 1 S. 1 BBG, dass die Versetzung in den einstweiligen Ruhestand ausschließlich vom Bundespräsidenten vorgenommen werden kann.[413] Anders als bei der Vorschrift des § 59 S. 1 BBG besteht somit auch nicht die Möglichkeit

innerhalb ihres Ministeriums, die zwar in rechtlicher Hinsicht keine politischen Ämter sind, aber in der Praxis nahezu ausschließlich mit Vertrauenspersonen der Hausleitung besetzt werden. Es erfolgt für diese Ämter zwar teilweise eine dienststelleninterne Ausschreibung; allerdings ist diese im Regelfall so formuliert, dass nur die gewünschte Person dem Anforderungsprofil entspricht, vgl. hierzu auch *Lutze*, Die Stellenausschreibung im Beamtenrecht, S. 204. Auch bei den Vertretern der Arbeitsgemeinschaft der kommunalen Spitzenverbände handelt es sich i.d.R. um Bürgermeister und Landräte, die ebenfalls parteipolitisch beheimatet sind.

410 *Bodanowitz*, Beamtenrecht in der Praxis, § 5, Rn. 36; *Kremer*, DÖD 1998, 269.

411 OVG NRW, ZBR 2011, 354.

412 *Hebeler*, in: Battis: BBG, § 54, Rn. 7.

413 *Hebeler*, in: Battis: BBG, § 54, Rn. 9.

einer Delegation, obgleich dieser Eindruck insbesondere aufgrund der medialen Berichterstattung und den Äußerungen der jeweiligen Minister, welche oftmals eine Zuständigkeit für sich beanspruchen, wonach sie selbst einen politischen Beamten „entlassen“ könnten, regelmäßig entsteht.[414] Tatsächlich geht von einem Minister bzw. von der Bundesregierung lediglich die Initiative zur Versetzung in den einstweiligen Ruhestand aus.[415] Die Entscheidung, ob diese tatsächlich vorzunehmen ist sowie auch der Erlass der schriftlichen Versetzungsverfügung i.S.v. § 59 S. 2 BBG, die einen gestaltenden und bedingungsfeindlichen Verwaltungsakt darstellt, obliegt jedoch einzig dem Bundespräsidenten.[416] Gegenstand der Diskussion im Zusammenhang mit dem Recht zur Vorlage der Personalie an das Bundespräsidialamt war in jüngster Zeit die Frage, ob dieses dem zuständigen Fachminister gem. Art. 65 S. 2 GG zufalle oder aber, ob die Richtlinienkompetenz des Bundeskanzlers gem. Art. 65 S. 1 GG auch beinhalte, dass dieser seinen Minister überstimmen und auch gegen dessen Willen eine Versetzung in den einstweiligen Ruhestand durch den Bundespräsidenten vornehmen lassen kann.[417] Abgesehen vom Regierungssprecher, dem Persönlichen Beauftragten des Bundeskanzlers für die G7/G20-Gipfel sowie der Abteilungsleiter im Bundeskanzleramt unterfallen sämtliche politischen Beamten des § 54 Abs. 1 S. 1 BBG der Zuständigkeit eines Bundesministeriums, was für die Letztentscheidungsbefugnis

---

414 Vgl. Seehofer: „Ich werde Maaßen nicht entlassen“, ZEIT Online, 23. September 2018, https://www.zeit.de/politik/deutschland/2018-09/horst-seehofer-hans-georg-maassen-koalition; Justizminister entlässt Generalbundesanwalt Range, Deutschlandfunk, 04. August 2015, https://www.deutschlandfunk.de/ermittlungen-gegen-netzpolitik-org-justizminister-entlaesst-100.html.

415 Der zuständige Ressortminister bespricht die von ihm ins Auge gefasste Ruhestandsversetzung zunächst innerhalb des Kabinetts und insbesondere mit dem Bundeskanzler.

416 *Brinktrine*, in: BeckOK Beamtenrecht Bund, § 54 BBG, Rn. 19; *Hebeler*, in: Battis: § 59, Rn. 3.

417 Ursprung für diese Frage war wiederum auch die Versetzung des damaligen Präsidenten des BfV in den einstweiligen Ruhestand, bei der im Vorfeld Uneinigkeit zwischen der Bundeskanzlerin und dem Bundesinnenminister im Hinblick auf den Umgang mit der Personalie herrschte, wobei die Kanzlerin eine Versetzung in den einstweiligen Ruhestand anstrebte, der Minister hingegen einer Versetzung in das BMI den Vorzug gab, vgl. hierzu: *Otto/Schuler*: Und wenn Horst Seehofer nicht mitmacht?, ZEIT Online, 17. September 2018, https://www.zeit.de/politik/deutschland/2018-09/grosse-koalition-hans-georg-maassen-verfassungsschutz-angela-merkel-streit.

auch des jeweiligen Ministers streiten könnte, da diesem auch die Personalhoheit über die nachgeordneten Bereiche obliegt.[418] Allerdings dürfen bereits die Vorschläge zur Ernennung von politischen Beamten nicht alleine durch den zuständigen Fachminister erfolgen, sondern sind gem. § 15 Abs. 2 lit. a GOBReg kabinettspflichtig.[419] Auch wenn die Ressortkompetenz den Bundesministern im Vergleich zu anderen Ländern[420] ein hohes Maß an Eigenständigkeit zubilligt, so dürften im Falle eines Konflikts bezüglich der Versetzung eines politischen Beamten die Richtlinienkompetenz sowie auch das Kanzlerprinzip gem. Art. 65 S. 1 GG die Ressortkompetenz des Ministers gem. Art. 65 S. 2 GG überwiegen.[421] Zwar gewährt die Richtlinienkompetenz dem Bundeskanzler weder ein Selbsteintrittsrecht noch ein Durchgriffsrecht auf die Ministerien, jedoch fallen auch Einzelfallentscheidungen unter den Begriff der „Richtlinie", soweit diese nicht von lediglich völlig untergeordneter Bedeutung sind, was bei streit- und konfliktbehafteten Spitzenpersonalien in Gestalt der politischen Beamten, deren Versetzungen in den einstweiligen Ruhestand regelmäßig großes mediales Interesse auslösen und im Fall des ehemaligen Präsidenten des Bundesamtes für Verfassungsschutz sogar das Fortbestehen der gesamten Bundesregierung auf die Probe gestellt hat, wohl nicht der Fall sein dürfte.[422]

b) Formelle und materielle Voraussetzungen

Zunächst ist es für die Anwendbarkeit des § 54 Abs. 1 S. 1 BBG erforderlich, dass die betroffenen Personen Beamte auf Lebenszeit sind und darüber hinaus

---

418 Vgl. *Yasin*, Öffentliche Ämter im Spannungsfeld, S. 34.

419 Geschäftsordnung der Bundesregierung (GOBReg) vom 11. Mai 1951 (GMBl. S. 137), zuletzt geändert durch Änderungsbekanntmachung vom 21. November 2002 (GMBl. S. 848).

420 In den USA ist die Stellung der Secretaries als Pendants zu den Bundesministern deutlich schwächer ausgeprägt, was ihre Kompetenzen und die Selbstständigkeit ihrer Amtsführung anbelangt.

421 A.A. hierzu: *Yasin*, Öffentliche Ämter im Spannungsfeld, S. 35.

422 Vgl. *Epping*, in: Epping/Hillgruber, BeckOK GG, Art. 65, Rn. 3. Zur Bedeutung der Personalie für den Fortbestand der Bundesregierung vgl. die Äußerungen der damaligen CDU-Generalsekretärin: Bruch der Koalition stand im Raum, Süddeutsche Zeitung vom 20. September 2018, https://www.sueddeutsche.de/politik/maassen-koalition-krise-1.4137518.

die erforderliche Wartezeit erfüllen.[423] Die Vorschrift über die Wartezeit gem. § 50 BBG nimmt wiederum explizit Bezug auf das Beamtenversorgungsrecht, sodass die Frage, wann die Wartezeit erfüllt ist, sich nach den dortigen Vorschriften bemisst.[424] Gemäß § 4 Abs. 1 Nr. 1 BeamtVG muss der Beamte zunächst eine Dienstzeit von mindestens fünf Jahren abgeleistet haben.[425] Dieses Zeiterfordernis gilt auch dann, wenn ein Lebenszeitbeamter in ein Amt mit leitender Funktion im Beamtenverhältnis auf Zeit ernannt wird.[426] Die Erfüllung einer Wartezeit als sachliche Voraussetzung für die Begründung eines Versorgungsanspruchs konkretisiert den Grundsatz, dass sich die Gewährung eines Ruhegehalts nicht weniger aus der Begründung eines Beamtenverhältnisses, sondern vielmehr aus dem Erbringen einer tatsächlichen Arbeitsleistung ergibt.[427] Für Beamte auf Probe gem. § 6 Abs. 3 Nr. 1, 2 BBG gilt entsprechend die Regelung des § 36 BBG, wonach keine Versetzung in den einstweiligen Ruhestand, sondern eine jederzeit mögliche Entlassung erfolgt.[428] Angesichts der Verwendung des Begriffs „jederzeit" in § 54 Abs. 1 S. 1 BBG stellt sich die grundsätzliche Frage, ob seitens einer Regierung gegenüber dem Bundespräsidenten überhaupt sachliche Gründe vorzubringen sind, um einen politischen Beamten in den einstweiligen Ruhestand versetzen zu lassen zu können. In Anbetracht der Reichweite einer Versetzung in den Ruhestand wäre es jedoch eine deutliche Überdehnung des Wortes „jederzeit", wenn man in diesem nicht nur eine Beliebigkeit des Zeitpunkts für die Versetzung, sondern darüber hinaus auch den Ausschluss einer Begründung sehen würde.[429] Angesichts des Spannungsverhältnisses, in dem § 54 Abs. 1 S. 1 BBG zum Lebenszeitprinzip des Art. 33 Abs. 5 GG als hergebrachtem Grundsatz des Berufsbeamtentums steht sowie auch aufgrund der Formulierung

---

423 *Hebeler*, in: Battis: BBG, § 54, Rn. 9.

424 *Hebeler*, in: Battis: BBG, § 59, Rn. 3.

425 Erfüllt der politische Beamte die Wartezeit nicht und wird dennoch entlassen, so erhält er seine Bezüge für drei Monate fortgezahlt und danach ein Übergangsgeld für die Zeit, in der er sein Amt innehatte, mindestens sechs Monate und höchstens drei Jahre, in Höhe von 71,75 % der ruhegehaltfähigen Dienstbezüge, vgl. § 47a BeamtVersG i.V.m. § 4 BBesG.

426 *Reich*, in: Reich: BeamtVG, § 4, Rn. 4.

427 Vgl. Kümmel, BeamtVG, § 4, Rn. 2.

428 *Brinktrine*, in: BeckOK Beamtenrecht Bund, § 54 BBG, Rn. 11; *Lenders*, in: Lenders/Baumanns, Rn. 599.

429 Vgl. *Lindner*, ZBR 2007, 336, 338.

„kann", die dem Bundespräsidenten einen Ermessensspielraum einräumt, ist das Vorliegen eines sachlichen Grundes Voraussetzung für die Versetzung in den einstweiligen Ruhestand.[430] Ebenso wie es keine allgemein gültige Legaldefinition des politischen Beamten gibt, existieren jedoch auch keine gesetzlichen Tatbestandsmerkmale, worin ein sachlicher Grund zu sehen ist und anhand dessen die Voraussetzungen für eine Versetzung in den einstweiligen Ruhestand abgeprüft werden könnten. Allerdings haben sich im Laufe der Zeit ungeschriebene, aus Sinn und Zweck der einschlägigen Normen entstandene tatbestandliche Voraussetzungen entwickelt, bei deren Vorliegen die Versetzung in den einstweiligen Ruhestand gerechtfertigt sein soll. Diese setzen voraus, dass das Vertrauensverhältnis zwischen dem Beamten und dem Verfassungsorgan, dem er (organisatorisch, funktionell und personenbezogen) zugeordnet ist, mindestens nachhaltig gestört erscheint, und dadurch die (begrifflich weit zu fassende, auch die fachliche Effizienz des Handelns und das außerdienstliche Verhalten umfassende) fortdauernde Eignung des Beamten für sein spezielles, im Grenzbereich zwischen Politik und Verwaltung angesiedeltes Amt mindestens ernst zu nehmenden Zweifeln ausgesetzt ist.[431] Neben einer Abweichung in politischen Ansichten, bei deren Vorliegen die Versetzung in den einstweiligen Ruhestand ohnehin gerechtfertigt sei, reichen somit bereits Zweifel einer Regierung an der fachlichen oder persönlichen Eignung eines Beamten, seiner Amtstätigkeit und auch an seinem außerdienstlichen Verhalten für seine Versetzung in den einstweiligen Ruhestand.[432] Die Möglichkeit der Versetzung in den einstweiligen Ruhestand erstreckt sich somit nicht nur auf Fälle mangelnder Loyalität oder mangelnden Vertrauens, sondern auch in Bezug auf eine mangelnde fachliche Eignung.[433] Bei der Vornahme der Beurteilung eines politischen Beamten in Bezug auf die genannten Kriterien wird dem jeweiligen Entscheidungsträger zudem eine Einschätzungsprärogative zugebilligt, welche lediglich signifikante Willkür- und/oder Missbrauchsfälle ausschließen soll.[434] Auch das Interesse des Dienstherrn an Organisationsänderungen wurde bereits

430 Vgl. BVerwGE 115, 89, 96; 52, 33, 40; 19, 332, 335 f.

431 *Bodanowitz*, Beamtenrecht in der Praxis, § 5, Rn. 37.

432 BVerwG, Urteil vom 29. Oktober 1964 – II C 182.61 – BVerwGE 19, 332, 336.; *Steinbach*, ZBR 2017, 335, 337.

433 Vgl. *Fischbach*, BBG, S. 306.

434 *Bodanowitz*, Beamtenrecht in der Praxis, § 5, Rn. 37.

früh als Rechtfertigungsgrund für eine Versetzung in den einstweiligen Ruhestand anerkannt.[435] Grundsätzlich nicht rechtmäßig soll es jedoch sein, im Falle eines Regierungswechsels pauschal die der Vorgängerregierung zugehörigen politischen Beamten innerhalb der Ministerien austauschen. Es habe stets eine einzelfallbezogene Prüfung eines jeden politischen Beamten zu erfolgen.[436] Auch die Versetzung in den einstweiligen Ruhestand lediglich aufgrund der Zugehörigkeit zu einem bestimmten Altersjahrgang sei nicht gerechtfertigt.[437] Einen nahezu unbegrenzten Spielraum für die Versetzung in den einstweiligen Ruhestand nahm das Bundesverwaltungsgericht in seiner früheren Rechtsprechung an: bereits für „Dritte nicht greifbare atmosphärische Störungen und Imponderabilien" dürften als Zweifel zu interpretieren sein und eine einstweilige Versetzung rechtfertigen, zumal die Offenbarung dieser für eine Regierung auch nur schwer zu umreißenden Umständen nicht immer im Sinne der gesetzlichen Regelung liege.[438] Es sei demnach sogar ein hergebrachter Grundsatz des Berufsbeamtentums im Sinne von Art. 33 Abs. 5 GG, dass die Versetzung politischer Beamter in den einstweiligen Ruhestand keinerlei Angabe von Gründen bedürfe.[439] Diese Meinung des Gerichts dürfte angesichts der jüngeren Rechtsprechung des Bundesverfassungsgerichts im Hinblick auf die Erforderlichkeit eines Grundsatzcharakters für das Beamtentum insgesamt nicht aufrechtzuerhalten sein. Eine derart weit gefasste Möglichkeit zur jederzeitigen Ruhestandsversetzung von Lebenszeitbeamten ist bereits deswegen abzulehnen, weil sie in Ermangelung einer Notwendigkeit der Nennung eines nachvollziehbaren sachlichen Grundes keinerlei Überprüfungsmöglichkeit für willkürliche oder rechtsmissbräuchliche Versetzungen bieten würde.[440] Da die Vorschrift des § 54 Abs. 1 S. 1 BBG jedoch staatliches Ermessen einräumt, ist es zwingend erforderlich, dass im Zusammenhang mit der Versetzung in den einstweiligen Ruhestand auch objektiv-sachliche und somit gerichtlich zumindest eingeschränkt überprüfbare Gründe zu

---

435 BVerfGE 8, 332, 341.

436 Vgl. *Kugele*, ZBR 4/2007, S. 114.

437 OVG NRW, DVBl. 1974, 169.

438 BVerwG, Urteil vom 29. Oktober 1964 – II C 182.61 – BVerwGE 19, 332, 336; *Steinbach*, ZBR 2017, 335, 337.

439 BVerwG, Urteil vom 29. Oktober 1964 – II C 182.61 – BVerwGE 19, 332, 336; *Steinbach*, ZBR 2017, 335, 337.

440 A.A. hierzu bei *Yasin*, Öffentliche Ämter im Spannungsfeld, S. 31 f.

nennen sind, da ansonsten die Sachrichtigkeit der Entscheidung insgesamt nicht nachvollziehbar wäre.[441] Unter der Geltung des Grundgesetzes existiert zudem kein „freies", sondern lediglich ein gebundenes Ermessen, sodass auch der Bundespräsident, der, obgleich das Amt zwischen den Gewalten schwingt, als Teil der Staatsgewalt anzusehen ist und somit in seiner Ermessensentscheidung hinsichtlich einer einstweiligen Ruhestandsversetzung von Beamten gem. Art. 1 Abs. 3 GG sowie Art. 20 Abs. 3 GG rechtlich gebunden ist.[442] Dies hat zur Folge, dass aufgrund der eindeutigen Formulierung des § 54 Abs. 1 S. 1 GG unter Verwendung des Wortes „kann" eine Versetzung in den einstweiligen Ruhestand ohne jegliche Nennung eines sachlichen Grundes seitens der Regierung bereits rechtswidrig wäre, da dadurch die Ermessensausübung des Bundespräsidenten zumindest erheblich eingeschränkt würde.

Auch die Versetzung eines politischen Lebenszeitbeamten in den einstweiligen Ruhestand lediglich aufgrund von Organisationsänderungen dürfte im Ergebnis nicht zu rechtfertigen sein, da die Ruhestandsversetzung durch einen, wenn auch sachlichen, Grund ermöglicht wird, der ebenfalls nicht in der Sphäre des Beamten liegt und von ihm somit auch nicht zu verantworten ist. Eine derartige Möglichkeit bietet zudem abermals weiten Raum für willkürliche Entscheidungen, da eine Ruhestandsversetzung und somit eine Durchbrechung des Lebenszeitprinzips bereits durch eine bloße Anpassung des Organisationszuschnitts einer Behörde bewirkt werden könnte.

Streitig ist zudem die Frage, ob ein politischer Beamter vor seiner Versetzung in den einstweiligen Ruhestand gem. § 28 Abs. 1 VwVfG anzuhören ist.[443] In logischer Konsequenz argumentieren die Vertreter, die bereits die Nennung sachlicher Gründe für nicht erforderlich halten, dass auch eine Anhörung des Betroffenen entbehrlich sei, da diese im Ergebnis ins Leere ginge und somit bereits keinen Anknüpfungspunkt habe.[444] Diese Ansicht erscheint zweifelhaft. Insbesondere aufgrund des nahezu unbegrenzten Entscheidungsspielraums einer Regierung, die sich beinahe jeglicher Objektivierung entzieht, dürfte es vielmehr zwingend erforderlich sein, dem Betroffenen

441 Vgl. *Lindner*, ZBR 2007, 335, 336.

442 *Hillgruber*, in Epping/Hillgruber, BeckOK GG, Art. 1, Rn. 61; *Rux*, in: Epping/Hillgruber, BeckOK GG, Art. 20, Rn. 164, 170.

443 *Hebeler*, in: Battis: BBG, § 54, Rn. 9, a.A. Lindner, ZBR 2017, 335, 339 f.

444 Vgl. BVerwG, NVwZ-RR 1993, 91; OVG NRW, Urteil vom 01. Oktober 1991 – 1 A 1619/90, Rn. 4; *Lindner*, ZBR 2007, 335, 339.

die Möglichkeit zu geben, sich im Vorfeld der Ruhestandsversetzung zu dem sachlichen Grund, der zu dieser führen soll, zu äußern. Die Entscheidung einer Regierung, eine Versetzung in den einstweiligen Ruhestand vorzunehmen bzw. zu veranlassen darf, wie bereits festgestellt, nicht willkürlich erfolgen, sodass die erforderliche Nennung eines sachlichen Grundes auch die nicht mehr vorhandene Eignung des Beamten impliziert. Ihm ist daher in jedem Fall die Gelegenheit zu geben, sich zu diesem Vorwurf der mangelnden Eignung für das Amt, das er bislang bekleidet hat, äußern zu können, zumal seinem Dienstherrn dadurch auch keinerlei Nachteile erwachsen würden. Es würde sich ansonsten auch die Frage aufdrängen, warum § 54 Abs. 1 S. 1 BBG dem Bundespräsidenten überhaupt ein Ermessen einräumt, wenn er im Rahmen seiner Abwägung lediglich die Argumente einer der beiden betroffenen Parteien zur Grundlage seiner Entscheidung machen kann. Da der Bundespräsident das „letzte Wort“ in Bezug auf die Versetzungsentscheidung hat, sind ihm auch die Argumente beider Parteien vorzulegen. Dies entspräche auch der in § 28 VwVfG niedergelegten Funktion der Anhörung als Mittel zur Aufklärung des Sachverhaltes und zur Schaffung einer Entscheidungsgrundlage.[445] Nach der gegenwärtigen Verfahrensweise ist das Letztentscheidungsrecht des Bundespräsidenten im Ergebnis dennoch mehr eine Symbolik, die die Bedeutung der politischen Ämter hervorhebt, als eine letzte Instanz, die auch dem Schutz der politischen Beamten vor willkürlichen Entscheidungen dienen soll. Jedoch kann einer Anhörung auch ein gewisser Befriedungseffekt innewohnen, wenn dem Beamten zumindest noch einmal verdeutlicht wird, worin die sachlichen Gründe für seine Versetzung in den einstweiligen Ruhestand zu finden sind.[446] Die vorangegangenen Erwägungen dürften in der Praxis insgesamt allerdings nur wenig Bedeutung haben, da selbst im Falle eines zwingenden Erfordernisses der Nennung von sachlichen Gründen und einer vorherigen Anhörung des Beamten für die Versetzung in den einstweiligen Ruhestand die Behauptung eines nicht mehr vorhandenen Vertrauensverhältnisses, dessen Widerlegung faktisch nicht möglich ist, ausreichend ist.[447]

---

445 *Ramsauer*, in: Kopp/Ramsauer, § 28, Rn. 2; *Lindner*, ZBR 2007, 335, 339.

446 Vgl. *Kallerhoff/Mayen*, in: Stelkens/Bonk/Sachs, § 28, Rn. 9.

447 *Hebeler*, in: Battis: BBG, § 54, Rn. 9.

2. Versetzung gem. § 30 Abs. 1 S. 1 BeamtStG

a) Sachliche Zuständigkeit

Die Zuständigkeit für die Vornahme der Versetzung in den einstweiligen Ruhestand ist innerhalb der Länder unterschiedlich ausgestaltet. In Niedersachsen bestimmt § 39 Abs. 1 S. 2 NBG, dass die Landesregierung für die Versetzung in den einstweiligen Ruhestand zuständig ist. Diese besteht gem. der Legaldefinition des Art. 28 Abs. 2 NdsVerf aus dem Ministerpräsidenten und den Ministern.[448]

b) Formelle und materielle Voraussetzungen

In formeller Hinsicht fordert § 32 BeamtStG für die Vorschriften hinsichtlich der Ruhestandsversetzungen innerhalb der Länder, dass Beamte auf Lebenszeit grds. eine versorgungsrechtliche Wartezeit erfüllt haben müssen. In Anbetracht der dort recht unterschiedlichen Regelungen werden die weiteren Voraussetzungen für die Versetzung in den einstweiligen Ruhestand nachfolgend ebenfalls exemplarisch am Beispiel des Landes Niedersachsen betrachtet. Eine Versetzung in den einstweiligen Ruhestand kann in Niedersachsen nur wirksam erfolgen, wenn ihr ein entsprechender Beschluss der Landregierung gem. § 7 Nr. 1 NdsGGO i.V.m § 12 NdsGGO (Gemeinsame Geschäftsordnung der Landesregierung und der Ministerien in Niedersachsen v. 30. März 2004, Nds. GVBl. 2004, S. 107) vorausgeht.[449] Dieser Beschluss muss unter namentlicher Nennung des politischen Beamten gefasst und entsprechend dokumentiert werden. Er bildet sodann die Grundlage für die Entlassungsverfügung, welche einen Verwaltungsakt darstellt und entweder vom Ministerpräsidenten oder dem zuständigen Ressortminister zu unterzeichnen ist.[450]

In materieller Hinsicht formuliert § 30 Abs. 1 S. 1 BeamtStG im Gegensatz zu § 54 Abs. 1 S. 1 BBG zudem eine Reihe unbestimmter Normmerkmale.[451] Es handelt sich hierbei jedoch nicht um tatbestandliche Voraussetzungen, welche die jeweilige Landesregierung bei der Versetzung politischer Beamte zu prüfen hat, sondern um einfachgesetzliche Grenzen, die im Lichte der

---

448 Vgl. *Epping*, in: Hannoverscher Kommentar zur Niedersächsischen Verfassung, Art. 28, Rn. 15.

449 Vgl. *Brunner*, in: BeckOK Beamtenrecht Niedersachsen, § 39, Rn. 3.

450 Kümmel, § 39, Rn. 5.

451 *Hebeler*, in: Battis: BBG, § 54, Rn. 7.

verfassungsgerichtlichen Rechtsprechung bei der Benennung als politische Ämter innerhalb der landesspezifischen beamtenrechtlichen Vorschrift zu beachten sind.[452] Zu den Versetzungsgründen hingegen schweigt die Vorschrift.[453] Ebenso wie auch § 54 Abs. 1 S. 1 BBG verwendet § 30 Abs. 1 S. 1 BeamtStG die Formulierung „jederzeit", die sowohl in zeitlicher als auch in sachlicher Hinsicht zu verstehen ist und den weiten Beurteilungsspielraum bis nahe an die Grenze zur Unbeschränktheit auf Seiten der Regierung verdeutlichen soll. Innerhalb der Rechtsprechung auch auf Länderebene wurde daher das Vorbringen sachlicher Gründe als Voraussetzung für eine Versetzung teilweise als nicht notwendig erachtet.[454] Auch das niedersächsische Beamtenrecht sah in der Vergangenheit insbesondere für politische Beamte auf Probe keine Notwendigkeit von Entlassungsgründen vor.[455] Innerhalb der Literatur wurde trotz dieser eindeutigen Formulierung eine kurze Begründung unter Nennung der Erwägungsgründe auch für diesen Personenkreis angeraten, um zumindest den öffentlichen Verdacht eines möglichen Dienstvergehens oder einer Nichtbewährung auszuräumen. Die Feststellung, dass das Vertrauensverhältnis zumindest nachhaltig gestört erscheint und dadurch die fortdauernde Eignung des Beamten für das spezielle Amt ernst zu nehmenden Zweifeln ausgesetzt sei, wird hierbei als ungeschriebene tatbestandliche Voraussetzung erachtet.[456] Der Literaturmeinung ist hierbei der Vorzug zu

---

452 Vgl. *Bodanowitz*, Beamtenrecht in der Praxis, § 5, Rn. 37; *Brinktrine*, in: BeckOK Beamtenrecht Bund, § 54 BBG, Rn. 6; a.A. hierzu *Hebeler*, der die Normmerkmale unter Verweis auf BVerwGE 115, 89, 95 f. als auslegungsbedürftig für die Versetzung in den einstweiligen Ruhestand erachtet, vgl. *Hebeler*, in: Battis: BBG, § 54, Rn. 7. Dieser Auffassung ist eindeutig zu widersprechen. Einzig die landesspezifische Vorschrift ist im Rahmen einer Prüfung der Rechtmäßigkeit der Versetzung in den einstweiligen Ruhestand heranzuziehen, was auch anhand des jüngsten Beispiels des Beschlusses des OVG NRW vom 15. Dezember 2021 – 6 A 739/18 deutlich wird. Das Gericht hat sich zutreffend ausschließlich an § 37 Abs. 1 Nr. 5 LBG NRW orientiert und nicht an § 30 Abs. 1 S. 1 BeamtStG.

453 *Lindner*, ZBR 2007, 335, 336.

454 Vgl. VGH Mannheim, Beschluss vom 02. Mai 2016 – 4 S 212/16 – NVwZ-RR 2016, 630, Rn. 10 unter Verweis auf BVerfGE 7, 155, 166 = NJW 1957, 1795; BVerfGE 8, 332, 356 = NJW 1959, 189.

455 Vgl. § 39 Abs. 2 Nr. 1–5 NBG i.d.F. vom 11. Dezember 1985, zuletzt geändert durch das Gesetz über Altersteilzeit vom 29. März 2000 (Nds.GVBl. 2000, S. 66).

456 *Sommer*, in: Sommer/Konert/Sommer, § 39, Rn. 19; *Bodanowitz*, Beamtenrecht in der Praxis, § 5, Rn. 37.

geben. Die Argumente, die für die Nennung eines sachlichen Grundes im Rahmen der Versetzung von politischen Beamten auf Bundesebene greifen, müssen ebenso auf Länderebene gelten.

V. Der Ämterumfang und die inhaltlichen Anforderungen im Einzelfall

Vereinzelt wird in der Literatur die Auffassung vertreten, der Rechtsfigur des politischen Beamten würde eine unverhältnismäßig große Aufmerksamkeit zuteilwerden. Die Menge der Schrifttumsäußerungen stünde in keinem Verhältnis zur rechtspraktischen Bedeutung der Institution.[457] Wie die nachfolgenden Ausführungen verdeutlichen, dürfte dieser Ansicht durchaus mit Zweifeln zu begegnen sein. Der derzeitige Ämterumfang für politische Beamte beläuft sich im Bund auf 525 Stellen und in den Ländern auf 273 Stellen.[458] Da es sich bei diesen nicht um Dienstposten für Sachbearbeiter oder Referenten mit einer in der Verwaltung eher alltäglichen Arbeitsplatzbeschreibung handelt, sondern ausschließlich um Führungsämter, stellt es sich im Ergebnis so dar, dass die wichtigsten und zentralsten 800 Positionen innerhalb des öffentlichen Dienstes in Deutschland von politischen Beamten bekleidet werden. Fraglich ist in diesem Zusammenhang jedoch, ob diese im Einzelfall tatsächlich diejenigen vom Bundesverfassungsgericht festgelegten Merkmale aufweisen, die im Rahmen einer Gesamtbetrachtung eine Zuordnung zum Kreis der politischen Beamten in sachlicher Hinsicht rechtfertigen sollen.[459]

1. Ämter auf Bundesebene

a) Ministerialdirektoren

Bei den Ämtern der Ministerialdirektoren handelt es sich hauptsächlich um die Abteilungsleitungen in den einzelnen Bundesministerien sowie um die

---

457 *Hebeler*, in: Battis: BBG, § 54, Rn. 3.

458 Die Zahl ergibt sich aus der Summe der in § 54 Abs. 1 S. 1 BBG genannten Ämter sowie der aus den jeweiligen länderrechtlichen Vorschriften.

459 Besonders kritisch dürfte in diesem Zusammenhang der Begriff der Exponiertheit eines öffentlichen Amtes zu sehen sein, den das Gericht zwar verwendet, jedoch nicht weiter konkretisiert, vgl. hierzu auch *Spitzlei/Lehner*, PersV 2024, 388, 392.

Amtschefs in den jeweiligen Landesministerien Baden-Württembergs und Bayerns. Es existieren zudem noch drei weitere Ämter, die auf Bundesebene gegenwärtig mit Ministerialdirektoren besetzt werden: der stellvertretende Chef des Presse- und Informationsamtes, der stellvertretende Sprecher der Bundesregierung und der leitende Beamte beim Beauftragten der Bundesregierung für Kultur und Medien.[460] Als Abteilungsleiter bildet der Ministerialdirektor das Bindeglied zwischen den einzelnen Fachreferaten seiner Abteilung und der Hausleitung. Hierarchisch steht er somit eine Stufe unter dem verbeamteten Staatssekretär. Er stellt zudem die fachliche Begleitung des Ministers bei offiziellen Terminen sicher und berät die Hausleitung in fachlichen Fragen, wobei diese Aufgabe auch Referatsleitern, die keine politischen Beamten sind, zufällt. In der Literatur herrscht weitgehend Einigkeit darüber, dass es keine Rechtfertigung für die Besetzung von Abteilungsleitungen mit politischen Beamten gibt, da diese Ämter rein organisatorisch schon nicht zum engsten Beraterkreis eines Ministers zählen, über keine politische Steuerungs- und Transformationsfunktion verfügen und zudem das Mittel der dienstlichen Anweisung ausreichend ist, um diesen Beamtenkreis im Sinne der Hausleitung zu motivieren.[461] Auch das Bundesverfassungsgericht hat zuletzt Zweifel an der Transformationsfunktion des Abteilungsleiters in einem Bundesministerium geäußert, da dieser „eher in einer administrativ-gesetzesvollziehenden Linie im hierarchischen Behördenaufbau" stehe.[462] Abgesehen davon bewegen sich die Abteilungsleiter aber auch im unmittelbaren Fokus ihrer Mitarbeiter und werden von diesen, wenn auch deutlich höher besoldet, als Kollegen und auch dienstliche Vorbilder angesehen, die in klarer Abgrenzung zur wechselnden Hausleitung als genuiner Funktionsträger der Exekutive grundsätzlich unabhängig von politischen Einflüssen das Tagesgeschäft ihrer Abteilung verantworten und überwachen.[463] Kontinuitäts- und Stabilitätsaspekte müssen daher in Bezug auf das Amt eines Abteilungsleiters

---

460 Vgl. Besoldungsgruppe B10 in BBesG Anlage I (zu § 20 Absatz 2 Satz 1) Bundesbesoldungsordnungen A und B, BGBl. I 2013, 1524–1537.

461 Vgl. *Berg*, MDR 1973, 185, 189; *Bochmann*, ZBR 2023, 325, 333; *Lindner*, ZBR 2011, 150, 160, a.A. *Yasin*, Öffentliche Ämter im Spannungsfeld, S. 212 f.

462 BVerfG, Beschluss des Zweiten Senats vom 24. April 2018 – 2 BvL 10/16 –, Rn. 1–87,

463 Vgl. *Steinbach*, VerwArch 2018, 2, 12; *Thieme*, DÖV 1968, 11; kritisch hierzu *Grünning*, VR 1988, 80, 85.

Vorrang vor politischen Transformationsaufgaben haben.[464] Ein derart weitreichender Arm der politischen Hausleitung hinein in das Ministerium bedeutete zudem eher einen Störfaktor für die dortigen Abläufe, da aufgrund des Vorliegens von politischer Übereinstimmung mit der Hausleitung stets der Eindruck vorherrschte, dass diese im Zweifel auch den Vorrang vor der Fachlichkeit genießt. Die Aufgaben der klassischen Ministerialverwaltung, zu der die Abteilungsleiter ebenfalls zählen, beginnt regelmäßig erst dort, wo die politische Gestaltung von Gesetzesvorhaben und Zielen bereits gefestigt ist und weist somit einen ausschließlich administrativ-gesetzesvollziehenden Charakter auf.[465] Ihr Zustandekommen kreativ mitzuerdenken ist nicht Teil dieser Aufgabe. Die Ministerialdirektoren haben daher keine Transformationsämter inne, weshalb ihre Zuordnung zu den politischen Beamten sachlich nicht gerechtfertigt ist.

b) Beamte des höheren Dienstes im Auswärtigen Amt ab B3 und Botschafter B16

Im Auswärtigen Amt existieren gegenwärtig 337 Stellen für politische Beamte.[466] Diese teilen sich auf in die Ämter für die beamteten Staatssekretäre, die Abteilungsleiter, die Beauftragten, die Referatsleiter, die Leiter von Arbeitsstäben, die Botschafter, die Ständigen Vertreter sowie die Generalkonsuln. Im Gegensatz zur Praxis in anderen Behörden verfährt das Auswärtige Amt in Bezug auf die Versetzung von politischen Beamten allerdings sehr restriktiv. Tatsächliche Versetzungen in den einstweiligen Ruhestand finden lediglich auf der Ebene der Staatssekretäre statt. Eine Besonderheit des Auswärtigen Amtes ist das dort seit vielen Jahren praktizierte Rotationsprinzip, welches beinhaltet, dass die Beschäftigten etwa alle drei bis vier Jahre ihren Dienstposten wechseln und sich so in einer Rotation zwischen dem Auswärtigen Amt in Berlin und Bonn und den deutschen Botschaften und Generalkonsulaten im Ausland befinden. Allein vor dem Hintergrund dieser Praxis erscheint es fernliegend, dass zwischen diesen Beamten und der jeweiligen Hausleitung des Auswärtigen Amtes ein besonderes Vertrauensverhältnis bestehen

---

464 Vgl. *Yasin*, Öffentliche Ämter im Spannungsfeld, S. 212.

465 *Böckenförde*, Die Organisationsgewalt im Bereich der Bundesregierung, S. 290.

466 E-Mail des Organisationsreferats des Auswärtigen Amtes an den Verfasser vom 15. März 2024.

müsste bzw. in der Praxis überhaupt bestehen könnte. Ein Außenminister oder auch dessen beamtete Staatssekretäre dürften während ihrer Amtszeit einen Großteil der Botschafter und Generalkonsuln vermutlich gar nicht persönlich zu Gesicht bekommen bzw. gar eine derart enge Zusammenarbeit zu diesen pflegen, dass diese dem engsten Kreis unmittelbarer Berater zuzurechnen wären und eine Einordnung als politische Beamte gerechtfertigt wäre. Im Zusammenhang mit den politischen Beamten im Auswärtigen Amt ist zudem auf den Unterschied zwischen Diplomatie und Regierungspolitik hinzuweisen. Keineswegs sind diese beiden Begriffe wesensverwandt oder gar synonym zu verstehen. Vielmehr können sie sogar in einem direkten Widerspruch stehen, wenn beispielsweise eine Regierung eine politische Entscheidung trifft, die sie für richtig hält, die aber bei den strategischen Partnern im Ausland höchst unwillkommen ist. In derartigen Fällen ist es sodann die Aufgabe der auswärtigen Diplomaten, die Beziehungen weiterhin positiv zu gestalten und auf diplomatischem Wege „die Wogen zu glätten".[467] In diese rein diplomatische Tätigkeit ist jedoch keine Transformation von direkter Regierungspolitik hineinzuinterpretieren, obgleich die Botschafter im Ausland grds. Ebenfalls weisungsgebunden gegenüber dem Minister und den Staatssekretären sind. Dass es für die politischen Beamten des Auswärtigen Amtes zudem kein Erfordernis nach einer fortdauernden inhaltlichen Übereinstimmung mit den grundsätzlichen politischen Ansichten und Zielen der jeweiligen Bundesregierung geben kann, wird schon anhand der Zahl von 337 Stellen deutlich. Es wäre in tatsächlicher Hinsicht gänzlich unmöglich, auch nur einen Bruchteil der Amtsinhaber nach einem Regierungswechsel in den einstweiligen Ruhestand zu versetzen, ohne, dass die gesamte deutsche Außenpolitik gänzlich zum Erliegen käme. Eine Zuordnung der Beamten des Auswärtigen Amtes zur Ausnahmegruppe der politischen Beamten ist somit sachlich nicht zu rechtfertigen.

---

[467] Ein bekanntes Beispiel der jüngeren Vergangenheit dürfte die Entscheidung des damaligen Bundeskanzlers Gerhard Schröder aus dem Jahr 2003 gewesen sein, dass Deutschland sich an keinem Militäreinsatz im Irak beteiligen werde, wodurch das transatlantische Verhältnis auf diplomatischer Ebene über Jahre hinweg als belastet galt, vgl. hierzu Archiv des Deutschen Bundestags: Schröders Nein zur militärischen Option im Irak, https://www.bundestag.de/webarchiv/textarchiv/2013/42835651_kw06_kalenderblatt_irakkrieg-210866.

c) Beamte des höheren Dienstes des MAD, des BfV und des BND von B6 an aufwärts

Nach der bis zum 31. Dezember 1998 geltenden Rechtslage wurde dieser Personenkreis bereits ab der Besoldungsgruppe A16 aufwärts zu den politischen Beamten gezählt. Hierzu zählten die Ämter ab den Leitenden Regierungsdirektoren aufwärts. Die Anhebung auf die Besoldungsgruppe B6 und somit auf die Ebene der Abteilungsleitungen erfolgte mit der Neufassung des BBG vom 31. März 1999.[468] Die Beamten, die vorliegend aufgrund ihrer Besoldungsstufe zu den politischen Beamten gezählt werden, sind die Vizepräsidenten der drei Nachrichtendienste[469].

d) Präsident des Militärischen Abschirmdienstes

Der Militärische Abschirmdienst (MAD) ist eine Behörde im Geschäftsbereich des Bundesministeriums der Verteidigung und nimmt neben dem Bundesnachrichtendienst und dem Bundesamt für Verfassungsschutz die Aufgaben einer Verfassungsschutzbehörde des Bundes wahr. Der MAD analysiert und bearbeitet Informationen über verfassungsfeindliche Bestrebungen sowie Spionage- und Sabotageaktivitäten innerhalb der Bundeswehr.[470] Darüber hinaus ist in den letzten Jahren der Bereich der Cyberabwehr sowie die Abwehr von Spionage durch ausländische Kräfte verstärkt in den Mittelpunkt der Tätigkeiten der Behörde gerückt.[471] Zur Erfüllung dieser Aufgaben ist der MAD befugt, nachrichtendienstliche Mittel als Maßnahmen zur verdeckten Nachrichtenbeschaffung einzusetzen.[472] Aufgrund der besonderen Grundrechtsintensität dieser Maßnahmen für die Betroffenen unterliegt der MAD ebenso wie alle anderen deutschen Nachrichtendienste auch einer strengen fachaufsichtlichen Kontrolle durch das übergeordnete Ministerium sowie auch des Parlaments. Neben dem Amt des Präsidenten sind auch die Ämter des militärischen sowie des zivilen Vizepräsidenten, denen jeweils vier der insgesamt acht Abteilungen der Behörde unterstehen, mit politischen Beamten besetzt. Insbesondere in Bezug auf die Ämter der

---

468 BGBl. I 1999, Nr. 18, 675, 682.

469 Vgl. BBesG Anlage I (zu § 20 Absatz 2 Satz 1) Bundesbesoldungsordnungen A und B, BGBl. I 2013, 1524–1537.

470 Vgl. § 1 Abs. 1 MADG.

471 *Rosenberg*, Herausforderungen auf allen Ebenen, S. 2 f.

472 Vgl. § 4 Abs. 1 MADG.

Vizepräsidenten erscheinen sowohl die Notwendigkeit als auch das Vorliegen eines besonderen Vertrauensverhältnisses zur Regierung jedoch zweifelhaft, da bereits der direkte Kontakt zwischen beiden kaum stattfinden dürfte. In jedem Fall dürfte beide nicht zum engsten Kreis unmittelbarer Berater zählen, die eine politische Schlüsselstelle bekleiden. Den Vizepräsidenten fällt vielmehr die Aufgabe zu, den Präsidenten bei der Wahrnehmung seiner Aufgabe innerhalb der Behörde zu unterstützen und an seiner Stelle interne Termine wahrzunehmen. Eine Vertretung gegenüber der Bundesregierung dürfte wohl lediglich im Urlaubs- oder Verhinderungsfall des Präsidenten anzunehmen sein. Auch in Bezug auf dessen Amt ist die Annahme der Notwendigkeit eines politischen Beamten in sachlicher Hinsicht nicht zu rechtfertigen. Sowohl der Bundesminister der Verteidigung als auch der Generalinspekteur der Bundeswehr (der ebenfalls ein politischer Beamter ist) haben über Weisungen und Erlasse jede Möglichkeit, den MAD und auch die dortige Behördenleitung nach ihren inhaltlichen Vorstellungen zu steuern. Die gesamte Behörde ist dem BMVg unmittelbar und auch truppendienstlich unterstellt. Es erscheint schwer nachvollziehbar, weshalb es zwischen dem Bundesminister der Verteidigung und dem Präsidenten des MAD ein darüberhinausgehendes besonderes Vertrauensverhältnis geben müsste. Angesichts des klar formulierten gesetzlichen Auftrags für den MAD kann es nicht die Aufgabe des Präsidenten und seiner Vertreter sein, Regierungspolitik in die Behörde hinein zu transformieren, da diese sich in ihrer Arbeit ausschließlich am Gesetz orientiert und den Schutz der Verfassung verfolgt.

e) Präsident des Bundesamtes für Verfassungsschutz

Das Bundesamt für Verfassungsschutz (BfV) ist der Inlandsnachrichtendienst der Bundesrepublik Deutschland. Die Bundesoberhörde mit derzeit ca. 4.200 Mitarbeitern gehört zum Geschäftsbereich des Bundesministeriums für Inneres und Heimat. Das BfV hat die Aufgabe, Gefahren für die freiheitlich demokratische Grundordnung durch politischen Extremismus und Terrorismus sowie die Bedrohungen durch Spionageaktivitäten aufzuklären und arbeitet hierbei eng mit den Verfassungsschutzbehörden der Länder zusammen.[473] Innerhalb dieses Verfassungsschutzverbundes kommt

---

473 Vgl. § 3 Abs. 1 BVerfSchG.

dem BfV eine Zentralstellenfunktion zu.[474] Neben dem des Präsidenten sind auch die beiden Ämter der Vizepräsidenten mit politischen Beamten besetzt. Wie die Amtsbezeichnung schon verrät, haben der Präsident sowie auch die Vizepräsidenten des Bundesamtes für Verfassungsschutz die, jeglichen tages- oder regierungspolitischen Überlegungen weit übergeordnete Aufgabe, die Verfassung vor Angriffen und Bedrohungen jeglicher Art zu schützen. Ob die Amtsleitung der Behörde hierbei mit den grundsätzlichen politischen Ansichten und Zielen der Regierung übereinstimmt oder nicht, dürfte wohl nicht von Bedeutung sein.[475] Im Gegenteil: So wie in Bezug auf die anderen beiden deutschen Nachrichtendienste auch, muss das BfV vielmehr frei von jeglicher politischen Einflussnahme seinem gesetzlichen Auftrag nachkommen können und insbesondere die Leitung der Behörde muss diese so führen können, wie es unter Beachtung der gesetzlichen Vorschriften zur Erfüllung des gesetzlichen Auftrags erforderlich ist. Der Präsident des BfV nimmt zudem an der wöchentlich stattfindenden nachrichtendienstlichen Lage (ND-Lage oder auch Präsidentenlage) im Bundeskanzleramt teil, die vom Bundesminister für besondere Aufgaben und Chef des Bundeskanzleramtes selbst geleitet wird, wodurch gewährleistet ist, dass ein Mitglied des Bundeskabinetts und somit die Regierung unmittelbar über die aktuell wichtigsten Vorgänge informiert wird.[476] Ein besonderes Vertrauensverhältnis zwischen Regierung[477] und Amtsleitung dürfte für diesen Austausch wohl nicht erforderlich. Vielmehr dürfte eine sachliche Distanz zum Kanzleramt der Effektivität der Arbeit des BfV deutlich zuträglicher sein, als wenn der Präsident der Behörde geneigt ist, politischen Wünschen Folge zu leisten. Losgelöst davon würde eine Nichtzuordnung zu den politischen Ämtern keineswegs bedeuten, dass der Präsident des BfV angesichts der Erkenntnisse, über die er kraft seines Amtes verfügt, nicht auch Politiker und Behörden beraten kann. Dem Amt

---

474 Vgl. Kompendium des BfV, S. 15 f.

475 Vgl. *Yasin*, Öffentliche Ämter im Spannungsfeld, S. 35

476 Vgl. *Hanning*, August: Interview im Deutschlandfunk vom 27. Februar 2000, https://www.deutschlandfunk.de/hanning-100.html.

477 Über das Gesetz über die parlamentarische Kontrolle nachrichtendienstlicher Tätigkeit des Bundes (PKGrG), welches die Grundlage für das Parlamentarische Kontrollgremium des Bundestags bildet, wird zudem sichergestellt, dass das Parlament durch die Bundesregierung umfassend über die nachrichtendienstlichen Tätigkeiten informiert wird, vgl. § 4 Abs. 1 PKGrG.

innewohnend ist zudem eine stetige Unterrichtung auch der Öffentlichkeit.[478] Wie problematisch die Besetzung mit einem politischen Beamten auch für die ihm übergeordnete Regierung und speziell den zuständigen Fachminister sein kann, wurde am Beispiel des im Jahr 2018 in den einstweiligen Ruhestand versetzten Präsidenten Hans-Georg Maaßen deutlich. Der Versetzung vorausgegangen war ein auf öffentlicher Bühne ausgetragener Streit zwischen sämtlichen im Bundestag vertretenen Parteien zu einer öffentlichen sowie auch zu einer nicht-öffentlichen Äußerung Maaßens. Nachdem der damalige Bundesinnenminister Horst Seehofer Maaßen zunächst im Amt belassen und ihn dann als Staatssekretär in sein Ministerium versetzen wollte, kam es im Ergebnis doch zu einer Versetzung in den einstweiligen Ruhestand.[479] Diese Personalie verdeutlicht, welche Schwierigkeiten die Befugnis zur Versetzung eines Beamten in den einstweiligen Ruhestand für eine Regierung mit sich bringen kann, da diese stets die alleinige Verantwortung hierfür trägt und teilweise auch aufgrund politischen Drucks seitens der Opposition oder eines Koalitionspartners eine Ruhestandsversetzung vornehmen muss, um Schaden von sich selbst abzuwenden. Wäre der Präsident ein Laufbahnbeamter gewesen, wäre die Personalie mit dem Minister selbst gar nicht in Berührung gekommen, da ihm die direkte Verantwortung hierfür gar nicht zugefallen wäre. Vielmehr hätte sich der für Disziplinarverfahren zuständige Bereich seines Ministeriums damit befasst. Auch auf diesem Weg wäre zudem sogar eine Entfernung aus dem Beamtenverhältnis gem. § 10 BDG möglich gewesen. Die Institution bringt für eine Regierung somit nicht nur Vorteile, sondern auch eine Reihe von Nachteilen bis hin zum Verlust deren gesamter Stabilität und Fortdauer mit sich. Der Leiter des BfV zählt zudem nicht zum engsten Kreis unmittelbarer Berater der Bundesregierung, weshalb eine Zuordnung zu den politischen Beamten nicht gerechtfertigt ist. Dass ein offenkundig zu enges Zusammenwirken zwischen dem Präsidenten des BfV und „seinem“ Minister durchaus problematisch sein kann, hat das Beispiel des damaligen Präsidenten Haldenwang und der für ihn zuständigen Ministerin Faeser verdeutlicht. Wiederholt wurde hierbei der öffentliche Eindruck vermittelt, dass

---

478 Vgl. Kompendium des BfV, Vorwort des Präsidenten.

479 Vgl. *Gathmann* et al., Am Ende bezahlt Seehofer, Spiegel Politik, 05. November 2018, https://www.spiegel.de/politik/deutschland/hans-georg-maassen-entlassung-horst-seehofers-bittere-quittung-a-1236825.html.

der Präsident weniger seine eigentliche Aufgabe im Blick hatte, sondern in der Öffentlichkeit vielmehr als Sprachrohr und Verteidiger der Politik seiner Ministerin fungiert hat.[480]

f) Präsident des Bundesnachrichtendienstes

Der Bundesnachrichtendienst (BND) ist eine Bundesoberbehörde mit 6.500 Mitarbeitern[481] im Geschäftsbereich des Bundeskanzleramts[482] und neben dem Militärischen Abschirmdienst und dem Bundesamt für Verfassungsschutz der dritte deutsche Nachrichtendienst. Die Behörde sammelt zur Gewinnung von Erkenntnissen über das Ausland, die von außen- und sicherheitspolitischer Bedeutung für die Bundesrepublik Deutschland sind, die erforderlichen Informationen und wertet diese aus.[483] Zudem informiert sie die Bundesregierung über Entwicklungen von außen- und sicherheitspolitischer Bedeutung, wodurch sichergestellt werden soll, dass diese über die erforderlichen Grundlagen für ihre außen- und sicherheitspolitischen Entscheidungen verfügt. An der Spitze der Behörde steht als politischer Beamter der Präsident des Bundesnachrichtendienstes. Ebenfalls zu den politischen Beamten zählen zudem die drei Vizepräsidenten. Obgleich dem Verfasser während seiner Recherchen nur wenig über die Arbeit der Behörde bekannt geworden ist, so kann allein anhand des gesetzlichen Auftrags der Rückschluss gezogen werden, dass auf die politischen Beamten der Behörde keines der Kriterien, die statuierend für die Rechtsfigur des politischen Beamten sind, zutreffen dürfte. Der BND beschafft nachrichtendienstliche Informationen aus dem Ausland und tut dies denklogisch ohne die zwingende Notwendigkeit einer politischen Übereinstimmung seiner Hausleitung mit den politischen Zielen der Bundesregierung. Wäre diese erforderlich, so müsste bei jedem Regierungswechsel die gesamte Behördenspitze in den einstweiligen Ruhestand versetzt werden, was der Funktionsfähigkeit des gesamten BND in höchstem Maße abträglich wäre. Den Ämtern des Präsidenten sowie der

---

480 Vgl. *Boehme-Nessler*, Wie Haldenwang und Faeser die Demokratie beschädigen, Cicero, 21. Juni 2024, https://www.cicero.de/innenpolitik/machtkritik-oder-delegitimierung-wie-haldenwang-und-faeser-die-demokratie-beschadigen.

481 Vgl. https://www.bnd.bund.de/DE/Der_BND/Organisationsbereiche/Organisationsbereiche_node.html.

482 Vgl. § 1 Abs. 1 BNDG.

483 Vgl. § 1 Abs. 2 BNDG.

Vizepräsidenten eine Repräsentationsfunktion beimessen zu wollen, würde deren inhaltliche Aufgabe sogar konterkarieren. Vielmehr dürfte es wie auch bei den anderen Bundesoberbehörden eher dem Interesse der Regierung, in diesem Fall des Bundeskanzleramts höchstselbst, geschuldet sein, durch die Einstufung von Ämtern an der Spitze der Behörde als politische einerseits über einen zusätzlichen Kontrollmechanismus zu verfügen und andererseits im Falle einer gewissen Unbequemlichkeit auf Seiten der Amtsinhaber in personeller Hinsicht sofort reagieren zu können, ohne zuvor den Ausgang eines gerichtlichen Disziplinarverfahrens, welches in den meisten Fällen auch nicht das gewünschte Ergebnis liefern dürfte, abwarten zu müssen. So wurde beispielsweise im Jahr 2016 der damalige Präsident Gerhard Schindler gegen seinen ausdrücklichen Willen nur zwei Jahre vor seinem Pensionseintritt in den einstweiligen Ruhestand versetzt, was offiziell damit begründet wurde, dass man ihm den Umzug der Behörde von Pullach nach München nicht zutraue.[484] Im Ergebnis ist eine sachliche Rechtfertigung, wonach das Amt des Präsidenten des BND sowie die der Vizepräsidenten der Ausnahmekategorie der politischen Beamten zuzurechnen wäre, nicht ersichtlich.

g) Chef des Presse- und Informationsamtes der Bundesregierung

Der Chef des Presse- und Informationsamtes der Bundesregierung, welches gemeinhin eher unter der Bezeichnung Bundespresseamt bekannt ist, ist zugleich der Sprecher der Bundesregierung und untersteht direkt dem Bundeskanzler.[485] Er befindet sich im Range eines Staatssekretärs, obgleich sich dessen Aufgabenbereich mit dem eines beamteten Staatssekretärs in einem Bundesministerium nur geringfügig überschneidet. Die Notwendigkeit einer Zuordnung zum Kreis der politischen Beamten erscheint im Falle des Sprechers der Bundesregierung bereits deswegen fraglich, da es dem Amt erkennbar an einer Transformationsfunktion mangelt. Der Regierungssprecher setzt keine politischen Vorgaben in gesetzeskonformes und rechtsstaatliches Verwaltungshandeln um, sondern er kommuniziert die Politik der Bundesregierung nach außen, indem er beispielsweise die Mitglieder

---

484 Vgl. *Biermann*: Das plötzliche Ende eines Spionagechefs, ZEIT Online, https://www.zeit.de/politik/deutschland/2016-04/bnd-gerhard-schindler-entlassen-bundeskanzleramt.

485 Vgl. Regierungssprecher Stefan Kornelius, https://www.bundesregierung.de/breg-de/bundesregierung/bundespresseamt/regierungssprecher-975172.

der Bundespressekonferenz informiert und deren Fragen beantwortet. Im Rahmen einer Gesamtschau dürfte es zutreffend sein, dass der Regierungssprecher zum unmittelbaren Kreis engster Berater zählt und eine besondere Nähe zur Regierung hat. Dass ein Bundeskanzler in diesem Amt zudem eine Vertrauensperson wissen möchte, erscheint ebenfalls nachvollziehbar. Allerdings findet das Wirken des Bundespressesprechers nicht innerhalb der Verwaltung statt, sondern ist vielmehr auf die schlichte Kommunikation nach außen gerichtet und beinhaltet keinerlei Transformationsfunktion. Es erscheint daher bereits fraglich, warum ein derartiger Posten überhaupt mit einem Lebenszeitbeamten besetzt werden muss, wenn dieser bereits kein Teil der Verwaltung ist und dementsprechend auch nicht die Aufgabe hat, politische Ziele in gesetzeskonformes und rechtsstaatliches Verwaltungshandeln umzusetzen. Eine sachliche Rechtfertigung für die Zuordnung des Chefs des Presse- und Informationsamtes der Bundesregierung zu den politischen Beamten ist in Ermangelung des Vorliegens eines Transformationsamtes daher nicht ersichtlich.

h) Generalbundesanwalt beim Bundesgerichtshof

Der Generalbundesanwalt beim Bundesgerichtshof sowie die Bundesanwälte werden gem. § 149 GVG auf Vorschlag des Bundesministeriums der Justiz und mit Zustimmung des Bundesrates vom Bundespräsidenten ernannt. Der Generalbundesanwalt ist der Leiter der Bundesanwaltschaft mit Sitz in Karlsruhe und Leipzig. Die Behörde nimmt in Revisionsstrafsachen die staatsanwaltschaftlichen Aufgaben bei den Verhandlungen und Entscheidungen des Bundesgerichtshofs wahr. Außerdem ist sie für die staatsanwaltschaftlichen Ermittlungen in Staatsschutzsachen und bei der Verfolgung terroristischer Vereinigungen zuständig. In Gerichtsverfahren, die den Bundesgerichtshof, das Bundesverwaltungsgericht oder den Bundesfinanzhof betreffen, obliegt dem Generalbundesanwalt zudem die Vertretung des Bundes. Allein aufgrund des genannten staatsanwaltlichen Aufgabenschwerpunkts des Generalbundesanwalts und seiner Behörde drängt sich in Anbetracht der vom Bundesverfassungsgericht formulierten Kriterien vorliegend die Frage nach einer sachlichen Rechtfertigung für ein politisches Amt auf. Ein denkbarer und auch geäußerter Erklärungsansatz hierfür könnte in der Besonderheit der Stellung des Amtsträgers sowie in der teilweise herausragenden Bedeutung der Verfahren, mit denen die Behörde vertraut ist und die regelmäßig über einen langen Zeitraum im medialen Fokus der Öffentlichkeit stehen zu sehen sein. Hierzu zählen als bekannteste Beispiele die Verfahren gegen die Rote-Armee-Fraktion (RAF) oder den sog. Nationalsozialistischen Untergrund (NSU). Dass es seitens der Bundesregierung und insbesondere des Bundesjustizministers in diesem Zusammenhang durchaus erstrebenswert erscheinen mag, das Amt mit der Möglichkeit zur jederzeitigen Versetzung des Inhabers auszukleiden und somit einen direkten Einfluss auch auf die Ermittlungstätigkeiten (bzw. deren Unterlassen) der Behörde nehmen zu können, erscheint unter praktischen Gesichtspunkten durchaus nachvollziehbar. Dennoch erfüllt das Amt nicht die Kriterien des Bundesverfassungsgerichts für einen politischen Beamten. Weder muss der Generalbundesanwalt mit den grundsätzlichen politischen Zielen und Ansichten der Bundesregierung fortdauernd übereinstimmen, noch zählt er zum engsten Kreis unmittelbarer politischer Berater des Justizministers. Insbesondere wohnt dem Amt jedoch keine Transformationsfunktion von politischen Zielen in konkretes Verwaltungshandeln inne. Die Aufgabe des Generalbundesanwalts besteht vielmehr ausschließlich in einem gesetzesvollziehenden Vollzug des geltenden Rechts, wenngleich der Amtsinhaber in dieser Aufgabe nicht vollkommen frei agieren darf. Grundsätzlich ist der Generalbundesanwalt gem. § 147 Nr. 1 GVG den Weisungen des Bundesjustizministers unterworfen. Dieses Weisungsrecht ist umfassend und kann sich auf jegliche Aufgabe oder Tätigkeit zu jedem Zeitpunkt beziehen und tatsächliche sowie auch rechtliche Umstände betreffen.[486] Allerdings stehen derartige Weisungen nicht in einem rechtsfreien Raum, sondern haben sich stets innerhalb der Grenzen des geltenden Rechts zu bewegen.[487] Der Minister darf sich daher nicht von sach- oder rechtswidrigen Erwägungen leiten lassen, was jedoch der Fall wäre, wenn diese ausschließlich politischen Interessen dienen.[488]

---

486 Vgl. WD 7 – 3000 – 040/22, S. 4 f.

487 Vgl. WD 7 – 3000 – 040/22, S. 4 f.

488 Dass es für einen zuständigen Justizminister in einem solchen Fall auch mit negativen Folgen einhergehen kann, wenn ein Generalbundesanwalt sich nur dem Recht und nicht der Politik verpflichtet fühlt, zeigte im Jahr 2015 die Entlassung von Generalbundesanwalt Harald Range (FDP) durch den damaligen Justizminister Heiko Maas (SPD). Als Begründung nannte Maas, dass das Vertrauen in Range nachhaltig gestört sei. Eine Versetzung in den einstweiligen Ruhestand war somit in einfachgesetzlicher Hinsicht problemlos möglich. Allerdings veranschaulicht das Beispiel, dass es insbesondere im Bereich der Justiz problematisch ist, einem leitenden Beamten

Als Staatsanwaltschaft des Bundes gehört die Bundesanwaltschaft zudem organisatorisch zwar zur Exekutive und untersteht gem. § 147 Nr. 1 GVG der Dienstaufsicht des Bundesministeriums der Justiz, weshalb innerhalb der Bundesregierung und auch gegenüber dem Parlament der Bundesminister der Justiz die politische Verantwortung für die Tätigkeit der Bundesanwaltschaft trägt. Diesem Umstand wird jedoch dadurch Rechnung getragen, dass es dem Minister zusteht, den Generalbundesanwalt auszuwählen und dem Bundespräsidenten zur Ernennung vorzuschlagen. Keinesfalls sollte aus dieser der Dienstaufsicht erwachsenden Verantwortung die Befugnis abgeleitet werden dürfen, einen Beamten jederzeit ohne Angabe von Gründen in den einstweiligen Ruhestand zu versetzen. Der Generalbundesanwalt hat nicht dem Machtwillen einer Regierung zu folgen, sondern repräsentiert den Rechtswillen des Staates.[489] Dabei ist seine Behörde als Organ der Rechtspflege diesem keineswegs einseitig verpflichtet, sondern sie ist stets auch Gesetzeswächter zugunsten des Angeklagten und somit objektiv wie auch

---

keinerlei inner- oder außerdienstliches Fehlverhalten nachweisen zu müssen. Im vorliegenden Fall sollten stattdessen politische Interessen eine prozessordnungsgemäße Ermittlung der Bundesanwaltschaft unterbinden, was im Ergebnis auch so geschah, allerdings vom Generalbundesanwalt auch so benannt wurde, was wiederum zu dessen Versetzung in den einstweiligen Ruhestand führte. Angesichts dieses Vorgangs warnte der Verein der Bundesrichter und Bundesanwälte beim Bundesgerichtshof (BGH) vor einer schwerwiegenden Gefährdung des Rechtsstaats. Derartige Eingriffe in Ermittlungstätigkeiten würden bewirken, dass klärungsbedürftige Fragen, die die Sicherheit der Bundesrepublik Deutschland betreffen, von der Rechtsprechung ferngehalten und damit den unabhängigen Gerichten entzogen werden. Eine nicht unwesentliche Rolle dürfte vorliegend erneut der Parteizugehörigkeit der Protagonisten zugefallen sein. Range, der zuvor Generalstaatsanwalt beim Oberlandesgericht Celle war, wurde unter Bundesjustizministerin Sabine Leutheusser-Schnarrenberger (FDP) ins Amt berufen, nachdem der ursprüngliche von ihr gewünschte Kandidat Johannes Schmalzl (FDP), der als Regierungspräsident des Regierungsbezirks Stuttgart über nahezu keinerlei staatsanwaltschaftliche Erfahrung verfügte, aufgrund mangelnder Zustimmung seitens des Bundesrates seine Kandidatur zurückgezogen hatte. Es steht zu erwarten, dass sowohl die Nominierung des ersten Kandidaten als auch die Versetzung in den einstweiligen Ruhestand des späteren Amtsinhabers bei strenger Beachtung des Leistungsprinzips sowie der Vorschriften des Bundesdisziplinargesetzes, welche durchaus auch zu einer statusverändernden Maßnahme führen können, nicht zustande gekommen wären.

489 *Harden*, ZRP, Heft 2020, S. 149.

neutral.[490] Bereits im Jahr 2004 hat der 65. Deutsche Juristentag mit deutlicher Mehrheit für eine Abschaffung der Rechtsstellung des Generalbundesanwalts als politischer Beamter votiert.[491] Auch die Länder haben zwischenzeitlich allesamt erkannt, dass die Ämter der Generalstaatsanwälte, die in fachlicher Hinsicht das Pendant zum Generalbundesanwalt bilden und den jeweiligen Landesjustizministerien unterstehen, dem Kreis der politischen Beamten nicht zuzuordnen sind und diese daher bis zum Jahr 2010 aus ihren landesrechtlichen Vorschriften über die Versetzungen in den einstweiligen Ruhestand gestrichen.[492] Warum dies bei einem entsprechenden Amt auf Bundesebene anders sein sollte, ist nicht ersichtlich. Das konstituierende Element für die Rechtmäßigkeit der Institution des politischen Beamten ist die Transformationsfunktion, die dem Amt des Generalbundesanwalts erkennbar nicht innewohnt. Im Gegenteil, der Generalbundesanwalt ist als Organ der Rechtspflege lediglich auf Gesetzesgehorsam, Wahrheit und Gerechtigkeit verpflichtet und hat das Recht durchzusetzen.[493] Eine Zuordnung des Generalbundesanwalts zum Kreis der politischen Ämter ist daher nicht gerechtfertigt.

i) Präsident des Bundeskriminalamtes

Der Präsident des Bundeskriminalamtes (BKA) leitet eine Behörde mit gegenwärtig 8.624 Mitarbeitern an den Standorten Berlin, Meckenheim und Wiesbaden.[494] Er ist zudem Polizeivollzugsbeamter[495] und somit unmittelbarer Vorgesetzter sämtlicher Beamter und Angestellten. Der Aufgabenbereich des BKA reicht von Ermittlungstätigkeiten im Bereich der internationalen und schweren Kriminalität[496] über Gefahrenabwehr bei Bedrohungen durch

---

490 *Roxin*, DRiZ 1997, 109, 115.
491 Vgl. Beschlüsse des Deutschen Juristentags 2004, NJW 2004, 3245.
492 *Harden*, ZRP, Heft 2020, S. 148.
493 *Harden*, ZRP, Heft 2020, S. 149.
494 Vgl. Personalentwicklung des Bundeskriminalamtes, https://www.bka.de/DE/DasBKA/FaktenZahlen/faktenzahlen_node.html#doc20668bodyText1.
495 Dies trifft nur dann zu, wenn das letzte Amt, dass die Person vor dem Antritt des Präsidentenamts innehatte, ebenfalls das eines Polizeivollzugsbeamten war, vgl. § 1 Abs. 2 Nr. 5 der Verordnung zu § 1 Abs. 1 BPolG. Auf den aktuellen Präsidenten trifft dies zu.
496 Vgl. § 4 BKAG.

internationalen Terrorismus[497] bis hin zum Personenschutz für die Verfassungsorgane des Bundes[498] sowie den Zeugenschutz[499] auf Bundesebene. Das BKA ist zudem die Zentralstelle[500] für die gesamte deutsche Polizei und arbeitetet auf international [501] mit den Strafverfolgungsbehörden anderer Länder zusammen. Der seit dem 01. Dezember 2014 im Amt befindliche Präsident Holger Münch ist offiziell parteilos, war aber vor seinem Amtsantritt Staatsrat beim Senator für Inneres und Sport der Freien Hansestadt Bremen Ulrich Mäurer (SPD) und somit gem. § 37 Nr.1 BremBG bereits politischer Beamter.[502] Das Amt des Präsidenten des Bundeskriminalamtes ist, wenngleich die Behörde ungleich größer ist und stärker im öffentlichen und medialen Fokus steht, mit einem Präsidenten bzw. Direktor eines Landeskriminalamtes auf Länderebene vergleichbar, was den Aufgabenzuschnitt anbelangt. Letztere wiederum sind in Bezug auf ihr Amt im Ergebnis Polizeipräsidenten und unterscheiden sich von diesen nur hinsichtlich der Namensbezeichnung. Die Aufgaben des BKA werden zudem durch das BKAG klar definiert und sind in hohem Maße von Fachlichkeit und Spezialwissen geprägt. Dass ein Behördenleiter hierüber nicht im Detail verfügen muss und kann, ist selbstredend. Vielmehr wohnt dem Amt die Funktion inne, das Kanzleramt und insbesondere das Bundesinnenministerium, zu dessen Geschäftsbereich die Behörde zählt, über deren Tätigkeiten zu unterrichten, was wöchentlich in der bereits beschriebenen ND-Lage geschieht. Zudem vertritt der Präsident das Amt nach außen und wird stellvertretend für die gesamte Behörde von den Medien und den Bürger entsprechend wahrgenommen, beispielsweise durch Interviews, TV-Auftritte oder im Rahmen der Bundespressekonferenz. Allerdings erscheint es angesichts der letztgenannten Umstände, die die Außenwahrnehmung der Behörde maßgeblich mitbestimmen, nicht erforderlich, dass der Präsident in einem besonderen Vertrauensverhältnis zum Bundesinnenminister steht und aus innerer Überzeugung mit den politischen

497 Vgl. § 38 ff. BKAG.
498 Vgl. § 6 BKAG.
499 Vgl. § 7 BKAG.
500 Vgl. § 1 BKAG.
501 Vgl. § 1 BKAG; § 1 EuropolG.
502 Vgl. Lebenslauf Holger Münch, https://www.bka.de/SharedDocs/Personen/DE/Muench.html.

Zielen der Bundesregierung heraus handelt bzw. auftritt.[503] Zudem dürfte bereits aufgrund des Umstands, dass der Präsident eine dem BMI nachgeordnete und somit gänzlich andere Behörde leitet, hervorgehen, dass das Amt nicht dem engsten Kreis unmittelbarer Berater des Ministers bzw. der Bundesregierung zuzurechnen ist. Zudem wohnt dem Amt keinerlei Transformationsfunktion inne, sondern es ist vielmehr streng von administrativ-gesetzesvollziehendem Handeln geprägt. Somit bestehen nach einer Gesamtschau trotz der Exponiertheit des Amtes keine faktischen Besonderheiten, die eine Zuordnung zu den politischen Ämtern stützen könnten.

j) Präsident des Bundespolizeipräsidiums

Der Präsident leitet das Bundespolizeipräsidium mit Hauptsitz in Potsdam, welches für die Dienst- und Fachaufsicht sowie für die polizeilich-strategische Ausrichtung der Bundespolizei insgesamt zuständig ist. Dem Bundespolizeipräsidium sind elf Bundespolizeidirektionen sowie die Bundespolizeiakademie nachgeordnet. Der Präsident des Bundespolizeipräsidiums ist selbst Polizeivollzugsbeamter[504] und somit Vorgesetzter von insgesamt 54.000 Beschäftigten, von denen ca. 45.000 Polizeivollzugsbeamte sind.[505] Zum Aufgabengebiet der Bundespolizei zählen schwerpunktmäßig der Grenzschutz[506], die polizeilichen Aufgaben an den Bahnhöfen[507] sowie die Luftsicherheit[508]. Im Rahmen dieser Aufgaben ist die Bundespolizei auch im Bereich der Kriminalitätsbekämpfung tätig[509]. Die Bundespolizei unterstützt zudem das BKA bei der Wahrnehmung

---

503 Es dürfte der Arbeit der Behörde vielmehr höchst abträglich sein, wenn sich der Präsident in einem direkten Abhängigkeitsverhältnis zur Regierung befindet, da die neutrale Ermittlungstätigkeit der Behörde hierdurch empfindlich gestört werden kann, vgl. BKA-Chef wehrt sich gegen Kritik, Deutschlandfunk, 12. März 2013, https://www.deutschlandfunk.de/edathy-affaere-bka-chef-wehrt-sich-gegen-kritik-100.html.

504 Dies trifft nur dann zu, wenn das letzte Amt, dass die Person vor dem Antritt des Präsidentenamts innehatte, ebenfalls das eines Polizeivollzugsbeamten war, vgl. § 1 Abs. 2 Nr. 4 der Verordnung zu § 1 Abs. 1 BPolG. Auf den aktuellen Präsidenten trifft dies zu.

505 Vgl. Internetpräsenz der Bundespolizei, https://www.bundespolizei.de/Web/DE/05Die-Bundespolizei/die-bundespolizei_node.html.

506 Vgl. § 2 BPolG.

507 Vgl. § 3 BPolG.

508 Vgl. § 4 BPolG.

509 Vgl. § 12 BPolG.

des unmittelbaren Personenschutzes für die Verfassungsorgane des Bundes[510], stellt die Polizei in den Gebäuden des Deutschen Bundestages[511] und gewährleistet die Sicherheit in den Botschaften des Auswärtigen Amtes[512]. Der Bundespolizei ebenfalls zugehörig ist die Grenzschutzgruppe 9 (GSG9) als Spezialeinheit zur Bekämpfung von Schwerst-/Organisierter Kriminalität sowie Terrorismus. Gem. Art. 91 Abs. 2 GG kann zudem die Bundesregierung die Polizei zur Abwehr einer drohenden Gefahr für den Bestand oder die freiheitliche demokratische Grundordnung des Bundes oder eines Landes anfordern. Die Vorschrift regelt zusammen mit Art. 35 Abs. 2 und 3 GG, ergänzt durch Art. 87a Abs. 4 GG, den inneren Notstand.[513] Vor dem Hintergrund dieses klar definierten Aufgabenzuschnitts der Bundespolizei wird nicht ersichtlich, an welcher Stelle sich eine Transformationsfunktion im Amt des Präsidenten wiederfinden ließe. Bereits der Behördensitz in Potsdam lässt überdies den Rückschluss zu, dass dessen Leiter kein engster Berater des in Berlin ansässigen Bundesinnenministers sein dürfte. Es gehört nicht zu den Anforderungskriterien an den Präsidenten einer dem Ministerium nachgeordneten Bundesoberbehörde, in einer fortwährenden Übereinstimmung mit den grundsätzlichen politischen Ansichten und Zielen der Regierung zu stehen. In Anbetracht der organisatorischen Stellung des Präsidiums innerhalb des hierarchischen Behördenaufbaus sowie auch der Größe der Bundespolizei und der weit gefächerten Zuständigkeiten, die vielfach auch im Ausland ihre Umsetzung finden, erscheint die Annahme eines Transformationsamtes, dessen Inhaber darüber hinaus neben seinen Aufgaben als Präsident auch noch für die Umsetzung der politischen Ziele der Bundesregierung verantwortlich sein soll, als eher fernliegend. Die Kernaufgabe des Präsidenten des Bundespolizeipräsidiums als Sicherheitsbehörde kann nur darin bestehen, dafür zu sorgen, dass deren gesetzlicher Auftrag effektiv und in rechtsstaatlicher Weise erfüllt wird. Der Aufgabenzuschnitt lässt keine Sachgesetzlichkeiten erkennen, die für eine Einstufung als politischer Beamter sprechen könnten.

---

510 Vgl. § 9 Abs. 1 Nr. 3 BPolG.

511 Vgl. § 9 Abs. 1 Nr. 1 BPolG.

512 Vgl. § 9 Abs. 1 Nr. 2 BPolG.

513 *Epping*, in: Epping/Hillgruber, BeckOK GG, Einf., Art. 91.

k) Präsident des Bundesamtes für das Personalmanagement der Bundeswehr

Das Bundesamt für das Personalmanagement in der Bundeswehr (BAPersBw) ist eine Bundesbehörde mit insgesamt 6.800 Mitarbeitern, deren zentrale Aufgabe darin besteht, die personelle Einsatzbereitschaft der Bundeswehr herzustellen.[514] Neben der Personalgewinnung ist die Behörde somit für die Personalführung des gesamten zivilen und militärischen Personals der Bundeswehr bis einschließlich der Besoldungsebene A16 zuständig, was derzeit einen Personenkreis von 260.000 Personen umfasst.[515] Dem Präsidenten sind hierbei im Wesentlichen drei Aufgaben zugeteilt: die Leitung der Dienststelle und des Geschäftsbereichs, die Wahrnehmung sämtlicher Angelegenheiten des BAPersBw sowie die Führung des Leitungsgeschäftsbereichs 1 gemäß der gültigen Geschäftsordnung des BAPersBw.[516] Dass es sich bei dem Amt des Behördenleiters um ein Transformationsamt handeln könnte, wird anhand des Aufgabenbereichs nicht ansatzweise deutlich. Es handelt sich bei dem Präsidenten des BAPersBw faktisch um den Personalchef der Bundeswehr, der dem Verteidigungsminister bereits qua Befehlsgewalt in jeglicher Hinsicht unterstellt ist. Eine Rechtfertigung für ein politisches Amt ist daher nicht erkennbar.

l) Präsident des Bundesamtes für Ausrüstung, Informationstechnik und Nutzung der Bundeswehr

Das Bundesamt für Ausrüstung, Informationstechnik und Nutzung der Bundeswehr (BAAINBw) mit insgesamt 6.800 Mitarbeitern hat die Hauptaufgabe der bedarfs- und forderungsgerechten Ausstattung der Bundeswehr mit leistungsfähiger und sicherer Wehrtechnik. Im Mittelpunkt stehen hierbei die Entwicklung, Erprobung, Beschaffung sowie das Nutzungsmanagement von Wehrmaterial und auch dessen Aussonderung. Zudem obliegt der Behörde die Ausbildung der Beamten der technischen Laufbahnen für die

---

514 Vgl. auch § 1 Nr. 1–9 Wehrverwaltungsaufgabenübertragungsgesetz (WVwAÜG).

515 Vgl. Auftrag des BAPersBW, https://www.bundeswehr.de/de/organisation/personal/bundesamt-fuer-das-personalmanagement-der-bundeswehr-#section-5320030.

516 Mail des BMVg an den Verfasser vom 11. März 2024.

gesamte Bundeswehr.[517] Der Präsident der Behörde leitet die Dienststelle sowie den gesamten Geschäftsbereich, steht in regelmäßigem Austausch mit den übrigen Präsidenten der dem BMVg nachgeordneten Bundesoberbehörden und berichtet unmittelbar an die Hausleitung des Ministeriums. Von dieser Berichtspflicht abzugrenzen ist jedoch das Vorliegen eines besonderen Vertrauensverhältnisses, das in Bezug auf das vorliegende Amt, welches keinen direkten Nähebezug zur Regierungspolitik aufweist, sondern ausschließlich die politischen Anweisungen, die es aus dem BMvG erhält, in der Behörde umzusetzen hat, nicht erforderlich ist. Das Befolgen von Anweisungen innerhalb der Strukturen der Streitkräfte ist zudem nicht gleichzusetzen mit der Transformationsfunktion des politischen Beamten. Das Amt ist somit erkennbar kein politisches.

m) Präsident des Bundesamtes für Infrastruktur, Umweltschutz und Dienstleistungen der Bundeswehr

Das Bundesamt für Infrastruktur, Umweltschutz und Dienstleistungen der Bundeswehr (BAIUDBw) ist ebenfalls eine dem Geschäftsbereich des BMVg nachgeordnete Bundesoberbehörde mit ca. 3.000 Mitarbeitern und hat die bundesweite Koordinierung der Dienstleistungen für die Streitkräfte und ihre zentrale Wahrnehmung zur Hauptaufgabe. Ihm obliegt hierzu die Dienst- und Fachaufsicht über nachgeordnete Dienststellen im In- und Ausland. Der Behörde unterstellt sind das Verpflegungsamt der Bundeswehr in Oldenburg und das Zentrum Brandschutz der Bundeswehr in Sonthofen sowie 42 Bundeswehr-Dienstleistungszentren im gesamten Bundesgebiet. Hinzu kommen die Bundeswehrverwaltungsstellen in Belgien, Frankreich, Großbritannien, Italien, den Niederlanden, Polen und den USA/Kanada einschließlich ihrer Außenstellen.[518] Der Präsident des BAIUDBw leitet die Dienststelle und seinen Geschäftsbereich. Ebenso wie auch die Präsidenten des BAINBw und des BAPersBw unterrichtet er unmittelbar die Hausspitze des BMVg. Auch in Bezug auf dieses Präsidentenamt

---

517 Vgl.: https://www.bundeswehr.de/de/organisation/ausruestung-baainbw/organisation/baainbw.

518 Vgl. Organisation des Bundesamtes für Infrastruktur, Umweltschutz und Dienstleistungen der Bundeswehr, https://www.bundeswehr.de/de/organisation/infrastruktur-umweltschutz-und-dienstleistungen/organisation-iud/baiudbw.

sind jedoch keine Anhaltspunkte dafür ersichtlich, weshalb ihm eine besondere Nähe zur Politik der Bundesregierung innewohnen könnte oder müsste. Die Aufgabe der Behörde besteht ausschließlich in der Versorgung der Streitkräfte und ist somit eine Tätigkeit, die in anderen Bereichen unter dem Begriff „Zentrale Dienste" oder „Zentrale Verwaltung" fällt, was einen gänzlichen unpolitischen Bereich abbildet, weshalb auch das Amt des Präsidenten des BAIUDBw in Ermangelung einer auch nur ansatzweise erkennbaren Transformationsfunktion nicht dem Kreis der politischen Beamten zugerechnet werden kann.

n) Präsident der Generalzolldirektion

Der Zoll bildet die größte nachgeordnete Behörde des Bundesministeriums der Finanzen. Die gesamte Zollverwaltung ist in elf einzelne Zolldirektionen untergliedert, in denen gegenwärtig ca. 48.000 Zöllner ihren Dienst versehen. Die Generalzolldirektion erfüllt hierbei die zentralen Organisationsaufgaben des Zolls ist für die operative Steuerung der Direktionen zuständig, zu denen u.a. unter anderem das Zollkriminalamt (ZKA), das Bildungs- und Wissenschaftszentrum der Bundesfinanzverwaltung (BWZ), die Zentralstelle für Finanztransaktionsuntersuchungen (Financial Intelligence Unit, FIU) sowie die Zentralstelle für Sanktionsdurchsetzung (ZfS) zählen.[519] Zudem übt die Generalzolldirektion gem. § 5a Abs. 1 S. 1 FVG die Rechts- und Fachaufsicht über die Ortsebene (Hauptzollämter und Zollfahndungsämter) aus. Der Präsident der Generalzolldirektion ist Vorgesetzter aller Mitarbeiter und als Leiter einer oberen Bundesbehörde im nachgeordneten Bereich steht er regelmäßig in fachlichem Austausch mit dem Bundesministerium der Finanzen und unterrichtet dort unmittelbar die Hausleitung. Als nachgeordnete Behörde setzt der Zoll jedoch keine Regierungspolitik um, sondern handelt als Teil der Exekutive in seinem Auftrag ausschließlich gemäß rechtlicher Vorgaben, die sich abgesehen vom Zollverwaltungsgesetz mittlerweile aus europäischen Rechtsvorschriften in Form des Gemeinschaftszollrechts ergeben. Wie die Behörde selbst bekundet, handelt es sich bei der Generalzolldirektion um eine Behörde, die mit Organisations- und nicht mit Transformationsaufgaben betraut ist, was so auch für ihren Präsidenten zutreffen dürfte. Dem Präsidenten der Generalzolldirektion fällt somit weder eine Transformationsfunktion

---

519 Vgl.: Organisation der Generalzolldirektion, https://www.zoll.de/DE/Der-Zoll/Struktur-des-Zolls/Generalzolldirektion/generalzolldirektion_node.html.

in Bezug auf die Politik der Bundesregierung zu, weshalb die Zuordnung zum Kreis der politischen Beamten nicht gerechtfertigt ist.

o) Präsident des Bundesamtes für Migration und Flüchtlinge

Das Bundesamt für Migration und Flüchtlinge (BAMF) ist eine Bundesoberbehörde im Geschäftsbereich des Bundesministeriums des Innern und für Heimat (BMI) und beschäftigt ca. 8.140 Mitarbeiter an 60 Standorten. Die Behörde verfügt wie alle Bundesoberbehörden über eine mehrschichtige Organisationstruktur, welche sich in Abteilungen, Gruppen und Referate untergliedert.[520] Es ist originär zuständig für die Durchführung von Asylverfahren und den Flüchtlingsschutz. Zudem koordiniert die Behörde bundesweit die Förderung der Integration und betreibt Migrationsforschung. Hierzu unterhält das BAMF das Informationszentrum Asyl und Migration (IZAM), in welchem Informationen über Herkunfts- und Transitstaaten von Migranten sowie das Weltflüchtlings- und Migrationsgeschehen und dessen Ursachen zusammengestellt und ausgewertet werden.[521] Wenngleich die Behörde mit ihren Zuständigkeiten einen politisch brisanten und gesellschaftlich äußerst relevanten Bereich abdeckt, erwächst daraus für das Amt Präsidenten keine ersichtliche Notwendigkeit, warum dessen Inhaber zu den (migrations-)politischen Zielen der Bundesregierung in einer tieferen inneren und fortdauernden Übereinstimmung stehen müsste. Als Leiter einer nachgeordneten Behörde des Bundesministeriums für Inneres und Heimat ist der Präsident des BAMF weisungsgebunden und hat gem. § 62 Abs. 1 S. 2 BBG die dienstlichen Anordnungen des Ministers zu befolgen. Die Notwendigkeit einer darüberhinausgehenden inneren Verbundenheit zur Politik der Bundesregierung ist für die Ausübung des Amts nicht ersichtlich, zumal es sich um eine rein administrative und gesetzesvollziehende Tätigkeit handelt.

---

520 Vgl. Beschreibung des Bundesamts für Migration und Flüchtlinge, https://www.service.bund.de/Content/DE/DEBehoerden/B/BAMF/Bundesamt-fuer-Migration-und-Fluechtlinge.html?nn=4641496.

521 Vgl. Zuständigkeiten des Bundesamts für Migration und Flüchtlinge, https://www.bmi.bund.de/SharedDocs/behoerden/DE/bamf.html#:~:text=Das%20BAMF%20ist%20zust%C3%A4ndig%20f%C3%BCr,Aufgaben%20geh%C3%B6rt%20auch%20die%20Migrationsforschung.

p) Präsident des Bundesamtes für Sicherheit in der Informationstechnik

Das vorliegende Amt ist ebenso wie das des Präsidenten des Bundesamtes für Migration und Flüchtlinge erst kürzlich in den Kreis der politischen Beamten aufgenommen worden, was durchaus den Rückschluss zulässt, dass die vorherigen Bundesregierungen eine abweichende Ansicht in Bezug auf die ihm nunmehr zugedachte Transformationsfunktion und seine Bedeutung für die Umsetzung politischer Ziele gehabt zu haben schienen, obgleich die Behörde bereits seit 1991 existiert.[522] Das Bundesamt für Sicherheit in der Informationstechnik (BSI) ist eine Bundesoberbehörde im Geschäftsbereich des Bundesministeriums des Innern und für Heimat. Es bildet die zentrale Stelle für Informationssicherheit auf nationaler Ebene.[523] Zu den Aufgaben und Befugnissen der Behörde mit derzeit 1.733 Mitarbeitern zählen der Schutz der Regierungsnetze, die Sicherung zentraler Netzübergänge und die Überwachung des digitalen Verbraucherschutzes. Zudem ist das BSI Ansprechpartner für Wirtschaft, Wissenschaft und Gesellschaft in sämtlichen Fragen der Informationssicherheit und darüber hinaus Meldestelle für IT-Sicherheitsvorfälle im Bereich der kritischen Infrastruktur (KRITIS).[524] Es erscheint vor diesem Hintergrund geradezu unerfindlich, aus welchen Gründen eine rein technokratisch agierende Behörde wie das BSI, dem ausschließlich administrative Aufgaben im Bereich der Informationstechnologie zugewiesen sind und das darüber hinaus als Meldestelle fungiert, im Vergleich zu den Vorjahren nunmehr von einem politischen Beamten geführt werden müsste. Von keiner der bislang aufgeführten Bundesoberbehörden geht derart wenig politische Brisanz aus wie vom BSI. Daran dürfte auch der russische Angriffskrieg auf die Ukraine im Ergebnis nur wenig geändert haben, zumal das Problem von Cyberangriffen auf die deutsche Wirtschaft seit vielen Jahren vorherrscht. Der breiten Öffentlichkeit überhaupt erst bekannt geworden ist die Behörde vermutlich aufgrund der Versetzung ihres früheren Präsidenten Arne Schönbohm, der das Amt von 2016–2022 innehatte. Am 18. Oktober 2022 untersagte das Bundesinnenministerium Schönbohm gem. § 66 S. 1

522 Vgl. Gesetz über die Errichtung des Bundesamtes für Sicherheit in der Informationstechnik vom 17. Dezember 1990, BGBl. I S. 2834.

523 Vgl. § 1 BSIG.

524 Vgl. Internetpräsenz des BSI, https://www.bsi.bund.de/DE/Das-BSI/Auftrag/auftrag_node.html.

BBG mit sofortiger Wirkung die Führung seiner Dienstgeschäfte und nannte als Begründung, dass Schönbohm das Vertrauen der Bevölkerung (nicht das der Bundesregierung) nachhaltig beschädigt habe.[525] Schönbohm hatte am 08. September 2022 an einer Veranstaltung des Cyber-Sicherheitsrates e.V. teilgenommen, woraufhin ihm eine Nähe zu russischen Geheimdiensten vorgeworfen wurde.[526] Das Bundesinnenministerium teilte Schönbohm im April 2023 auf Nachfrage jedoch mit, dass die behördeninternen Voruntersuchungen keine Anhaltspunkte für die Einleitung eines Disziplinarverfahrens erbracht haben.[527] Schönbohm, der zwischenzeitig mit der Begründung, die Bundesinnenministerin habe ihr Vertrauen in seine Eignung als Präsident des BSI verloren, an die Bundesakademie für öffentliche Verwaltung versetzt worden war, kehrte nicht in das Präsidentenamt beim BSI zurück. Seit dem 01. Juli 2023 ist Claudia Plattner Präsidentin der Behörde. Am 17. Juli 2023 wurde das Amt in den Kanon der politischen Beamten aufgenommen.[528] Da sich der Zuschnitt des Dienstpostens seit der Abberufung Schönbohms nicht geändert hat, dürfte die Erklärung für die Gesetzesänderung wohl darin zu finden sein, dass zukünftige gewollte Personalwechsel an der Spitze des BSI schneller und geräuschloser vonstattengehen sollen. Sachgesetzlichkeiten, die für eine Umwidmung des Amtes hin zu einem politischen streiten, sind jedenfalls nicht erkennbar. Die Gesellschaft für Informatik e.V. (GI) hatte in einer Pressemitteilung vom 11. November 2022 zudem noch davor gewarnt, die Arbeit der Behörde politischen Interessen zu unterwerfen. Die fachliche Kompetenz und die politische Unabhängigkeit des BSI müssten vielmehr außer Frage stehen, da diese unverzichtbar für eine sichere Digitalisierung Deutschlands seien. Es wäre zudem ein fatales Signal, wenn das Bundesinnenministerium das BSI nach unabgestimmten politischen Vorstellungen umgestalten würde.[529] Mit der Einstufung des Präsidenten als ein politisches

---

525 Vgl. BT-Drs. 20/7366 vom 21. Juni 2023, *Battis*: Erschüttertes Vertrauen: Die Zwangsbeurlaubung von BSI-Chef Schönbohm und das Beamtenrecht, Verfassungsblog.org, 20. Oktober 2022, https://verfassungsblog.de/erschuttertes-vertrauen/.

526 Die Teilnahme war im Vorfeld vom Bundesinnenministerium genehmigt worden, vgl. BT-Drs. 20/7366, 21. Juni 2023.

527 Vgl. BT-Drs. 20/7366, 21. Juni 2023.

528 Vgl. BGBl. 2023 I Nr. 190.

529 Vgl. Pressemitteilung der Gesellschaft für Informatik vom 11. November 2022, https://gi.de/meldung/gi-fordert-staerkung-der-unabhaengigkeit-des-bsi-2.

Amt dürfte das Gegenteil bewirkt worden sein. Eine Transformationsfunktion sowie die Notwendigkeit nach einer fortwährenden Überzeugung mit den grundsätzlichen politischen Ansichten und Zielen der Bundesregierung erscheinen für den Präsidenten des BSI fernliegend.

q) Direktor beim Bundestag

Der Direktor beim Deutschen Bundestag leitet im Auftrag der Bundestagspräsidentin die Bundestagsverwaltung als eine Oberste Bundesbehörde. Er ist zugleich Dienstvorgesetzter aller derzeit ca. 3.200 Mitarbeiter des Bundestages und somit Teil der parlamentarischen Selbstverwaltung. Diese wird untergliedert in die sechs Abteilungen Parlament und Abgeordnete, Außenbeziehungen, Europa und Analyse, Information und Dokumentation, Digitalisierung, Bau und Infrastruktur sowie die Zentralabteilung. Hinzu kommen der Leitungsstab und das Büro des Bundestagspräsidenten mit den zugehörigen Referaten. Ebenfalls Teil der Bundestagsverwaltung sind die Büros der Vizepräsidenten, das Kompetenzzentrum Datenschutz als eine Unterabteilung zur Unterstützung der parlamentarischen Kontrolle der Nachrichtendienste sowie das Amt der Wehrbeauftragten und die Geschäftsstelle der Bundesbeauftragten für die Opfer der SED-Diktatur.[530] Die Aufgabe der Bundestagsverwaltung besteht in der Vorbereitung der Sitzungen des Bundestages, seiner Ausschüsse sowie der parlamentarischen Gremien. Zudem unterstützt die Bundestagsverwaltung die dortigen politischen Beratungen. Der Direktor beim Bundestag arbeitet in seiner Funktion als Leiter der Behörde auch unmittelbar dem Bundestagspräsidenten zu. Dies bedeutet allerdings keine aktive inhaltliche Ausarbeitung oder Umsetzung politischer Themen, sondern vielmehr eine unterstützende, rein verwaltungsbezogene Aufgabe. Dies wird nicht zuletzt anhand der Aufgabenbeschreibung des Bundestagspräsidenten deutlich, der den Deutschen Bundestag als Parlament insgesamt, und nicht nur die jeweilige Bundesregierung nach außen vertritt.[531] Aufgrund der politischen Neutralität des Amtes, welches allen im Deutschen Bundestag vertretenen Parteien gleichermaßen verpflichtet ist, ist eine Zuordnung zum Kreis der politischen Beamten, deren Charakteristikum es ist, eine Regierung politisch aktiv zu unterstützen, nicht geboten.

---

530 Vgl. Aktenplan der Verwaltung des Deutschen Bundestages, https://www.bundestag.de/resource/blob/189480/70532acee5a9d6599503b4d22302ae06/aktenplan.pdf.

531 Vgl. § 3 Abs. 1 S. 1 GO-BT.

Eine Transformationsfunktion sowie ein besonderes Vertrauensverhältnis auf Seiten der Bundesregierung zum Bundestagspräsidenten sind bereits deshalb fernliegend, weil der Bundestag ein gänzlich anderes Verfassungsorgan darstellt.

r) Direktor des Bundesrates

Der Direktor des Bundesrates leitet das Sekretariat mit gegenwärtig 200 Mitarbeitern im Auftrag des Präsidenten mit Unterstützung des Stellvertretenden Direktors. Beide beraten den Präsidenten bei der Führung seiner Amtsgeschäfte, vor allem bei der Vorbereitung und Leitung der Plenarsitzungen. Der Direktor lässt hierzu die vorläufige Tagesordnung für das Plenum aufstellen, berät den Präsidenten in Fragen der Geschäftsordnung sowie des parlamentarischen Verfahrens und wirkt bei der Auszählung der Stimmen mit. Während der Plenarsitzungen sitzt er neben dem Bundesratspräsidenten. Der Direktor steht in ständigem Kontakt zum Bundestag, zur Bundesregierung sowie zu den 16 Landesregierungen und hält darüber hinaus Verbindung zu den ausländischen Parlamenten. Eine Besonderheit im Vergleich zu den übrigen politischen Beamten auf Bundesebene ist, dass der Direktor des Bundesrates vom jeweiligen Präsidenten nur mit vorheriger Zustimmung des Bundesrates sowohl eingestellt als auch in den einstweiligen Ruhestand versetzt werden kann. Eine Ausschreibung des Dienstpostens und somit eine Öffnung für sämtliche bewerbungsfähige Laufbahnbeamte existiert hingegen auch für dieses Amt nicht. Vielmehr fällt bei der Betrachtung der gegenwärtigen Amtsinhaberin und auch ihres Stellvertreters auf, dass beide über einen parteipolitischen Hintergrund verfügen. Die derzeitige Direktorin leitete unter dem damaligen Vorsitzenden Franz Müntefering von 2000–2002 den Bereich Innen- und Rechtspolitik in der SPD-Bundeszentrale[532] und der stellvertretende Direktor war von 2001–2006 Mitarbeiter der CDU/CSU-Bundestagsfraktion.[533] Dennoch erscheint die Voraussetzung eines besonderen Vertrauensverhältnisses

---

532 Vgl. *Funk*: Bundesrat: Traditionsbruch in der Länderkammer, Tagesspiegel, 27. März 2015, https://www.tagesspiegel.de/politik/traditionsbruch-in-der-landerkammer-8274643.html. Auf der offiziellen Seite des Bundesrates hingegen findet sich diese Angabe im Lebenslauf nicht, vgl. https://www.bundesrat.de/SharedDocs/personen/DE/sekretariat/rettler-ute.html.

533 Vgl. Kleemann ist stellvertretender Direktor des Bundesrats, Politik & Kommunikation, https://www.politik-kommunikation.de/personalwechsel/kleemann-ist-stellvertretender-direktor-des-bundesrats/.

und insbesondere das zwingende Erfordernis einer fortwährenden Übereinstimmung mit den politischen Ansichten und Zielen in Bezug auf das Amt des Direktors beim Bundesrat als besonders fraglich, da die „Regierung" in Person des Bundesratspräsidenten jedes Jahr zum 01. November wechselt und somit Vertreter sämtlicher in der Länderkammer vertretenen vier Parteien innerhalb eines kurzen Zeitraums in das Amt gelangen.[534] Diese Wahlpraxis ist zwischen den Parteien so gewollt und wurde mit der Intention, dass die Wahl des Bundesratspräsidenten nicht von politischen Erwägungen abhängen dürfe, im Rahmen des Königsteiner Abkommens am 30. August 1950 von den damaligen zwölf Ministerpräsidenten entsprechend festgelegt.[535] Der damalige Direktor des Bundesrats Gerd Schmitt antwortete seinerzeit in einem Interview auf die Frage, wie politisch seine Arbeit sei, wie folgt:

> Im Hinblick auf die Parteipolitik ist meine Arbeit als Bundesratsdirektor politisch neutral, obwohl ich natürlich immer mit Politik befasst bin.[536]

Wenn der Inhaber eines Amtes nunmehr selbst die Feststellung äußert, dass es für seine Tätigkeit gerade keiner fortdauernden politischen Übereinstimmung mit den politischen Ansichten und Zielen der Regierung (in diesem Fall mit denen des Bundesratspräsidenten) bedarf, sondern seine Arbeit stattdessen politisch neutral ist, dann dürfte eine Zuordnung zum Kanon der politischen Beamten in sachlicher Hinsicht wohl nicht gerechtfertigt sein.

2. Ämter in Niedersachsen

Der Umfang für politische Ämter in Niedersachsen bewegt sich im länderweiten Vergleich im Mittelfeld. Obgleich der Verwaltungsaufbau sowie auch die Größe der Länder Unterschiede aufweisen, dürften sich die nachfolgenden Aussagen in Bezug auf die Sachgesetzlichkeiten der jeweiligen politischen Beamten grundsätzlich aber auch auf die entsprechenden Ämter der übrigen Länder übertragen lassen, soweit diese dort ebenfalls mit politischen Beamten

---

534 Die Wahl erfolgt nach einer festgelegten Reihenfolge, die durch die Einwohnerzahl der Länder bestimmt wird. Der Turnus beginnt stets mit dem Regierungschef des Landes mit den meisten Einwohnern.

535 Vgl. https://www.bundesrat.de/DE/bundesrat/praesidium/kuenftig/koenigsteiner-abkommen/koenigsteiner-abkommen-node.html.

536 Vgl. hierzu: Interview mit Gerd Schmitt: In geordneten Bahnen, https://www.bundesrat.de/SharedDocs/texte/12/20120828-direktor.html.

besetzt zu werden pflegen. Obgleich die Polizeipräsidenten in Niedersachsen seit kurzem nicht mehr zur Gruppe der politischen Beamten zählen, erscheint eine genauere Betrachtung angesichts der jüngsten Rechtsprechung des Bundesverfassungsgerichts angezeigt. Fraglich erscheint darüber hinaus auch die sachliche Rechtfertigung für die übrigen vier Ämter innerhalb Niedersachsens.

a) Sprecher der Landesregierung

Der Sprecher der Niedersächsischen Landesregierung hat den Rang eines Staatssekretärs inne und leitet die in der Staatskanzlei angesiedelte Presse- und Informationsstelle. Die Aufgaben des Regierungssprechers bestehen darin, die Bürger über die Politik der Landesregierung zu informieren und die Positionen des Ministerpräsidenten darzulegen. Zudem werden politische Entscheidungen, Vorhaben, Strategien und Hintergründe erläutert, wozu der Regierungssprecher wöchentlich an der Landespressekonferenz teilnimmt. Darüber hinaus koordiniert die Presse- und Informationsstelle die Presse- und Öffentlichkeitsarbeit zwischen den einzelnen Ministerien und informiert die Landesregierung sowie die Mitarbeiter der zugehörigen Behörden über die allgemeine Nachrichtenlage. Auffällig ist, dass beispielsweise die ehemalige Regierungssprecherin bei ihrem Amtsantritt über keine beruflichen Vorkenntnisse aus dem Bereich Journalismus oder Öffentlichkeitsarbeit verfügte.[537]

Dass es sich trotz der beruflichen Nähe zur Landesregierung und insbesondere zum Ministerpräsidenten bei dem Sprecher der Landesregierung als dessen offizielles Verlautbarungsorgan um ein Transformationsamt handeln soll, begegnet wie auch im Fall des Bundespressesprechers Zweifeln, da es nicht zu den Aufgaben des Niedersächsischen Regierungssprechers zählt, politische Vorgaben in gesetzeskonformes und rechtsstaatliches Verwaltungshandeln

537 Vgl. Ausbildung und beruflicher Werdegang Staatssekretärin Anke Pörksen, https://www.mi.niedersachsen.de/startseite/das_ministerium/sonderstaatssekretarin_anke_porksen/digitalisierungsstaatssekretarin-anke-porksen-244339.html. Dieser Umstand lässt sich allerdings dadurch erklären, dass das Amt lediglich als Entschädigung dafür vergeben wurde, dass der ursprünglich für die jetzige Regierungssprecherin vorgesehene Posten der Justizministerin im Rahmen der Koalitionsverhandlungen an den zukünftigen Regierungspartner abgetreten werden musste, vgl. hierzu *Mlodoch*, Peter: Anke Pörksen nun Staatssekretärin, in: Weser-Kurier, 29. Januar 2014, S. 17.

umzuwandeln, sondern die Arbeit der Regierung lediglich nach außen hin zu kommunizieren. Dass der Sprecher der Landesregierung diese und insbesondere den Ministerpräsidenten auch dahingehend berät, welches Auftreten und welche Termine die beste mediale Wirkung entfalten können und, worauf es in der Außenwirkung zu verzichten gilt, ist dem Amt immanent. Eine derartige beratende Tätigkeit in medialer und kommunikationsstrategischer Hinsicht ist jedoch nicht gleichzusetzen mit der vom Bundesverfassungsgericht als unerlässliches Kriterium beschriebenen Mitwirkung an der unmittelbaren Umsetzung politischer Ziele der Regierung innerhalb der Verwaltung.[538] Mit letzterer hat der Regierungssprecher in fachlicher Hinsicht keinerlei Schnittmengen, was nicht zuletzt auch anhand des Organisationsplans der Niedersächsischen Staatskanzlei ersichtlich wird.[539] Der Regierungssprecher hat somit keine Schlüsselstelle innerhalb der Verwaltung inne und agiert demzufolge auch nicht am „Brückenkopf" zwischen der politischen Spitze der Regierung und dem übrigen Personalkörper. Sein Wirken beschränkt sich auf einen außerhalb der Verwaltung liegenden Bereich, sodass der Aufgabenzuschnitt zumindest keine ausreichenden Sachgesetzlichkeiten erkennen lässt, welche die Besetzung dieses Postens mit einem politischen Beamten als gerechtfertigt erscheinen ließe. Wie auch beim Bundespressesprecher begegnet die Besetzung des Amtes des Niedersächsischen Regierungssprechers in Ermangelung eines Aufgabenzuschnitts, der zumindest schwerpunktmäßig aus klassischen Verwaltungstätigkeiten besteht, bereits dem Grunde nach Zweifeln.[540]

b) Landesbeauftragter für regionale Landesentwicklung

Die damalige Landesregierung hat im Januar 2014 in den Regionen Braunschweig, Leine-Weser, Lüneburg und Weser-Ems Ämter für regionale Landesentwicklung eingerichtet, deren Aufgabe es ist, spezifische

538 BVerfG, Beschluss vom 09. April 2024 – 2 BvL 2/22 –, Rn. 54.

539 Vgl. Organisationsplan der Niedersächsischen Staatskanzlei, wonach keinerlei Verbindung der Presse- und Informationsstelle der Landesregierung zur Fachebene des Hauses besteht, https://www.stk.niedersachsen.de/startseite/die_staatskanzlei/organisationsplan/organisationsplan-der-niedersaechsischen-staatskanzlei-2546.html. Umgekehrt hingegen ist eine Zulieferung von Inhalten durch die Fachebene an den Regierungssprecher unverzichtbar für dessen Arbeit.

540 Vgl. *Wagner*, RiA 1985, 272, 274.

Entwicklungskonzepte und Förderprojekte zu planen und umzusetzen. An der Spitze dieser Ämter, die organisatorisch einen nachgeordneten Bereich des Ministeriums für Bundes- und Europaangelegenheiten und Regionale Entwicklung bilden, steht jeweils ein Landesbeauftragter für regionale Entwicklung, zu dessen Aufgaben es neben der Leitung seines Geschäftsbereichs gehört, den bedarfsorientierten Einsatz der zur Verfügung stehenden europäischen Fördermittel zu koordinieren und zu diesem Zweck ein regionales Netzwerk aufzubauen. Nachdem die Polizeipräsidenten nicht mehr zu den politischen Beamten zählen, handelt es sich bei den vier Landesbeauftragten um die einzigen politischen Beamten in Niedersachsen, die nicht in einer obersten Landesbehörde angesiedelt sind, sondern lediglich im nachgeordneten Bereich. Dort haben sie eine zweigeteilte Aufgabe: einerseits sollen sie Sorge dafür tragen, dass die Ziele der Landesregierung in der jeweiligen Region verwirklicht werden, andererseits sollen sie die Interessen der Region gegenüber der Landesregierung vertreten.[541] Was auf den ersten Blick zumindest teilweise wie eine Tätigkeit mit transformatorischem Charakter wirken mag, ist faktisch jedoch lediglich die Auslagerung eines Aufgabenbereichs, der dem zuständigen Fachministerium ohnehin obliegt. Nach der Abschaffung der Bezirksregierungen zum 31. Dezember 2004 wurde mit der Errichtung der Landesämter für regionale Entwicklung erneut eine Art dreigliedriger Verwaltungsaufbau geschaffen, in dessen mittlere Ebene Aufgaben des Ministeriums ausgelagert wurden. Inhaltlich handelt es sich bei der Verteilung von Fördermitteln sowie der Entwicklung und Planung von Förderprojekten im Land Niedersachsen jedoch um Aufgaben, die originär der Abteilung 1 des Ministeriums für Bundes- und Europaangelegenheiten und Regionale Entwicklung zufallen und dort auch nach den politischen Vorgaben der Landesregierung umgesetzt würden.[542] Ein Ausgliedern dieser Aufgaben in einen nachgeordneten Bereich kann nicht dazu führen, dass Ämter für politische

---

541 Vgl. Die Landesbeauftragten für regionale Landesentwicklung und ihre Ämter, https://www.mb.niedersachsen.de/startseite/regionale_landesentwicklung_und_eu_forderung/die_landesbeauftragten_fur_regionale_landesentwicklung/die-landesbeauftragten-124121.html.

542 Vgl. hierzu Organisationsplan des Niedersächsischen Ministeriums für Bundes- und Europaangelegenheiten, https://www.mb.niedersachsen.de/startseite/service/organisationsplan/organisationsplan-des-ministeriums-fuer-bundes-und-europaangelegenheiten-und-regionale-entwicklung-160209.html.

Beamte, die denen des zuständigen Abteilungsleiters, der wiederum kein politischer Beamter ist, weder dienstrechtlich und besoldungstechnisch übergeordnet sind, geschaffen werden, um normale Verwaltungstätigkeiten im Sinne der Landesregierung zu bewerkstelligen.[543] Das Netzwerken einer Landesregierung vor Ort dürfte zudem eher in die Zuständigkeit der regionalen Abgeordneten fallen und stellt somit keine Transformation von politischen Zielvorgaben in konkretes Verwaltungshandeln dar, für deren Umsetzung es der Einrichtung öffentlicher, geschweige denn politischer Ämter bedürfte. Die Standorte der Landesbeauftragten in Braunschweig, Hildesheim, Lüneburg und Oldenburg sowie ihre hierarchische Verortung im Behördenaufbau dürften zudem ein starkes Indiz dafür sein, dass die Amtsinhaber nicht zum engsten Kreis unmittelbarer Berater der zuständigen Ministerien bzw. der Landesregierung zählen.

c) Landespolizeipräsident

Der Landespolizeipräsident ist der Leiter des Landespolizeipräsidiums, welches entgegen dem Wortlaut keine eigenständige Behörde darstellt, sondern lediglich eine Abteilung im Ministerium für Inneres und Sport ist. Der Landespolizeipräsident hat somit in beamtenrechtlicher Hinsicht keine andere Rolle inne als beispielsweise der Abteilungsleiter für Zentrale oder Kommunale Angelegenheiten. Bei diesen handelt es sich jedoch nicht um politische Beamte. Zudem bestehen auch hinsichtlich der Besoldung (B6) keine Unterschiede.[544] Eine sachliche Rechtfertigung für die Sonderrolle des Landespolizeipräsidenten als politischer Beamter ergibt sich indes auch nicht aufgrund des Aufgabenzuschnitts oder anderer faktischer Besonderheiten des Amts. Die von ihm geleitete Abteilung untergliedert sich in sechs Referate, die für die Bereiche Strategie, Präsidialbüro, Organisation, EU-Angelegenheiten / Internationale polizeiliche Zusammenarbeit, Recht, Kriminalitätsbekämpfung, Einsatz und Verkehr, Personal sowie Technik und Finanzen zuständig sind. Es wird somit bereits anhand des Organigramms des Ministeriums ersichtlich, dass es sich ausschließlich um administrativ-gesetzesvollziehende Aufgaben handelt, die sich ausschließlich an den gesetzlichen Vorgaben

---

543 Sowohl der Abteilungsleiter im Ministerium als auch die Landesbeauftragten werden nach B6 besoldet, vgl. Anlage 2 NBesG.

544 Vgl. Anlage 2 NBesG.

orientieren und dem Landespolizeipräsidenten als Abteilungsleiter, wenn überhaupt nur ein geringes Ermessen bei seiner Amtsausführung ermöglichen. Obgleich der Landespolizeipräsident in der öffentlichen Wahrnehmung als höchster Repräsentant der Landespolizei wahrgenommen wird und das Landespolizeipräsidium die oberste taktische und operative Ebene der Polizei darstellt, handelt es sich bei dem Amt nicht um das eines Polizeibeamten, sondern um das eines Verwaltungsbeamten, weshalb auch ein direkter Bezug bzw. ein Vorgesetztenverhältnis zu einzelnen Polizeivollzugsbeamten nicht besteht. Das Landespolizeipräsidium übt lediglich die Dienst- und Fachaufsicht für die nachgeordneten Polizeibehörden in Niedersachsen sowie für die Polizeiakademie aus. Besonders weitreichende und unmittelbare Machtbefugnisse über die Polizei wohnen dem Amt daher ebenfalls nicht inne. Auch eine Transformationsfunktion fällt dem Landespolizeipräsidenten erkennbar nicht zu, da dieser, obgleich er den Innenminister regelmäßig in polizeilichen Fragen berät und auch zu öffentlichen Terminen und auf Delegationsreisen begleitet, lediglich administrativ-gesetzesvollziehende Aufgaben bewältigt.[545]

d) Verfassungsschutzpräsident

Ebenso wie das Landespolizeipräsidium ist auch der Verfassungsschutz in Niedersachsen keine selbstständige Behörde, sondern stellt organisatorisch eine Abteilung im Ministerium für Inneres und Sport dar. Rechtlich gesehen ist somit das Ministerium selbst die Verfassungsschutzbehörde und ihr Präsident lediglich ein der Hausleitung unterstellter und weisungsgebundener Abteilungsleiter.[546] Dennoch bestehen in Bezug auf den Aufgabenzuschnitt

---

545 In Bezug auf die Vergabe des Amtes in anderen Ländern ist anzumerken, dass auch der Freistaat Bayern, der ausweislich des Bayerischen Beamtengesetzes auf politische Beamte verzichtet, bei der Besetzung keine Ausschreibung vornimmt und somit auch eine Bewerbung auf das Amt nicht möglich ist. Stattdessen erfolgt ein Vorschlag seitens des Staatsministers des Innern an den Ministerrat, über welchen dieser sodann befindet. In Baden-Württemberg wurde zum 01. Januar 2020 zudem eine Landespolizeipräsidenten in das Amt berufen, die zuvor keine tiefergehenden beruflichen Berührungspunkte mit der Polizei hatte, vgl. Lebenslauf Dr. Stefanie Hinz, https://im.baden-wuerttemberg.de/de/sicherheit/polizei/personen/landespolizeipraesidentin.

546 Vgl. § 2 Abs. 1 NVerfSchG. In anderen Ländern (Baden-Württemberg, Bayern, Bremen, Hessen und Sachsen) ist der Verfassungsschutz nicht direkt in das Innenministerium eingegliedert, sondern stellt eine eigenständige Behörde dar.

des Verfassungsschutzpräsidenten Unterschiede zu den übrigen Abteilungsleitungen, da dieser unabhängig von direkten politischen Einflüssen der Landesregierung bzw. des Innenministers wahrgenommen wird. Gem. § 1 NVerfSchG dient der Verfassungsschutz ausschließlich dem Schutz der freiheitlichen demokratischen Grundordnung sowie des Bestandes und der Sicherheit des Bundes und der Länder.

Dass eine Landesregierung Vertrauen in die gewissenhafte und korrekte Amtsführung des Verfassungsschutzpräsidenten haben muss, ist offenkundig. Dieses Vertrauen ist allerdings nicht gleichzusetzen mit dem besonderen Vertrauensverhältnis, welches das Bundesverfassungsgericht für die Institution des politischen Beamten einfordert. Dem Amt und den Aufgaben des Verfassungsschutzpräsidenten nicht zugehörig zu sein braucht zudem eine fortwährende innere Überzeugung mit den politischen Ansichten der Landesregierung. Vielmehr muss der Amtsinhaber diesen neutral gegenüberstehen, solange sie sich auf dem Boden des Grundgesetzes bewegen. Statt politische Ziele der Landesregierung umzusetzen und in konkretes Verwaltungshandeln zu transformieren, ist es die Aufgabe des Verfassungsschutzes und somit auch seines Präsidenten, als eine dem politischen Tagesgeschäft übergeordnete Tätigkeit dafür Sorge zu tragen, dass es beispielsweise zu keiner Beeinträchtigung der Landesregierung bei ihrer politischen Arbeit als Verfassungsorgan der Exekutive kommt.[547] Es widerspricht dem gesetzlichen Auftrag der Behörde und somit auch des ihr vorangestellten Präsidenten, wenn dieser in seiner Arbeit politischen Weisungen unterliegt, die ihn schlimmstenfalls sogar dazu veranlassen, die Beobachtungstätigkeit seiner Behörde auf bestimmte Bereiche zu fokussieren, um diese Arbeitsergebnisse der Regierung zur Verfügung zu stellen, damit diese sie für die eigenen politischen Zwecke verwertet. Die Arbeit des Verfassungsschutzes hat sich stets neutral, unabhängig und ausschließlich am gesetzlichen Auftrag zu orientieren. Das Amt des Präsidenten vom Wohlwollen politischer Entscheidungsträger abhängig zu machen und es somit in der Freiheit seiner Aufgabenwahrnehmung einzuschränken bzw. es politisch zu instrumentalisieren, widerspricht diesem Ziel. Eine Transformationsfunktion wohnt dem Amt aufgrund seines lediglich gesetzesvollziehenden Charakters zudem ebenso wenig inne wie eine engere politische Beraterfunktion gegenüber der

---

547 Vgl. § 3 Abs. 1 Nr. NVerfSchG.

Landesregierung, sodass im Ergebnis keine sachliche Rechtfertigung für eine Zuordnung zu den politischen Ämtern besteht.

e) Polizeipräsident

In Niedersachsen existieren sechs regionale Polizeidirektionen sowie eine Zentrale Polizeidirektion, an deren Spitze jeweils ein Polizeipräsident steht. Zudem verfügt das Land über ein Landeskriminalamt, welches ebenfalls von einem Präsidenten geleitet wird, der ebenfalls kein politischer Beamter ist und auch nie war, obgleich sein Aufgabenbereich derjenige mit der meisten politischen Brisanz unter allen Präsidenten sein dürfte.[548] Im Jahr 2004 kam es in infolge der Verwaltungsreform, durch welche die Bezirksregierungen und somit der dreigliedrige Verwaltungsaufbau abgeschafft worden, auch zu einer Neuorganisation der Polizei. Die neue Organisationsstruktur sah vor, dass die Landespolizei, welche aufgrund des Wegfalls der Bezirksregierungen organisatorisch zwangsläufig neu aufgestellt werden musste, in sieben Polizeidirektionen untergliedert wurde, an deren Spitze jeweils ein Polizeipräsident eingesetzt wurde.[549] Hierbei war es der ausdrückliche Wille der damaligen Landesregierung, diese Ämter mit politischen Beamten zu besetzen, was bis zum damaligen Zeitpunkt lediglich in Hannover und Braunschweig der Fall war.[550] Um die Anforderungen, die an das Amt eines Polizeipräsidenten gestellt werden, bestmöglich darstellen zu können, bietet sich zuvorderst ein Blick auf die Verlautbarungen an, die seitens der politischen Amtsträger

---

548 Dem Präsidenten des LKA unterstehen beispielsweise das Spezialeinsatzkommando, das größte Mobile Einsatzkommando des Landes sowie die Bereiche des Staatsschutzes und die Bekämpfung der Schwerkriminalität. Dem LKA obliegt zudem die Zuständigkeit für Ermittlungen in Fällen von herausragender Bedeutung. Fehler in den dortigen Bereichen erzielen in der Regel hohe mediale Aufmerksamkeit und Kritik, welche auch das Innenministerium zu erreichen pflegt. Vgl. hierzu beispielhaft: Kritik an LKA Niedersachsen nach RAF-Festnahme, NDR, 15. März 2024, https://www.ndr.de/nachrichten/niedersachsen/Kritik-an-LKA-Niedersachsen-nach-RAF-Festnahme,raf472.html.

549 Vgl. Presseinformation des Niedersächsischen Ministeriums für Inneres und Sport, https://www.mi.niedersachsen.de/startseite/aktuelles/presseinformationen/-60838.html.

550 Vgl. Presseinformation des Niedersächsischen Ministeriums für Inneres und Sport, https://www.mi.niedersachsen.de/startseite/aktuelles/presseinformationen/-60884.html#:~:text=Sch%C3%BCnemann%20stellt%20k%C3%BCnftige%20Polizeipr%C3%A4sidenten%20vor,sieben%20Polizeidirektionen%20(PD)%20vorgestellt.

hierzu in der Vergangenheit geäußert wurden bzw. aktuell geäußert werden. Anlässlich der Organisationsreform der niedersächsischen Polizei äußerte sich der damalige Innenminister Uwe Schünemann im Rahmen der Vorstellung der künftigen Polizeipräsidenten im Jahr 2004 in Bezug auf diese wie folgt:

> Als künftige Polizeichefs haben wir Führungskräfte vorgesehen, die über die notwendigen Managementfähigkeiten für eine derart anspruchsvolle Leitungs- und Steuerungsaufgabe verfügen und überdies bereits aus der Organisation – quasi von innen heraus – ein umfangreiches polizeiliches Erfahrungswissen besitzen.[551]

Von der Wahrnehmung einer Transformationsfunktion sowie von der Notwendigkeit eines besonderen Vertrauensverhältnisses oder einer politischen Übereinstimmung mit der Landesregierung war in diesem Zusammenhang hingegen nicht die Rede. Wie bereits ausgeführt zählen die Ämter der Polizeipräsidenten in Niedersachsen seit dem Jahr 2023 nicht mehr zum Kanon der politischen Beamten gem. § 39 Abs. 1 S. 1 NBG.[552] Die zuständige Ministerin begründete diese Entscheidung damit, dass eine solche Zuordnung verfassungsrechtlich umstritten sei. Zudem wolle man die Ämter unabhängiger gestalten.[553] Losgelöst von der Unattraktivität, die die Zuordnung der Polizeipräsidenten zu den politischen Beamten in Niedersachsen aufgrund der jederzeit möglichen Versetzung in den einstweiligen Ruhestand mit sich brachte, erscheint es zweifelhaft, dass die Zuordnung dieses Ämterkreises zu irgendeinem Zeitpunkt in der Vergangenheit aufgrund besonderer Sachgesetzlichkeiten gerechtfertigt war.[554] Das Oberverwaltungsgericht für das Land Nordrhein-Westfalen hat in seinem Beschluss vom 15. Dezember

---

551 Vgl. Presseinformation des Niedersächsischen Ministeriums für Inneres und Sport, https://www.mi.niedersachsen.de/startseite/aktuelles/presseinformationen/-60884.html.

552 Nds. GVBl. 2023, Nr. 11, S. 110.

553 *Mlodoch*, Peter: Status von Polizeipräsidenten geändert: Kein schneller Rauswurf mehr, Weser-Kurier, 16. März 2023, S. 14, https://www.weser-kurier.de/niedersachsen/politik/polizei-niedersachsen-status-der-polizeipraesidenten-aendert-sich-doc7pcgfq7b9gie5ogpkf7.

554 Diese Auffassung schien auch die Niedersächsische Landesregierung selbst zu vertreten, die die Streichung der Ämter aus dem Kreis der politischen Beamten u.a. damit erklärte, dass man „proaktiv“ zu dem bevorstehenden Beschluss des BVerfG habe handeln wolle. Der Verfassungswidrigkeit der Zuordnung schien man sich somit durchaus bewusst, vgl. LT-Drs. 19/1173, 3.

2021 die Ansicht vertreten, dass das Amt eines Polizeipräsidenten in Nordrhein-Westfalen kein Transformationsamt im Sinne der Rechtsprechung des Bundesverfassungsgerichts darstelle. Dem Beschluss vorausgegangen war eine Entscheidung des Verwaltungsgerichts Köln vom 12. Januar 2018, welches eine Anfechtungsklage des in den einstweiligen Ruhestand versetzten Kölner Polizeipräsidenten Wolfgang Albers als unbegründet abgewiesen hatte. Die Versetzung sei nach Ansicht des Gerichts rechtmäßig ergangen und habe den Kläger nicht in seinen Rechten verletzt.[555] Es bestünden zudem keine Zweifel an der Verfassungsmäßigkeit des § 37 Abs. 1 Nr. 5 LBG NRW.[556] Diese Ansicht teilte das Oberverwaltungsgericht für das Land Nordrhein-Westfalen im Rahmen der Berufungsverhandlung nicht, setzte das Verfahren gem. Art. 100 Abs. 1 Satz 1 und 2 GG i.V.m. §§ 13 Nr. 11, 80 Abs. 1 BVerfGG aus und legte dem Bundesverfassungsgericht die Frage vor, ob § 37 Abs. 1 Nr. 5 LBG NRW gegen Art. 33 Abs. 5 GG verstoße. Das Gericht vertrat die Ansicht, dass die Polizeipräsidenten bereits nicht zum Kreis unmittelbarer Berater der Träger politischer Ämter an der Schnittstelle von Politik und Administration gehörten und erst recht nicht zum engsten Kreis, weshalb auch keine Transformationsfunktion in deren Ämtern erkennbar sei.[557] Dies werde auch angesichts der Besoldungsstufe der Polizeipräsidenten (A16–B5) und ihrer Ämterzahl (18) deutlich.[558] Die Einbeziehung der Polizeipräsidenten in den Kreis politischer Beamter begegne auch unter dem Gesichtspunkt einer damit verbundenen Beeinträchtigung des Leistungsprinzips in Gestalt des in Art. 33

555 VG Köln Urt. v. 12.1.2018 – 19 K 94/17, BeckRS 2018, 58164, Rn. 19, beck-online. Der Kläger war zur Zeit der Vorfälle in der sog. Kölner Silvesternacht vom 31. Dezember 2015 auf den 1. Januar 2016 Polizeipräsident und wurde am 08. Januar 2016 vom damaligen Innenminister Ralf Jäger in den einstweiligen Ruhestand versetzt. Nach Angaben des Klägers habe Jäger ihm bei der Aushändigung der Ruhestandsverfügung ausdrücklich darauf hingewiesen, dass er sich nichts vorzuwerfen habe, vgl. Rn. 8. Zum Zeitpunkt der Silvesternacht befand sich Albers zudem im Erholungsurlaub und war auch an der Planung des Silvestereinsatzes nicht beteiligt.

556 VG Köln Urt. v. 12. Januar 2018 – 19 K 94/17, BeckRS 2018, 58164, Rn. 21, beck-online.

557 OVG NRW, Beschluss vom 15. Dezember 2021 – 6 A 739/18, BeckRS 2021, 46886, Rn. 88, 95, 102, beck-online.

558 OVG NRW, Beschluss vom 15. Dezember 2021 – 6 A 739/18, BeckRS 2021, 46886, Rn. 91 f., beck-online.

Abs. 2 GG verankerten Bestenauslesegrundsatz Bedenken.[559] Das Bundesverfassungsgericht hat sich dieser Sichtweise in seinem Vorlagebeschluss vom 09. April 2024 zumindest teilweise angeschlossen und keine besonderen Sacherfordernisse identifiziert, die eine Zuordnung der nordrhein-westfälischen Polizeipräsidenten zum Kreis der politischen Beamten rechtfertigen könnten. Die Ausübung des Amtes bedürfe nicht in besonderer Weise des politischen Vertrauens der Landesregierung und müsse nicht in fortwährender Übereinstimmung mit ihren grundsätzlichen politischen Ansichten und Zielen stehen.[560] Zudem sprächen das Aufgabenspektrum eines Polizeipräsidenten in Nordrhein-Westfalen sowie die konkrete Art der Aufgabenwahrnehmung gegen ein derartiges Übereinstimmungserfordernis.[561]

Fraglich ist, ob sich die seitens des Bundesverfassungsgerichts getroffene Entscheidung hinsichtlich der Polizeipräsidenten in Nordrhein-Westfalen inhaltlich auch auf die politischen Ämter der Polizeipräsidenten in Niedersachsen übertragen lässt. Das Land Nordrhein-Westfalen verfügt im Gegensatz zu Niedersachsen über einen dreistufigen Verwaltungsaufbau und darüber hinaus über eine gänzlich andere Organisationsstruktur seiner Landespolizei. Es existieren insgesamt achtzehn Polizeipräsidenten, die jeweils einem Präsidium vorstehen, welches als Kreispolizeibehörde in Polizeibezirken mit mindestens einer kreisfreien Stadt sachlich zuständig sind.[562] Im Übrigen wird die Funktion der übrigen 29 kleineren Kreispolizeibehörden durch den jeweiligen Landrat ausgeübt.[563] Diese Kreispolizeibehörden stellen organisationsrechtlich jeweils eine untere Landesbehörde dar. Dieser Umstand markiert den größten Unterschied zu der polizeilichen Organisationsstruktur in Niedersachsen mit sieben Polizeidirektionen als obere Landesbehörden. Darüber hinaus ist die Aufgabenwahrnehmung der jeweiligen Polizeibehörde, auf die das Bundesverfassungsgericht im Wesentlichen abstellt, in Nordrhein-Westfalen, in Niedersachsen sowie auch in sämtlichen anderen Ländern identisch und reduziert sich auf die drei Bereiche Gefahrenabwehr sowie die Verfolgung

---

559 OVG NRW, Beschluss vom 15. Dezember 2021 – 6 A 739/18, BeckRS 2021, 46886, Rn. 124, beck-online.

560 BVerfG, Beschluss vom 09. April 2024 – 2 BvL 2/22 –, Rn. 60.

561 BVerfG, Beschluss vom 09. April 2024 – 2 BvL 2/22 –, Rn. 61.

562 Vgl. § 2 Abs. 1 Nr. 1, § 11 Abs. 1 POG NRW.

563 Vgl. § 2 Abs. 1 Nr. 2, Abs. 2 POG NRW. Insgesamt existieren somit 47 Kreispolizeibehörden, vgl. hierzu auch *Vahle*, DVP 2024, 502, 504 f.

von Straftaten und Ordnungswidrigkeiten.[564] Die Ämter der Polizeipräsidenten beschränken sich daher inhaltlich auf die Erfüllung rein administrativer Aufgaben und verfügen über keinen darüber hinausgehenden politischen Gestaltungs- oder Ermessensspielraum. Den Ämtern wohnt keine Transformationsfunktion inne und es handelt sich auch nicht um politische Schlüsselstellen für die wirksame Umsetzung der politischen Ziele der jeweiligen Landesregierung. Eine fortwährende Übereinstimmung mit den inhaltlichen Ansichten und Zielen der jeweiligen Landesregierung ist kein zwingendes Sacherfordernis für das Amt, im Gegenteil: Die Polizeipräsidenten stehen an der Spitze von Behörden, die eine besonders grundrechtssensible und auch grundrechtseinschränkende Tätigkeit ausüben und das staatliche Gewaltmonopol innehaben. An die Rechtmäßigkeit derartiger Amtshandlungen sind regelmäßig hohe Anforderungen zu stellen, insbesondere in Bezug auf eine neutrale und unpolitische Amtsführung.[565] Aus diesem Grund ist es nicht zuletzt auch für die Außenwahrnehmung von entscheidender Bedeutung, dass auch die Polizeipräsidenten als Leiter der einzelnen Polizeidirektionen nicht den Anschein erwecken dürfen, ihre Behörde nach politischen Maßstäben oder Vorgaben zu führen. Umgekehrt hingegen ist es durchaus Aufgabe der Polizeipräsidenten, die wechselnden politischen Verantwortlichen im Ministerium sowie auch in der Staatskanzlei durch die Vermittlung von Problemkenntnissen sachkundig zu informieren und somit auch in ihren Entscheidungen positiv zu beeinflussen.[566] Hierfür ist es allerdings unerlässlich, dass ein Polizeipräsident gegenüber „seinem“ Innenminister auch eine gegenteilige Meinung vertreten dürfen muss, ohne als Konsequenz hierfür seine Entlassung befürchten zu müssen.[567] Wie auch bei anderen Ämter nachgeordneter Behörden dürfte es im Falle der Polizeipräsidenten gegen

---

564 Vgl. § 11 Abs. 1 POG NRW; § 1 Abs. 1 S. 1, 3 NPOG; § 53 Abs. 1 OWiG, § 163 Abs. 1 StPO.

565 *Michaelis*, ZBR 2022, 133, 143.

566 *Steinbach*, VerwArch 2018, 2, 17.

567 Was die Beratungsintensität von Polizeipräsidenten in Richtung der Regierung anbelangt, hat der in den einstweiligen Ruhestand versetzte ehemalige Bonner und Kölner Polizeipräsident vor dem VG Köln angegeben, dass er während seiner gesamten Amtszeit kein einziges Mal in beratender Funktion in einem Ministerium gewesen sei, vgl. OVG: Polizeipräsident kein enger Berater der Regierung, ZEIT Online, https://www.zeit.de/news/2021-12/15/ehemaliger-koelner-polizeipraesident-wird-fall-fuer-karlruhe.

das Vorliegen einer Zugehörigkeit zum engsten unmittelbaren politischen Beraterkreises der Landesregierung sprechen, dass sich die Dienstorte der Polizeipräsidenten auf das gesamte Flächenland Niedersachsen verteilen und es somit trotz der mittlerweile vorhandenen elektronischen Möglichkeiten wohl eher fernliegend ist, dass es zwischen den Polizeipräsidenten und dem Innenminister zu einem täglichen oder zumindest wöchentlich mehrfach stattfinden Austausch kommt, bei dem eine intensive politische Beratung erfolgen kann. Nach einer Gesamtwürdigung aller in Betracht zu ziehenden Kriterien war die Zuordnung der Polizeipräsidenten unter die Vorschrift des § 39 Abs. 1 S. 1 NBG zu keinem Zeitpunkt seit ihrer Aufnahme im Jahr 2004 sachlich gerechtfertigt.

3. Ausgewählte politische Beamte anderer Länder

Neben dem vergleichsweise restriktiven Ämterkreis in Niedersachsen existieren in anderen Ländern politische Ämter, deren sachliche Rechtfertigung ebenfalls durchaus fragwürdig erscheint, an deren rechtlicher Zuordnung zum Institut des politischen Beamten seitens der jeweiligen Landesregierung trotz des Umstands, dass diese Ämter nur in dem jeweiligen Land existieren, bislang dennoch festgehalten wird.

a) Leiter der Protokoll- und Auslandsabteilung der Senatskanzlei

Gemäß § 46 Abs. 1 Nr. 3 LBG zählt in Berlin der Leiter der Protokoll- und Auslandsabteilung der Senatskanzlei ebenfalls zu den politischen Beamten. Das Amt ist beim Regierenden Bürgermeister als eines von insgesamt sieben Abteilungsleitungen angesiedelt, wird jedoch als einziges mit einem politischen Beamten besetzt. Zu den Aufgaben zählt die Gestaltung und Koordinierung der internationalen Beziehungen des Landes Berlin, die von den Referaten II A (Protokoll) und II B (Internationales) bearbeitet werden, wobei Letzterem zusätzlich die Betreuung der in Berlin angesiedelten diplomatischen Vertretungen zufällt.[568] Das Land Berlin pflegt bilaterale Kooperationen mit achtzehn Partnerstädten sowie eine Vielzahl von multilateralen Städtekooperationen, die durch die Abteilung betreut und gepflegt werden. Dem Leiter der Abteilung obliegt zudem die Verantwortung für offizielle

---

568 Vgl. Senatskanzlei des Regierenden Bürgermeisters: Wir über uns, https://www.berlin.de/rbmskzl/politik/senatskanzlei/internationales/ueber-uns/.

protokollarische Termine wie beispielsweise Staatsbesuche, an denen der Regierende Bürgermeister teilnimmt.[569] Dass das Amt eines Abteilungsleiters in einer Staats- bzw. Senatskanzlei auf Länderebene mit einem politischen Beamten besetzt wird, ist nur in dem vorliegenden Fall zu bejahen. Gleichwohl ist auch der Aufgabenzuschnitt mit dem eines Abteilungsleiters nur schwer vergleichbar. Dem Leiter der Protokoll- und Auslandsabteilung der Senatskanzlei der Bundeshauptstadt obliegt zwar nicht die Planung von offiziellen Staatsbesuchen, jedoch finden diese regelmäßig in Berlin und unter Teilnahme des Regierenden Bürgermeisters statt, was einen hohen protokollarischen Aufwand auf sensiblem diplomatischem und somit politischem Parkett bedeutet. Trotz dieser hohen fachlichen Herausforderungen an das Amt ist jedoch nicht erkennbar, dass es sich hierbei um ein Transformationsamt handeln könnte, bei dem politische Vorgaben in gesetzeskonformes und rechtsstaatliches Verwaltungshandeln umzusetzen wären. Das Protokoll ist vielmehr „starr" und in seinen Abläufen wiederkehrend. Es ist angesichts des von der Tagespolitik des Landes Berlin weit entfernten Tätigkeitsbereichs des Leiters der Protokoll- und Auslandsabteilung der Senatskanzlei auch nicht anzunehmen, dass dieser regelmäßig im engsten Umfeld des Regierenden Bürgermeisters als einer seiner unmittelbaren politischen Berater fungiert und es unerlässlich wäre, dauerhaft mit dessen grundsätzlichen politischen Ansichten und Zielen übereinzustimmen. Eine Zuordnung zu den politischen Beamten ist für dieses Amt in Anbetracht der konkreten Ausgestaltung des Aufgabenbereichs sachlich nicht zu rechtfertigen.

b) Generalsekretär der Ständigen Konferenz der Kultusminister und seiner Ständigen Vertretung

Die Ständige Konferenz der Kultusminister der Länder in der Bundesrepublik Deutschland (ugs.: Kultusministerkonferenz, Abk. KMK) ist ein freiwilliger Zusammenschluss der in den Ländern für Bildung und Erziehung, Hochschulen und Forschung sowie kulturelle Angelegenheiten zuständigen Minister und Senatoren.[570] Der Generalsekretär der KMK ist

---

569 Vgl. Pressemitteilung der Senatskanzlei des Regierenden Bürgermeisters „Senat beschließt Ernennung der Protokollchefin", 27. April 2021, https://www.berlin.de/rbmskzl/aktuelles/pressemitteilungen/2021/pressemitteilung.1079347.php.

570 Aufgrund des Ressortzuschnitts ist Niedersachsen in der KMK sowohl durch das Kultusministerium als auch durch das Ministerium für Wissenschaft und Kultur

der ranghöchste Beamte des Landes Berlin und bekleidet als einziger das Amt eines Ministerialdirektors (B9).[571] Damit rangiert er noch über den Staatssekretären (B8) oder auch dem Berliner Polizeipräsidenten (B7), dem 18.500 Polizeibeamte nachgeordnet sind.[572] Aus diesem Grund erscheint eine nähere Betrachtung des Amtes von Interesse. Die Ständige Vertretung des Generalsekretärs hat den Rang eines Senatsdirigenten (B5) inne.[573] Die Kultusministerkonferenz wurde bereits im Jahr 1948 gegründet. Schon zu diesem Zeitpunkt wurde auch die Einrichtung eines ständigen Sekretariats als notwendig erachtet.[574] An der Spitze der Konferenz steht ein Präsident als offizieller Vertreter, der ähnlich wie im Bundesrat jährlich aus der Mitte der Minister und Senatoren gewählt wird und dem zwei Vizepräsidenten zur Seite stehen. Gemeinsam mit weiteren Ministern und Senatoren bilden diese das Präsidium der KMK, welches in unaufschiebbaren Angelegenheiten einstimmig für das Plenum entscheiden kann.[575] Das Sekretariat der KMK hat gegenwärtig 240 Mitarbeiter an den Standorten Bonn und Berlin und besitzt den Status einer Berliner Behörde, die vom Generalsekretär, dem zudem in Vertretung für die Senatsverwaltung die Dienstaufsicht obliegt, gemeinsam mit seinem Ständigen Vertreter geleitet wird.[576] Neben der Bewältigung der laufenden Aufgaben bereitet das Sekretariat die Plenar-, Ausschuss- und Kommissionssitzungen der Kultusministerkonferenz vor und befasst sich mit der Auswertung sowie mit der Umsetzung der dort gefassten Beschlüsse. Darüber hinaus unterhält das Sekretariat Datenbanken mit Informationen

---

vertreten.

571 Vgl. Anlage I LBesG.

572 Vgl. Anlage I LBesG; Anzahl der Beschäftigten bei der Berliner Polizei nach Beschäftigungsverhältnis im Jahr 2023, https://de.statista.com/statistik/daten/studie/1249705/umfrage/personal-der-berliner-polizei-nach-beschaeftigung/.

573 Vgl. Anlage I LBesG i.V.m. Anlage I BBesG in der Überleitungsfassung für Berlin vom 21. Juni 2011, GVBl. 2011, 266.

574 Vgl. Zur Geschichte der Kultusministerkonferenz 1948–1998, https://www.kmk.org/kmk/aufgaben/geschichte-der-kmk.html.

575 Vgl. Geschäftsordnung der Ständigen Konferenz der Kultusminister der Länder in der Bundesrepublik Deutschland gemäß Beschluss vom 19. November 1955 i.d.F. vom 07. Oktober 2021.

576 Vgl. § 1 S. 2 Gesetz über das Sekretariat der Ständigen Konferenz der Kultusminister der Länder in der Bundesrepublik Deutschland vom 07. Februar 2014 (KMKSekG), GVBl. S. 39.

über in- und ausländisches Bildungswesen und erstellt Gutachten über ausländische Ausbildungsnachweise.[577] Es ist zudem zentrale Anlaufstelle für Anträge auf berufliche Anerkennung aus dem Ausland und nationale Anlaufstelle für die Anerkennung von Berufsqualifikationen.[578] In Anbetracht des geschilderten Aufgabenfeldes der Behörde begegnet es durchgreifenden Zweifeln, dass die Ämter des Generalsekretärs sowie seines Ständigen Vertreters diejenigen Besonderheiten aufweisen, die für die Besetzung mit politischen Beamten erforderlich wären. In Bezug auf eine mögliche Transformationsfunktion der Ämter ist zunächst anzumerken, dass der Generalsekretär und sein Ständiger Vertretung nicht einer bestimmten Regierung dienen, sondern ein Sekretariat leiten, welches einer gemeinsamen Konferenz bestehend aus insgesamt 16 verschiedenen Landesregierungen zuarbeitet. Es existiert somit bereits keine Regierung, deren politische Ziele umgesetzt werden könnten und somit auch kein übergeordneter Entscheidungsträger, auf dessen Seite ein besonderes Vertrauensverhältnis bestehen könnte bzw. mit dessen politischen Leitlinien es eine innere Übereinstimmung geben könnte. Die Beschlüsse, Empfehlungen, Vereinbarungen oder auch Staatsabkommen, die von der Kultusministerkonferenz ausgehen, haben zudem keinen Rechtscharakter, sondern sollen lediglich einen verbindlichen Rahmen für die Länder vorgeben. Die dortige Umsetzung erfolgt in eigenständiger Verantwortung der jeweiligen Landesregierung. Seitens des Generalsekretärs und seines Ständigen Vertreters erfolgt daher keinerlei Umsetzung von politischen Vorhaben in konkretes Verwaltungshandeln. Es besteht für die vorliegenden Ämter kein Sachargument, dass eine Zuordnung zur Gruppe der politischen Beamten rechtfertigen könnte.

c) Direktor beim Landtag

Gegenwärtig halten lediglich noch die Länder Thüringen (§ 98 Abs. 2 S. 1 ThürBG), Bremen (§ 106 Abs. 2 BremBG), Sachsen (§ 57 SächsBG) und Nordrhein-Westfalen (§ 106 Abs. 2 LBG NRW) an der Zugehörigkeit des Direktors der Bürgerschaft bzw. beim Landtag fest.[579] Die Einbeziehung der Landtagsdi-

---

577 Vgl. § 4 Abs. 2 Nr. 1, 2 KMKSekG.

578 Vgl. § 4 Abs. 2 Nr. 3, 5 KMKSekG.

579 Der sächsische Landtag hat die Vorschrift zudem im Jahr 2002 explizit in „Politische Beamtinnen und Politische Beamte“ umbenannt, vgl. Art. 11 Gesetz begleitender Regelungen zum Doppelhaushalt 2023/2024, SächsGVBl. S. 705.

rektoren war bereits in der Vergangenheit umstritten.[580] Diese Zweifel dürften nicht unbegründet gewesen sein. Der Direktor beim Landtag ist als Leiter der Landtagsverwaltung Vorgesetzter sämtlicher Mitarbeiter, die sich um die Vor- und Nachbereitungen der Sitzungen des Plenums, der Ausschüsse, der Gremien sowie des Präsidiums kümmern. Darüber hinaus gehören auch der wissenschaftliche und der stenografische Dienst, das Gebäudemanagement sowie die Parlamentsbibliothek und das Parlamentsarchiv regelmäßig zur Landtagsverwaltung. Neben der Kernverwaltung sind in Sachsen zudem der Landesbeauftragte zur Aufarbeitung der SED-Diktatur sowie der Sächsische Ausländerbeauftragte in der Landtagsverwaltung angesiedelt. Diese untersteht dem Landtagspräsidenten. Dem Direktor beim Landtag obliegt stellvertretend für den Präsident lediglich deren Leitung. Zu der politischen und rechtlichen Überzeugung zu gelangen, einen Landtagsdirektor dem Kreis der politischen Beamten und somit der Gruppe besonders regierungstreuer und -nahestehender Beamter zuordnen zu wollen, erstaunt angesichts der Nähe, die die Mitglieder des Landtags, die die länderrechtlichen Vorschrift jeweils entsprechend beschlossen haben bzw. nicht ihre Streichung vornehmen, im beruflichen Alltag zu diesem Amt haben.[581] Der Direktor des Landtags ist

---

580 Vgl. BVerwG, Urteil vom 13. September 2001 – 2 C 39/00. Anzumerken ist hierzu, dass das Gericht lediglich die einfachgesetzlichen Merkmale des damaligen § 31 Abs. 1 S. 1 BRRG als Maßstab genommen hat und zu dem Ergebnis gekommen ist, dass die Versetzung des Direktors bei der Bremischen Bürgerschaft rechtmäßig gewesen sei, da dieser nach dem Landesrecht als politischer Beamter geführt wurde. Das Gericht hat sich in seiner Entscheidung auch an den wesensverwandten Ämtern des Direktors beim Deutschen Bundestag und des Direktors des Bundesrates orientiert, die zum damaligen Zeitpunkt ebenfalls schon mit politischen Beamten besetzt wurden, vgl. BVerwG, Urteil vom 13. September 2001 – 2 C 39/00 – NVwZ 2002, 604, 606. Eine Verfassungsbeschwerde des in den einstweiligen Ruhestand versetzten Beschwerdeführers nahm das BVerfG u.a. mit der Begründung, der Entscheidung komme keine grundsätzliche Bedeutung zu, nicht zur Entscheidung an, vgl. BVerfG, Beschluss vom 30. Juli 2003 – 2 BvR 2116/01. Im Jahr 2003 hat das Oberverwaltungsgericht für das Land Nordrhein-Westfalen die Zuordnung des Direktors beim Landtag noch ausdrücklich für zulässig erachtet, vgl. OVG NRW Urteil vom 12. November 2003 – 6 A 404/02; *Oldiges/Brinktrine*, DÖV 2022, 943, 944.

581 Auch der sächsische Landesrechnungshof hat in seinem Jahresbericht 2017 die Zuordnung des Direktors beim Landtag zum Kreis der politischen Beamten kritisiert und die Rechtsauffassung vertreten, dass das Amt nicht mit den Vorgaben des BVerfG für die Einstufung als politischer Beamten in Einklang zu bringen sei, vgl. Jahresbericht 2017 des Sächsischen Rechnungshofs, Band I: Staatsverwaltung, S. 121, Rn. 6.

der Leiter der Parlamentsverwaltung, welche gänzlich ministerialfrei ist und nicht der Exekutive angehört, sondern vielmehr eine Art Dienstleister für das Parlament und somit der Legislative darstellt.[582] Dem Amt des Direktors fehlt es somit gänzlich an einer Regierungsakzessorietät. Der Landtag repräsentiert vielmehr die Einheit des Gesetzgebers über die Funktionsgrenzen von Regierung und Opposition hinaus und ist politisch neutral.[583] Die Ausführungen des Oberverwaltungsgerichts für das Land Nordrhein-Westfalen aus dem Jahr 2003, wonach auch der Präsident des Landtags, dessen Vertreter der Direktor des Landtags ist, als Exekutivorgan des Parlaments vom Landesgesetzgeber als „Regierung" im Sinne des damaligen § 31 Abs. 1 BRRG verstanden werden dürfe, erscheinen daher fraglich, zumal die Vertretungsfunktion des Direktors sich lediglich auf die landtagsinterne Verwaltung beschränkt und nicht nach außen hin gerichtet ist.[584] Auch wenn der Landtag einen wissenschaftlichen Dienst als ständigen Gesetzgebungs- und Beratungsdienst unterhält, der die Abgeordneten und somit auch die Regierungsmitglieder in Rechtsfragen berät, so tut dieser das stets aus einer neutralen Perspektive heraus. Die Landtagsverwaltung insgesamt ist im Rahmen ihrer gesamten Tätigkeit unabhängig und zu parteipolitischer Neutralität verpflichtet, weshalb auch für den Direktor beim Landtag als deren Leiter nichts anderes gelten kann. Ihm fällt daher nicht die Aufgabe zu, politische Ziele der Landesregierung umzusetzen. Er ist zudem Teil eines gänzlich anderen Verfassungsorgans. Eine Zuordnung zu den politischen Beamten insbesondere unter einer Überdehnung des Begriffs „Staatsführung" ist für das Amt des Landtagsdirektors somit sachlich nicht gerechtfertigt.

4. Staatssekretär

Das Amt, welches in Bezug auf seine Zuordnung zum Institut des politischen Beamten bislang keine nennenswerte Kritik erfahren hat und teilweise quasi als selbstverständlich für diesen Ämterkreis gesehen wird, ist das des beamteten Staatssekretärs.[585] Dieser wird vielfach als der Grundtypus des politischen

---

582 *Oldiges/Brinktrine*, DÖV 2022, 943, 945.

583 *Grigoleit*, ZBR 1998, 128, 129, 130.

584 OVG NRW, Urteil vom 12. November 2003 – 6 A 404/02, BeckRS 2004, 20073.

585 *Thiele*, DÖD 1986, 257, 261; *Wagner*, RiA 12/1985, 272, 273; *Yasin*, Öffentliche Ämter im Spannungsfeld, S. 208 f.

Beamten verstanden.[586] Dennoch erscheint es auch für dieses Amt fraglich, ob es im Rahmen einer Gesamtschau eine derart besondere Sachgesetzlichkeit aufweist, dass eine Einstufung als politischer Beamter sachlich gerechtfertigt wäre. Das Amt des Staatssekretärs ist das statusrechtlich höchste Amt, das ein Beamter in Deutschland erreichen kann, und obgleich seinem Minister hierarchisch nachgeordnet, ist der Staatssekretär unmittelbar an der Leitung des jeweiligen Bundes- oder Landesministeriums beteiligt.[587] Neben dem „klassischen" Staatssekretär als Amtschef eines Ministeriums existieren sowohl im Bund als auch in den Ländern verschiedene weitere Ämter, die von Staatssekretären besetzt werden. Hierzu zählen auf Bundesebene neben den bereits erwähnten Ämtern des Direktors beim Deutschen Bundestag, des Direktors des Bundesrates und des Chefs des Presse- und Informationsamtes der Bundesregierung auch der Chef des Bundespräsidialamtes und der Persönliche Beauftragte des Bundeskanzlers für die G7/G20-Gipfel. In den Ländern werden zudem die Ämter der Bevollmächtigten beim Bund, die im Bundesrat den Ständigen Beirat bilden, überwiegend mit Staatssekretären besetzt.[588] Betreffend das Amt des Regierungssprechers nimmt das Land Niedersachsen eine Sonderrolle ein, da nur dort ein Staatssekretär auf diesem Posten eingesetzt wird.[589]

In Bezug auf ihren Werdegang lassen sich die Staatssekretäre, was für die weitere Untersuchung nicht unbedeutend ist, in zwei Kategorien aufteilen: zum einen gibt es die Gruppe der Lebenszeitbeamten, die sich durch langjährige Arbeit in verschiedenen Positionen innerhalb der Verwaltung für das Amt qualifiziert haben und durch Fachlichkeit überzeugen. Bei der zweiten Gruppe handelt es sich um aktive Politiker wie beispielsweise Abgeordnete

---

586 *Eschenburg*, Staat und Gesellschaft in Deutschland, S. 758; *Koettgen*, Das deutsche Berufsbeamtentum und die parlamentarische Demokratie, S. 260.

587 Vgl. hierzu für die Bundesebene § 6 Abs. 2 S. 2 Gemeinsame Geschäftsordnung der Bundesministerien (GOBMin).

588 Baden-Württemberg, Bayern, Berlin, Brandenburg, Bremen, Hamburg, Mecklenburg-Vorpommern, Nordrhein-Westfalen, Rheinland-Pfalz, Saarland, Sachsen, Sachsen-Anhalt und Thüringen. In den übrigen Bundesländern wird diese Aufgabe auf Ministerebene wahrgenommen, vgl. https://www.bundesrat.de/DE/bundesrat/staendiger-beirat/staendiger-beirat-node.html.

589 Vgl. Pörksen vertritt Niedersachsen künftig im ZDF-Fernsehrat, Rundblick – Politikjournal für Niedersachsen, 09. April 2024, https://www.rundblick-niedersachsen.de/poerksen-vertritt-niedersachsen-kuenftig-im-zdf-fernsehrat/.

des Landtags, die im Falle der Zugehörigkeit zu einer Regierungspartei direkt als Staatssekretär in ein Ministerium wechseln.[590]

Zu Zeiten der konstitutionellen Monarchie waren Staatssekretäre ausschließlich aktive Politiker und Mitglieder des Parlaments. Dass ein Staatssekretär zugleich ranghöchster Beamter des Ministeriums und direkter Vertreter des Ministers ist, ist eine Neuerung, die erst seit dem Jahr 1919 besteht.[591] Im Gegensatz zu einem Politiker, der sich als Teil einer Regierung im politischen Kampf mit seinen Mitbewerbern behaupten und seine politischen Ziele in einem vergleichsweise kurzen Zeitraum durchsetzen muss, liegt die besondere Eigenart des Beamtentums, zu dem auch der verbeamtete Staatssekretär zählt, jedoch in der lebenslänglichen Anstellung und der damit verbundenen gründlichen Fachschulung seines Personals.[592] Damit die staatliche Exekutive trotz dieser Unterschiede zwischen den Institutionen ihre Schlagkraft und ihre Effizienz nicht verliert, braucht es ein verbindendes Element zwischen Regierung und Verwaltung. Diese Mittlerrolle erfüllt der Staatssekretär, dessen Herkunft im englischen Amtsrecht zu finden ist, wo man sich seit der Einführung des permanent civil service intensiv um eine Verbindung zwischen politischer Leitung und Verwaltung bemüht.[593] Ein Schwerpunkt im Aufgabengebiet des Staatssekretärs besteht in der Aufrechterhaltung der Verbindung zwischen dem Verwaltungsapparat und der Regierungspolitik, die er aktiv unterstützen soll.[594] Als Amtschef leitet er die Ministerialverwaltung und ist Vorgesetzter sämtlicher Beamten und auch Angestellten des Ministeriums.[595] Umgekehrt fällt dem Staatssekretär allerdings auch die Repräsentation der rechtsstaatlichen Ministerialverwaltung

---

590 Vgl. *Eschenburg*, Politische Beamte oder beamtete Politiker?, DIE ZEIT, Nr. 13/1967, https://www.zeit.de/1967/13/politische-beamte-oder-beamtete-politiker; *Thieme*, DÖV 1968, 11 f. Ein Beispiel aus Niedersachsen für diese Vorgehensweise ist MdL a.D. Dr. Bernd Althusmann, der zunächst Abgeordnetes war und im Jahr 2009 als Staatssekretär ins Kultusministerium wechselte, wofür er sein Mandat niederlegte.

591 *Echtler*, Einfluss und Macht in der Politik, S. 41; *Koettgen*, Das deutsche Berufsbeamtentum und die parlamentarische Demokratie, S. 256; *Koettgen*, Das deutsche Berufsbeamtentum und die parlamentarische Demokratie, S. 256.

592 *Echtler*, Einfluss und Macht in der Politik, S. 41.

593 *Koettgen*, Das deutsche Berufsbeamtentum und die parlamentarische Demokratie, S. 256.

594 *Echtler*, Einfluss und Macht in der Politik, S. 42.

595 *Herrmann*, VerwArch 2010, 377, 379.

gegenüber dem Minister zu.[596] Er zeichnet sämtliche Vorlagen des Hauses an den Minister und übernimmt dadurch die Verantwortung für die fachliche und rechtliche Unbedenklichkeit der vorgeschlagenen Entscheidung.[597] Darüber hinaus vertritt der Staatssekretär den Minister auch bei offiziellen Terminen sowie in parlamentarischen Fachgremien.[598] In Niedersachsen treffen sich die Staatssekretäre der einzelnen Ressorts zudem jeden Montag zur Staatssekretärsrunde, um die Sitzung des am Dienstag stattfindenden Kabinetts vorzubereiten. Auch in den Kabinettssitzungen ist der Staatssekretär befugt, den Minister zu vertreten. Kein Rederecht hingegen besitzen die verbeamteten Staatssekretäre im Parlament, da sie diesem nicht angehören. Dennoch nimmt der Staatssekretär an den Plenarsitzungen teil und sitzt hierbei auch auf der Regierungsbank hinter seinem Minister. Eine weitere Aufgabe von zentraler Bedeutung ist die Teilnahme an den jeweiligen ressortspezifischen Staatssekretärskonferenzen, die zweimal pro Jahr im Vorfeld der Ständigen Konferenzen der Minister[599] stattfinden. Diese Konferenzen dienen der fachlichen Vorbereitung der Beschlüsse, die sodann auf der anschließenden Konferenz der Minister (an der der Staatssekretär ebenfalls als Vertreter für den Minister teilnehmen darf) beschlossen werden.[600]

---

596 *Herrmann*, VerwArch 2010, 377, 379.

597 Vgl. § 6 Abs. 2 S. 2 GOBMin; *Herrmann*, VerwArch 2010, 377, 379.

598 Vgl. § 14 Abs. 3 Geschäftsordnung der Bundesregierung (GOBReg); *Echtler*, Einfluss und Macht in der Politik, S. 158; *Franz*, ZBR 2007, 236.

599 Als Beispiele kommen hier die Innenministerkonferenz oder auch die Verkehrsministerkonferenz in Betracht. Die Kultusministerkonferenz tritt sogar vierteljährlich zusammen.

600 Angesichts des beschriebenen Aufgabenbereichs für einen beamteten Staatssekretär stellt sich die Frage, warum mittlerweile auch Ämter wie das eines Regierungssprechers oder des Präsidenten des Bundesrates mit Beamten besetzt werden (müssen), die im Range eines Staatssekretärs stehen, obgleich sie mit dem beschriebenen Aufgabenspektrum nahezu keinerlei Berührungspunkte aufweisen. In Bezug auf die Länder ist es zudem so, dass die Benennung eines Amtsinhabers als Staatssekretär im Vergleich zu einem Ministerialdirektor besoldungstechnisch in vielen Fällen keinen Unterschied macht, da beide der Besoldungsgruppe B9 unterfallen. Lediglich die Chefs der Staatskanzleien, die ebenfalls das Amt eines Staatssekretärs bekleiden, werden nach B10 besoldet. Im Ergebnis dürfte es wohl auf die im Vergleich zum Ministerialdirektor prestigeträchtigere Amtsbezeichnung und die Möglichkeit einer höheren Besoldung hinauslaufen. Ein funktioneller Hintergrund hingegen ist nicht ersichtlich.

Dass dem beamteten Staatssekretär eine Transformationsfunktion zukommt, ist angesichts des beschriebenen Tätigkeitsfeldes wohl zu bejahen, da es zu seinen (Kern)-Aufgaben zählt, politische Vorgaben der Regierung in gesetzeskonformes und rechtsstaatliches Verwaltungshandeln umzuwandeln.[601] Der Staatssekretär stellt das Bindeglied zwischen Regierung und Ministerialverwaltung dar und kommuniziert in beide Richtungen. Das Bundesverfassungsgericht verwendet in Bezug auf das Transformationsamt allerdings ausdrücklich die Begriffe „Vorgaben" und „umzusetzen" statt „Vorhaben" und „zu erarbeiten".[602] Der beamtete Staatssekretär macht im Gegensatz zu seinem Antipoden, dem parlamentarischen Staatssekretär, keine aktive Politik. Insofern geht die Bezeichnung als politischer Beamter auch für diesen Ämterkreis im Ergebnis fehl. Der beamtete Staatssekretär berät seine Regierung und unterstützt deren Politik aktiv. Er sorgt als „rechte Hand" des Ministers hierbei auch für die Umsetzung von politischen Entscheidungen, erdenkt sie jedoch nicht, zumal er kein Mitglied der Regierung ist.[603] Er nimmt weder an Parteitagen noch an Sitzungen von Parteigremien noch an der Erstellung von Partei- oder Wahlprogrammen, Wahlkämpfen oder auch Koalitionsverhandlungen teil. Die Tätigkeit des Staatssekretärs beginnt erst dort, wo die politische Agenda bereits beschlossene Sache ist. Dass es für die Umsetzung eines Regierungsprogramms im Laufe einer Legislatur einer ständigen Abstimmung und Beratung zwischen einem Minister und dem Amtschef seines Ressorts bedarf, ist selbstredend. Auch die Reaktion einer Regierung auf Ad-hoc-Probleme erfordern die ständige aktive Mit- und Zuarbeit eines Staatssekretärs. Das Treffen politischer Entscheidungen im Sinne eines „Mitregierens" zählt jedoch nicht dazu, weshalb eine Transformationsfunktion zwar zu bejahen ist, diese jedoch nicht im politischen, sondern im verwaltungspraktischen Bereich mit einem zwar direkten, jedoch lediglich fachlichen Bezug zur Regierungspolitik zu verorten ist, was im Ergebnis, wenn auch weniger intensiv, auf sämtliche Beamte eines Ministeriums zutrifft. Die Rolle des Staatssekretärs ist nicht so interpretieren, dass dieser zu 50 % im politischen Lager der Regierung und zu 50 % im Lager

601 Vgl. BVerfG, Beschluss vom 24. April 2018 – 2 BvL 10/16 –, Rn. 43.

602 BVerfG, Beschluss vom 09. April 2024 – 2 BvL 2/22 –, Rn. 53.

603 Andere Ansicht hierzu *Wagner*, Das Prinzip der Bestenauslese im öffentlichen Dienst, S. 35.

der Ministerialverwaltung wirkt. Insbesondere im Hinblick auf seine parteipolitische Nähe gilt für ihn als Beamten eine andere Richtschnur als für die Mitglieder der Regierung, welche sowohl aktiv für ihre Partei tätig sind und dennoch bzw. gleichzeitig ein staatliches Amt bekleiden. In letzterem Fall ist neben dem Erfordernis einer Legitimation durch Wahl eine entsprechende Metamorphose von einem Repräsentanten lediglich einer Partei hin zu einem Inhaber eines staatlichen Amtes zur Einwirkung auf den Willensbildungsprozess unerlässlich und verfassungsrechtlich legitimiert.[604] Für den beamteten Staatssekretär hingegen ist dies in keine der beiden Richtungen erforderlich. Das Amt ist ausschließlich auf staatlicher, statt auf parteipolitischer Ebene zu verorten. In der Praxis verhält es sich zumeist zwar so, dass ein Staatssekretär derselben Partei angehört oder zumindest nahesteht wie sein Minister. Aufgrund dieser Tatsache dürfte zwischen beiden auch durchaus ein gewisser politischen Grundkonsens sowie eine gemeinsame politische Wertebasis vorherrschen. Zudem darf ein Minister seinen Staatssekretär unter Beachtung der beamtenrechtlichen Vorschriften[605] frei wählen und muss nicht zwingend Rücksicht auf berufliche Vorkenntnisse nehmen, sodass rein zwischenmenschliche Belange wie Sympathie oder ein durch langjährige Bekanntschaft entstandenes, über eine rein beruflich-sachliche Beziehung hinausgehendes besonderes Vertrauensverhältnis durchaus eine Rolle bei der Wahl spielen dürften. Dass derartige Umstände für eine effektive und sachorientierte Regierungsarbeit jedoch zwingende Voraussetzung sind, erscheint zweifelhaft. Dass Menschen, nur weil sie derselben Partei zugehörig sind, in sämtlichen zentralen Themen, die bei Amtsantritt womöglich noch gar nicht existieren bzw. überhaupt absehbar sind, sondern sich erst im Laufe einer Legislatur entwickeln, eine gemeinsame Grundüberzeugung haben, dürfte weder der politischen Lebenswirklichkeit entsprechen, noch ist es von entscheidender Bedeutung für die Aufgabenerfüllung eines beamteten Staatssekretärs. Dieser muss nicht zwingend aus einer tiefen inneren Überzeugung handeln, sondern seine Aufgabe professionell, verschwiegen und unter Einbringung seines gesamten fachlichen Könnens und seiner persönlichen

---

604 Vgl. *Ipsen*, in: Ipsen, ParteienG, § 1, Rn. 6.

605 Vgl. für den Bund § 7 Abs. 1 BBG mit der Öffnungsklausel des Abs. 3 BBG sowie für das Land Niedersachsen § 5 NBG, wobei der Landespersonalausschuss gem. § 5 Abs. 3 S. 2 NBG Ausnahmen zulassen kann.

Integrität schlichtweg erledigen. Auch ein Staatssekretär aus dem politischen Lager der Regierung wird nicht jede der politischen Entscheidungen, die er begleitet und umzusetzen hat, innerlich gutheißen, zumal bereits jede Regierungsbildung aufgrund eines oder mehrerer Koalitionspartner von Beginn an einer Vielzahl politischer Kompromisse unterliegt. Die genannten fachlichen Qualifikationen dürften daher im Vergleich zu einer lediglich inneren politischen Überzeugung mit den Zielen einer Regierung regelmäßig zu besseren Arbeitsergebnissen führen. Es dürfte nicht zuletzt auch im Interesse einer Regierung selbst sein, wenn beispielsweise einem jungen und sowohl politisch wie auch verwaltungstechnisch noch unerfahrenen Minister ein altgedienter und fachkompetenter Staatssekretär zur Seite steht, der seinerseits auch das Vertrauen und den Respekt des Verwaltungsapparats sowohl innerhalb des Ressorts als auch darüber hinaus genießt. Insbesondere im Zeitraum unmittelbar nach einer Regierungsübernahme dürfte es ungleich von Vorteil sein, auf die Erfahrung eines langjährigen Spitzenbeamten, der die Eigenarten einer obersten Landes- oder Bundesbehörde kennt, zurückgreifen zu können. Die Koordinierung einer guten Regierungspolitik bedarf zudem auch einer vorausschauenden Planung. Das spezifische Ressortwissen und die politische Inspiration der zukünftigen Minister dürften für die notwendige Vorbereitung vielfach nicht ausreichend sein, weshalb die anstehende Kooperation mit dem Ministerium im Vorfeld genau vorbereitet werden müsste.[606] Diese Aufgabe fiele den Kernkompetenzen eines Staatssekretärs zu, so denn dieser über die notwendige Verwaltungserfahrung verfügt. Noch gesteigertere fachliche Anforderungen dürften regelmäßig an das Amt des Chefs der Staatskanzlei zu richten sein, dessen Aufgabenbereich sich von dem eines Staatssekretärs in einem Ministerium in qualitativer Hinsicht dadurch abhebt, dass dieser neben der Leitung der Staatskanzlei die gesamte politische Planung für die Landesregierung, die Vor- und Nachbereitung der Kabinettssitzungen sowie die gesamte Ressortkoordinierung übernimmt und den kompletten Bereich der Landesverwaltung zu verantworten hat.[607] Für

---

606 Vgl. *Eschenburg*, Büro für staatliche Innenarchitektur – Die Schwierigkeiten grundlegender Reform, DIE ZEIT, Nr. 09/1967, https://www.zeit.de/1967/09/buero-fuer-staatliche-innenarchitektur; a.A. *Wagner*, RiA 12/1985, 272, 273.

607 Vgl. Niedersächsische Staatskanzlei, Chef der Staatskanzlei,https://www.stk.niedersachsen.de/startseite/die_staatskanzlei/chef_der_staatskanzlei/chef-der-staatskanzlei-frank-doods-241806.html.

die dauerhaft erfolgreiche Bewältigung dieses Amtes dürfte ein Höchstmaß an Fachlichkeit deutlich gewichtiger sein als eine innere Übereinstimmung mit den politisch umzusetzenden Inhalten und ein besonderes, über das Vertrauen in die Kompetenz hinausgehendes persönliches Vertrauensverhältnis auf Seiten des Ministerpräsidenten.[608]

Des Weiteren ist in solchen Fällen, in denen in Ministerien Staatssekretäre installiert werden, die nicht als Amtschefs fungieren, sondern lediglich mit Sonderaufgaben betraut werden, denen man mit der direkten Befassung durch einen Staatssekretär sowohl innerhalb des Ministeriums als auch insbesondere gegenüber der Öffentlichkeit ein besonderes Gewicht verleihen möchte, die zwingende Notwendigkeit eines besonderes Vertrauensverhältnisses sowie einer fortdauernden Übereinstimmung mit den politischen Zielen und Ansichten ebenso wenig ersichtlich wie eine Transformationsfunktion, da es sich im Ergebnis um die Umsetzung reiner Fachthemen handelt, die ansonsten durch einen Abteilungs-, Referats- oder im Falle von fachreferatsübergreifenden Themenbereichen durch einen Stabsstellenleiter verantwortet würden.[609] In Niedersachsen beispielsweise war es ein zentrales Vorhaben der Landesregierung im Kabinett Weil II, die Digitalisierung voranzubringen, weshalb das Thema zentral im Wirtschaftsministerium angesiedelt und von einem Staatssekretär verantwortet wurde.[610]

Dass ein Ministerium in der Regel zudem mehrere politische Bereiche abdeckt, ist abgesehen vom Finanzministerium der Regelfall und spiegelt

---

608 Der derzeitige Amtschef der nordrhein-westfälischen Staatskanzlei, der nicht personengleich mit dem Chef der Staatskanzlei ist, ist im Jahr 2019 erstmalig in den Landesdienst eingetreten und bereits im Jahr 2022 zum Staatssekretär ernannt worden, vgl. Lebenslauf Dr. Bernd Schulte, https://www.land.nrw/staatssekretaerinnen-und-staatssekretaere/dr-bernd-schulte.

609 Ein populäres Beispiel auf Bundesebene war die Berufung der ehemaligen Geschäftsführerin von Greenpeace International Jennifer Morgan als Staatssekretärin und Sonderbeauftragte für internationale Klimapolitik durch Außenministerin Annalena Baerbock am 16. März 2022. Morgan gehörte zwar der Hausleitung des Ministeriums an, war jedoch nicht Amtschefin. Zu ihrem Geschäftsbereich zählten lediglich die Referate 4-B-2 und 4-B-4 der Abteilung für Klimaaußenpolitik und Geoökonomie.

610 Vgl. Pressemitteilung „Stefan Muhle als Staatssekretär für Digitalisierung vorgeschlagen" des Niedersächsischen Ministeriums für Wirtschaft, Bauen, Verkehr und Digitalisierung vom 29. November 2017, https://www.mw.niedersachsen.de/startseite/uber_uns/presse/presseinformationen/stefan-muhle-als-staatssekretaer-fuer-digitalisierung-vorgeschlagen-159847.html.

sich auch in der Bezeichnung des Ressorts wider. Dies wird in der Praxis mittlerweile durchaus zum Anlass genommen, die Zahl der verbeamteten Staatssekretäre in den jeweiligen Häusern entsprechend zu erhöhen, ohne dass diesen die Funktion der Amtsleitung zufiele. Die Behörde für Inneres und Sport der Freien und Hansestadt Hamburg beispielsweise setzt sowohl für den Bereich Inneres als auch für den Bereich Sport einen beamteten Staatsrat ein, obgleich dem Bereich Sport lediglich die Verantwortung über das Landessportamt unterfällt und der Staatsrat ansonsten keine Berührungspunkte mit den übrigen Bereichen der Behörde hat.[611] Auch in Nordrhein-Westfalen existiert ein Staatssekretärsamt lediglich für den Bereich Sport und Ehrenamt, welches organisatorisch jedoch in der Staatskanzlei, die unabhängig davon von einem Staatssekretär als Amtschef geleitet wird, angesiedelt ist.[612] Obgleich sich der Zuständigkeitsbereich des Ressorts nicht verändert hatte, wurde zudem in Niedersachsen die Anzahl der Staatssekretäre im Kultusministerium nach der Wahl vom 08. Oktober 2022 von einem auf zwei verdoppelt.[613]

Im Zusammenhang mit der Einsetzung von Laufbahnbeamten in höheren und höchsten Ämtern wie beispielsweise dem des Staatssekretärs wird zudem teilweise die Befürchtung geäußert, dass dadurch eine gewisse Resilienz gegenüber einer Regierung und der Umsetzung von politischen Vorgaben entstehen könnte, wenn auf die Einsetzung eines politischen Beamten und die damit verbundene Möglichkeit der Versetzung in den einstweiligen

---

611 Vgl. Organigramm der Behörde für Inneres und Sport https://www.hamburg.de/politik-und-verwaltung/behoerden/behoerde-fuer-inneres-und-sport/wir-ueber-uns/organigramm-innenbehoerde-89788.

612 Vgl. Organisationsplan der Staatskanzlei Nordrhein-Westfalen, https://www.land.nrw/ministerpraesident/staatskanzlei.

613 Das Kultusministerium in Niedersachsen verfügt über 5 Abteilungen mit 30 Fachreferaten und deckt ausschließlich die Bereiche Bildung und Kirche ab. Das Wirtschaftsministerium hat im Vergleich hierzu 6 Abteilungen mit insgesamt 42 Fachreferaten und ist zuständig für die Bereiche Wirtschaft, Industrie, Verkehr, Bauen und Digitalisierung, verfügt jedoch nur über einen Staatssekretär. Die Aufstockung im Kultusministerium wurde damit begründet, dass die zuständige Ministerin zugleich stellvertretende Ministerpräsidenten ist, weshalb eine entsprechende Entlastung notwendig sei, vgl. *Idel*, Stefan: Gleich zwei Staatssekretäre fürs Kultusministerium, Nordwest Zeitung Online vom 06. November 2022, https://www.nwzonline.de/politik/zwei-staatssekretaere-fuer-kultusministerium-in-niedersachsen_a_51,10,3035094889.html#.

Ruhestand verzichtet würde.[614] Hierbei wird allerdings verkannt, dass es auch für einen beamteten Staatssekretär unvereinbar mit seinen beamtenrechtlichen Pflichten wäre, den Weisungen seines Ministers nicht Folge zu leisten oder diesem gegenüber unangemessen aufzutreten.[615] Die Rechtsfigur des politischen Beamten darf in diesem Zusammenhang nicht als Drohkulisse für ein eventuell zu erwartendes Zuwiderhandeln eines Beamten verwendet werden. Ein Minister verfügt mit seinem Weisungsrecht und dem Katalog an disziplinarischen Maßnahmen bis hin zu einer Versetzung oder gar Entlassung aus dem Beamtenverhältnis über ausreichend Mittel und Möglichkeiten, entsprechend handlungsfähig zu sein, falls dies erforderlich sein sollte.

Ein neutraler, aber fachlich in jeder Hinsicht kompetenter und erfahrener Beamter, der seinem Minister loyal zuarbeitet und ihn in der Sache (auch politisch) klug berät, dürfte daher in nahezu sämtlichen denkbaren Konstellationen zu qualitativ besseren Arbeitsergebnissen bei der Umsetzung des politischen Willens in konkretes Verwaltungshandeln führen, als die Unterstützung eines in erster Linie politischen Vertrauten aus dem eigenen Lager, der entweder eh die gleiche Sichtweise vertritt wie sein Minister, oder aber versuchen wird bzw. versuchen muss, diese möglichst einzunehmen, um das „besondere Vertrauensverhältnis“ nicht auf die Probe zu stellen und dadurch seine Versetzung in den einstweiligen Ruhestand zu riskieren. Dass auch die jeweiligen Regierungen mit der Wahl ihrer Staatssekretäre oftmals nicht die gewünschte Wirkung erzielen, zeigt die vergleichsweise kurze Verweildauer der Amtsinhaber: Halten Regierungskonstellationen in Deutschland im Durchschnitt länger als acht Jahre, so beträgt die durchschnittliche Amtszeit eines Staatssekretärs bzw. Staatsrats lediglich etwas mehr als drei Jahre.[616] Dass ein Staatssekretär, der regelmäßig derselben Partei entstammt wie sein Minister, das politische Vertrauen seiner Regierung verliert oder

---

614 *Anders*, DÖV 1964, 109, 112.

615 Vgl. § 62 Abs. 1 S. 2 BBG, § 35 Abs. 1 S. 2 BeamtStG.

616 *Anders*, ZBR 2008, 236, 242. An den Vergleich zwischen Bayern und den übrigen Teilen des Deutschen Reichs zu Zeiten der Weimarer Republik sei an dieser Stelle nochmals erinnert: Während im übrigen Teil des Reiches, in dem es die Rechtsfigur des politischen Beamten gab, die Personalfluktuation extrem hoch und die Verwaltung wenig funktionsfähig war, herrschte in Bayern eine hohe Ämterstabilität mit dem Effekt einer durchweg funktionsfähigen Verwaltung, vgl. *Di Fabio*, Die Weimarer Verfassung, S. 139 f.

nicht mehr mit deren politischen Zielen übereinstimmt, dürfte als Grund für die Ruhestandsversetzung dabei wohl die Ausnahme sein. Vielmehr dürfte dieser Umstand eine nachträgliche Bestätigung für eine nicht sachgerechte Auswahl des Amtsinhabers darstellen.[617]

Nach Gesamtwürdigung aller in Betracht zu ziehenden Indizien stellt das Amt des Staatssekretärs zwar ein Transformationsamt dar, jedoch finden sich auch für dieses darüber hinaus keine ausreichend sachlichen Kriterien, welche Anhaltspunkte dafür böten, dass auf Seiten des Amtsinhabers eine fortdauernde politische Übereinstimmung mit den politischen Zielen der Regierung für eine wirksame Aufgabenerfüllung unerlässlich wäre. Obgleich der Staatssekretär zum engsten Beraterkreis seines Ministers zählt und das Amt demzufolge eine besondere Nähe zur politischen Führung aufweist, so erscheint es angesichts des konkreten Aufgabenbereichs, welcher ganz überwiegend von Fachlichkeit geprägt ist, zudem in sachlicher Hinsicht nicht zwingend erforderlich, dass auf Seiten der Regierung ein besonderes, über die aus dem regulären Beamtenverhältnis verpflichtende Loyalität hinausgehendes und speziell politisch geprägtes Vertrauen vorherrschen muss. Der politische Instinkt, den ein Staatssekretär regelmäßig aufzuweisen hat, ist vielmehr Teil seiner fachlichen Qualifikation und nicht Teil seiner inneren Überzeugung bzw. eines subjektiven Empfindens auf Seiten der Regierung. Um das Amt des Staatssekretärs aus seiner Zwitterrolle als politischer Berater und Vertreter des Ministers auf der einen, und der des Amtschefs des Ministeriums zu befreien, wäre es lediglich erforderlich, die Rolle des politischen Staatssekretärs einem Abgeordneten anzutragen und die des Amtschefs einem Lebenszeitbeamten.

Im Ergebnis ist eine Einstufung auch der beamteten Staatssekretäre als politische Beamte aufgrund besonderer Sachgesetzlichkeiten somit nicht zwingend erforderlich und somit auch nicht gerechtfertigt.

5. Zusammenfassung

Wie die Untersuchung der einzelnen Ämter auf Bundes- und Länderebene gezeigt hat, treffen die vom Bundesverfassungsgericht entwickelten Kriterien auf keines dieser Ämter vollumfänglich zu. Eine Transformationsfunktion sowie eine Zugehörigkeit zum engsten Kreis unmittelbarer Berater der

---

617 *Anders*, ZBR 2008, 236, 242.

Regierung ist lediglich den beamteten Staatssekretären zuzusprechen. Letztere fällt in einem gewissen Umfang zudem auch den Regierungssprechern zu. Was die Gesamtbetrachtung des Amtes des Staatssekretärs allerdings auch gezeigt hat, ist, dass es zur wirksamen Erfüllung des ihm zugewiesenen Aufgabenschnitts nicht unerlässlich ist, dass die Amtsinhaber in besonderer Weise eines politischen Vertrauens der Regierung bedürfen bzw. es zwingend erforderlich ist, dass sie ihrerseits in einer fortwährenden Übereinstimmung mit den grundsätzlichen politischen Ansichten und Zielen zu dieser stehen müssen. Die übrigen untersuchten Ämter lassen sich aufgrund ihrer Stellung innerhalb des Verwaltungsgefüges bereits nicht zum Kreis der engsten unmittelbarer Berater der Regierung zählen.

Eingriff in das Leistungsprinzip gem. Art. 33 Abs. 2 GG

I. Allgemeines und Normzweck

Losgelöst von der Frage nach einer Zuordnung der politischen Ämter unter die vom Bundesverfassungsgericht festgelegten Kriterien ist es fraglich, ob die Institution nicht bereits dem Grunde nach gegen das Leistungsprinzip aus Art. 33 Abs. 2 GG verstößt. Von besonderem Interesse ist in diesem Zusammenhang die Frage, wie es zu beurteilen ist, dass die Kandidaten für die politischen Ämter i.d.R. nicht durch eine öffentliche Ausschreibung ermittelt werden, sondern aufgrund einer Entscheidung seitens der politisch verantwortlichen Regierungsmitglieder. Das Bundesverfassungsgericht hat in seiner bisherigen Rechtsprechung Art. 33 Abs. 2 GG zudem nicht als verfassungsrechtlichen Maßstab für die Rechtmäßigkeit des politischen Beamten erachtet, was durchaus kritisch zu sehen sein dürfte, wie bereits anhand der Genese der Vorschrift und ihrem Normzweck deutlich wird.

Art. 33 GG, der häufig auch als „Beamtenartikel“ bezeichnet wird, bildet die verfassungsrechtliche Grundlage für den öffentlichen Dienst insgesamt und stellt dessen Basisnorm dar.[618] Die Vorschrift enthält unmittelbar bindendes Recht und soll die Funktionsfähigkeit sowie die Professionalität des öffentlichen Dienstes gewährleisten.[619] Zu diesem Zweck beinhaltet die Norm in Abs. 2 das Leistungsprinzip sowie den Grundsatz der Bestenauslese als zentrale Merkmale. Beiden Begriffen wird häufig dieselbe inhaltliche Bedeutung

618 *Badura*, in: Dürig/Herzog/Scholz, Art. 33, Rn. 1.

619 BVerfGE 56, 146, 163; *Lecheler*, in: HStR V, § 110, Rn. 6; kritisch hierzu: *Leisner*, in: Beamtenrecht, S. 275 ff.

beigemessen, was nicht ganz zutreffend ist. Der Grundsatz der Bestenauslese ist lediglich ein Bestandteil des Leistungsprinzips. Allerdings erschöpft sich Letzteres nicht in diesem. Zum wesentlichen Inhalt des Leistungsprinzips gehören beispielsweise auch die Anerkennung und die rechtliche Absicherung eines Beförderungserfolgs, den der Beamte bei der Bestenauslese aufgrund von Eignung, Befähigung und fachlicher Leistung erlangt hat.[620] Der in Art. 33 Abs. 2 GG zum Ausdruck kommende Leistungsgrundsatz findet sich zudem ebenfalls in den hergebrachten Grundsätzen des Berufsbeamtentums aus Art. 33 Abs. 5 GG.[621]

Die Tradition des gleichen Rechts auf Zugang zu öffentlichen Ämtern reicht indes zurück bis auf die Paulskirchenverfassung vom 28. März 1849.[622] Die heutige Vorschrift steht zudem in einem engen historischen und inhaltlichen Kontext zur Weimarer Reichsverfassung vom 11. August 1919.[623] Diese beinhaltete im Zusammenhang mit der Grundnorm über die Staatsangehörigkeit im Reiche und in den Ländern in Art. 110 Abs. 2 WRV das Grundrecht, dass „jeder Deutsche in jedem Lande des Reichs die gleichen Rechte und Pflichten wie die Angehörigen des Landes selbst" hat.[624] Wesentliche Hauptgewährleistungen betreffend die Beamtenverhältnisse und die Zulassung zu öffentlichen Ämtern fanden sich im 2. Abschnitt „Das Gemeinschaftsleben" in den Art. 128–131.[625] Art. 128 Abs. 1 WRV bestimmte in diesem Zusammenhang, dass „alle Staatsbürger ohne Unterschied nach Maßgabe der Gesetze und entsprechend ihrer Befähigung und ihren Leistungen zu den öffentlichen Ämtern zuzulassen sind." Die Vorschrift wiederholt insoweit, was bereits die preußische Verfassung von 1850 in Art. 4 S. 3[626] in Anknüpfung an den Grundsatz der Gleichheit vor dem Gesetz formuliert hatte:

---

620 BVerfG, Beschluss vom 28. November 2018 – 2 BvL 3/15 –, Rn. 32.

621 *Badura*, in: Dürig/Herzog/Scholz, Art. 33, Rn. 68.

622 Verfassung des Deutschen Reichs vom 28. März 1849, RGBl. 1849 S. 101; *Schneider*, Das Grundgesetz, S. 282.

623 Vgl. *Bickenbach*, in: von Münch/Kunig, Art. 33, Rn. 4 ff.

624 RGBl. 1919, Nr. 152, S. 1404; *Huber*, Dokumente zur Deutschen Verfassungsgeschichte, Band 4, S. 168.

625 RGBl. 1919, Nr. 152, S. 1407 f.; *Huber*, Dokumente zur Deutschen Verfassungsgeschichte, Band 4, S. 170.

626 Preußische Gesetzsammlung, 1850, S. 17 ff.

> Die öffentlichen Ämter sind, unter Einhaltung der von den Gesetzen festgesetzten Bedingungen, für alle dazu Befähigten gleich zugänglich.

Bereits dieser Formulierung, wonach nicht jeder für jedes Amt als befähigt erachtet wurde, wohnte somit erkennbar ein Leistungsgedanke inne. Ein öffentliches Amt sollte nur demjenigen übertragen werden, der sowohl den gesetzlichen Erfordernissen genügt als auch im Vergleich mit anderen Bewerbern durch seine Befähigung und seine fachliche Leistung als für das Amt am vorzugswürdigsten erschien.[627]

Das Ergebnis der Beratungen des Herrenchiemseer Verfassungskonvents zwischen dem 10. August 1948 und dem 25. August 1948 war der sog. Chiemseer Entwurf als ein mögliches Grundgesetz für einen Bund deutscher Länder. Dieser beinhaltete mit Art. 13 ein Grundrecht, welches der Formulierung des heutigen Art. 33 Abs. 2 GG bereits sehr nahe kam:

> Die öffentlichen Ämter stehen jedem nach Maßgabe seiner Befähigung und Eignung offen.[628]

In Bezug auf Abs. 2, welcher neben Abs. 5 für die vorliegende Untersuchung von zentraler Bedeutung ist, gab es innerhalb des Parlamentarischen Rates zwischenzeitlich die Überlegung, auch die jeweilige Vorbildung sowie den Charakter einer Person beim Zugang zu einem öffentlichen Amt zu berücksichtigen. Der Abgeordnete von Mangoldt (CDU) argumentierte in diesem Zusammenhang, dass „der Charakter bei den Beamten doch eine besondere Rolle" spielen solle.[629] Gegen die Aufnahme der Formulierung „charakterliche Eignung" regte sich während der Beratungen ebenfalls Widerstand, da diese zu unbestimmt sei und zudem nur schwer definiert werden könne, was unter dem Begriff „Charakter" überhaupt zu verstehen sei und darüber hinaus, wer über diesen verfüge. Die Aufnahme einer derartigen Bestimmung als Maßstab für den Zugang zu einem öffentlichen Amt öffne „der Willkür der herrschenden Parteien Tür und Tor", so der Abgeordnete Renner.[630] Auf eine entsprechende Formulierung wurde im Ergebnis somit bewusst verzichtet und die heutige Formulierung des Art. 33 Abs. 2 GG wurde sowohl in der

---

627 *Anschütz*: Die Verfassung des Deutschen Reichs vom 11. August 1919, S. 512; *Zwirner*, Politische Treuepflicht des Beamten, S. 137 ff.

628 Parlamentarischer Rat II, S. 581.

629 Parlamentarischer Rat V/1, S. 136.

630 Parlamentarischer Rat XIV/2, S. 1425.

4. Lesung des Hauptausschusses am 05. Mai 1949[631] als auch in der 2. Lesung des Plenums am 06. Mai 1949[632] entsprechend beschlossen und besteht seitdem in unveränderter Form.[633]

II. Sachlicher Gewährleistungsbereich

Von Bedeutung für die weitere Untersuchung ist zunächst die Frage nach der inhaltlichen Reichweite des Art. 33 Abs. 2 GG und darüber hinaus ob, und wenn ja in welchem Umfang die Ämter für politische Beamte von der Vorschrift umfasst sind. Vor dem Hintergrund, dass das Bundesverfassungsgericht in sämtlichen seiner bisherigen Entscheidungen den Art. 33 Abs. 2 GG im Zusammenhang mit der Rechtsfigur des politischen Beamten nahezu unerwähnt gelassen hat, ist zunächst der Frage nachzugehen, ob die Vorschrift nach ihrem Sinn und Zweck überhaupt ein Näheverhältnis zu der Institution aufweist.

Der Art. 33 Abs. 2 GG beinhaltet die verfassungskräftige Festlegung des Leistungsprinzips für den öffentlichen Dienst. Bei der Vorschrift handelt es sich um ein sog. grundrechtsgleiches Gleichheitsrecht, welches jedem Deutschen nach seiner individuellen Eignung, Befähigung und fachlichen Leistung gleichen Zugang zu jedem öffentlichen Amt gewährt.[634] Durch das Recht auf leistungsgerechte Teilhabe soll auch dem berechtigten Interesse der Beamten an einem angemessenen beruflichen Fortkommen Rechnung getragen werden.[635] Dementsprechend beinhaltet Art. 33 Abs. 2 GG nicht nur einen objektiven Verfassungsgrundsatz, sondern auch ein gem. Art. 94 Abs. 1 Nr. 4a GG verfassungsbeschwerdefähiges grundrechtsgleiches Recht.[636] In erster Linie jedoch dient das Leistungsprinzip dem öffentlichen Interesse einer möglichst qualifizierten Besetzung des öffentlichen Dienstes, wobei der Grundsatz der Bestenauslese insbesondere dessen fachliches Niveau sowie

---

631 Parlamentarischer Rat VII, S. 540.

632 Parlamentarischer Rat VII, S. 578 f.

633 *Brosius-Gersdorf*, in: Dreier, Art. 33, Rn. 22 ff.

634 BVerfG, Beschluss vom 20. September 2016 – 2 BvR 2453/15, Rn. 18.

635 BAG, Urteil vom 12. Dezember 2017 – 9 AZR 152/17, Rn. 33, BAGE 161, 157; *Brosius-Gersdorf*, in: Dreier, Art. 33, Rn. 73.

636 BVerfGE 1, 167, 184; *Domgörgen*, in: Hömig/Wolff, Art. 33, Rn. 1.

seine rechtliche Integrität gewährleisten soll.[637] Nach ständiger Rechtsprechung des Bundesverfassungsgerichts gilt der Bestenauslesegrundsatz zudem unbeschränkt und vorbehaltlos, was bedeutet, dass sämtliche Bewerber im Hinblick auf den Zugang zu einem öffentlichen Amt gleich behandelt werden müssen.[638] Auswahlentscheidungen können somit ausschließlich auf Gesichtspunkte gestützt werden, die unmittelbar auf der Eignung, Befähigung und fachlichen Leistung der Bewerber fußen, wodurch nicht nur dem Prinzip der Bestenauslese, sondern auch dem der Chancengleichheit Rechnung getragen werden soll.[639] Art. 33 Abs. 2 GG ist insoweit auch verfassungsrechtlicher Ausdruck einer privilegienfeindlichen Demokratie.[640] Auch für die Länder stellt die Norm unmittelbar bindendes Verfassungsrecht dar.[641]

Es kann somit bereits an dieser Stelle festgehalten werden, dass auch die politischen Ämter, welche regelmäßig an der Spitze der Beamtenhierarchie angesiedelt sind, nicht gänzlich aus dem Geltungsbereich des Art. 33 Abs. 2 GG herausgelöst sein können, da die Vorschrift das öffentliche Interesse an einem bestmöglich aufgestellten öffentlichen Dienst gewährleistet. Unabhängig von der Frage, ob die politischen Ämter selbst zu den öffentlichen Ämtern zählen, befinden diese sich innerhalb des öffentlichen Diensts in einer derart zentralen Position, dass ihnen zwangsläufig eine Rolle in Bezug auf dessen fachliches Niveau zufällt, sodass das Leistungsprinzip des Art. 33 Abs. 2 GG durch den Einsatz von politischen Beamten unmittelbar tangiert wird.

1. Öffentliches Amt

Fraglich ist zunächst die Reichweite des öffentlichen Amtes. Der Begriff bestimmt zwar maßgeblich den Anwendungsbereich dieses

---

637 BVerfGK, Beschluss vom 23. Juni 2015 – 2 BvR 161/15, Rn. 28; *Burghart*, in: Leibholz/Rinck, GG, Art. 33, Rn. 31; *Hesselberger*, in: Das Grundgesetz, Art. 33, Rn. 4.

638 BVerfG, Kammerbeschluss vom 02. Oktober 2007 – 2 BvR 2457/04; BVerwG, Urteil vom 30. August 2018 – BVerwG 2 C 10.17; Urteil vom 25. November 2004 – BVerwG 2 C 17.03; *Brinktrine*, in: BeckOK Beamtenrecht Bund, Einführung in das Beamtenrecht; Rn. 220 ff.

639 BVerfG, Beschluss vom 20. September 2016 – 2 BvR 2453/15 –, Rn. 18; Beschluss vom 16. Dezember 2015 – 2 BvR 1958/13 –, Rn. 31.

640 *Hense*, in: Epping/Hillgruber, BeckOK GG, Einf. Art. 33; *Neuhäuser*, NVwZ 2013, 176, 177.

641 *Germelmann*, in: Berliner Kommentar, § 33, Rn. 2.

grundrechtsgleichen Rechts, erörtert seinen Inhalt jedoch eher beiläufig.[642] Das öffentliche Amt hat die Aufgabe, staatliche Macht in rechtliche Pflichten für die Allgemeinheit zu transformieren. Zudem schottet es den Staatsdienst sowohl gegen politische Willkür als auch gegen privaten Eigennutz der Beamten selbst ab.[643] Der Begriff „zu jedem öffentliche Amte" ist daher von zentraler Bedeutung für das der Vorschrift innewohnende Zugangsrecht und bestimmt insoweit auch die Reichweite des Art. 33 Abs. 2 GG.[644] Auch wenn aus dem Gesetz keine verfassungsrechtlich gesicherte Definition hervorgeht, so lässt sich bereits aus dem Wortlaut („jedem"), aber insbesondere anhand des mit der Vorschrift verfolgten Zwecks der Bestenauslese schließen, dass der Begriff weit auszulegen ist.[645] Die oberste Leitlinie der Auslegung ist somit die Zweckbestimmung der Vorschrift.[646] Diese geht über den Bereich des öffentlichen Dienstes nach Art. 33 Abs. 4 GG und Art. 33 Abs. 5 GG hinaus und umfasst losgelöst von den Kernstrukturen sämtliche vom Staat bereit gestellten beruflichen, nebenberuflichen und auch ehrenamtlichen Funktionen; unabhängig von der Organisationsform, in der der Staat jeweils agiert.[647] Hierzu werden die Amtspositionen in Bund, Ländern und Gemeinden gezählt, die mit Beamten, Angestellten des öffentlichen Dienstes, Richtern, Lehrbeauftragten oder Soldaten besetzt werden.[648] Nicht zu den „öffentlichen Ämtern" zählen indes Parteiämter[649], und obgleich Art. 33 Abs. 2 GG das „öffentliche Amt" voraussetzt, sagt die Vorschrift nichts darüber aus, unter welchen Voraussetzungen der Staat ein solches schaffen darf.[650]

---

642 *Von Roetteken*, ZBR 2015, 154, 155.

643 Vgl. *Isensee*, in: Leisner: Beamtentum, Vorwort des Herausgebers.

644 *Bickenbach*, in: von Münch/Kunig, Art. 33, Rn. 58; *Hense*, in: Epping/Hillgruber, BeckOK GG, Art. 33, Rn. 9, *Von Roetteken*, ZBR 2015, S. 156 f.

645 *Brosius-Gersdorf*, in: Dreier, Art. 33, Rn. 84; *Grigoleit*, in: Stern/Becker, Art. 33, Rn. 24; *Leisner*, Beamtentum, S. 9.

646 *Badura*, in: Dürig/Herzog/Scholz, Art. 33, Rn. 23.

647 BAGE 155, 29, Rn. 16; *Germelmann*, in: Berliner Kommentar, Art. 33, Rn. 28; *Jarass*, in: Jarass/Pieroth, Art. 33, Rn. 12.

648 BAGE 104, 295, 299; 161, 157; *Brosius-Gersdorf*, in: Dreier, Art. 33, Rn. 84; *Hense*, in: Epping/Hillgruber, BeckOK GG, Art. 33, Rn. 9; *Jarass*, in Jarass/Pieroth, Art. 33, Rn. 13; *Pieper*, in: Hofmann, Henneke, Art. 33, Rn. 23.

649 *Hense*, in: Epping/Hillgruber, BeckOK GG, Art. 33, Rn. 10.

650 *Leisner*, Beamtentum, S. 9.

Teilweise umstritten ist die Frage, ob auch die Ämter für politische Beamte zu den „öffentlichen Ämtern“ gem. Art. 33 Abs. 2 GG zählen.[651] Angesichts der gegenwärtigen Besetzungspraxis erscheinen Zweifel an der Zugehörigkeit durchaus nachvollziehbar, da der Zugang zu ihnen in Ermangelung entsprechender Ausschreibungen sowohl für Beamte als auch für verwaltungsexterne Personen faktisch nicht besteht. In Anbetracht der zentralen Bedeutung und der umfassenden Geltung des Art. 33 Abs. 2 GG, die sich sogar über den öffentlichen Dienst hinaus erstrecken, sowie aufgrund der Tatsache, dass auch die politischen Beamten sich in einem öffentlich-rechtlichen Amtsverhältnis befinden, ist das Vorliegen von öffentlichen Ämtern im Sinne des Art. 33 Abs. 2 GG jedoch zu bejahen. Ob die Ämter hierbei ausgeschrieben werden oder nicht, ist für die Frage der Zugehörigkeit nicht von Bedeutung. Art. 33 Abs. 2 GG setzt lediglich ein besetzbares öffentliches Amt und den Willen des Trägers der Personalhoheit voraus, dieses auch für eine Besetzung zu öffnen.[652] Beides trifft auf die Ämter für die politischen Beamten zu: sie sind vorhanden und sie sollen auch besetzt werden. Die Modalitäten der Besetzungsverfahren hingegen sind für die Frage nach der Zugehörigkeit zu Art. 33 Abs. 2 GG nicht entscheidend. Auch die Ämter für politische Beamte sind daher öffentliche Ämter im Sinne des Art. 33 Abs. 2 GG.

2. Gleichheit des Zugangs

Des Weiteren stellt sich die Frage, wie weitreichend die Zugangsgleichheit zu einem öffentlichen Amt zu interpretieren ist und was sie im Detail garantiert. Der Art. 33 Abs. 2 GG beinhaltet einen gleichheitsfundierten Zugangsanspruch, welcher einerseits die Berücksichtigung der Bewerberinteressen schützt, aber ebenso auch die Geltung des Leistungsprinzips verwirklichen soll, da eine ermessens- und beurteilungsfehlerfreie Berücksichtigung der Bewerber regelmäßig keine sachfremden Bevorteilungen zulässt.[653] Von der Vorschrift umfasst werden sowohl die Einstellung, als auch die erstmalige Ernennung, als auch die Beförderungen.[654] In Bezug auf Letztere trägt die

---

651 *Brosius-Gersdorf*, in: Dreier, Art. 33, Rn. 85; *Pieper*, in: Hofmann, Henneke, Art. 33, Rn. 29; *Lutze*, Die Stellenausschreibung im Beamtenrecht, S. 50 f.

652 Vgl. *Germelmann*, in: Berliner Kommentar, Art. 33, Rn. 27.

653 *Badura*, in: Dürig/Herzog/Scholz, Art. 33, Rn. 23; *Hense*, in: Epping/Hillgruber, BeckOK GG, Art. 33, Rn. 11.

654 BVerwGE 76, 243, 251; 101, 112, 114 f.

Vorschrift somit auch dem berechtigten Interesse der Beamten an einem angemessenen beruflichen Fortkommen Rechnung.[655] Auch die einer Einstellung vorausgehenden Maßnahmen, die mit der Besetzung eines Amtes verbunden sind, unterfallen dem Bewerbungsverfahrensanspruch des Art. 33 Abs. 2 GG.[656] Hierzu zählen beispielsweise die bereits erwähnte Stellenausschreibung sowie auch deren Bekanntmachung. Aus dem Verständnis des Bestenauslesegrundsatzes folgt sodann ein Anspruch des Bewerbers auf ein faires Auswahl- und Entscheidungsverfahren.[657] Aus dem Bewerbungsverfahrensanspruch lässt sich jedoch grundsätzlich kein unmittelbarer Anspruch auf Einstellung oder Beförderung ableiten.[658] Dies kann lediglich in Ausnahmefällen anzunehmen sein, wenn jede andere Besetzung des Amtes als offensichtlich ermessensfehlerhaft zu qualifizieren wäre.[659] Die Ermittlung des am besten geeigneten Bewerbers gemessen an den nachfolgend beschriebenen Kriterien von Eignung, Befähigung und fachlicher Leistung hat zudem stets das angestrebte öffentliche Amt als Bezugspunkt und nicht die Anforderungen an einen konkreten Dienstposten.[660]

3. Kriterien der Zugangsgleichheit

Die Zugangskriterien Eignung, Befähigung und fachliche Leistung sind die den Bestenauslesegrundsatz definierenden zentralen Merkmale. Sie stellen aus verfassungsdogmatischer Sicht zwar unbestimmte Rechtsbegriffe dar, bilden jedoch auch eine verfassungsunmittelbare Positivliste, die abschließend zu verstehen ist, weshalb eine Heranziehung weiter Auswahlgrundsätze grundsätzlich nicht möglich ist.[661] Diese sog. Leistungs- oder auch Kriterientrias hat die Aufgabe, eine sachlich-rational geleitete Auswahlentscheidung zu

---

655 *Badura*, in: Dürig/Herzog/Scholz, § 33, Rn. 26.

656 *Hense*, in: Epping/Hillgruber, BeckOK GG, Art. 33, Rn. 11.

657 *Brinktrine*, in: BeckOK Beamtenrecht Bund, BBG-Grundlagen des Beamtenrechts, Rn. 222.

658 *Hetzer*, VR 1998, 116, 120.

659 *Hense*, in: Epping/Hillgruber, BeckOK GG, Art. 33, Rn. 11.

660 *Badura*, in: Dürig/Herzog/Scholz, § 33, Rn. 26.

661 BVerwGE 85, 177, 180 = NVwZ 1991, 170; *Bickenbach*, in: von Münch/Kunig, Art. 33, Rn. 67; *Brosius-Gersdorf*, in: Dreier, Art. 33, Rn. 89; *Dollinger/Umbach*, in: Umbach/Clemens, Art. 33, Rn. 41; *Neuhäuser*, WissR 45/2012, 248, 251 f; *Wichmann*, Parteipolitische Patronage, S. 61.

gewährleisten.[662] Grundsätzlich stehen die drei Begriffe hierbei gleichberechtigt und gleichwertig nebeneinander.[663] Dem Inhaber der Personalhoheit wird in Einzelfällen bei der Gewichtung der Kriterien nach Maßgabe der Erfordernisse jedoch ein gewisser Abweichungsspielraum zugestanden.[664] Inhaltlich bestehen zudem durchaus Schnittmengen, weshalb die drei Begriffe oftmals unter dem Oberbegriff „Eignung im weiteren Sinne" zusammengefasst werden.[665] Während sich die Kriterien der Befähigung und der fachlichen Leistung auf Eigenschaften beziehen, die in der Vergangenheit des Bewerbers liegen, erfordert die Beurteilung der Eignung eine in die Zukunft gerichtete Prognose.[666] Zu messen sind sämtliche Kriterien zudem stets daran, welche Anforderungen das zu besetzende Amt konkret stellt.[667] Diese festzulegen ist Aufgabe des Dienstherrn.[668] Eine Ergänzung um weitere (nicht leistungsbezogene) Hilfskriterien ist in Einzelfällen möglich, in denen mehrere Bewerber die gleiche Eignung vorweisen, sog. Leistungspatt.[669]

a) Eignung

Die Eignung (im engeren Sinne) gilt als das am schwierigsten zu handhabende Kriterium des Art. 33 Abs. 2 GG, weshalb ihm zuweilen auch der Charakter eines Freibriefs für den Dienstherrn zur Wahl eines Wunschkandidaten zugesprochen wird.[670] Unter den Begriff subsumiert werden sämtliche körperlichen, geistigen, individuell-sozialen sowie individuell-persönlichen Eigenschaften, die für ein spezifisches Amt von Bedeutung sind und sich somit eng an diesem zu orientieren haben.[671] Aufgrund des starken Bezugs zur individuellen Persönlichkeit handelt es sich um eher weiche und somit

662 *Bickenbach*, in: von Münch/Kunig, Art. 33, Rn. 66.

663 *Germelmann*, in: Berliner Kommentar, Art. 33, Rn. 35.

664 *Brosius-Gersdorf*, in: Dreier, Art. 33, Rn. 89; *Germelmann*, in: Berliner Kommentar, Art. 33, Rn. 35.

665 *Brosius-Gersdorf*, in: Dreier, Art. 33, Rn. 89; *Germelmann*, in: Berliner Kommentar, Art. 33, Rn. 36.

666 *Bickenbach*, in: von Münch/Kunig, Art. 33, Rn. 67.

667 BVerfGE 96, 205, 211; 108, 282, 296, Rn. 34.

668 BVerfGE 92, 140, 155; *Dollinger/Umbach*, in: Umbach/Clemens, Art. 33, Rn. 41.

669 BVerfGE 122, 147, 150; 118, 370; *Brosius-Gersdorf*, in: Dreier, Art. 33, Rn. 89, 116.

670 *Lecheler*, in: HStR V, § 110, Rn. 9.

671 *Bickenbach*, in: von Münch/Kunig, Art. 33, Rn. 67; *Dollinger/Umbach*, in: Umbach/Clemens, Art. 33, Rn. 43.

gerichtlich schwer überprüfbare Eigenschaften.[672] Dem Kriterium der Eignung wohnt wegen seines engen Bezugs auch zu dem zukünftig durch den Beamten konkret zu besetzendem Amt auch ein prognostisches Element inne.[673]

Die Eignung lässt sich nochmals in physische, psychische und persönliche Aspekte untergliedern. Unter der physischen Eignung versteht man hierbei in erster Linie gesundheitliche Aspekte, wobei die generelle Seite von der konkreten Seite unterschieden werden muss. Konkret mangelt es einem Bewerber an der physischen Eignung, wenn zu erwarten steht, dass häufige Erkrankungen oder dauernde Phasen von Dienstunfähigkeit vor Erreichen der Altersgrenze mit hoher Wahrscheinlichkeit nicht ausgeschlossen werden können.[674] Die psychische Eignung umfasst vorrangig die seelische Belastbarkeit und nervliche Stabilität in Bezug auf die Aufgaben und Anforderungen des konkret angestrebten Amtes. Auch Eigenschaften wie ein zwingend erforderliches Mindestmaß an Entscheidungsfähigkeit und auch -freude sowie die Fähigkeit, sich in die entsprechende Amtshierarchie einzuordnen, werden zur psychischen Eignung gezählt.[675] Die persönliche Eignung bzw. der Begriff der Persönlichkeit ist nicht auf den Charakter eines Bewerbers zu beschränken, sondern er umfasst vielmehr alle inneren und auch äußeren Eigenschaften der jeweiligen Person, die sich nicht konkret der rein fachlichen Eignung zuschreiben lassen, sondern hauptsächlich eine intellektuell-soziale Komponente beinhalten.[676] Hierzu zählen Eigenschaften wie Teamfähigkeit, soziale Kompetenz und zwischenmenschliches Verhalten ebenso wie die eigene innere Bereitschaft eines Bewerbers, die ihm übertragenen dienstlichen Aufgaben nach verfassungsrechtlichen Grundsätzen unter Einhaltung rechtsstaatlicher Regeln wahrzunehmen und hierbei insbesondere die Freiheitsrechte der Bürger zu wahren.[677] Dem Eintreten für die

---

672 Wie zuvor schon beschrieben, wurde bereits im Parlamentarischen Rat vor der Aufnahme von Kriterien wie der Charaktereigenschaft gewarnt, was sich nunmehr als nicht unbegründet herausstellt.

673 Vgl. BVerwGE 147, 244, Rn. 10; 148, 204, Rn. 18; *Germelmann*, in: Berliner Kommentar, Art. 33, Rn. 39.

674 *Dollinger/Umbach*, in: Umbach/Clemens, Art. 33, Rn. 44.

675 *Dollinger/Umbach*, in: Umbach/Clemens, Art. 33, Rn. 45.

676 BVerfGE 80, 257, 265; *Isensee*, in: Handbuch des Verfassungsrechts, S. 1162 f.

677 BVerfG 92, 140, 151 f.; 96, 152, 163.

freiheitlich demokratische Grundordnung und auch der ethischen Eignung werden hierbei besondere Bedeutung beigemessen.[678] Die Prüfungsintensität der Verfassungstreue kann sich vor diesem Hintergrund für Bewerber noch tiefergehender darstellen als für Beamte, die sich bereits in einem öffentlich-rechtlich Amtsverhältnis befinden.[679]

b) Befähigung

Unter das Kriterium der Befähigung werden die der jeweiligen Tätigkeit speziell zugutekommenden Fachkenntnisse, Fähigkeiten und auch Fertigkeiten gefasst.[680] Die Befähigung umfasst allerdings auch sonstige Eigenschaften wie motivierende Neigungen und Interessen des Beamten und meint insoweit auch das auf entsprechender Vorbildung und ggf. bisheriger Berufstätigkeit beruhende fachliche, aber auch allgemeine Wissen sowie das Erfahrungsgut und das berufliche Können insgesamt. Es handelt sich insoweit um Eigenschaften, die für die angestrebte dienstliche Verwendung von wesentlicher Bedeutung sind. Hierzu zählen auch die jeweilige allgemeine Vorbildung und der sonstige Bildungsstand.[681]

c) Fachliche Leistung

Unter der fachlichen Leistung werden das fachliche Wissen und Können sowie auch die fachliche Bewährung in der bisherigen beruflichen Laufbahn verstanden.[682] Die fachliche Leistung bezieht sich sowohl auf die nach dienstlichen Anforderungen bewerteten Arbeitsergebnisse, als auch auf die praktische Arbeitsweise, das Arbeitsverhalten und im Falle einer Vorgesetztenfunktion, die bei politischen Beamten regelmäßig vorliegt, auf die Führungskompetenz.[683] Die Festlegung der Kriterien, nach denen die fachliche Leistung im Rahmen eines Auswahlverfahrens zu messen ist, muss aufgabengerecht und zwecks Nachvollziehbarkeit und späterer Überprüfbarkeit

---

678 Vgl. *Isensee*, in: Handbuch des Verfassungsrechts, S. 1162.

679 *Dollinger/Umbach*, in: Umbach/Clemens, Art. 33, Rn. 48.

680 BVerfGE 110, 304, 322 = NJW 2004, 1935; 92, 140, 154 ff.; *Battis*, in: Battis: BBG, § 9 BBG, Rn. 9.

681 *Germelmann*, in: Berliner Kommentar, Art. 33, Rn. 37.

682 BVerfGE 110, 304, 322 = NVwZ 2004, 1223; *Bickenbach*, in: von Münch/Kunig, Art. 33, Rn. 67.

683 *Wolff*, in: Stern/Sodan/Möstl, § 47, Rn. 79.

transparent sein.[684] Insbesondere in Bezug auf Beförderungen ist bei der Beurteilung der fachbezogenen Leistungsfähigkeit zu berücksichtigen, dass sich das Kriterium zwar auf in der Vergangenheit liegende Umstände bezieht, aber vor diesem Hintergrund gleichzeitig auch eine Erwartung für die Zukunft begründet.[685]

Soweit es sich nicht um Berufsanfänger handelt, welche nur im Falle einer fachspezifischen Ausbildung über entsprechende Leistungsnachweise verfügen, ist zudem die dienstliche Beurteilung des Beamten das maßgebliche Kriterium für die die Feststellung der fachlichen Leistung sowie auch deren Vergleichbarkeit mit anderen Bewerbern.[686]

III. Personeller Gewährleistungsbereich

Der Gewährleistungsbereich des grundrechtsgleichen Rechts des Art. 33 Abs. 2 GG ist auf Deutsche im Sinne des Art. 116 beschränkt.[687] Auf inländische juristische Personen ist das Recht gem. Art. 19 Abs. 3 GG hingegen nicht anwendbar.[688] Problematisch ist die Beantwortung der Frage, ob Art. 33 Abs. 2 GG auch für Unionsbürger gilt, da eine Verweigerung des Schutzes ein Verstoß gegen die unionsrechtlichen Diskriminierungsverbote aus Art. 18 Abs. 1 AEUV und Art. 21 Abs. 2 GRC, wonach den Mitgliedstaaten im Anwendungsbereich der europäischen Verträge jede Diskriminierung aus Gründen der Staatsangehörigkeit untersagt ist, darstellen könnte.[689] Um dem Vorrang des Primärrechts vor nationalem (Verfassungs-)Recht zu entsprechen, ist der Schutzbereich des Art. 33 Abs. 2 GG daher auch für Unionsbürger anderer Mitgliedstaaten eröffnet.[690] Zu beachten ist hierbei allerdings, dass der Anwendungsvorrang des Art. 45 Abs. 1 AEUV, welcher die Freizügigkeit von Arbeitnehmern auch hinsichtlich des Zugangs zu öffentlichen Ämtern

---

684 *Germelmann*, in: Berliner Kommentar, Art. 33, Rn. 38.

685 *Hense*, in: Epping/Hillgruber, BeckOK GG, Art. 33, Rn. 15.; *Jachmann-Michel/Kaiser*, in: Huber/Voßkuhle, Art. 33, Rn. 17.

686 *Pieper*, in: Hofmann, Henneke, Art. 33, Rn. 60.

687 OVG NRW, Urteil vom 10. März 2000 – 12 A 2129/98; *Pieper*, in: Hofmann, Henneke, Art. 33, Rn. 7.

688 *Brosius-Gersdorf*, in: Dreier, Art. 33, Rn. 74; *Hense*, in: Epping/Hillgruber, BeckOK GG, Art. 33, Rn. 20.

689 *Brosius-Gersdorf*, in: Dreier, Art. 33, Rn. 56.

690 *Jachmann-Michel/Kaiser*, in: Huber/Voßkuhle, Art. 33, Rn. 14.

gewährt, gem. Art. 45 Abs. 4 AEUV nicht für eine „Beschäftigung in der öffentlichen Verwaltung" gilt. Die Vorschrift greift nur dann ein, wenn hoheitliche Befugnisse „tatsächlich regelmäßig ausgeübt" werden.[691] Dieser Bereichsausnahme unterfallen insoweit die Diplomatie, die Streitkräfte, die Staatsanwaltschaft, Sicherheitsbehörden und auch die Stellen, die in die Zuständigkeit der staatlichen Ministerien fallen, was abgesehen von den Regierungssprechern auf sämtliche Stellen für politische Beamte in Deutschland zutreffen dürfte.[692]

IV. Anwendbarkeit auf politische Beamte

Nach einhelliger Rechtsmeinung gilt das Leistungsprinzip auch für politische Beamte uneingeschränkt.[693] Art. 33 Abs. 2 GG ist insoweit eine verfassungsrechtliche Fundamentalnorm, die nicht zwischen verschiedenen öffentlichen Ämtern differenziert.[694] Die Kriterien von Eignung, fachlicher Leistung und Befähigung sind somit zwingend auch im Bereich der Ernennung von politischen Beamten anzuwenden und dürfen darüber hinaus auch nicht durch weitere zusätzliche Kriterien in ihrer Geltung zurückgedrängt werden.[695]

V. Erweiterung und Modifizierung des Leistungsprinzips

Vor dem Hintergrund der Rechtsprechung des Bundesverfassungsgerichts, dass das Leistungsprinzip uneingeschränkt und vorbehaltlos gilt, stellt sich die Frage, ob diese Aussage jegliche Erweiterungen oder Modifizierungen, beispielsweise im Fall von vermeidlich besonderen Sacherfordernissen in Bezug auf das konkrete, in diesem Fall politische Amt generell untersagt.

---

691 EuGH, Rs. C-405/01, Slg. 2003, I-10391, 10440, Rn. 44.

692 Zurückhaltend diesbezüglich *Brosius-Gersdorf*, in: Dreier, Art. 33, Rn. 80.

693 Vgl. BVerwG, Beschluss vom 25. April 2007 – 1 WB 31.06 –, BVerwGE 128, 329 = juris Rn. 45; OVG NRW, Beschluss vom 15. Dezember 2021 – 6 A 739/18, Rn. 125; *Kunig*, in: v. Münch/Kunig, Art. 33, Rn. 78; *Franz*, DÖD 1999, 49, 51; *Schunke*, Die politischen Beamte, S. 189; krit. *Lindner*, ZBR 2001, 150.

694 *Lindner*, NVwZ 2024, 620, 622.

695 *Kaiser*, in: Huber/Voßkuhle, Art. 33, Rn. 12.

Die Kriterien der Leistungstrias sollen regelmäßig das gesamte Anforderungsspektrum für die Bestenauslese abdecken.[696] Dennoch sind Ausnahmen vom Leistungsgrundsatz grundsätzlich möglich, bedürfen aber einer (parlaments-)gesetzlichen Grundlage.[697] Eine derartige Regelung, die den Lebensbereich eines grundrechtsgleiches Rechte ordnen will, muss zudem ihre verfassungsimmanenten Schranken bestimmen und konkretisieren.[698] Für den Fall, dass weitere Kriterien Berücksichtigung finden sollen, so ist zunächst zu unterscheiden, ob es sich um solche handelt, die die Eignung, Leistung und Befähigung begründen, beeinträchtigen oder ausschließen, oder um solche, die hilfsweise zur Anwendung kommen, wenn zwischen den Bewerbern um ein öffentliches Amt ein sog. Leistungspatt, also ein Gleichstand der Beurteilungslage, herrscht.[699] In dieser Konstellation bedarf es bei gleicher Qualifikation mehrerer Bewerber nach Ausschöpfung sämtlicher Möglichkeiten der Bestenauslese zusätzlicher sachgerechter Hilfskriterien, ohne die eine Auswahlentscheidung nicht möglich wäre.[700] Der Dienstherr kann insoweit einzelnen Eignungs-, Erfahrungs- oder Leistungskriterien einer Bewerbung unterschiedliches Gewicht beimessen.[701]

Von größerer Bedeutung für die vorliegende Untersuchung ist somit die Frage nach der Verfassungsmäßigkeit eines sog. „modifizierten Leistungsprinzips“ für die politischen Beamten, bei dem die Leistungstrias um das Eignungskriterium eines besonderen Vertrauensverhältnisses erweitert wird.[702] Dieses Kriterium verdient bereits deswegen Beachtung, da sein Vorliegen zwar unerlässliches Merkmal für die Ernennung eines politischen Beamten sein soll, sein Fehlen im Rahmen der Versetzung in den einstweiligen Ruhestand hingegen nur einer, wenn überhaupt, kurzen Behauptung statt einer näheren Begründung bedürfe.[703] Die bloße Existenz politischer Beamter für sich genommen ist noch nicht als Modifizierung des Leistungsprinzips zu

---

696 *Isensee*, in: Handbuch des Verfassungsrechts, § 32, Rn. 38.
697 BVerfGE 139, 19 = BeckRS 2015, 46108, Rn. 60.
698 Vgl. BVerfGE 83, 130, 142.
699 BVerfG Beschluss vom 21. April 2015 – 2 BvR 1322/12, 2 BvR 1989/12, BeckRS 2015, 46108, Rn. 76; *Blickenbach*, in: v. Münch/Kunig, Art. 33, Rn. 76.
700 BVerfGE 140, 83, 87 f.
701 Vgl. *Lutze*, Die Stellenausschreibung im Beamtenrecht, S. 64.
702 *Blickenbach*, in: v. Münch/Kunig, Art. 33, Rn. 76.
703 Vgl. *Martin*, in BeckOK Beamtenrecht NRW, § 37, Rn. 15.

werten.[704] Allerdings würde der politische Standort eines Bewerbers für ein öffentliches Amt zwangsläufig Einfluss auf seine Eignung nehmen, wenn in diesem politische Aufgaben gestaltender Art zu erfüllen sind.[705] Das Vorhandensein eines besonders hohen politischen Vertrauens kann und darf die fachliche Spitzenqualifikation, die für derartige Ämter erforderlich sei, jedoch weder ersetzen noch die Anforderungen an sie verringern.[706]

Angesichts der bislang getroffenen Merkmale, die unter das Kriterium der Eignung zu fassen sind, stellt sich bereits die Frage, ob das mit einer Modifizierung des Leistungsprinzips hinzutretende Merkmal eines besonderen Vertrauensverhältnisses auf Seiten der Regierung nicht bereits die Wortlautgrenze überschreitet. Das Auswahlkriterium der Eignung deckt ausschließlich Persönlichkeitsmerkmale ab, und zwar solche, die in der Person des Bewerbers begründet sind und diesen in positiver wie auch in negativer Hinsicht ausmachen. Dass hierunter ein Merkmal wie ein besonderes Vertrauensverhältnis fallen soll, könnte wohl nur dann angenommen werden, wenn dieses (zumindest auch) auf Seiten des Bewerbers bestehen müsste. Dies ist jedoch nicht der Fall. Der Bewerber kann vielmehr überhaupt nicht beeinflussen, ob eine Regierung ihm vertraut oder nicht und somit seine Eignung vorliegt. Man könnte hierzu entgegen, dass ein Bewerber auch sein Alter und seine Körpergröße, die beide zulässige Eignungskriterien darstellen, ebenfalls nicht beeinflussen kann. Dennoch sind diese Kriterien, wenn vielleicht auch unverschuldet, in der persönlichen Sphäre des Bewerbers verhaftet, sodass sie ihm im Rahmen einer Bestenauslese auch zuzurechnen sind. Dies kann jedoch nicht auf ein Kriterium zutreffen, dass ein anderer Mensch in Person eines Ministers oder Regierungschefs ganz persönlich für sich selbst feststellen muss, und das mit der persönlichen Eignung des Bewerbers objektiv nichts gemein hat. Das Bundesverfassungsgericht verwendet in Bezug auf die Notwendigkeit eines besonderen Vertrauens auf Seiten der Staatsführung zudem den Begriff „bedürfen".[707] Dass es eines Vertrauensverhältnisses „bedürfe" ist aber nicht gleichbedeutend mit der Annahme, dass dies ein vom Bewerber seinerseits zu erbringendes Eignungsmerkmal

---

704 *Blickenbach*, in: v. Münch/Kunig, Art. 33, Rn. 78.
705 *Jachmann-Michel/Kaiser*, in: Huber/Voßkuhle, Art. 33, Rn. 19.
706 Plog/Widow/Beck/Lemhöfer, § 54 BBG, Rn. 3.
707 BVerfGE 149, 1, Rn. 43.

ist. In der Literatur wird teilweise die Ansicht vertreten, dass aufgrund der Tatsache, dass die Auswahlmaßstäbe des Art. 33 Abs. 2 GG sachliche Kriterien darstellen, die anhand des jeweiligen zu besetzenden Amtes zu bemessen sind, auch die Möglichkeit bestehen müsse, in bestimmten Fällen Bewerber gerade wegen ihrer parteipolitischen Ansichten auszuwählen, da letztere für bestimmte Ämter unter das Kriterium der Eignung fielen.[708] Ungeachtet dieser modifizierten parteipolitischen Neutralitätspflicht gälten für die Ernennung politischer Beamter die allgemeinen Vorschriften des §§ 7 ff. BeamtStG.[709] Dieser Auffassung erscheint zweifelhaft. Eine parteipolitische Eignung kennt die Verfassung nicht. Sie lässt sich somit auch unter keinen der drei beschriebenen Eignungsbegriffe subsumieren.[710] Eine Unterscheidung zwischen einer verfassungsrechtlich unzulässigen parteipolitischen Eignung und einer bislang als zulässig angenommenen Eignung aufgrund einer Übereinstimmung in Bezug auf die politischen Ziele einer Regierung dürfte indes nur schwer vorzunehmen sein. Konkrete Regierungspolitik hat ihren Ursprung immer in einem Parteiprogramm, welches innerhalb der Bundes- oder Landespartei nach entsprechenden Parteitagsbeschlüssen aufgestellt wird und mit dem sodann versucht wird, in Wahlkämpfen eine Mehrheit zu erringen.[711] Im Anschluss daran wird in Koalitionsverhandlungen eine Schnittmenge aus den Programmen der Regierungsparteien erarbeitet und in einem Koalitionsvertrag festgehalten, der teilweise nochmals auf einem Sonderparteitag den Parteien erneut zur Abstimmung gestellt wird. Regierungspolitik ist somit regelmäßig die direkte Umsetzung von Parteipolitik, weshalb die Annahme einer zwingenden inneren Übereinstimmung zu dieser Politik im Rahmen ihrer Umsetzung auf Seiten der damit betrauten Beamten niemals parteipolitisch neutral sein kann.[712] Eine Modifizierung des Leistungsprinzips durch eine Erweiterung des Eignungsbegriffs ist somit nicht gerechtfertigt, zumal in Ermangelung einer Ausschreibung der politischen Ämter bereits nicht die Feststellung getroffen werden kann, ob das modifizierte Eignungsmerkmal nicht auch in Bezug auf andere Bewerber vorhanden sein könnte.

---

708 Vgl. *Wichmann*, Parteipolitische Patronage, S. 63.

709 *Brandstädt/Zahn*, ThürVBl. 2021, 177, 178.

710 *Jachmann-Michel*/Kaiser, in: Huber/Voßkuhle, Art. 33, Rn. 19; *Lecheler*, in: HStR V, § 110, Rn. 10.

711 *Ipsen*, in: Ipsen, ParteienG, § 1, Rn. 14 ff.

712 Vgl. *Flecken*, NZS 2019, 769; *Breithaupt*, DÖV 1964, 331.

VI. Ausnahmen von der Ausschreibungspflicht

Neben den vom Bundesverfassungsgericht festgelegten Kriterien für die sachliche Rechtfertigung der Rechtsfigur des politischen Beamten tritt in tatsächlicher Hinsicht der beschriebene Umstand, welcher zwar keine Tätigkeit oder persönliche Eigenschaft des Beamten beschreibt, jedoch untrennbar mit der Rechtsfigur und dem Sinn und Zweck, für den sie existiert, verbunden ist, hinzu: die Besetzung des Amtes ohne ein förmliches Stellenbesetzungsverfahren.[713] Auf Bundesebene existiert mit der Vorschrift des § 4 Abs. 2 Nr. 1 BLV zudem eine Norm, die eine Ausschreibungspflicht für die Stellen der politischen Beamten verneint. Auch die Praxis zeigt, dass die Ämter für politische Beamte im Zuge einer Neubesetzung regelmäßig nicht im Nachgang an ein Stellenausschreibungsverfahren vergeben werden, sondern unmittelbar aufgrund einer politischen Entscheidung. Allein der Zeitfaktor verwundert in diesem Zusammenhang oftmals, da häufig bereits am selben Tag, an dem die Versetzung eines Beamten in den einstweiligen Ruhestand bekannt gegeben wurde, auch direkt dessen Nachfolger öffentlich benannt und dadurch zugleich deutlich gemacht wird, dass eine Bewerbung um das Amt aussichtslos ist, da die Entscheidung über die Neubesetzung bereits hinter verschlossenen Türen gefallen ist.[714] Dass dem Bestenauslesegrundsatz des Art. 33 Abs. 2 GG bei einer derartigen Verfahrensweise nicht vollumfänglich entsprochen werden kann, ist offensichtlich. Ob aus Art. 33 Abs. 2 GG jedoch eine Pflicht zur Ausschreibung sämtlicher Stellen für politische Beamte erwächst, oder ob der Dienstherr hiervon grundsätzlich oder zumindest teilweise absehen bzw. den Adressatenkreis im Rahmen seiner Organisationsgewalt steuern kann, ist streitig.[715] Wie bereits festgestellt, zählt auch die Ämter der politischen Beamten zu den „öffentlichen Ämtern" gem. Art 33 Abs. 2 GG. Demzufolge

---

[713] Während der gesamten Recherche zu dieser Arbeit konnte der Verfasser lediglich im Fall der Neubesetzung des Berliner Polizeipräsidenten, des Landespolizeipräsidenten von Baden-Württemberg sowie des Direktors bei der Bremischen Bürgerschaft eine Stellenausschreibung nachvollziehbar machen.

[714] Im Falle des damaligen Generalbundesanwalts Harald Range wurde entsprechend verfahren und noch am selben Tag, an dem die Versetzung in den einstweiligen Ruhestand öffentlich gemacht wurde, der damalige Münchener Generalstaatsanwalt Peter Frank als Nachfolger bekannt gegeben, vgl. hierzu: Maas versetzt Range in den Ruhestand, ZEIT Online, 04. August 2015, https://www.zeit.de/politik/deutschland/2015-08/justizminister-maas-versetzt-generalbundesanwalt-range-in-ruhestand.

[715] *Neuhäuser*, NVwZ 2013, 176.

kann für diese grundsätzlich auch nichts Anderes gelten als für die übrigen Ämter der Laufbahnbeamten. Teilweise wird die Ansicht vertreten, dass sich aus dem Leistungsprinzip keine generelle Ausschreibungspflicht ableiten ließe. Der Bewerbungsverfahrensanspruch sei insoweit nicht gleichzusetzen mit einem Bewerbungsanspruch.[716] Auch die Rechtsprechung hat sich in der Vergangenheit sehr zurückhaltend in Bezug auf eine vollumfängliche und verpflichtende Ausschreibung von öffentlichen Ämtern gezeigt und dem Organisationsermessen des Dienstherrn einen ebenso weiten Spielraum eingeräumt wie auch der Berücksichtigung haushälterischer Gründe.[717] Diese Ansichten verkennen jedoch in zweifacher Hinsicht den Sinn und Zweck einer Ausschreibung, die zum einen durch das Öffnen des Bewerberkreises im öffentlichen Interesse zur Bestenauslese beitragen, und zum anderen dem subjektiven Interesse der potentiellen Bewerber an einer Kenntnisnahme des zu besetzenden Amtes entsprechen soll. Die öffentliche Ausschreibung bewirkt somit exakt die durch Art. 33 Abs. 2 GG bezweckte wechselseitige Geltungsverstärkung von objektiv-rechtlichem Leistungsprinzip und subjektiv-rechtlichem Gleichheitsanspruch.[718] Erst dadurch, dass ein Amt ausgeschrieben wird, wird überhaupt die Möglichkeit eröffnet, den Anforderungen des Art. 33 Abs. 2 GG zu entsprechen.[719] Je offener eine Bewerbung hierbei formuliert ist und je größer der Kreis derer ist, dem sie bekanntgegeben wird, desto höher ist die Wahrscheinlichkeit, dass das Amt mit dem in tatsächlicher Hinsicht am besten geeigneten Kandidaten besetzt wird und somit dem doppelfunktionellen Charakter der Bestenauslese entsprochen wird. Ein positiv hervorzuhebender Nebeneffekt in Bezug auf die politischen Ämter ist zudem die mit der Ausschreibung einhergehende Transparenz- und somit auch Gerechtigkeitsfunktion. Durch die Ausschreibung würde das politische (öffentliche) Amt auch tatsächlich öffentlich gemacht, was eine Besetzung mit einem politisch gewollten Wunschkandidaten, der unter Beachtung der Leistungstrias womöglich gar nicht bewerbungsfähig gewesen wäre, deutlich erschweren würde, zumal durch eine Ausschreibung auch ein mediales

716 *Lindner*, ZBR 2012, 181.

717 OVG Koblenz, Beschluss vom 15. Oktober 2013 – 2 B 10707/13.OVG; OVG Lüneburg, Beschluss vom 06. November 2008 – 5 ME 164/08; *Lutze*, Die Stellenausschreibung im Beamtenrecht, S. 333.

718 *Höfling*, in: Berliner Kommentar, Art. 33, Rn. 248.

719 *Hartmann*, DÖV 2020, 137, 143 f.

Interesse an der Besetzung geweckt würde.[720] Ein grundrechtsgleiches Recht darf nicht dadurch ausgehöhlt werden, dass man es der Organisationsgewalt einer Regierung zugesteht, in einem einer Ausschreibung vorgeschalteten und intransparenten Prozess Fakten zu schaffen und somit die Möglichkeit einer Ämterbesetzung unter Nichtbeachtung der verfassungsrechtlichen Leistungskriterien zu eröffnen. Des Weiteren ergeben sich aus der Verfahrensabhängigkeit des aus Art. 33 Abs. 2 GG folgenden Anspruchs entsprechende Vorwirkungen. Das dem gerichtlichen Rechtsschutzverfahren vorgelagerte Verwaltungsverfahren darf nicht so ausgestaltet sein, dass es den gerichtlichen Rechtsschutz vereitelt oder unzumutbar erschwert.[721] Zur Sicherung des Gebotes effektiven Rechtsschutzes folgt aus Art. 33 Abs. 2 GG in Verbindung mit Art. 19 Abs. 4 GG auch die Verpflichtung, die wesentlichen Auswahlerwägungen schriftlich niederzulegen. Nur durch eine schriftliche Fixierung der wesentlichen Auswahlerwägungen wird ein unterlegener Mitbewerber in die Lage versetzt, sachgerecht darüber befinden zu können, ob er die Entscheidung des Dienstherrn akzeptieren soll oder, ob Anhaltspunkte für einen Verstoß gegen den Anspruch auf faire und chancengleiche Behandlung seiner Bewerbung bestehen und er daher gerichtlichen Eilrechtsschutz in Anspruch nehmen sollte.[722] Wenn eine Ausschreibung hingegen gar nicht erst erfolgt, wird diese Rechtsschutzmöglichkeit gänzlich vereitelt.

Die Folgen, die eine Besetzung unter Verzicht auf eine Stellenausschreibung mit sich bringen kann, sind hinsichtlich einer möglichen Verletzung des Leistungsprinzips zudem oftmals deutlich weitreichender und langfristiger als nur in Bezug auf das ursprüngliche politische Amt selbst. Die Praxis bringt immer häufiger Beispiele hervor, in denen politische Beamte nach einem Regierungswechsel zwar aus ihrem Amt ausscheiden und in den

---

[720] Ein Stellungbesetzungsverfahren für ein politisches Amt, welches im Nachgang an eine Ausschreibung besetzt wurde, sich aus verschiedenen Gründen über mehrere Jahre hinzog und ein entsprechend großes Interesse erregte, war die Neubesetzung des Amtes des Berliner Polizeipräsidenten im Jahr 2012. Das Beispiel machte ebenfalls deutlich, dass trotz einer Ausschreibung das Letztentscheidungsrecht über die Vergabe des Amtes im Ergebnis bei den jeweiligen Regierungsverantwortlichen liegt und weniger am Leistungsprinzip, aber dafür umso mehr an politischen Erwägungen orientiert ist, vgl. hierzu *Hasselmann*, Jörn/ *Martens*, Daniela: „Berlin sucht einen Polizeipräsidenten“, Tagesspiegel, 07. März 2012.

[721] BVerfG, Beschluss vom 20. September 2016 – 2 BvR 2453/15 –, Rn. 20.

[722] BVerfG, Beschluss vom 20. September 2016 – 2 BvR 2453/15 –, Rn. 20.

einstweiligen Ruhestand versetzt werden, sich unmittelbar im Anschluss jedoch ein Laufbahnamt zuweisen lassen, um sich sodann erneut auf ein höherwertiges (ausgeschriebenes) Amt zu bewerben. Bei dem nunmehr stattfindenden Auswahlverfahren findet der Bestenauslesegrundsatz im Gegensatz zur Besetzung des vorherigen politischen Amtes vollumfänglich Anwendung, sodass die Entscheidung über den qualifiziertesten Bewerber ausschließlich anhand der Kriterien von Eignung, Befähigung und fachlicher Leistung vorgenommen wird.[723] Ein Auswahlverfahren gestaltet sich regelmäßig so, dass das dem Grundsatz der Bestenauslese entsprechende unmittelbar leistungsbezogene Kriterium der aktuellen dienstlichen Beurteilung eines Bewerbers ausschlaggebend für die Entscheidung ist, da diese den aktuellen Eignungs-, Leistungs- und Befähigungsstand widerspiegelt und ihr Zweck und Wert gerade darin liegt, die Personalauslese möglichst weitgehend zu versachlichen.[724] Für den Fall, dass sämtliche Bewerber in ihrer letzten Beurteilung die Bestnote erhalten haben, ist im nächsten Schritt das jeweilige Statusamt ausschlaggebend, wobei die Beurteilung des Bewerbers in einem höheren Statusamt auch grundsätzlich höher zu bewerten ist als diejenige des in einem niedrigeren Statusamt befindlichen Konkurrenten, da der Aufgabenzuschnitt in dem höheren Statusamt als anspruchsvoller erachtet wird.[725] Vor dem Hintergrund der Tatsache, dass der Beurteilungsvorgesetzte eines politischen Beamten entweder sein Staatssekretär oder für den Fall des Staatssekretärs selbst dessen Minister ist, wird es nicht zuletzt auch wegen der engen persönlichen und politischen Nähe, die den Ämtern ja innewohnen soll, so sein, dass kein Bewerber, der zuvor ein politisches Amt hatte, ohne eine Beurteilung mit Spitzennote in ein entsprechendes Auswahlverfahren gehen wird. Sowohl im Bund als auch in den Ländern verhält es sich zudem so, dass die politischen Ämter bis auf wenige Ausnahmen statusrechtlich immer über den Ämtern von Laufbahnbeamten liegen (in der Regel B 9 gegenüber B 6), was bedeutet, dass ein ehemaliger politischer Beamter in einem möglichen Konkurrentenstreit faktisch kaum unterliegen kann.[726] Zwei bekannte Beispiele zu diesem Phänomen haben sich zuletzt

---

723 *Neuhäuser*, NVwZ 2018, 1745, 1746.

724 *Neuhäuser*, NVwZ 2018, 1745, 1746; *Eckstein*, ZBR 2009, 86, 87.

725 BVerfGE 141, 56, 79 f. = NVwZ 2016, 682 Rn. 59; *Neuhäuser*, NVwZ 2018, 1745, 1746.

726 Der Grundsatz der Höherwertigkeit einer Beurteilung in einem höheren Statusamt gilt nicht ausnahmslos. Vielmehr hängt das zusätzlich zu berücksichtigende Gewicht

in Niedersachsen ereignet.[727] Im Jahr 2017 war das Amt des Präsidenten des Oberlandesgerichts Celle (R 8) neu zu besetzen. Auf die Stelle bewarben sich die kurz zuvor in den einstweiligen Ruhestand versetzte Staatssekretärin aus dem Justizministerium, der Celler Generalstaatsanwalt sowie der Präsident des Landgerichts Hannover. Alle drei Bewerber konnten die bestmögliche Beurteilung vorweisen, sodass sich im Ergebnis die ehemalige Staatssekretärin aufgrund ihres höheren Statusamtes (B 9 im Vergleich zu R 6 und R 5) durchsetzte.[728] Die Beschwerden[729] der erstinstanzlich unterlegenen Bewerber wies das Oberverwaltungsgerichts Lüneburg mit Beschlüssen vom 23. Mai 2018 zurück.[730] Die Verfassungsbeschwerde des Landgerichtspräsidenten hat das Bundesverfassungsgericht wegen Unzulässigkeit nicht zur Entscheidung angenommen.[731] Im Jahr 2023 stand nunmehr das Präsidentenamt des Oberverwaltungsgerichts Lüneburg selbst zur Neubesetzung an und erneut konnte

---

der in einem höheren Statusamt erteilten Beurteilung von den Umständen des Einzelfalls ab, vgl. BVerfG, Beschluss vom 17. Februar 2017 – 2 BvR 1558/16 = NVwZ 2017, 1133, 1135.

727 Bereits im Jahr 2015 wurde der damalige Justiz-Staatssekretär zum Präsidenten des OLG Braunschweig ernannt, vgl. *Wallbaum*: Regierung lenkt ein: CDU-Mann soll das Oberverwaltungsgericht Lüneburg leiten, Rundblick: Politikjournal für Niedersachsen, 21. März 2024, https://rundblick-niedersachsen.de/regierung-lenkt-ein-cdu-mann-soll-das-oberverwaltungsgericht-lueneburg-leiten.

728 Vgl. *Brüning*, Martin: Celler OLG-Präsidentenstelle: Jetzt geht es vor Gericht, Rundblick: Politikjournal für Niedersachsen, 16. Januar 2018, https://rundblick-niedersachsen.de/celler-olg-praesidentenstelle-jetzt-geht-es-vor-gericht. Im Vergleich zu vorherigen Ausschreibungen wurde zudem der Bewerberkreis auffällig klein gehalten und lediglich auf das Land Niedersachsen beschränkt, was verfassungsrechtlich ebenfalls Bedenken begegnet. Es stand allerdings zu befürchten, dass ein aussichtsreicher Kandidat aus einem benachbarten Land die Stelle hätte zugesprochen bekommen müssen, falls dieser sich beworben hätte. Dieses Risiko konnte somit verhindert werden.

729 Der Leitsatz des Beschlusses des VG Hannover vom 07.02.2018 – 2 B 11230/17 – BeckRS 2018, 1272 lautete: „Es wäre mit dem Leistungsgrundsatz nicht zu vereinbaren, eine etwas mehr als 2-jährige Tätigkeit als Staatssekretärin unter den Tisch fallen zu lassen oder mit einem ‚Politmalus' zu versehen." Dass die Staatssekretärin ohne Anwendung des Leistungsgrundsatzes in ihr Amt gelangt war, findet in den Ausführungen des Gerichts hingegen keine Erwähnung.

730 OVG Lüneburg 5 ME 32/18 und 5 ME 43/18 gegen die Entscheidungen des VG Hannover (Beschluss vom 7. Februar 2018 – 2 B 11230/17, BeckRS 2018, 1272) und des VG Lüneburg (Beschluss vom 14. März 2018 – 8 B 253/17).

731 BVerfG, Beschluss vom 4. Juli 2018 – 2 BvR 1207/18.

sich ein zuvor in den einstweiligen Ruhestand versetzter Staatssekretär aus dem Justizministerium gegen seine Mitbewerber behaupten.[732] Im Ergebnis haben sich somit in beiden Verfahren kurz zuvor in den einstweiligen versetzte Amtschefs des Justizministeriums gegen langjährige und erfahrene Richter sowie einen Generalstaatsanwalt durchsetzen können. Dass es sich bei beiden Staatssekretären auch um leistungsstarke und geeignete Kandidaten handeln möge, soll und kann vom Verfasser keineswegs in Abrede gestellt werden. Das Verfahren zur Besetzung der Ämter entspricht jedoch aus den genannten Umständen in Gestalt des politisch nahestehenden und persönlich vertrauten Beurteilungsvorgesetzten sowie des für andere Bewerber nicht konkurrenzfähigen Statusamtes, welches ohne vorherige Stellenausschreibung vergeben wurde, nicht den verfassungsrechtlichen Anforderungen des Art. 33 Abs. 2 GG. Ein bemerkenswerter Vorgang hat sich zudem im Verlauf des Stellenbesetzungsverfahrens zur Neubesetzung des Präsidenten des Oberverwaltungsgerichts Lüneburg zugetragen. Exakt die Regierungsfraktion, die noch im Jahr 2017 die Einsetzung „ihrer" Staatssekretärin in das Präsidentenamt beim Oberlandesgericht Celle für unbedenklich und rechtmäßig erachtet hatte, unternahm nunmehr den Versuch, den politisch anders beheimateten ehemaligen Staatssekretär vom Bewerbungsverfahren auszuschließen.[733] Erst nachdem das Oberverwaltungsgericht Lüneburg selbst in der Angelegenheit zu Gunsten des Bewerbers entschieden hatte, dass ein derartiger Ausschluss rechtswidrig war, lenkte die Landesregierung ein und beschloss die Berufung in das Amt.[734] Im Rahmen beider Stellenbesetzungsverfahren wurde zudem wegen des Hauptaugenmerks auf der Beurteilung sowie auf dem Statusamt

---

732 Vgl. hierzu: Neue Spitze in Lüneburg: Frank-Thomas Hett ist neuer Präsident des Oberverwaltungsgerichts, Rundblick: Politikjournal für Niedersachsen, 04. April 2024, https://www.rundblick-niedersachsen.de/neue-spitze-in-lueneburg-frank-thomas-hett-ist-neuer-praesident-des-ovg/#:~:text=P%20und%20P-,Neue%20Spitze%20in%20L%C3%BCneburg%3A%20Frank%2DThomas%20Hett%20ist%20neuer%20Pr%C3%A4sident,Pr%C3%A4sident%20des%20Oberverwaltungsgerichts%20L%C3%BCneburg%20erhalten.

733 Vgl. hierzu: Senat hat entschieden: Ex-Staatssekretär Hett darf sich als OVG-Präsident bewerben, Rundblick: Politikjournal für Niedersachsen, 06. Juli 2023, https://www.rundblick-niedersachsen.de/senat-hat-entschiedne-ex-staatssekretaer-hett-darf-sich-als-ovg-praesident-bewerben/.

734 Vgl. hierzu *Wallbaum*: Regierung lenkt ein: CDU-Mann soll das Oberverwaltungsgericht Lüneburg leiten, Rundblick: Politikjournal für Niedersachsen, 21. März 2024,

das Kriterium der fachlichen Leistung nur unzureichend berücksichtigt. Bei derartigen Auswahlentscheidungen wäre neben der Heranziehung der Beurteilung und des Statusamtes ein stärkerer Blick auf die Aufgabenbereiche des zu besetzenden Amtes geboten, diese sodann im Anforderungsprofil für die Stellenausschreibung entsprechend zu gewichten und die tatsächliche Qualifikation der Bewerber damit abzugleichen. Es dürfte mit dem Leistungsprinzip, welches eine höchstmöglich qualifizierte Verwaltung und somit auch eine bestmögliche aufgestellte Justiz fordert, nur schwer vereinbar sein, wenn ein ehemaliger (Justiz-)Staatssekretär aufgrund seines höheren Statusamtes bei der Besetzung eines Präsidentenamtes bei einem Oberlandesgericht regelmäßig den Vorzug vor einem Landgerichtspräsidenten bzw. vor einen langjährigen Vorsitzenden Richter am Oberverwaltungsgericht bekommt. In seinem Beschluss vom 07. Februar 2018 beschrieb das VG Hannover ausführlich das Aufgabengebiet der damaligen Justizstaatssekretärin.[735] Hierbei fällt auf, dass zu den durchaus vielfältigen Aufgaben keinerlei richterliche Tätigkeit zählte. Letztere ist aber neben den umfangreichen Aufgaben nicht zuletzt wegen der hohen Belastung der Justiz bei einem Gerichtspräsidenten regelmäßig der Fall. Eine mangelnde Erfahrung in der Prozessleitung dürfte durch die Tätigkeit als Amtschef im Justizministerium nicht auszugleichen sein, sodass die entsprechende tatsächlich vorhandene Qualifikation zukünftig stärker zu berücksichtigen sein dürfte, um dem Leistungsprinzip zu entsprechen.[736] Wenn die verwaltungsgerichtliche Rechtsprechung in Bezug auf die derzeitige Besetzungspraxis bei öffentlichen Spitzenämtern

---

https://rundblick-niedersachsen.de/regierung-lenkt-ein-cdu-mann-soll-das-oberverwaltungsgericht-lueneburg-leiten.

735 „Amtschefin und höchste Beamten des Ministeriums, die im Auftrag der Ministerin das Ministerium leitete, ihre ständige Vertreterin im Ministerium war und ein uneingeschränktes Weisungsrecht gegenüber den Mitarbeitern hatte. Namentlich verantwortete sie zum Beispiel Gesetzgebungsvorhaben in unterschiedlichsten Rechtsgebieten, Bundesratsinitiativen, Vorlagen zur Unterrichtung des Landtags, Kleine wie Große Anfragen, den Justizvollzug, die fachliche Arbeit im Landespräventionsrat, die Juristenausbildung, den Justizhaushalt, die Einführung des elektronischen Rechtsverkehrs, Fragen der Justizorganisation und der Sicherheit in den Gerichten und Staatsanwaltschaften, dienstrechtliche Angelegenheiten aller Justizangehörigen und schwierige Personalangelegenheiten“, vgl. VG Hannover, Beschluss vom 07. Februar 2018 – 2 B 11230/17.

736 Kritisch hierzu *Braun*, NJOZ 2019, 1585, 1589.

sich nicht stärker an den tatsächlichen Erfordernissen des Leistungsprinzips orientiert, wird sich neben einer Politisierung von Justiz und Verwaltung auch ein „Drehtüreffekt"[737] einstellen, der sich darin äußert, dass Personen unter Umgehung des Bestenauslesegrundsatzes zunächst in ein politisches Amt „katapultiert" werden, von dort kurzzeitig quiesziert werden, um sich sodann erfolgreich auf ein hohes Laufbahnamt zu bewerben, für das keine einstweilige Ruhestandsversetzung mehr vorgesehen ist und in dem sie somit dauerhaft verweilen können.

Zusammenfassend ist daher festzustellen, dass sich für die Besetzung sämtlicher öffentlicher Ämter und somit auch der politischen unmittelbar aus Art. 33 Abs. 2 GG eine generelle Ausschreibungspflicht ergibt, die ausschließlich im Wege der praktischen Konkordanz zu den Grundrechten Dritter oder anderer mit Verfassungsrang ausgestatten Belangen im Einzelfall zurücktreten kann.[738]

VII. Eingriff

Wie die vorgenannten Ausführungen verdeutlichen, durchbricht das Rechtsinstitut des politischen Beamten in mehrfacher Hinsicht das verfassungsrechtliche Leistungsprinzip des Art. 33 Abs. 2 GG als strukturelles Merkmal des Berufsbeamtentums. Diese Eingriffe betreffen zum einen die mit dem Institut in untrennbarer Weise verknüpfte Praxis der Ämtervergabe und zum anderen die den Ämtern immanente Schwächung aufgrund der jederzeit möglichen Versetzbarkeit ihres Inhabers in den einstweiligen Ruhestand. Das Leistungsprinzip fordert sowohl einen gleichen als auch einen auf sachlichen Kriterien beruhenden Zugang zu öffentlichen Ämtern. Beidem wird die Rechtsfigur des politischen Beamten nicht gerecht und kann es überdies auch nicht, da dessen Charakteristika sowohl einer an den Kriterien der Leistungstrias orientierten Ämtervergabe als auch einer objektiven Amtsausführung zuwiderlaufen. Der Widerspruch zum Bestenauslesegrundsatz wird bereits anhand

737 Der „Drehtüreffekt" beschreibt normalerweise den „fliegenden" Wechsel von Staatsdienern in die Wirtschaft. Das Phänomen weist jedoch große Parallelen auf, vgl. hierzu *Bamberger*, Nachamtliche Tätigkeitsbeschränkungen für politische Amtsträger, S. 35 ff.

738 *Mehde*, ZBR 2011, 373, 374; *Neuhäuser*, NVwZ 2013, 176, 182; WissR 2012, 248, 264 f.; *Lutze*, Die Stellenausschreibung im Beamtenrecht, S. 334.

des „Auswahlverfahrens" für politische Beamte deutlich. Die Entscheidung über die Besetzung trifft final der zuständige Minister in Absprache mit dem Regierungschef und lässt sie sodann vom Kabinett beschließen. Eine Beteiligung eines Fachgremiums, welches womöglich auch über eine größere Expertise innerhalb des jeweiligen Ressortzuschnitts bzw. Aufgabenbereichs verfügt, findet somit nicht statt. Vielmehr liegt die alleinige Entscheidungsprärogative bei den Regierungsverantwortlichen selbst, und das zumeist am Beginn einer Legislaturperiode, an der sich die Minister zunächst einmal selbst in die Fachthemen ihres Ressorts einarbeiten müssen.[739] Eine sachliche Rechtfertigung des politischen Beamten kann auch nicht durch den in der Literatur unternommenen Versuch einer Modifizierung des Leistungsprinzips bewirkt werden.[740] Das Hinzutreten eines „besonderen Vertrauensverhältnisses" neben die Kriterien der Leistungstrias ist sachfremd, zweckuntauglich und widerläuft in elementarer Weise dem Normzweck des Art. 33 Abs. 2 GG, mittels einer Bestenauslese die Funktionalität sowie die Professionalität des öffentlichen Dienstes zu gewährleisten. Es stellt weder ein Eignungsmerkmal noch ein eignungsergänzendes Hilfskriterium dar. Vielmehr dient es eignungsfremden Zwecken und soll externe, außerhalb des Leistungsgrundsatzes liegende Ziele verwirklichen. Aufgrund des Alleinentscheidungsrechts einer Regierung über die Besetzung eines politischen Amtes wäre es selbst im Fall einer gewollten Berücksichtigung sämtlicher potenziell geeigneten Bewerber nicht möglich, dem Bestenauslesegrundsatz zu entsprechen, da es einer Regierung selbst häufig an dem Erfahrungsschatz fehlen dürfte, die in Kapitel 3/ III. / Nr. 3 a–c genannten Kriterien sach- und leistungsgerecht einschätzen und somit eine objektive Bewertung der Kandidaten vornehmen zu können. Durch die unterbleibenden Stellenausschreibungen und die daraus resultierenden fehlenden Bewerbungsverfahren werden die politischen Beamten in keiner Weise objektiv auf ihre fachliche Leistung, zu der auch die Qualifizierung für eine Vorgesetztenfunktion, die sämtlichen politischen Ämtern innewohnt, zählt, hin überprüft.

Die vom Bundesverfassungsgericht festgelegten Kriterien für die politischen Beamten stellen ebenfalls keine tauglichen Eignungsmerkmale und auch keine eignungsergänzenden Hilfskriterien dar, sondern dienen

---

[739] Vgl. *Austermann*, ThürVBl. 2024, 128.
[740] Vgl. *Bochmann*, ZBR 2023, 325, 328.

stattdessen leistungsfremden Zwecken, indem sie externe, außerhalb des Leistungsgrundsatzes liegende Ziele zu verwirklichen helfen. Die vorliegende Untersuchung hat gezeigt, dass es für keines der derzeitigen politischen Ämter erforderlich und förderlich ist, wenn der Zugang zu ihm von einem nicht greifbaren und auch nicht justitiablen Kriterium eines besonderen Vertrauensverhältnisses auf Seiten der jeweiligen Regierung abhängig gemacht wird. Dies gilt insbesondere dann, wenn dieses Kriterium zum Anlass genommen wird, die durch Art. 33 Abs. 2 GG festgelegten Kriterien in ihrer Geltung dahinter zurücktreten zu lassen, was wiederum jedoch der gegenwärtigen Praxis entspricht, da das Erfordernis eines besonderen Vertrauensverhältnisses einerseits als Anlass dafür genommen wird, die entsprechenden Stellen an der Verwaltungsspitze nicht mittels einer Ausschreibung für sämtliche bewerbungsfähige Beamte zu öffnen und somit zugänglich zu machen, und andererseits das Nichtvorliegen dieses besonderen Vertrauensverhältnisses die übrigen, greifbaren Kriterien der Leistungstrias in ihrer Bedeutung zurücktreten lässt und somit das Leistungsprinzip insgesamt aushöhlt. Wenn das politische Vertrauen zu einem Kandidaten als nicht ausreichend erachtet wird, spielt es faktisch keine Rolle mehr, welche Kompetenzen, Erfahrungen und persönlichen Vorzüge der Bewerber in Bezug auf das Amt mit sich bringt, da das Nichtvorliegen des besonderen Vertrauensverhältnisses ein absolutes Ausschlusskriterium darstellt. Es tritt insofern nicht neben die Kriterien von Eignung, fachlicher Leistung und Befähigung, sondern es verdrängt sie. Auch wenn wiederholt die Geltung des Leistungsprinzips auch für die Besetzung der Stellen für politische Beamte betont wird, so wird angesichts des Umstands, dass bei der Besetzung bis auf wenige Ausnahmen auf eine Ausschreibung verzichtet wird, deutlich, dass dem Bestenauslesegrundsatz gar nicht entsprochen werden kann, da die politischen Entscheidungsträger, die über die Besetzung des Amtes befinden, ebenso wenig Kenntnis von potentiell geeigneten Kandidaten erlangen wie umgekehrt die möglicherweise leistungsstärksten Kandidaten von der Verfügbarkeit des Amtes. Die Vergabe „im Stillen“ verhindert somit bereits dem Grunde nach die Durchsetzbarkeit des Leistungsprinzips und sorgt zudem für Frustration innerhalb des Beamtenkörpers, da dadurch das leistungsfeindliche und dem verfassungsrechtlichen Ziel nach einem möglichst professionellen öffentlichen Dienst zuwiderlaufende Signal ausgesendet wird, dass ein Streben in das höchste Amt einer Behörde auch für den leistungsstärksten Beamten aussichtslos ist. Das Argument, dass der Verzicht auf eine Ausschreibung losgelöst von den Strukturmerkmalen der Rechtsfigur des politischen Beamten zu betrachten sei, widerspricht zudem der tatsächlichen und jahrzehntelangen Verwaltungspraxis und kann überdies auch dahinstehen, da auch im Falle einer Ausschreibung das Ausschlusskriterium des nicht vorhandenen Vertrauensverhältnisses das Leistungsprinzip konterkarieren würde. Darüber hinaus hat sich die Rechtsfigur selbst für den Zweck, für den sie ursprünglich erdacht wurde, in mehrfacher Hinsicht als untauglich erwiesen. Diese Untauglichkeit wird zum einen daran ersichtlich, dass die Möglichkeit zur jederzeitigen Ruhestandsversetzung paradoxerweise dazu führt, dass insbesondere leistungsstarke Beamte, die nach dem Grundsatz der Bestenauslese das Amt eigentlich bekleiden müssten, dieses aufgrund der Möglichkeiten eines frühzeitigen und auch mit der Schädigung der eigenen Reputation verbundenen Karriereendes oftmals ablehnen. Das Rechtsinstitut verhindert somit in direkter Weise die Durchsetzbarkeit des Leistungsprinzips in der Verwaltung, und zwar an deren wichtigsten Stellen. Zum anderen ist die Rechtsfigur des politischen Beamten auch ein stumpfes Werkzeug für die Politik und die Regierung selbst, da sie verhindert, dass die gewollten Kandidaten, zu denen aus Sicht der Regierung das besondere Vertrauensverhältnis durchaus bestünde, nicht für das Amt zu gewinnen sind, da die genannten Umstände es derart unattraktiv machen, dass selbst die Aussicht auf eine hohe B-Besoldung nicht ausreicht, die Nachteile der drohenden Versetzung in den einstweiligen Ruhestand zu kompensieren.

Mit der entsprechenden Änderung des Niedersächsischen Beamtengesetzes im Rahmen der Streichung der Polizeipräsidenten ging zudem auch eine Anpassung des Niedersächsischen Besoldungsgesetzes einher, wodurch die Ämter um jeweils eine Besoldungsstufe abgesenkt wurden.[741] Die Begründung der Ministerin zu diesem Schritt erstaunt ebenso wie die Beweggründe der Landesregierung zur Umwandlung der Ämter in solche für Laufbahnbeamte: Die Absenkung der Besoldungsstufe sei dem Umstand geschuldet, dass das „Risiko" einer Versetzung in den einstweiligen Ruhestand fortan nicht mehr bestehe und dies bei der Besoldung berücksichtigt werden müsse. Aufgrund dieses Risikos hätten in der Vergangenheit zudem insbesondere jüngere

741 Vgl. Anlage 2 NBesG. Das Amt des Polizeipräsidenten in Hannover wurde von B5 auf B4 herabgestuft, dass der übrigen Polizeipräsidenten von B4 auf B3.

Kandidaten für das Amt ihre Berufung dorthin abgelehnt.[742] Des Weiteren bewirke die Aufnahme der Polizeipräsidenten in das Laufbahnbeamtentum, dass die Amtsinhaber „in ihrer fachlichen und persönlichen Kompetenz gestärkt" würden und der Kreis der Bewerber vergrößert werde.[743] Bereits die Verwendung des Begriffs „Risiko" im Zusammenhang mit einer möglichen Versetzung in den einstweiligen Ruhestand verdeutlicht, dass es in der Vergangenheit offensichtlich nicht von den fachlichen Qualitäten eines Polizeipräsidenten abhing, ob dieser im Einzelfall sein Amt weiterhin ausüben durfte, sondern lediglich vom Wohlwollen des jeweiligen Innenministers und des Ministerpräsidenten. Dass die Herauslösung der Polizeipräsidenten aus dem Kreis der politischen Beamten nach Ansicht der Ministerin zukünftig zu einer Stärkung des Amtes führen werde, offenbart zudem, dass die Landesregierung sich der Leistungsfeindlichkeit des Rechtsinstituts durchaus bewusst war, da im Umkehrschluss die Möglichkeit einer jederzeitigen Versetzung in den einstweiligen Ruhestand im Vergleich zum Laufbahnbeamtentum offensichtlich zu einer Schwächung der Amtsinhaber geführt hatte. Das Zugeständnis, dass jüngere Kandidaten das Amt in Anbetracht der Möglichkeit einer jederzeitigen Versetzung in den einstweiligen Ruhestand gescheut hätten, verdeutlicht: die Rechtsfigur des politischen Beamten behindert eine wirksame Durchsetzung des Leistungsprinzips. Ein Kandidat, der absagt, muss zuvor gefragt worden sein, was bedeutet, dass die Landesregierung sich bereits auf den aus ihrer Sicht am besten geeigneten Kandidaten geeinigt hatte, diesen aber aufgrund der persönlichen Nachteile, die der Status als politischer Beamter mit sich bringt, nicht für das Amt gewinnen konnte. Selbst wenn die Landesregierung die Stellen mittels einer öffentlichen Ausschreibung geöffnet hätte, hätte das Leistungsprinzip demzufolge nicht durchgesetzt werden können. Dass die Umstände, die der Status eines Polizeipräsidenten als politischer Beamter mit sich bringen, insbesondere für jüngere und besonders leistungsstarke (Polizei)-Beamte eher abschreckend als motivierend wirken, dürfte insbesondere in Niedersachsen auch durch die bisherige Praxis seitens der Politik in Bezug auf die Versetzungen in den einstweiligen Ruhestand

---

742 Vgl. Kümmel, § 39, Rn. 4.

743 *Mlodoch*, Peter: Status von Polizeipräsidenten geändert: Kein schneller Rauswurf mehr, in: Weser-Kurier, 16. März 2023, S. 14, https://www.weser-kurier.de/niedersachsen/politik/polizei-niedersachsen-status-der-polizeipraesidenten-aendert-sich-doc7pcgfq7b9gie5ogpkf7.

von Polizeipräsidenten bestätigt werden. Beispielsweise versetzte der damalige Innenminister Boris Pistorius unmittelbar nach seinem Amtsantritt im Jahr 2013 gleich drei Polizeipräsidenten in den einstweiligen Ruhestand und ersetzte diese durch Vertraute.[744] Erfolgten diese Versetzungen noch mit einer gewissen Begründung, so blieb diese bei der Versetzung des Göttinger Polizeipräsidenten Uwe Lührig[745] im Jahr 2021 gänzlich aus und wurde auch im Nachgang nicht bekannt.[746] Als Lührig im Jahr 2011 erstmalig zum Polizeipräsidenten ernannt wurde, begründete der damalige Innenminister Uwe Schünemann seine Entscheidung noch wie folgt:

> Uwe Lührig ist aufgrund seiner bisher wahrgenommenen Aufgaben und seiner Erfahrung hervorragend für dieses Amt geeignet.[747]

Dass die Einordnung der Polizeipräsidenten zu den politischen Beamten[748] es dem zuständigen Minister ermöglicht, die Versetzung eines langjährigen und erfahrenen Beamten ohne Nennung eines sachlichen Grundes vornehmen zu können, dürfte der Attraktivität des Amtes innerhalb der gesamten Polizei sowie auch bei den Beamten in Führungspositionen innerhalb

---

744 *Mlodoch*, Peter: Status von Polizeipräsidenten geändert: Kein schneller Rauswurf mehr, in: Weser-Kurier, 16. März 2023, S. 14, https://www.weser-kurier.de/niedersachsen/politik/polizei-niedersachsen-status-der-polizeipraesidenten-aendert-sich-doc7pcgfq7b9gie5ogpkf7.

745 Lührig verfügte über langjährige Erfahrungen in verschiedenen Spitzenpositionen sowohl innerhalb der Landespolizei als auch im Innenministerium. Er war u.a. Leiter des Referats „Organisation und Strategie“ im Innenministerium, Polizeivizepräsident der Polizeidirektionen Göttingen und Hannover, Polizeipräsident der Zentralen Polizeidirektion sowie Direktor der Polizei und somit ranghöchster Polizeibeamter Niedersachsens, vgl. Kurzvita Uwe Lührig, https://www.mi.niedersachsen.de/startseite/aktuelles/presseinformationen/-100661.html.

746 *Mlodoch*, Peter: Status von Polizeipräsidenten geändert: Kein schneller Rauswurf mehr, in: Weser-Kurier, 16. März 2023, S. 14, https://www.weser-kurier.de/niedersachsen/politik/polizei-niedersachsen-status-der-polizeipraesidenten-aendert-sich-doc7pcgfq7b9gie5ogpkf7.

747 Vgl. Pressemitteilung des Niedersächsischen Ministeriums für Inneres und Sport vom 22. November 2011, https://www.mi.niedersachsen.de/startseite/aktuelles/presseinformationen/-100661.html.

748 Bis auf wenige Ausnahmen lehnt die herrschende Meinung in der Literatur die Zuordnung der Polizeipräsidenten zur Gruppe der politischen Beamten ab, vgl. *Lindner*, ZBR 2011, 150, 160; *Schröder*, in: HStR V, § 106, Rn. 39; *Schunke*, Die politischen Beamten, S. 362.

des Innenministeriums nicht zuträglich sein, zumal die Versetzung eines Polizeipräsidenten in den einstweiligen Ruhestand regelmäßig von großem medialen Interesse begleitet wird, wie auch das Beispiel des, ebenfalls ohne Nennung von Gründen, versetzten Präsidenten der Zentralen Polizeidirektion im Jahr 2023 gezeigt hat, die im Nachgang vom Verwaltungsgericht Hannover als zumindest teilweise rechtswidrig eingestuft wurde.[749] Eine Besonderheit in Bezug auf die Ämter der Polizeipräsidenten liegt zudem in ihrer Fachspezifität. Bei den Amtsinhabern handelt es sich bis auf wenige Ausnahmen um ehemalige Polizeibeamte, die laufbahnrechtlich nicht der Fachrichtung Allgemeine Dienste zugeordnet werden, sondern der speziellen Fachrichtung Polizei.[750] Im Gegensatz zu beispielsweise einem Staatssekretär oder einem Regierungssprecher kann sich ein in den einstweiligen Ruhestand versetzter Polizeipräsident im Anschluss nicht auf eine Stelle in der allgemeinen Verwaltung oder als Präsident eines Gerichts bewerben, da ihm die laufbahnrechtlichen Zulassungsvoraussetzen fehlen. Für einen Polizeipräsidenten, der zuvor Polizeibeamter war, bedeutet eine Versetzung in den einstweiligen Ruhestand somit in der Regel auch tatsächlich das Ende seiner Karriere, es sei denn, er würde einer deutlich unterwertigen Verwendung zustimmen, was speziell im Bereich der Polizei wohl die absolute Ausnahme sein dürfte.[751] Am Beispiel der Polizeipräsidenten wird somit deutlich, dass die Rechtsfigur des politischen Beamten regelmäßig ein Einfallstor für leistungsfremde Kriterien und teils willkürliche Personalentscheidungen bietet. Deutlicher als durch das Zugeständnis einer Ressortministerin dahingehend, dass die Rechtsfigur des politischen Beamten unmittelbar bewirkt, dass die Wunschkandidaten für ein Amt absagen, kann ein Eingriff in das Leistungsprinzip kaum dokumentiert werden. Zudem verdeutlicht dieser Umstand, dass selbst im Falle der Annahme einer Rechtmäßigkeit des modifizierten

749 Vgl. *Hellerling*, Peer: Gefeuerter ZPD-Chef in Hannover: Uwe Lange erzielt Teilerfolg vor Gericht, in: Hannoversche Allgemeine Zeitung, 06. Oktober 2023, https://www.haz.de/lokales/hannover/zpd-chef-in-hannover-gefeuert-uwe-lange-erzielt-teilerfolg-vor-gericht-UMHH2R4ZGNCYFFOTZBRNGN5TZM.html.

750 Vgl. Niedersächsische Verordnung über die Laufbahnen der Fachrichtung Polizei (NLVO-Pol) vom 24. Mai 2013 (Nds. GVBl. S. 116), zuletzt geändert durch Verordnung vom 14. August 2023 (Nds. GVBl. S. 193).

751 Eine Tätigkeit als Referatsleiter im Innenministerium dürfte hier wohl die einzig realistisch denkbare Möglichkeit sein.

Leistungsprinzips, ergänzt um das besondere Vertrauensverhältnis, dem Grundsatz der Bestenauslese nicht entsprochen werden könnte, da dessen Umsetzung durch die Rechtsfigur selbst verhindert wird. Überdies dürfte die Aussage der Ministerin nicht nur für die Ämter der Polizeipräsidenten zutreffen, sondern vielmehr auf sämtliche politische Ämter übertragbar sein. Es erscheint in jeder Hinsicht nachvollziehbar, dass ein noch lebensjüngerer Beamter, der sich durch gute Leistungen im Dienst hervorgetan hat und somit in den Fokus für ein politisches Amt gerückt ist, davon Abstand nimmt, dieses auch wahrzunehmen, wenn damit die Gefahr einhergeht, ohne eigenes Verschulden im Falle beispielsweise eines Regierungs- oder auch nur Ministerwechsels von einem Tag auf den anderen in den einstweiligen Ruhestand versetzt zu werden. Auch wenn die Landesgesetze mittlerweile Rückkehrmöglichkeiten in die Laufbahnämter ermöglichen, so haftet einer Versetzung in den einstweiligen Ruhestand allein der Begrifflichkeit wegen immer auch der Makel eines Scheiterns, Versagens oder Fehlverhaltens an, sodass ein Kandidat, der seine bisherige Karriere der Beachtung leistungsbezogener Kriterien zu verdanken hat, genau überlegen wird, ob er seinen weiteren dienstlichen Weg genau vom Gegenteil abhängig machen möchte und sich in den unmittelbar parteipolitisch geprägten Dienst einer Regierung stellt. Die anhand des Beispiels der niedersächsischen Polizeipräsidenten erwiesene abschreckende und somit nicht nur leistungsfremde, sondern sogar leistungsfeindliche Wirkung der Rechtsfigur begründet die Annahme eines Verstoßes gegen Art. 33 Abs. 2 GG. Dem Leistungsgedanken in hohem Maße abträglich sein dürfte insbesondere auch die durch die Institution ermöglichten überdurchschnittlich häufigen Personalwechsels in den Ämtern. Die Polizeipräsidenten beispielsweise üben in ihrer jeweiligen Region auch eine Stabilitätsfunktion im Hinblick auf die Bevölkerung aus und sind als oberster Repräsentant sozusagen „das Gesicht" der Polizei. Eine Kontinuität innerhalb dieser exponierten Ämter sorgt daher zum einen für Vertrauen bei den Bürgern in die Institution Polizei insgesamt, und zum anderen auch bei den einzelnen Polizeibeamten in Bezug auf die eigene (auch politische) Führung, was wiederum zu einer Stärkung der Verwaltung und im Ergebnis auch zu einer Durchsetzung des Leistungsprinzips führt. Ein langjähriger Verbleib im Amt des Polizeipräsidenten gereicht aufgrund der damit einhergehenden Sachkenntnisse und dem entsprechenden Fachwissen des Amtsinhabers nicht nur der Polizei insgesamt zum Vorteil, sondern auch der jeweiligen

Landesregierung, die von dieser Fachexpertise entsprechend profitiert.[752] Um das Amt des Polizeipräsidenten wie beschrieben ausfüllen zu können, bedarf es somit einer Stabilität und Kontinuität, die die Rechtsfigur des politischen Beamten nicht gewährleisten kann, sondern regelmäßig verhindert. Wenn dann noch der Umstand hinzutritt, dass Polizeipräsidenten seitens der Landesregierung in den einstweiligen Ruhestand versetzt werden, ohne die Öffentlichkeit und die Beamten der Landespolizei über die Beweggründe in Kenntnis zu setzen, so mag dies mit der derzeitigen materiellen Rechtslage zwar in manchen Ländern (noch) vereinbar sein; den Anschein von Willkür und einem rechtswidrigen Gebrauch der Institution des politischen Beamten als disziplinarische Maßnahme leistet es dennoch Vorschub.[753]

Ein weiterer Eingriff in das Leistungsprinzip, dessen Ursache sich in der Möglichkeit zur jederzeitigen Versetzung in den einstweiligen Ruhestand findet, ist der Umstand, dass der jeweilige Amtsinhaber dieses aus den vorgenannten Gründen niemals so kritisch, sachorientiert und neutral wird ausführen können, als wenn es sich um ein nicht politisches Amt handeln würde.[754] Die vielfach beschriebene Transformationsfunktion des politischen Beamten sorgt in diesem Zusammenhang zudem für eine Verringerung der Leistungsfähigkeit der Verwaltung, weil sie im Ergebnis nur in eine Richtung wirkt. Fachlich fundierte und begründete Kritik seitens der Arbeitsebene beispielsweise an nicht zweckmäßigen oder handwerklich schlechten Gesetzesvorhaben

---

752 Ein Beispiel hierfür ist der langjährige Hannoveraner Polizeipräsident Hans-Dieter Klosa, der das Amt für einen Zeitraum von 12 Jahren innehatte und statt in den einstweiligen Ruhestand versetzt zu werden, im Rahmen einer Feierstunde vom damaligen Ministerpräsidenten Christian Wulff mit den Worten verabschiedet wurde, er sei stets ein „objektiver, unabhängiger und aufrechter Mittler zwischen Polizei und Politik“ gewesen, der es „dank seiner Geradlinigkeit verstanden habe, auch unbequeme Wahrheiten offen darzustellen, sie nicht zu verschleiern und kritisch zu sein, wenn er es für richtig und erforderlich hielt“, vgl. Pressemitteilung des Niedersächsischen Ministeriums für Inneres und Sport vom 28. November 2007, https://www.mi.niedersachsen.de/startseite/aktuelles/presseinformationen/-62127.html.

753 Vgl. *Schunke*, Die politischen Beamten, S. 362.

754 Für die Richtigkeit dieser Annahme streitet nicht zuletzt auch die ständige Rechtsprechung des BVerfG, welches das beamten-verfassungsrechtliche Unabhängigkeitsparadigma als wesentlichen Kern des Berufsbeamtentums qualifiziert und dies damit begründet, dass es dessen zentrale Aufgabe sei, Verfassung und Gesetz im Interesse des Bürgers auch und gerade gegen die politische Führung zu behaupten, vgl. BVerfGE 119, 247 Rn. 46, 49, 56; *Lindner*, NVwZ 2024, 620, 621.

findet somit entweder gar nicht erst statt oder aber erreicht ihren Adressaten innerhalb der Regierung nicht, weil der Überbringer der Nachricht im Zweifel keinen zu großen Unmut auf sich ziehen möchte. Ein politischer Beamter steht in einem direkten Abhängigkeitsverhältnis zu seinem Minister und in diesem Bewusstsein wird er im Falle eines inneren Konflikts zwischen dem, was aus seiner Sicht sachlich geboten wäre und dem, was politisch opportun erscheint, im Zweifel zu Letzterem tendieren, um keinen Dissens zu offenbaren und so seine Ruhestandsversetzung zu riskieren.[755] Ähnliches dürfte zudem auf den nachgeordneten Bereich der Laufbahnbeamten bis hin zum Referenten zutreffen. Deren berufliches Fortkommen hängt regelmäßig von dienstlichen Beurteilungen ab, die beispielsweise in einem Ministerium in der Regel zumindest von einem politischen Beamten in Gestalt des Zweitbeurteilers verfasst werden. Bei Beamten in entsprechend höheren Positionen, die einem politischen Beamten unmittelbar nachgeordnet sind, ist dieser sogar der für die Beurteilung ungleich wichtigere Erstbeurteiler, sodass auch ein Laufbahnbeamter im Zweifel seine fachliche Überzeugung zu einem Thema eher zurückstellen dürfte, um eine positive Beurteilung nicht zu gefährden. Die Berücksichtigung parteipolitischer Aspekte bei der Besetzung eines Amtes gefährdet die Erfüllung der Aufgaben des öffentlichen Dienstes daher deutlich mehr, als dass sie sie zu fördern vermochte.[756] Beamte haben das geltende Recht in loyaler Weise zu vollziehen und hierbei weder persönliche noch parteipolitisch motivierte Gesichtspunkte in ihre Überlegungen einzubeziehen.[757] Das Argument, dass ohne den Einsatz politischer Beamter eine Schwächung der Regierung aufgrund mangelnder politischer Loyalität eintreten würde, da nur beim Vorliegen einer inhaltlich-politischen Übereinstimmung zu erwarten stünde, dass ein Beamter seine Aufgaben zuverlässig erfüllt[758], greift angesichts der sich aus Art. 33 Abs. 5 GG ergebenen Neutralitätspflicht sowie der einfachgesetzlichen beamtenrechtlichen Vorschriften nicht durch. Die Möglichkeit zur direkten politischen Einflussnahme auf die Besetzung und vor allem Versetzung in den einstweiligen Ruhestand von Beamten in Führungspositionen hebelt den verfassungsrechtlichen Leistungsgedanken im Ergebnis aus.

---

755 *Steinbach*, VerwArch 2018, 2, 11.

756 *Lecheler*, in: HStR V, § 110, Rn. 10.

757 *Lecheler*, in: HStR V, § 110, Rn. 10.

758 Bejahend hierzu u.a. *Echtler*, Einfluß und Macht in der Politik, S. 42 f.

Dass dies seitens der Politik auch bewusst in Kauf genommen wird, zeigt ein Beispiel aus Thüringen, wo der dortige Landesrechnungsrechnungshof eine deutliche Missachtung des Leistungsprinzips auf Seiten der Landesregierung bei der Einsetzung politischer Beamter festgestellt hat. In seinem Sonderbericht vom 13. März 2023, dem wiederum eine Prüfung der Entwicklung der Personalausstattung in den Leitungsbereichen der Ministerien und der Staatskanzlei vorausgegangen war und der zur Einsetzung eines parlamentarischen Untersuchungsausschusses im Landtag geführt hat, beanstandete der Landesrechnungshof eine Vielzahl politischer Personalentscheidungen der Landesregierung: im Zeitraum zwischen 2014 und 2020 sei es zur Einstellung von insgesamt dreizehn Staatssekretären gekommen, von denen im Rahmen der Prüfung lediglich in acht Fällen die Personalakte eingesehen werden konnte.[759] In keinem der geprüften Einstellungsverfahren, für welche auch nach Ansicht des Landesrechnungshofs der Grundsatz der Bestenauslese gem. Art. 33 Abs. 2 GG uneingeschränkt gegolten hätte, war dieser erkennbar angewendet worden. Vielmehr hatte sich die Auswahl der politischen Beamten ausschließlich an politischen Zweckmäßigkeitserwägungen orientiert.[760] Noch deutlicher wurde der Landesrechnungshof in seinem vertraulichen internen Prüfbericht: die Einstellungspraxis für Staatssekretäre in Thüringen sei „rechtswidrig", „fehlerhaft", „schlichtweg intransparent" und „nicht nachvollziehbar".[761] In fünf geprüften Fällen der Ernennungen von Staatssekretären seien nicht einmal „die Mindestvoraussetzungen für eine Einstellung" erfüllt worden. Der Landesrechnungshof stellte zudem fest, dass „zum Zeitpunkt der Ernennung keiner der fünf Staatssekretäre hätte ernannt werden dürfen".[762] Auch in

---

759 Sonderbericht an den Thüringer Landtag und die Thüringer Landesregierung nach § 99 ThürLHO über die Prüfung „Stellenbesetzung in den Leitungsbereichen der obersten Landesbehörden", S. 7 f.

760 Sonderbericht an den Thüringer Landtag und die Thüringer Landesregierung nach § 99 ThürLHO über die Prüfung „Stellenbesetzung in den Leitungsbereichen der obersten Landesbehörden", S. 21 f.

761 Thüringer Rechnungshof geißelt Ramelows Personalpolitik, SPIEGEL Politik, 25. November 2022, https://www.spiegel.de/politik/deutschland/bodo-ramelow-rechnungshof-geisselt-personalpolitik-von-linken-ministerpraesident-a-07be896a-031e-4c3d-ae70-ba7a50ec4a51.

762 Thüringer Rechnungshof geißelt Ramelows Personalpolitik, SPIEGEL Politik, 25. November 2022, https://www.spiegel.de/politik/deutschland/

Mecklenburg-Vorpommern hat der dortige Landesrechnungshof in seinem Jahresbericht 2023 insgesamt 55 Stellenbesetzungsvorgänge[763] geprüft, bei denen es ausschließlich um höherwertige Ämter innerhalb der Landesverwaltung ging. Keines dieser Stellenbesetzungsverfahren war demnach ordnungsgemäß abgelaufen. Die festgestellten Verstöße gegen Art. 33 Abs. 2 GG und Art. 71 Abs. 1 Verf. M-V waren vielmehr „systematisch und schwerwiegend".[764] In zwölf Fällen, in denen es um herausgehobene Dienstposten in der Staatskanzlei und den Ministerien ging, fand zudem keine Ausschreibung des Dienstpostens statt.[765] In ihrer Stellungnahme antworte die Staatskanzlei auf die Vorwürfe keineswegs einsichtig, sondern warf dem Landesrechnungshof vor, übergenau zu sein. In Bezug auf die Besetzung eines Abteilungsleiterpostens sei es so, dass dieser sich „gewissermaßen an der Schnittstelle zwischen Politik und Verwaltung" befände und demzufolge ein „besonderes Vertrauen zur Hausspitze" vonnöten sei. Aus diesem Grund werde der Dienstposten in „anerkannter und bewährter Übung der Regierungsfraktionen" aufgrund des politischen Proporzes regelmäßig vom kleineren Koalitionspartner besetzt.[766] Der Innenminister versicherte in diesem Zusammenhang zudem, dass der Bestenauslesegrundsatz eingehalten worden sei und verkannte hierbei, dass dies ohne die Durchführung einer Stellenausschreibung schon dem Grunde nach überhaupt nicht möglich war.[767] Die Landesregierung hatte sich somit faktisch selbst ein politisches Amt erdacht, jedoch ohne dies in die

bodo-ramelow-rechnungshof-geisselt-personalpolitik-von-linken-ministerpraesident-a-07be896a-031e-4c3d-ae70-ba7a50ec4a51.

763 Bei den untersuchten Stellen handelte es sich ausschließlich um „herausgehobene Dienstposten, deren Besetzung der Zustimmung der Ministerpräsidentin bedurften", vgl. Jahresbericht des Landesrechnungshofs Mecklenburg-Vorpommern, Teil 1 – Landesfinanzbericht, S. 148.

764 Jahresbericht 2023 des Landesrechnungshofs Mecklenburg-Vorpommern, Teil 1: Landesfinanzbericht, S. 148.

765 Jahresbericht 2023 des Landesrechnungshofs Mecklenburg-Vorpommern, Teil 1: Landesfinanzbericht, S. 151.

766 Jahresbericht des Landesrechnungshofs Mecklenburg-Vorpommern, Teil 1 – Landesfinanzbericht, S. 152 f.

767 Vgl. *Nimz/Stegemann*: Landesregierung soll Spitzenposten nicht vorschriftsgemäß vergeben haben, Süddeutsche Zeitung, 22. September 2023, https://www.sueddeutsche.de/politik/mecklenburg-vorpommern-manuela-schwesig-fehler-bei-der-vergabe-von-spitzenposten-1.6249819?reduced=true.

entsprechende landesrechtliche Vorschrift aufzunehmen. In Thüringen[768] und auch in Niedersachsen[769] existierten auf Betreiben der jeweiligen Opposition im Landtag bis vor Kurzem sogar zwei parlamentarische Untersuchungsausschüsse, die sich mit der Frage beschäftigten, inwieweit die Landesregierung bei der Einstellung ihres Spitzenpersonals auf das Prinzip der Bestenauslese geachtet hat.[770] Derartige Beispiele, von denen der Verfasser während seiner Recherche eine Vielzahl vorgefunden hat, verdeutlichen, dass sowohl bei der Besetzung von politischen Ämtern als auch bei denen für Laufbahnbeamte in unmittelbarer Nähe zur Hausleitung der Grundsatz der Bestenauslese regelmäßig und vorsätzlich missachtet wird. Insbesondere durch die Rechtsfigur des politischen Beamten wurde eine Möglichkeit zur gezielten Umgehung des Art. 33 Abs. 2 GG innewohnenden Leistungsprinzips geschaffen, welche zudem einer nachträglichen gerichtlichen Überprüfung in faktischer Hinsicht nicht zugänglich ist, da aufgrund der Vergabepraxis der Ämter keine Kenntniserlangung über deren Vakanz erfolgt. Dass die gegenwärtige Praxis auch nicht mit der Rechtsprechung des Bundesverfassungsgerichts zum Bestenauslesegrundsatz übereinstimmen dürfte, verdeutlichen die Ausführungen des Gerichts in Bezug auf die Vergabe von Führungsämtern auf Zeit, bei denen zunächst zwei

---

768 In Thüringen ging dem PUA ein Sonderbericht des LRH voraus, in dem, laut Aussage der Präsidentin des LRH, bei der Vergabe von Ämtern für politische Beamte „systematische und schwerwiegende Verstöße“ gegen den Leistungsgrundsatz des Art. 33 Abs. 2 GG festgestellt wurden. Es habe sich zudem nicht lediglich um Einzelfälle gehandelt, vgl. Medienmitteilung 3/2023 des LRH Thüringen vom 14. März 2023, https://www.thueringer-rechnungshof.de/files/186E02B23E8/Medieninformation%203_2023.pdf.

769 In Niedersachsen ging es hierbei nicht um einen politischen Beamten, sondern um das Amt der Büroleiterin in der Staatskanzlei, vgl. hierzu Einsetzungsbeschluss des 25. Parlamentarischen Untersuchungsausschusses – „Praxis der AT-Vergütung in der Niedersächsischen Staatskanzlei und den Ministerien“ vom 17. April 2024, https://www.landtag-niedersachsen.de/drucksachen/drucksachen_19_05000/04001-04500/19-04060.pdf.

770 In Thüringen ermittelte die Korruptionsabteilung der Staatsanwaltschaft Erfurt in diesem Zusammenhang zudem wegen des Verdachts der Untreue gem. § 266 StGB, wobei die Ermittlungen mittlerweile eingestellt wurden, vgl.https://www.zeit.de/news/2024-07/23/affaere-um-staatssekretaere-ermittlungen-eingestellt#:~:text=Die%20Vorw%C3%BCrfe%20der%20Opposition%20in%20der%20Staatssekret%C3%A4rsaff%C3%A4re,einem%20Schreiben%20der%20Beh%C3%B6rde%20hervor%2C%20das%20der.

Amtsperioden von jeweils fünf Jahren zu absolvieren waren, bevor das Führungsamt auf Lebenszeit übertragen werden konnte.[771] Das Gericht hat in diesem Zusammenhang seine Besorgnis dahingehend geäußert, dass die Entscheidung über die Verlängerung der ersten Amtszeit oder die spätere Übertragung des Amts auf Lebenszeit durch leistungsfremde politische Gesichtspunkte bestimmt werden könnte.[772] Die Möglichkeit des Dienstherrn, die Führungsposition neu zu besetzen, könne zudem für eine Ämterpatronage missbraucht werden.[773] Wenn das Gericht in derartig gelagerten Fällen bereits befürchtet, dass es zu einer politischen und somit nicht verfassungskonformen Einflussnahme durch die Politik kommen könne, so muss diese Befürchtung erst recht durchgreifen, wenn bereits die Besetzung eines öffentlichen Amts vollumfänglich in den Händen des jeweiligen politischen Entscheidungsträgers liegt und unter Verzicht auf eine Stellenausschreibung erfolgt, wodurch das Leistungsprinzip, welches das einzig vorhandene verfassungsrechtliche Mittel zur Personalsteuerung ist, gänzlich ausgeklammert wird. Die Möglichkeiten einer Regierung zur dauerhaften Einflussnahme auf den Personalkörper der Verwaltung wirken zudem über die Verweildauer des Wunschkandidaten in dem politischen Amt hinaus, da mit dessen Verleihung auch eine Besoldungsstufe einhergeht, die die politischen Beamten gepaart mit einer Spitzenbeurteilung, die der jeweilige Minister persönlich zu erstellen befugt ist, auch für spätere Auswahlverfahren nahezu konkurrenzlos macht und das Leistungsprinzip wiederholt und dauerhaft unterminiert. Das politische Amt bedeutet in diesen Fällen nur den Einstieg in eine möglicherweise jahrzehntelange Verweildauer eines nicht dem Bestenauslesegrundsatz unterworfenen Beamten in verschiedenen Führungspositionen der Verwaltung und führt dort zu einer Parteien-Aristokratie[774], was insbesondere in grundrechtssensiblen Bereichen wie der Justiz und den Sicherheitsbehörden ein fatales Signal aussendet. Im Umkehrschluss wird durch diese Praxis leistungsstarken Bewerbern der Zugang nicht nur zu den politischen, sondern darüber hinaus auch zu höherwertigen Laufbahnämtern versperrt, da sie in einem Auswahlverfahren aufgrund ihres niedrigeren Statusamtes auch bei Vorliegen einer

---

[771] BVerfG, Beschluss des Zweiten Senats vom 28. Mai 2008 – 2 BvL 11/07 –, Rn. 2 ff., 80.

[772] BVerfG, Beschluss des Zweiten Senats vom 28. Mai 2008 – 2 BvL 11/07 –, Rn. 86.

[773] BVerfG, Beschluss des Zweiten Senats vom 28. Mai 2008 – 2 BvL 11/07 –, Rn. 86.

[774] *Neuhäuser*, NVwZ 2018, 1745, 1751.

Spitzenbeurteilung nicht konkurrenzfähig sind. Das Institut des politischen Beamten untergräbt das Leistungsprinzip insofern in doppelter Hinsicht: zum einen versperrt es den Zugang zu den politischen Ämtern und zum anderen verhindert es eine wirksame Anwendung des Bestenauslesegrundsatzes, da es eine Ausgangssituation schafft, in der sämtliche Laufbahnbewerber um ein öffentliches Amt strukturell unterlegen sind. Auch das von Art. 33 Abs. 2 GG umfasste angemessene Verhältnis zwischen der aktiven Dienstzeit, die ein Beamter abgeleistet hat, und der Höhe seiner Versorgungsbezüge, die er erhält, wird bei politischen Beamten regelmäßig dann verletzt, wenn diese als Verwaltungsquereinsteiger unmittelbar mit einem politischen Amt betraut werden.

VIII. Zusammenfassung

Die bisherigen Ausführungen haben verdeutlicht, dass das Leistungsprinzip und der damit einhergehende Bestenauslesegrundsatz uneingeschränkt auch für die politischen Beamten Gültigkeit besitzen und somit die entsprechenden Dienstposten auch nicht vom Erfordernis einer Stellenausschreibung, welche der tatsächlichen Durchsetzung der Kriterien von Eignung, Befähigung und fachlicher Leistung dient, ausgenommen sind. Neben die vom Bundesverfassungsgericht festgelegten Tatbestandsmerkmale für die politischen Beamten tritt in der Realität allerdings als ungeschriebenes Merkmal die Möglichkeit der freien Entscheidung über die Ämtervergabe auf Seiten der Regierungsverantwortlichen, indem Stellenausschreibungen für politische Beamte nicht erfolgen. Insbesondere diese Umgehung der Ausschreibungspflicht aus Art. 33 Abs. 2 GG führt zu einer Nichtbeachtung des Bestenauslesegrundsatzes und in der Folge vielfach auch zu einer Unterminierung des Leistungsprinzips bei der Stellenbesetzung regulärer Laufbahnämter. Zudem führt eine Modifizierung des Leistungsprinzips durch das Hinzufügen eines besonderen Vertrauensverhältnisses dazu, dass dieses nicht zusätzlich neben die Kriterien von Eignung, Befähigung und fachlicher Leistung tritt, sondern diese überlagert und somit ein unzulässiges Ausschlusskriterium darstellt. Anhand der geschilderten Beispiele aus dem Bereich der niedersächsischen Justiz wird bereits deutlich, wie problematisch das Institut des politischen Beamten für die Durchsetzbarkeit des Leistungsprinzips in der Praxis ist. Die Heranziehung weiterer Auswahlkriterien als denen von Eignung, Befähigung und fachliche Leistung ist verfassungsrechtlich nicht vorgesehen. Falls die Besetzung eines öffentlichen Amtes sich nicht ausschließlich unter diese Auslese- sowie die genannten Hilfskriterien subsumieren lässt, sondern stattdessen Erwägungen wie ein auf politischer Zugehörigkeit bzw. Übereinstimmung basierendes besonderes Vertrauensverhältnis einbezieht, verstößt dies gegen Art. 33 Abs. 2 GG. Das Oberverwaltungsgericht Lüneburg hat in seiner bereits beschriebenen Entscheidung vom 23. Mai 2018 selbst eingeräumt, dass der Grundsatz der Bestenauslese bei der Stellenbesetzung von politischen Ämtern von vornherein begrenzt sei.[775] Eine derartige Begrenzung eines verfassungsrechtlichen Grundsatzes bedarf hingegen seinerseits einer verfassungsrechtlichen Rechtfertigung.

IX. Verfassungsrechtliche Rechtfertigung

Für die Beantwortung der Frage nach einer möglichen Rechtfertigung für die Durchbrechung des Leistungsprinzips sind zwei Punkte von besonderer Bedeutung. Ebenso wie die hergebrachten Grundsätzen des Berufsbeamtentums wird das Leistungsprinzip vorbehaltlos garantiert, weshalb jedwede eignungswidrige Abweichung auf andere Rechtsgüter von Verfassungsrang zurückzuführen sein muss.[776] Zudem ist eine Verhältnismäßigkeitsprüfung vorzunehmen, bei der der hohe Stellenwert des Leistungsprinzips in besonderer Weise zu berücksichtigen ist.[777]

Eine verfassungsimmanente Rechtfertigung für eine Durchbrechung des Leistungsprinzips könnte sich vorliegend somit lediglich aufgrund einer Kollision mit anderen verfassungsrechtlichen Werteentscheidungen oder Instituten ergeben. In diesem Fall wären diese nach dem Prinzip der praktischen Konkordanz durch Abwägung in einen möglichst schonenden und dem Gemeinwohl dienenden Ausgleich zu bringen.[778] Diese Abwägung der widerstreitenden Rechtsgüter muss zudem grundsätzlich der Gesetzgeber

---

[775] OVG Lüneburg, Beschluss vom 23. Mai 2018 – 5 ME 32/18 – BeckRS 2018, 9261, Rn. 45.

[776] BVerfGE 139, 19, Rn. 59, BVerwGE 122, 237, 239; 110, Rn. 49; *Neuhäuser*, NVwZ 2018, 1745, 1747; *Wagner*, Das Prinzip der Bestenauslese im öffentlichen Dienst, S. 36.

[777] *Jarass*, in: Jarass/ Pieroth, Art. 33, Rn. 21.

[778] BVerfG, Beschluss vom 23. Mai 2017 – 2 BvR 883/14 –, Rn. 68.

vornehmen.[779] Ein Eingriff in das Leistungsprinzip könnte demzufolge gerechtfertigt sein, wenn dadurch einem Strukturprinzip aus Art. 33 Abs. 5 GG zur Geltung verholfen würde. Es stellt sich daher die Frage, ob es sich bei der Rechtsfigur des politischen Beamten und der Möglichkeit seiner jederzeitigen Versetzung in den einstweiligen Ruhestand selbst um einen solchen hergebrachten Grundsatz des Berufsbeamtentums handelt. Dass dies der Fall sei, wird innerhalb der herrschenden Literaturmeinung größtenteils unter Bezugnahme auf die bislang erfolgten Ausführungen des Bundesverfassungsgerichts[780] zur Institution bejaht.[781] Es existiert gleichwohl kein hergebrachter Grundsatz des Berufsbeamtentums, nachdem die Institution des politischen Beamten geboten ist.[782] Es fällt zudem auf, dass die Befürworter einer Zuordnung der Rechtsfigur zu den hergebrachten Grundsätzen ausschließlich auf den zeitlichen Faktor abzuheben scheinen und nicht auf die Bedeutung der Institution für das Beamtentum insgesamt.[783] Seine Existenz und seine Daseinsberechtigung werden oftmals schlicht nicht in Frage gestellt. In Anbetracht der jüngeren Rechtsprechung des Bundesverfassungsgerichts zu den Voraussetzungen für eine Zuordnung zu den hergebrachten Grundsätzen des Berufsbeamtentums erscheint dies jedoch zwingend erforderlich. Zudem stellt sich die Frage, ob ein solcher Grundsatz, der dazu dienen soll, Ausnahmen von anderen Grundsätzen zu rechtfertigen und dem Berufsbeamtentum insgesamt mehr schadet als nutzt, schon dem Grunde nach überhaupt hierzu zählen kann.[784]

Ob und inwieweit einem hergebrachten Grundsatz Geltung zu verschaffen ist, hängt von dessen Bedeutung für das Beamtentum insgesamt ab, wobei das Lebensrecht eines Grundsatzes umso fragwürdiger wird, je enger

---

779 BVerfG, Urteil vom 12. Juni 2018 – 2 BvR 1738/12 –, Rn. 154.

780 BVerfG 7, 155, 166; BVerfGE 8, 332, 347 ff.; BVerwGE 19, 332 f.;

781 *Franke*, in: GKÖD, § 54, Rn. 3; *Hebeler*, in: Battis: BBG, *Kugele*, ZBR 2007, 109; § 54, Rn. 5; *Reich*, BeamtStG, § 30, Rn. 6 m.w.N.; *Wacke*, AöR 1966, 441, 451; kritisch hingegen *Czisnik*, ZBR 2020, 603, 611 f.; *Lindner*, ZBR 2011, 150, 156 ff.; ablehnend *Bochmann*, ZBR 2023, 325, 331.

782 StRspr., u.a. BVerwGE 47, 334; BAGE 36, 347; *Battis*, in: Battis: BBG, § 54, Rn. 5.

783 Anders jedoch *Kaiser*, der die politischen Ämter aufgrund ihrer Transformationsfunktion für „unverzichtbar“ erachtet, vgl. *Kaiser*, in: Huber/Voßkuhle, Art. 33, Rn. 52.

784 BVerfG, Beschluss vom 16. Dezember 2015 – 2 BvR 1958/13, Rn. 34 = ZBR 2016, 128.

sich andere hergebrachte Grundsätze gegen ihn zusammenschließen.[785] Der Traditionsnachweis eines Grundsatzes genügt nämlich bereits dann nicht für die Annahme eines hergebrachten Grundsatzes, wenn er nicht mit den Funktionen vereinbar ist, die das Grundgesetz dem öffentlichen Dienst zuschreibt.[786] Hierzu zählen u.a. Leistungsfähigkeit, Effizienz und Unabhängigkeit.[787] Art. 33 Abs. 5 GG fordert zudem, dass das Recht des öffentlichen Dienstes unter Berücksichtigung der hergebrachten Grundsätze des Berufsbeamtentums zu „regeln und fortzuentwickeln" ist.[788] Dies bedeutet, dass die Vorschrift nicht ausschließlich eine Weisung an einen künftigen Gesetzgeber formuliert, nach welchen Grundsätzen er zu verfahren hat, sondern dass insbesondere der aktuelle Gesetzgeber zur ständigen Überwachung und Überprüfung dieser Prinzipien verpflichtet ist und das Berufsbeamtentum zeitgemäß auszugestalten hat.[789] Dieser etwas allgemeinen Formulierung zu Art. 33 Abs. 5 GG hat das Bundesverfassungsgericht in seiner jüngeren Rechtsprechung deutlich sichtbarere und schärfere Konturen verliehen, indem es die verfassungsdogmatischen Grundlagen der hergebrachten Grundsätze des Berufsbeamtentums präziser gefasst und von einer rein historischen Betrachtungsweise gelöst hat: Eine beamtenrechtliche Regelung zählt demnach nicht schon deswegen zu den vom Gesetzgeber zu beachtenden hergebrachten Grundsätzen des Berufsbeamtentums, wenn sie während eines traditionsbildenden Zeitraums gegolten hat, sondern erst dann, wenn sie nicht hinweg gedacht werden kann, ohne dass das Beamtentum in seiner Grundfunktionalität beeinträchtigt würde.[790] Nicht nur die Traditionalität einer bestimmten beamtenrechtlichen Regelung ist für deren Zuordnung zu den hergebrachten Grundsätzen nach Art. 33 Abs. 5 GG vonnöten, sondern

---

785 *Juncker*, ZBR 1974, 205, 206.

786 BVerfGE 15, 167, 195.

787 *Isensee*, in: Handbuch des Verfassungsrechts, S. 1180.

788 Die Formulierung „und fortzuentwickeln" ist ein durch die Föderalismusreform-Novelle eingefügter Zusatz (Art. 1 Nr. 3 des Gesetzes v. 28.8.2006, BGBl. I 2006, Nr. 41, S. 2034).

789 *Wichmann*, Parteipolitische Patronage, S. 69.

790 BVerfG, Beschluss vom 16. Dezember 2015 – 2 BvR 1958/13, Rn. 34 = ZBR 2016, 128; Beschluss vom 17. Januar 2017 – 2 BvL 1/10, Rn. 17 = ZBR 2017, 161; *Lindner*, ZBR 2018, 361; *Lindner*, ZBR 2017, 181; *Lindner*, DVBl. 2016, 816.

vielmehr auch deren institutionell-funktionelle Substanzialität.[791] Mit dieser Feststellung, die zugleich eine „conditio sine qua non"-Formel zur Bestimmung der hergebrachten Grundsätze des Berufsbeamtentums darstellt, begegnet das Gericht insbesondere den Stimmen, die zu einer ausufernden Anwendbarkeit des Art. 33 Abs. 5 GG in Bezug auf eine Vielzahl langjähriger beamtenrechtlicher Verfahrensweisen tendieren, welche im Ergebnis allerdings mehr der beamtenrechtlichen Alltagspraxis als den verfassungsrechtlichen Grundsätzen des Berufsbeamtentums zuzurechnen sind.[792]

Art. 33 Abs. 5 GG steht einer Weiterentwicklung des Beamtenrechts zudem nicht entgegen, solange keine strukturelle Veränderung an den für Erscheinungsbild und Funktion des Berufsbeamtentums wesentlichen Regelungen vorgenommen wird.[793] Diese Strukturentscheidung belässt ausreichend Raum, die geschichtlich gewachsene Institutionen in den Rahmen unseres heutigen Staatslebens einzufügen. Es ist somit festzuhalten, dass nicht jede Regelung des Beamtenrechts, die sich aufgrund des zeitlichen Faktors als hergebracht erweist, auch von der institutionellen Garantie des Art. 33 Abs. 5 GG erfasst wird. Geschützt werden ausschließlich diejenigen Regelungen, die das Bild des Berufsbeamtentums in seiner überkommenen Gestalt derart maßgeblich prägen, dass ihre Beseitigung auch das Wesen des Berufsbeamtentums antasten würde.[794] Ein hergebrachter Grundsatz des Berufsbeamtentums im Sinne des Art. 33 Abs. 5 GG hat somit im Ergebnis zwei Voraussetzungen zu erfüllen: zum einen muss es sich in qualitativer Hinsicht um eine Regelung mit absolutem Grundsatzcharakter handeln, und zum anderen muss diese Regelung in zeitlicher Hinsicht ein gewisses Herkommen als Ausweis ihrer Bewährung vorweisen können.[795]

Die Annahme dieses grundsätzlichen Charakters erscheint für den politischen Beamten zweifelhaft. Auch wenn die politischen Beamten die Schlüsselstellen der Verwaltung besetzen, ist der Existenz der Rechtsfigur und auch ihrem Fortbestand keine institutionell-funktionelle Substanzialität

791 BVerfG, Beschluss vom 17. Januar 2017 – 2 BvL 1/10 –, Rn. 17; *Lindner*, ZBR 2017, 181, 183

792 Vgl. *Lindner*, DVBl. 2016, 816, 818.

793 BVerfG Beschluss vom 28. November 2018 – 2 BvL 3/15 –, Rn. 25.

794 BVerfGE 43, 177, 185; 114, 258, 286; 141, 56, 69; 152, 345, 368.

795 *Baltes*, Die Neutralität des Berufsbeamtentums, S. 107 ff.; *Lecheler*, in: HStR V, § 110, Rn. 52 f.

beizumessen, wie bereits das bayerische Modell verdeutlicht. Bei der Möglichkeit für eine Regierung, sich seit jeher einen Kreis von herausragend wichtigen Ämtern zur freien Besetzung mit Vertrauenspersonen vorzubehalten, handelt es sich um keinen derartig gewichtigen Grundsatz, als dass man ihm den Rang eines verfassungsrechtlichen Strukturprinzips beimessen müsste. Bereits die grammatische Auslegung des Begriffs „Grundsätze des Beamtentums" ergibt, dass hiervon ausschließlich Regelungen und Prinzipien umfasst werden sollen, die für das Beamtentum in seiner Gesamtheit Gültigkeit finden und nicht zur Legitimierung eines Rechtsinstituts dienen, mit dem das Beamtentum insgesamt keine Berührungspunkte hat, da es ihm dem Grunde nach schon nicht zugänglich ist. Die Kollisionen, die die Rechtsfigur zu den übrigen Strukturprinzipien des Art. 33 Abs. 5 GG aufweist, dürften eine Zuordnung zu den hergebrachten Grundsätzen des Berufsbeamtentums, welche die Institution regelmäßig in positiver Weise beeinflussen sollen, geradezu verbieten.

Zur Beantwortung der Frage nach der Zugehörigkeit des politischen Beamten zu den Strukturprinzipien gem. Art. 33 Abs. 5 GG ist nicht zuletzt auch die Ungleichwertigkeit des Leistungs-, des Neutralitäts- sowie des Lebenszeitprinzips im Vergleich zum Rechtsinstitut des politischen Beamten in den Blick zu nehmen.[796] Bei den Erstgenannten handelt es sich um Strukturmerkmale des Berufsbeamtentums von überragender Bedeutung für dessen wirksame Aufgabenerfüllung, Unabhängigkeit und auch Fortbestand. Der Kreis der politischen Beamten hingegen umfasst ausweislich der bundes- und landesrechtlichen Vorschriften, welche die Anzahl entsprechend begrenzen, bei insgesamt 1,76 Millionen Beamten in Deutschland lediglich 800 Ämter, wobei die Zahl derer, die für eine einstweilige Ruhestandsversetzung tatsächlich in Betracht kommt, aufgrund des Rotationsprinzips im Auswärtigen Amt nochmals deutlich geringer ist und im Ergebnis unter 500 liegt.[797] In einem derart kleinen Prozentsatz von 0,02 % aller Beamten ein fundamental bedeutsames Strukturelement zu sehen, welches die grundsätzliche Funktion

---

796 Vgl. *Lindner*, ZBR 2011, 150, 157.

797 Vgl. Statistisches Bundesamt, Beschäftigte nach Geschlecht und der Art des Dienst- oder Arbeitsvertragsverhältnisses, Stichtag 30. Juni 2023, https://www.destatis.de/DE/Themen/Staat/Oeffentlicher-Dienst/Tabellen/beschaeftigte-geschlecht.html?nn=212936.

des Berufsbeamtentums innerhalb des Staatsaufbaus garantiert, erscheint zweifelhaft und nicht gerechtfertigt.

Im Ergebnis ist daher festzustellen, dass es sich bei der Rechtsfigur des politischen Beamten, verbunden mit der Möglichkeit, diesen jederzeit ohne Angabe von Gründen in den einstweiligen Ruhestand versetzen zu können, zwar durchaus um einen traditionellen und festen Bestandteil des öffentlichen Dienstrechts in Deutschland handelt. Zu den hergebrachten Grundsätzen des Berufsbeamtentums im Sinne des Art. 33 Abs. 5 GG zählt sie indes nicht.[798] Die Institution weist für das Beamtentum insgesamt weder einen grundlegenden noch einen strukturbildenden Charakter auf. Auch eine verfassungsrechtliche Änderung dieses Umstands erscheint nicht realistisch: Eine Fortentwicklung des Berufsbeamtentums im Interesse beispielsweise von bestimmten Funktionsbedürfnissen ist zwar grundsätzlich möglich, allerdings müssten diese auch stets im Interesse der Beamtenschaft sein, was in Bezug auf den Ausschluss einiger weniger Ämter für Laufbahnbeamte und die damit einhergehende Entkoppelung vom Leistungsprinzip, die mit dem Rechtsinstitut des politischen Beamten einhergeht, abzulehnen ist.[799] Vielmehr könnte die Rechtsfigur durchaus hinweggedacht werden, ohne dass die Funktionsfähigkeit des Beamtentums in nennenswerter Weise beeinträchtigt wäre.[800] Eher dürfte das Gegenteil zutreffen. Da das Institut des politischen Beamten kein mit Verfassungsrang ausgestatteter Belang ist, ist es grundsätzlich auch nicht geeignet, in eine Konkurrenz zu Art. 33 Abs. 2 GG zu treten.

Ein weiteres Rechtsgut von Verfassungsrang, das hierfür in Frage kommen könnte, ist die Funktionsfähigkeit der Regierung. Teilweise wird die Ansicht vertreten, dass die politischen Beamten eine notwendige Konsequenz der parlamentarisch-parteistaatlichen Demokratie seien und ihre Existenz durch das Demokratieprinzip gem. Art. 20 Abs. 1, 2 S. 1 i.V.m Art 28 Abs. 1 S. 1 GG gerechtfertigt sei.[801] Wie die bisherige Untersuchung allerdings hervorgebracht hat, ist die Einsetzung von politischen Beamten in öffentliche Ämter für die Funktionsfähigkeit einer Landes- bzw. der Bundesregierung

798 Zustimmend u.a. *Bochmann*, ZBR 2023, 325, 331; *Czisnik*, DÖV 2020, 603, 606 f.; *Hillgruber*: Wohlbegründete Ausnahme, FAZ, 13. April 2015; a.A. *Battis*, in: Battis BBG, § 54, Rn. 5.; *Neuhäuser*, NVwZ 2018, 1745, 1747.

799 BVerfG, Beschluss des Zweiten Senats vom 19. September 2007 – 2 BvF 3/02 –, Rn. 68.

800 *Bochmann*, DÖD 2025, 1, 6.

801 Vgl. *Jarass*, in: Jarass/Pieroth, Art. 3, Rn. 141.

weder erforderlich noch förderlich. Dies wird nicht zuletzt auch am Beispiel des Freistaats Bayern deutlich, der ohne eine erkennbare Einschränkung seiner Staatsregierung im Vergleich zu anderen Ländern seit jeher auf die Institution verzichtet.

Es besteht für einen Eingriff in das Leistungsprinzip des Art. 33 Abs. 2 GG durch die Institution des politischen Beamten und die damit einhergehende eignungswidrige Ungleichbehandlung somit keine Möglichkeit einer Rechtfertigung durch kollidierendes Verfassungsrecht.

Eingriff in den Funktionsvorbehalt gem. Art. 33 Abs. 4 GG

In Anbetracht der beschriebenen Verfahrensweise bei der Vergabe politischer Ämter auch an verwaltungsexterne Personen, die oftmals über keinerlei Erfahrung in der Ministerialbürokratie sowie im öffentlichen Dienst insgesamt verfügen, stellt sich die Frage, ob die Rechtsfigur des politischen Beamten mit dem Funktionsvorbehalt des Art. 33 Abs. 4 GG verfassungsrechtlich zu vereinbaren ist.

I. Sachlicher Gewährleistungsbereich

Gemäß Art. 33 Abs. 4 GG ist die Ausübung hoheitsrechtlicher Befugnisse als ständige Aufgabe regelmäßig Angehörigen des öffentlichen Dienstes zu übertragen, die in einem öffentlich-rechtlichen Dienst- und Treueverhältnis stehen.[802] Wie weit der Bereich der hoheitsrechtlichen Befugnisse zu ziehen ist, ist streitig. In Rechtsprechung und Schrifttum herrscht allerdings weitgehend Einigkeit darüber, dass ausschließlich Befugnisse der Exekutive, jedoch nicht der Legislative und Judikative darunter fallen.[803] Im Übrigen wird jede Erfüllung staatlicher Aufgaben ungeachtet der Organisations- und Handlungsform, in der der Staat tätig wird, dem Funktionsbereich zugeordnet.[804] Neben der Ausübung der öffentlichen Gewalt zählen hierzu auch die

---

802 Vgl. § 4 BBG.

803 *Badura*, in: Dürig/Herzog/Scholz, Art. 33, Rn. 56; *Brosius-Gersdorf*, in: Dreier, Art. 33, Rn. 152 *Stern*, Staatsrecht, Band I, S. 347.

804 *Brosius-Gersdorf*, in: Dreier, Art. 33, Rn. 152.

grundrechtseinschränkende Eingriffsverwaltung sowie die rechtsstaatlich gebundenen Handlungsweisen der gestaltenden und leistenden Felder sozialstaatlicher Verwaltung.[805] Im Ergebnis unterfallen somit all diejenigen staatlichen Aufgaben dem Funktionsvorbehalt, für die der Beamte aufgrund seines Status besonders qualifiziert zu sein hat. Die Typus prägenden Merkmale, durch die sich die Beamten von den Angestellten unterscheiden sollen, ergeben sich hierbei unmittelbar aus den hergebrachten Grundsätzen des Berufsbeamtentums gem. Art. 33 Abs. 5 GG. Der Art. 33 Abs. 4 GG bildet insoweit Schnittmengen mit den institutionellen Garantien des Berufsbeamtentums.[806] Die Abs. 4 und 5 des Art. 33 GG stehen somit in einem konkretisierenden Wechselseitigkeits- bzw. Ergänzungsverhältnis.[807] Der Funktionsvorbehalt stellt sowohl eine personalpolitische als auch eine personalrechtliche Vorgabe für die Übertragung der staatlichen Aufgaben im Bereich der öffentlichen Verwaltung dar.[808] Art. 33 Abs. 4 GG verbindet somit die Wahrnehmung der wesentlichen Staatsfunktionen durch das Beamtentum mit einer besonderen statusrechtlichen Absicherung.[809] Die Vorschrift soll gewährleisten, dass die Ausübung hoheitsrechtlicher Befugnisse der besonderen Sicherung qualifizierter, loyaler und neutraler Aufgabenerfüllung unterliegt. Insoweit fällt der Vorschrift auch eine ähnliche Professionalitätsfunktion zu, wie sie durch das Leistungsprinzip gewährleistet wird.[810] Anhand der besonderen Sachkunde, Pflichtbindung und Leistungsfähigkeit der in einem öffentlich-rechtlichen Dienst- und Treueverhältnis stehenden Beamten soll so eine rechtsstaatliche Garantie für die gesetzmäßige, effektive und unparteiische Wahrnehmung der hoheitsrechtlichen Befugnisse der vollziehenden Gewalt bewirkt werden.[811] Des Weiteren soll die Kontinuität der hoheitlichen Staatsfunktionen gewährleistet werden.[812] Der Sinn und Zweck der Vorschrift besteht zudem darin, einen durch die Beachtung spezieller verfassungsrechtlicher

805 *Badura*, in: Dürig/Herzog/Scholz, Art. 33, Rn. 56.
806 *Badura*, in: Dürig/Herzog/Scholz, Art. 33, Rn. 55.
807 *Hense*, in: Epping/Hillgruber, BeckOK GG, Art. 33, Rn. 51.
808 *Badura*, in: Dürig/Herzog/Scholz, Art. 33, Rn. 55.
809 *Kaiser*, in: Huber/Voßkuhle, Art. 33, Rn. 28.
810 BVerfG, Urteil vom 18. Januar 2012 – 2 BvR 133/10 –, Rn. 136; *Kaiser*, in: Huber/Voßkuhle, Art. 33, Rn. 28; *Lindner*, NVwZ 2024, 620, 622.
811 *Badura*, in: Dürig/Herzog/Scholz, Art. 33, Rn. 55.
812 BVerfGE 88, 103, 114 = NJW 1993, 1379.

Anforderungen geprägten Typus eines Verwaltungsmitarbeiters zu schaffen, der aufgrund seiner Qualifikation am besten geeignet ist, um dauerhaft mit der Wahrnehmung hoheitsrechtlicher Befugnisse betraut zu werden. Art. 33 Abs 4 GG dient daher nicht dem Schutz von Beamten- oder Versorgungsinteressen, wohl aber – unter anderem – dem Schutz des von hoheitlicher Aufgabenwahrnehmung in seinen Grundrechten betroffenen Bürgers. Die Beamten sollen einen Berufsstand abbilden, der sich in Rekrutierung, Leistungsnachweis, rechtlichem Status, Besoldung und Versorgung sowie Karriereweg von den übrigen Arbeitnehmern, auch den Tarifbeschäftigten des öffentlichen Dienstes, abgrenzt.[813] Der Vorschrift liegt ebenso wie dem Leistungsprinzip der Zweck zugrunde, das fachliche Niveau und die Funktionsfähigkeit der Verwaltung zu sichern.[814] Aus diesem Grund sind im Interesse des Verwaltungsunterworfenen im Bereich des Funktionsvorbehalts besondere Anforderungen an diejenigen amtlichen Aufgaben zu stellen, deren Wahrnehmung besondere Verlässlichkeits-, Stetigkeits- und Rechtsstaatlichkeitsgarantien erfordern.[815] Im Hinblick auf Vorgesetztenfunktionen ist eine Verwendung von Angestellten zudem ausgeschlossen.[816] Art. 33 Abs. 4 GG enthält den Vorbehalt einer sachlichen Funktion und steht auch in einem inneren, systematischen Zusammenhang mit Art. 21 GG.[817] Die beiden Bestimmungen regeln die beiden wichtigsten staatlichen Lebensvorgänge: die politische Willensbildung und die öffentliche Verwaltung. Allerdings setzt sie die Verfassung in ein klares Verhältnis sachlicher Abgrenzung, indem sie den einen Aufgabenbereich den politischen Parteien zuordnet und den anderen dem öffentlichen Dienst.[818] Eine Vermengung beider Rechtsstellungen ist verfassungsrechtlich somit nicht gewollt. Zusammenfassend bezweckt der Funktionsvorbehalt das Zusammenwirken von drei Aspekten: die besondere Pflichtenstellung des Beamten, zu der auch die Neutralität zählt, die durch das Lebenszeitprinzip bewirkte, persönliche Unabhängigkeit des Beamten sowie die Verwirklichung des Leistungs- und des Laufbahnprinzips.[819]

---

813 *Kugele*, ZBR 2007, 109.
814 BVerfG, Beschluss vom 19. September 2007 – 2 BvF 3/02 –, Rn. 48.
815 BVerfG, Beschluss vom 19. September 2007 – 2 BvF 3/02 –, Rn. 48.
816 *Lecheler*, Die Beamtenaufgaben nach dem Funktionsvorbehalt des GG, S. 27.
817 *Zwirner*, Politische Treuepflicht des Beamten, S. 193 f.
818 *Zwirner*, Politische Treuepflicht des Beamten, S. 194.
819 *Kaiser*, in: Huber/Voßkuhle, Art. 33, Rn. 33.

II. Eingriff

Es erscheint zweifelhaft, dass das Rechtsinstitut des politischen Beamten mit den Anforderungen und dem Zweck, die der Funktionsvorbehalt des Art. 33 Abs. 4 GG verfolgt, vereinbar ist. Die Rechtsfigur dürfte vielmehr neben einem Verstoß gegen das Leistungsprinzip auch einen Eingriff in Art. 33 Abs. 4 GG darstellen, soweit dem jeweiligen politischen Amt die Wahrnehmung hoheitsrechtlicher Befugnisse unterliegt. Das Bundesverfassungsgericht spricht in Bezug auf die Vorschrift bewusst von einem Funktionsvorbehalt statt von einem Amtsvorbehalt.[820] Es stellt in Bezug auf den Ämterkreis insoweit eindeutig auf die fachliche Ebene ab und nicht auf die statusrechtliche. Losgelöst von der Frage nach der Reichweite hoheitsrechtlicher Befugnisse ist es zunächst Ziel und Zweck der Norm, in den Verwaltungsbereichen, in denen es zu den Befugnissen gehört, Grundrechtseinschränkungen auf Seiten der Bürger vorzunehmen, ein hohes Maß an Qualität des Handelns zu gewährleisten. Art. 33 Abs. 4 GG erschöpft sich daher nicht in der Gewährleistung eines Tätigkeitsbereichs für Beamte, sondern entfaltet auch eine Schutzfunktion zugunsten des Bürgers.[821] Diesem gegenüber will die Verfassung die Erfüllung jener Aufgaben in die Hand eines besonders ausgebildeten und zur Objektivität verpflichteten Amtsträgers legen, die der Staat zur Erledigung an sich gezogen hat.[822] Auch die Spitzenämter in der (Exekutiv-)Verwaltung, denen ein besonders hohes Maß an Verantwortung innewohnt und die somit ein ebenso hohes Maß an Aus- und Fortbildung sowie an beruflicher Erfahrung voraussetzen, sind somit vom Funktionsvorbehalt erfasst. Wenn aber die politischen Ämter an der Spitze beispielsweise von Sicherheitsbehörden derart ausgestaltet sind, dass ihre Besetzung ohne eine vorherige Ausschreibung und somit nicht unter Beachtung des Leistungsprinzips auch mit externen Kandidaten besetzt werden können, die teilweise keinerlei Verwaltungserfahrung vorzuweisen haben, so widerspricht dies dem mit dem Funktionsvorbehalt bezweckten Ziel der Sicherstellung eines höchstmöglichen fachlichen Niveaus der Verwaltung bei der Ausübung hoheitsrechtlicher Befugnisse. Die Besetzung der entsprechenden Stellen mit Beamten dient keinem Selbstzweck, sondern ist vielmehr in den Eigenschaften begründet,

820 BVerfG, Beschluss vom 25. November 2011 – 2 BvR 2305/11 –, Rn. 13.
821 *Strauß*, Funktionsvorbehalt und Berufsbeamtentum, S. 203.
822 *Lecheler*, Die Beamtenaufgaben nach dem Funktionsvorbehalt des GG, S. 36 f.

die auf Lebenszeitbeamte im Normalfall zutreffen. Hierzu zählen neben den sich unmittelbar aus Art. 33 Abs. 5 GG ergebenden Neutralitäts- und Treuepflichten auch die beispielsweise mit dem Lebenszeitprinzip bezweckten konkreten Eignungs- und Leistungsmerkmale eines Beamten in Gestalt von Erfahrung und Wissen, die sich gerade erst aufgrund seiner lebenslangen Zugehörigkeit zum Beamtentum entwickeln können. Hiervon umfasst sind neben der Feststellung von Eignung und Befähigung zum Zeitpunkt der Einstellung auch die Zeit im Vorbereitungsdienst sowie die anschließend gesammelte Diensterfahrung, durch die regelmäßig erst die Voraussetzungen für die vom Funktionsvorbehalt beabsichtigten Zwecke geschaffen werden. Ein politischer Beamter hingegen, dessen Einstellung bereits nicht nach den Kriterien der Leistungstrias erfolgt und der weiß, dass seine Verweildauer innerhalb des Berufsbeamtentums womöglich nur wenige Jahre andauert, dürfte diejenigen Eigenschaften, die Art. 33 Abs. 4 GG fordert und die die Berufsbeamten aus den Laufbahnen verkörpern, mangels Erfahrung kaum abbilden können. Unstreitig handelt es sich auch bei den politischen Beamten auf Bundes- und Länderebene um Beamte im statusrechtlichen Sinn. Allerdings finden weder das Laufbahn- noch das Leistungs- noch das Neutralitätsprinzip auf diesen Ämterkreis wirksam Anwendung. Politische Beamte leisten in vielen Fällen keinen Vorbereitungsdienst, haben keine Probezeit zu erfüllen, verfügen über keinerlei Verwendungsbreite und somit auch nicht über die entsprechende dienstliche Erfahrung, insbesondere im Hinblick auf das Ausfüllen einer Vorgesetztenfunktion.[823] In Ermangelung eines Auswahlverfahrens wird zudem bereits die bisherige fachliche Leistung eines Kandidaten, die für Letztgenannte regelmäßig in den Blick zu nehmen ist, keiner Prüfung unterzogen. Das beschriebene Phänomen, verwaltungsexterne Kandidaten unmittelbar in politische Ämter zu berufen, findet sich in der Praxis zwar hauptsächlich bei den Staatssekretären und den Regierungssprechern, wobei der Funktionsvorbehalt für Letztere in Ermangelung hoheitsrechtlicher Befugnisse nicht greift. Jedoch gestattet die derzeitige Praxis, die die Entscheidung über die Vergabe des Amtes einzig der jeweiligen

823 Unstreitig trifft dies nicht auf sämtliche politische Beamte zu, jedoch gestatten die einfachgesetzlichen Vorschriften insbesondere auf Bundesebene, dass es zu derartigen Konstellationen kommt, in denen Quereinsteiger in entsprechende Ämter gelangen, ohne zuvor einen entsprechenden Leistungs- bzw. Qualifikationsnachweis erbracht zu haben.

Regierung überlässt, die gleiche Vorgehensweise auch in Bezug auf sämtliche weitere politische Ämter und somit auch auf solche aus dem Bereich der grundrechtseinschränkenden Eingriffsverwaltung. Die Institution bedeutet aufgrund ihrer Ausgestaltung daher in faktischer Hinsicht einen Eingriff in den Funktionsvorbehalt des Art. 33 Abs. 4 GG, da die Amtsinhaber, obgleich sie Beamte im statusrechtlichen Sinn sind, den Ansprüchen, die die Vorschrift an „Angehörige des öffentlichen Dienstes, die in einem öffentlich-rechtlichen Dienst- und Treueverhältnis stehen", nicht zwingend zu erfüllen haben und ihnen dies aufgrund ihrer beruflichen Biographie regelmäßig auch gar nicht möglich sein dürfte.

III. Verfassungsrechtliche Rechtfertigung

In Bezug auf eine Abweichung vom Funktionsvorbehalt ist festzustellen, dass diese nur in begründeten Ausnahmefällen als zulässig erachtet wird und zudem einen sachlichen Grund erfordert.[824] Andere, vom Idealtyp des Lebenszeitbeamten abweichende Beamtenkategorien sind im Hinblick auf den damit einhergehenden Funktionsverlust rechtfertigungsbedürftig und bedürfen einer verfassungsrechtlich tragfähigen Grundlage.[825] Ein sachlicher Grund könnte vorliegend wiederum in der zwar nicht rechtlichen, jedoch faktischen Umgehung des Normzwecks durch die lediglich kurzzeitige und unter Nichtbeachtung der ansonsten obligatorischen beamtenrechtlichen Vorbereitungs-, Probe- und Erfahrungszeiten sowie in Anbetracht der Möglichkeit (und auch hohen Wahrscheinlichkeit) eines zeitnahen Wiederausscheidens aus dem Beamtenverhältnis infolge der Versetzung in den einstweiligen Ruhestand erfolgenden Einsetzung von externen Vertrauenspersonen zwecks Aufrechterhaltung einer bestmöglichen Regierungsarbeit zu sehen sein. Wie bereits dargelegt, erfährt jene in objektiver Hinsicht jedoch keinen ersichtlichen Mehrwert, da die Kriterien, die den politischen Beamten definieren, für den verfolgten Zweck insgesamt nicht sachgerecht sind.

Eine Rechtfertigung für eine faktische Umgehung des Funktionsvorbehalts durch den Einsatz politischer Beamter besteht somit nicht.

---

[824] BVerfGE 130, 76, 115; *Germelmann*, in: Friauf/ Höfling, Art. 33, Rn. 94 f.
[825] BVerwG NVwZ 1989, 972 f.; *Yasin*, Öffentliche Ämter im Spannungsfeld, S. 18 f.

Eingriff in Verfassungsgrundsätze gem. Art. 33 Abs. 5 GG

Vor dem Hintergrund der nicht validen und in sachlicher Hinsicht nicht gerechtfertigten Kriterien des Bundesverfassungsgerichts für eine mögliche Zuordnung von öffentlichen Ämtern zum Kanon der politischen Beamten erscheint es fraglich, ob die Rechtsfigur als verfassungsrechtliche Durchbrechung von hergebrachten Grundsätzen des Berufsbeamtentums anzuerkennen ist.

I. Allgemeines und Normzweck

Das Beamtentum bildet eine der ältesten und kräftigsten Wurzeln des Verfassungsstaats. Es verkörpert das Prinzip eines Amtes, welches staatliche Macht in rechtliche Pflichten zum Dienst für die Allgemeinheit transformiert. Das öffentliche Amt schottet den Staatsdienst sowohl gegen politische Willkür als auch gegen privaten Eigennutz der Staatsdiener ab. Das Grundgesetz sieht in Anknüpfung an die deutsche Verwaltungstradition im Berufsbeamtentum eine Institution, die sich auf Sachwissen, fachliche Leistung und loyale Pflichterfüllung gründet und dadurch einen ausgleichenden Faktor gegenüber den das Staatsleben gestaltenden politischen Kräften sein soll.[826] Der Verfassungsauftrag, wonach des Recht des öffentlichen Dienstes unter Berücksichtigung der hergebrachten Grundsätze des Berufsbeamtentums zu regeln und fortzuentwickeln ist, erwächst unmittelbar aus Art. 33 Abs. 5 GG und stellt selbst eine institutionelle Garantie für das Berufsbeamtentum

826 BVerfGE 7, 155, 162; *Badura*, in: Maunz/Dürig/Scholz, Art. 33, Rn. 55.

dar.[827] Wiederholt wurde seitens der Politik der Versuch unternommen, diese institutionelle Garantie des Berufsbeamtentums aus den hergebrachten Grundsätzen des Art. 33 Abs. 5 GG zu entfernen.[828] Das Berufsbeamtentum stützt das Demokratieprinzip, indem es die rechtsstaatliche Ausführung demokratischer Entscheidungen absichert.[829] Unter den Schutz des Art. 33 Abs. 5 GG fällt ein Kernbestand an Strukturprinzipien, die allgemein oder doch ganz überwiegend und während eines längeren, Tradition bildenden Zeitraums, mindestens unter der Weimarer Reichsverfassung, als verbindlich anerkannt und gewahrt worden sind.[830] Die Vorschrift dient hierbei nicht dem Schutz „wohlerworbener Rechte“ der Beamten, sondern dem grundsätzlichen Erhalt der Institution des Berufsbeamtentums im Interesse der Allgemeinheit.[831] Zu diesem Zweck fordert Art. 33 Abs. 5 GG, dass das Recht des öffentlichen Dienstes unter Berücksichtigung der hergebrachten Grundsätze des Berufsbeamtentums zu „regeln“ und „fortzuentwickeln“ ist.[832] Darüber hinaus begründet die Norm ein grundrechtsgleiches Recht, soweit ein hergebrachter Grundsatz die persönliche Rechtsstellung eines Beamten betrifft.[833]

II. Eingriff in das Lebenszeitprinzip

In seiner bisherigen Rechtsprechung hat das Bundesverfassungsgericht wiederholt betont, dass ausschließlich das Lebenszeitprinzip als hergebrachter Grundsatz des Berufsbeamtentums gem. Art. 33 Abs. 5 GG den

---

827 BVerfG, Beschluss vom 24. April 2018 – 2 BvL 10/16 –, Rn. 33.

828 Vgl. hierzu BR-Drs. 298/96, S. 182 ff. Der Antrag des Landes Schleswig-Holstein wurde von der damaligen Ministerpräsidentin Heide Simonis damit begründet, dass die Grundsätze des Berufsbeamtentums möglichen Effizienzsteigerungen im öffentlichen Dienst im Wege stünden. Der Antrag fand im Bundesrat ebenso keine Mehrheit wie die entsprechenden Drs. 13/4730 und 13/9622 im Bundestag.

829 Vgl. *Balzer*, Republikprinzip und Berufsbeamtentum, S. 14 ff.; *Kugele*, ZBR 2007, 109; *Zwirner*, Politische Treuepflicht des Beamten, S. 193 f.

830 StRspr., so z.B. BVerfGE 83, 98.

831 BVerfGE 8, 332, 343; 7, 155, 162.

832 Die Formulierung „und fortzuentwickeln“ ist ein durch die Föderalismusreform-Novelle eingefügter Zusatz (Art. 1 Nr. 3 des Gesetzes v. 28.8.2006, BGBl. I 2006, Nr. 41, S. 2034).

833 BVerfGE 107, 218, 236 f.; 117, 330, 344.

verfassungsrechtlichen Maßstab für die sachliche Rechtfertigung des politischen Beamten bilde.[834] An der Vorschrift seien demzufolge auch die Rechtsgrundlagen für die Möglichkeit einer jederzeitigen Versetzung in den einstweiligen Ruhestand zu messen. Die jüngsten Ausführungen des Gerichts zur Durchbrechung des Lebenszeitprinzips haben dessen hohe Bedeutung für das Beamtentum nochmals verdeutlicht, weshalb die Vorschrift auch unter Einbeziehung der einfachgesetzlichen Normen zur einstweiligen Ruhestandsversetzung von politischen Beamten einer genaueren Untersuchung bedarf.[835]

1. Sachlicher Gewährleistungsbereich

Der Grundsatz, dass Beamte auf Lebenszeit angestellt werden und ihnen auch ihr Amt im statusrechtlichen Sinne auf Dauer verliehen wird, war bereits in den beamtenrechtlichen Vorschriften des Deutschen Reiches[836] verankert und stellt auch heutzutage noch das zentrale Element des Beamtenverhältnisses dar.[837] In Art. 129 Abs. 1 und Abs. 2 der Weimarer Reichsverfassung war bereits festgeschrieben, dass die Anstellung der Beamten im Regelfall auf Lebenszeit erfolgt und eine Amtsenthebung, eine Versetzung in den Ruhestand oder eine Versetzung in ein Amt mit niedrigerem Endgrundgehalt nur unter den gesetzlich bestimmten Voraussetzungen und Formen möglich ist.[838] Das Beamtenverhältnis ist seither als Lebensberuf mit einer hauptberuflichen Erfüllung angelegt.[839] Das Lebenszeitprinzip zählt somit zu den absolut grundlegenden Prinzipien für die Funktionalität des Berufsbeamtentums und stellt in Verbindung mit dem Alimentationsprinzip diejenige Unabhängigkeit her, die notwendig ist, damit das Beamtentum die ihm zugewiesene Rolle, innerhalb des politischen Kräftespiels mit wechselnden Regierungen bzw. Regierungsmehrheiten eine dauerhafte, stabile und rechtstreue Verwaltung

---

834 BVerfG, Beschluss vom 09. April 2024 – 2 BvL 2/22 –, Rn. 43.

835 BVerfG, Beschluss vom 09. April 2024 – 2 BvL 2/22 –, Rn. 46 f.

836 Vgl. §§ 2, 23 des Gesetzes betreffend die Rechtsverhältnisse der Reichsbeamten vom 31. März 1873, RGBl S. 61; BVerfG, Beschluss des Zweiten Senats vom 28. Mai 2008 – 2 BvL 11/07 –, Rn. 43.

837 *Von der Weiden*, jM 2018, 427, 428.

838 Vgl. RGBl S. 1383; BVerfG, Beschluss vom 28. Mai 2008 – 2 BvL 11/07 –, Rn. 43; *Huber*, Deutsche Verfassungsgeschichte seit 1789, Band 6, S. 511 f.

839 *Lecheler*, in: HStR V, § 110, Rn. 40.

zur Durchsetzung rechtsstaatlicher Amtsführung zu gewährleisten, effektiv erfüllen kann.[840] Die Verwaltung bildet hierbei in funktioneller Hinsicht ein eigenständiges System, das sich durch seinen Status und seine rechtsstaatssichernde Aufgabenstellung von den wechselnden Amtsleitungen der Ministerien abgrenzt.[841] Dieser Rolle nicht fremd, sondern vielmehr immanent ist hierbei auch ein gewisser Widerspruchsgeist im Konfliktfall mit politischen Amtsträgern.[842] Um diesem eine praktische Wirksamkeit verleihen zu können, ist es ebenfalls unerlässliche Voraussetzung, dass ein Beamter nicht willkürlich oder nach freiem Ermessen politischer Gremien aus seinem Amt entfernt werden kann, sondern dieses grundsätzlich auf Lebenszeit übertragen bekommt.[843] Die lebenslange Anstellung soll dem Beamten somit seine persönliche Unabhängigkeit sichern, wobei hiermit keineswegs eine Art persönliches Privileg gemeint ist, das zu seiner Disposition steht, sondern welches ausschließlich dem Gemeinwohl dienen soll, indem es im Bewusstsein einer gesicherten Rechtsstellung eine unabhängige Amtsführung ermöglicht.[844] Nur wenn diese Unabhängigkeit garantiert werden kann, steht auch zu erwarten, dass ein Beamter auch dann auf rechtsstaatliche Amtsführung beharrt, wenn sie (partei-)politisch möglicherweise unerwünscht sein sollte.[845] Neben der Anstellung des Beamten auf Lebenszeit ist es ebenso Bestandteil des Lebenszeitprinzips, dass grundsätzlich alle einer Laufbahn zugeordneten Ämter auch auf Lebenszeit übertragen werden. Hierdurch soll nicht nur der Grundstatus des Lebenszeitbeamten geschützt werden, sondern auch das ihm übertragene Amt im statusrechtlichen Sinn.[846] Eine Übertragung von Ämtern mit leitender Funktion auf Zeit ist hierbei zwar grundsätzlich zulässig, wird von der Rechtsprechung angesichts der ungesicherten Rechtsposition des Amtsinhabers aber sehr restriktiv behandelt.[847]

---

840 BVerfGE 121, 205, 220; 149, 1, Rn. 35.

841 Vgl. *Bochmann*, ZBR 2023, 325, 327.

842 BVerfG, Beschluss vom 28. November 2018 – 2 BvL 3/15 –, Rn. 30.

843 BVerfGE 149, 1, Rn. 35; OVG NRW, Beschluss vom 15. Dezember 2021 – 6 A 739/18, BeckRS 2021, 46886, Rn. 71 f., beck-online.

844 *Burghart*, in: Leibholz/Rinck, Art. 33, Rn. 236.

845 BVerfGE 121, 205, 221; 141, 56, 71 f.; 148, 296, 347; 149, 1, 17; 152, 345, 371.

846 BVerfGE 121, 205, 222.

847 Danach stellt die Vergabe eines Führungsamtes auf Zeit für die Dauer von 10 Jahren ein Verstoß gegen das Lebenszeitprinzip dar, vgl. BVerfGE 121, 205, 225. Seitens der politischen Entscheidungsträger wurde mit der Vergabe von Führungsämtern

Eine anerkannte Ausnahme vom Lebenszeitprinzip besteht zudem für kommunale Wahlbeamte als Sonderfall des Beamten auf Zeit. Deren Stellung wird durch ihre politische Funktion charakterisiert, die den Grund für die zeitliche Befristung bildet. Die Berufung erfolgt durch einen Akt demokratischer Willensbildung, der erneuert werden muss, wenn der Beamte nach Ablauf der Wahlperiode im Amt bleiben soll.[848] Hiervon abzugrenzen sind allerdings die Lebenszeitbeamten, zu denen auch die politischen Beamten zählen. Das Lebenszeitprinzip findet in Bezug auf diese Gruppe vollumfänglich Anwendung, wobei eine Durchbrechung aufgrund einer Versetzung in den einstweiligen Ruhestand bislang verfassungsrechtlich anerkannt ist.[849]

2. Eingriff

Die Möglichkeit zur jederzeitigen Versetzung eines Lebenszeitbeamten in den einstweiligen Ruhestand stellt einen Eingriff in das Lebenszeitprinzip des Art. 33 Abs. 5 GG dar.[850] Der Ansicht, dass ein solcher allein aus dem Grund nicht in Betracht komme, weil die Ämter für die politischen Beamten nur auf freiwilliger Basis übertragen werden könnten, wodurch der verfassungsrechtliche Anspruch auf lebenslange Beschäftigung bzw. auf lebenszeitige Übertragung eines Amtes bereits durchbrochen werde, kann in diesem Zusammenhang nicht gefolgt werden.[851] Die Bewerbung auch auf eine Stellenausschreibung für Laufbahnämter, die nicht als solche für

lediglich auf Zeit in der Vergangenheit dennoch oft großzügig verfahren, um sich die damit einhergehenden personellen Gestaltungsmöglichkeiten offenzuhalten. Der damalige niedersächsische Ministerpräsident Ernst Albrecht äußerte sich im Rahmen einer Stellungnahme zu einer Vorlage an das BVerfG dahingehend, dass das Lebenszeitprinzip als hergebrachter Grundsatz des Berufsbeamtentums aus seiner Sicht zwar grundsätzlich zu beachten sei, aber nicht auf alle Beamtenverhältnisse in gleicher Weise Anwendung finde. Eine sachliche Rechtfertigung für eine Übertragung bspw. eines Schulleiteramts lediglich auf Zeit ergebe sich bereits aus der Besonderheit von speziellen Reformvorhaben betreffend einige Schulformen. Derartige Einschränkungen des Lebenszeitprinzips aufgrund politischer Erwägungen dürften indes nicht (mehr) zu rechtfertigen sein.

848 BVerfG, Beschluss vom 24. April 2018 – 2 BvL 10/16 –, Rn. 40; Beschluss vom 28. Mai 2008 – 2 BvL 11/07 –, Rn. 75.

849 BVerfG, Beschluss vom 09. April 2024 – 2 BvL 2/22 –, Rn. 51; *Spitzlei/Lehner*, PersV 2024, 388, 390.

850 BVerfG, Beschluss vom 24. April 2018 – 2 BvL 10/16 –, Rn. 43 m.w.N.

851 *Kugele*, ZBR 2007, 109, 113 f.

politische Beamte ausgestaltet sind und bei denen demzufolge auch keine Versetzung in den einstweiligen Ruhestand droht, erfolgt stets freiwillig und ist für keinen bewerbungsfähigen Beamten verpflichtend. Anders verhält sich dies nur bei Umsetzungen und Versetzungen.[852] Die Kandidaten, die sich bereiterklären, ein Amt eines politischen Beamten zu übernehmen, haben in Bezug auf die negativen beamtenrechtlichen Umstände, was eine jederzeit mögliche Versetzung in den einstweiligen Ruhestand anbelangt, keinerlei Gestaltungsmöglichkeiten oder Mitbestimmungsrechte, sodass die einzig mögliche Alternative zur Vermeidung der Durchbrechung des Lebenszeitprinzips darin bestünde, das Amt abzulehnen, was im Ergebnis oftmals auch geschieht. Von einer konkludenten Zustimmung eines Kandidaten zur Durchbrechung des Lebenszeitprinzips lediglich aufgrund der Erklärung, dieses annehmen zu wollen, kann somit keine Rede sein.

Die politischen Beamten sind außerdem für die durch das Lebenszeitprinzip bezweckte Aufrechterhaltung der Professionalität und Leistungsfähigkeit innerhalb der Verwaltung weder geeignet noch erforderlich, was bereits die Argumentation hinsichtlich der vermeintlichen Notwendigkeit des politischen Beamten zeigt: Eine Regierung müsse demnach das jederzeitige Vertrauen darin haben, dass die politischen Beamten ihre Regierungspolitik in optimaler Weise reibungslos und aus einer inneren Überzeugung heraus umsetzen. Sobald diese Gewissheit nicht mehr vorherrsche, mag es auch nur einem rein subjektiven Gefühl auf Seiten der Regierungsvertreter entstammen, sei eine sofortige Ruhestandsversetzung des Beamten gerechtfertigt.[853] Aufgrund dieser im Vergleich zum Laufbahnbeamten ungleich schwächeren und weniger unabhängigeren Stellung des politischen Beamten kann dieser der Leistungsfähigkeit der Verwaltung niemals in bestmöglicher Weise dienlich sein, da es hierfür zwingend erforderlich wäre, dass der politische Beamte in seiner Schlüsselfunktion als Mittler zwischen Regierung und Verwaltung politische Programme und Entscheidungen nicht lediglich wegexekutiert, sondern diese im Sinne einer dem Gemeinwohl dienenden Flankierung der Regierungspolitik kritisch hinterfragt, auf rechtliche Bedenken hinweist und auf mögliche Probleme bei der praktischen Umsetzung hinweist.[854] All dies

852 Vgl. § 15 Abs. 1 BeamtStG, § 28 Abs. 1 S. 2 NBG

853 *Kugele*, ZBR 2007, 109, 112 f.

854 *Lindner*, ZBR 2011, 150, 156.

wird ein politischer Beamter, dessen Verbleib in seinem Amt ausschließlich und vollumfänglich vom Wohlwollen der Personen abhängt, gegenüber denen er Kritik üben und in gewissem Maße auch einen Gegenpol bilden soll, nicht oder nur in sehr eingeschränktem Maße tun, sondern im Zweifel seine gegenteiligen Vorstellungen ebenso zurückstellen wie seine Ideen zu alternativen Lösungen, die möglicherweise von den politischen Leitlinien der Regierung abweichen. Aufgrund der Schwächung des politischen Beamten in den Möglichkeiten seiner Amtsausführung, die insbesondere mit der Durchbrechung des Lebenszeitprinzips bewirkt wird, geht auch eine Schwächung der Verwaltung insgesamt einher, da die politischen Beamten als Mittler zwischen Politik und Verwaltung nicht in gleichem Maße in beide Richtungen wirken. Das Bundesverfassungsgericht hat dies in seiner bisherigen Rechtsprechung zwar so nicht explizit festgestellt, jedoch entsprechende Argumente hervorgebracht, die die vorangegangene Sichtweise stützen dürften: erst die rechtliche und wirtschaftliche Unabhängigkeit gewährleiste es, dass das Berufsbeamtentum die ihm von Verfassungs wegen zugewiesene Aufgabe, im politischen Kräftespiel eine stabile und gesetzestreue Verwaltung zu sichern, erfüllen kann, wozu es auch erforderlich sei, dass ein Beamter nicht willkürlich oder nach freiem Ermessen aus seinem Amt entfernt kann, da dadurch die Grundlage für seine Unabhängigkeit in Gestalt der lebenslangen Anstellung entfiele, was der eingangs bereits erwähnten Intention des Parlamentarischen Rates im Hinblick auf den Sinn und Zweck des Art. 33 GG insgesamt zuwider liefe. Nur wenn die innere und äußere Unabhängigkeit eines Beamten gewährleistet ist, kann realistischerweise erwartet werden, dass ein Beamter auch dann auf rechtsstaatlicher Amtsführung beharrt, wenn sie (partei-)politisch unerwünscht sein sollte.[855] Dies gilt für das Beamtentum insgesamt und somit auch für die politischen Beamten. Gründe, warum die Letztgenannten in Abweichung dieser denklogischen Argumente handeln sollten und sich so dem jederzeitigen Risiko einer Ruhestandsversetzung aussetzen, sind nicht ersichtlich. Die Durchbrechung des Lebenszeitprinzips ist zudem in Bezug auf diejenigen politischen Ämter, bei denen die Inhaber in dienstlicher Hinsicht eine fachliche Spezialisierung aufweisen müssen, selbst bei Annahme der Erfüllung der vom Bundesverfassungsgericht festgelegten Merkmale unverhältnismäßig, wie das Beispiel der Polizeipräsidenten

[855] BVerfG, Beschluss vom 28. Mai 2008 – 2 BvL 11/07 –, Rn. 71.

verdeutlicht: Eine Versetzung in den einstweiligen Ruhestand bedeutet für einen lebensjüngeren Beamten in Ermangelung von alternativen Möglichkeiten für eine weitere dienstliche Verwendung in seiner Laufbahn eine nicht zu rechtfertigende Härte, die selbst durch einen Dienstherrenwechsel nicht beseitigt werden dürfte, da auch in anderen Ländern die Ämter in den entsprechenden Besoldungsstufen mit politischen Beamten besetzt werden, wobei auch diese Stellen nicht ausgeschrieben und somit auch nicht bekannt gegeben werden. Das Bundesverfassungsgericht stellt hierzu selbst fest, dass innerhalb der Ausnahmegruppe der Durchbrechung des Lebenszeitprinzips die politischen Beamten eine atypische Sonderstellung einnehmen.[856] Diese Sonderstellung führt jedoch unweigerlich dazu, dass eine der zentralsten Säulen des Berufsbeamtentums für diesen Ämterkreis nicht nur durchbrochen, sondern vollständig aufgehoben wird.

III. Eingriff in die Treue- und Neutralitätspflicht

Neben einem Eingriff in das Leistungs- sowie in das Lebenszeitprinzip kommt für die Rechtsfigur insbesondere aufgrund der weitreichenden Einsetzungskompetenzen der Amtsinhaber auf Seiten der Regierung auch ein Verstoß gegen die Treue- und Neutralitätspflicht in Betracht. Fraglich ist hierbei insbesondere, wie es verfassungsrechtlich zu bewerten ist, wenn beamtenrechtliche Strukturprinzipien bei der Auswahl eines Kandidaten unberücksichtigt bleiben und zudem im Rahmen der Amtsausführung in einem direkten Widerspruch zu den Aufgaben des politischen Beamten stehen.

Die Geschichte des deutschen Beamtentums wird über die verschiedenen Verfassungen hinweg gekennzeichnet durch eine besondere seiner Bindung seiner Beamten, welche auf einer mit dem Eintritt in das Beamtenverhältnis verbundenen und übernommenen Treuepflicht beruht.[857] Bereits die Weimarer Reichsverfassung beinhaltete in Art. 130 Abs. 1 WRV eine unzweideutige Formulierung, welche eine Garantie der parteipolitischen Neutralität des Beamtentums beinhaltete:[858]

---

856 BVerfG, Beschluss vom 24. April 2018 – 2 BvL 10/16 –, Rn. 42.

857 BVerfG 39, 334, 346.

858 RGBl. 1919, Nr. 152, S. 1408; *Huber*, Deutsche Verfassungsgeschichte seit 1789, Band 6, S. 511; *Huber*, Dokumente zur Deutschen Verfassungsgeschichte, Band 4, S. 170.

Die Beamten sind Diener der Gesamtheit, nicht einer Partei.

Der Vorschrift entsprang somit die unmittelbare Pflicht für alle Beamten (auch für die politischen), sich bei der Ausübung des ihnen übertragenen Amtes lediglich durch das Interesse der Gesamtheit und nicht durch Parteiinteressen oder durch ein von einer Partei postuliertes Klasseninteresse leiten zu lassen.[859] Art. 176 WRV i.V.m. der Verordnung des Reichspräsidenten vom 14. August 1919[860] forderte zudem den Treueid auf die Verfassung ein, der an die Stelle des früheren Treueids auf den Monarchen trat.[861] Der Beamte sollte ausschließlich den durch die Gesetze geordneten Instanzen, zu denen die Parteien nicht gehörten, verpflichtet sein.[862] Eine Verantwortlichkeit der Beamten gegenüber politischen Parteien kannte somit weder die Weimarer Reichsverfassung noch die Preußische Verfassung.[863] Des Weiteren gewährleistete Art. 130 Abs. 2 WRV allen Beamten die Freiheit ihrer politischen Gesinnung sowie die Vereinigungsfreiheit.[864] Die genannten Artikel verfolgten somit einerseits den Zweck, die individuellen Ansprüche der Beamten zu schützen; sie gewährleisteten andererseits aber auch das Berufsbeamtentum selbst als eine durch objektive Merkmale bestimmte Staatseinrichtung und sprachen ihm somit eine institutionelle Garantie aus, welche sowohl Schutz gegen potentielle systemverändernde Maßnahmen der Gesetzgebung als auch gegen jedwede systemwidrige Staatspraxis boten.[865]

1. Sachlicher Gewährleistungsbereich

Die Treuepflicht zählt ebenfalls zu den verfassungsrechtlichen Kernpflichten des Beamtenverhältnisses.[866] Als Ausprägung der Treuepflicht und zugleich seinerseits als hergebrachter Grundsatz anerkannt ist zudem das Neutralitätsprinzip. Der Beamte ist stets dem Allgemeinwohl und somit zu einer uneigennützigen Amtsführung verpflichtet. Er hat bei der Erfüllung der

---

[859] *Anschütz*: Die Verfassung des Deutschen Reichs vom 11. August 1919, S. 526.

[860] RGBl. I 1919, Nr. 153, S. 1419

[861] *Zwirner*, Politische Treuepflicht des Beamten, S. 137.

[862] *Anschütz*: Die Verfassung des Deutschen Reichs vom 11. August 1919, S. 526.

[863] *Anschütz*: Die Verfassung des Deutschen Reichs vom 11. August 1919, S. 526.

[864] RGBl. 1919, Nr. 152, S. 1408; *Badura*, in: Dürig/Herzog/Scholz, Entstehungsgeschichte Art. 33 GG.

[865] *Huber*, Deutsche Verfassungsgeschichte seit 1789, Band 6, S. 511 f.; *Zwirner*, Politische Treuepflicht des Beamten, S. 138.

[866] *Burghart*, in: Leibholz/Rinck, GG, Art. 33, Rn. 135.

ihm anvertrauten Aufgaben seine eigenen Interessen zurückzustellen und politische Neutralität sowohl in Bezug auf seine Amtsführung als auch in Bezug auf seine Loyalität gegenüber den Staatsorganen zu wahren.[867]

Eine Sonderrolle im Kanon der hergebrachten Grundsätze nimmt zudem die politische Treuepflicht ein, die dem Beamten gegenüber dem Staat und seiner Verfassung obliegt.[868] Er hat beide zu bejahen und insbesondere seine dienstliche Tätigkeit an den bestehenden verfassungsrechtlichen und einfachgesetzlichen Vorschriften auszurichten und diese zur Richtschnur seines Handelns zu machen.[869] Die politische Treuepflicht fordert hierbei nicht lediglich ein kühles und distanziertes Verhältnis gegenüber Staat und Verfassung, welches sich in einer formal korrekten Dienstausübung erschöpft, sondern vielmehr eine aktive Distanzierung von Gruppen und Bestrebungen, die den Staat, seine verfassungsmäßigen Organe und die geltende Verfassungsordnung angreifen, bekämpfen oder zu diffamieren versuchen.[870] Der Beamte hat den Staat als einen positiven Wert anzuerkennen und entsprechend Partei für ihn zu ergreifen.[871] Das Bundesverfassungsgericht hat bereits in seinem Extremistenbeschluss vom 22. Mai 1975[872] diese politische Treuepflicht, welche von einem Beamten insbesondere fordert, dass er sich eindeutig von „Gruppen und Bestrebungen, die den Staat, seine verfassungsmäßigen

---

867 BVerfGE 119, 247, 264.

868 BVerfGE 39, 346 f.

869 *Kaiser*, in: Huber/Voßkuhle, Art. 33, Rn. 47.

870 *Burghart*, in: Leibholz/Rinck, GG, Art. 33, Rn. 135.

871 BVerfGE 39, 347 ff.

872 BVerfGE 39, 334. Dem Beschluss vorausgegangen, obgleich nicht ursächlich für ihn, war der sog. Radikalenerlass vom 28. Januar 1972. Die Ministerpräsidenten der Länder hatten in einer Besprechung mit Bundeskanzler Willy Brandt auf Vorschlag der Innenministerkonferenz einen gemeinsamen Runderlass unter dem Titel „Beschäftigung von rechts- und linksradikalen Personen im öffentlichen Dienst" beschlossen, wonach eine einheitliche Handhabung beamtenrechtlicher Vorschriften zur Verfassungstreue von Beamten und auch Bewerbern erreicht werden sollte. Nach Ziff. 2.1.2 rechtfertigte bereits die Mitgliedschaft eines Bewerbers in einer Organisation, die verfassungsfeindliche Ziele verfolgt, in der Regel die Ablehnung des Einstellungsantrags. Nach Ziff. 2.2 konnte auch ein Beamter bereits durch die Mitgliedschaft in einer entsprechenden Organisation seine Dienstpflicht derart verletzen, dass der Dienstherr eine Entfernung aus dem Dienst anzustreben hatte, vgl. RdErl. der Ministerpräsidenten und aller Landesminister vom 18. Februar 1972, MBl. NW. 1972, Nr. 20, S. 331, 342.

Organe und die geltende Verfassungsordnung angreifen, zu distanzieren habe“ als hergebrachten Grundsatz des Berufsbeamtentums in seiner Bedeutung besonders hervorgehoben.[873] Die Treuepflicht gilt zudem für sämtliche Beamtenverhältnisse und somit auch für die politischen Beamten.[874] Bei Probezeitbeamten sowie bei solchen auf Widerruf rechtfertigt eine Verletzung regelmäßig die Entlassung aus dem Amt. Auch bei Lebenszeitbeamten kann dies im Anschluss an ein Disziplinarverfahren der Fall sein.[875] Einem Bewerber, der keine Gewähr für die Erfüllung dieser Treuepflicht bietet, fehlt zudem regelmäßig die persönliche Eignung nach Art. 33 Abs. 2 GG.[876] Bis auf wenige Ausnahmen ist die höchstrichterliche Rechtsprechung zu Mitgliedschaften und insbesondere zur aktiven Betätigung von Bewerbern und Beamten in rechts- oder linksextremen Parteien bzw. Organisationen deutlich: insbesondere die Erstgenannten müssen in Bezug auf das Eignungsmerkmal der Verfassungstreue zur Überzeugung der Einstellungsbehörde jederzeit die Gewähr dafür bieten, für die freiheitlich demokratische Grundordnung einzutreten.[877] Restzweifel in dieser Frage, welche bereits durch die Mitgliedschaft in einer Partei, die vom Bundesamt oder einem Landesamt für Verfassungsschutz beobachtet werden, begründet werden, gehen regelmäßig zu Lasten des Bewerbers.[878] Nach der Wiedervereinigung wurden im Einigungsvertrag zudem zwei gesetzliche Kündigungstatbestände für Beamte, die zu DDR-Zeiten aktiv für das Ministerium für Staatssicherheit (MfS) tätig waren, aufgenommen.[879] Das Richterdienstgericht Baden-Württemberg hat kürzlich einen Bundestagsabgeordneten und früheren Staatsanwalt mit der Begründung aus dem Beamtenverhältnis entfernt, dass dieser „mehrfach und kontinuierlich beamtenrechtliche Kernpflichten, insbesondere die Pflichten zur Verfassungstreue […] in schwerer Weise verletzt und dadurch das

873 BVerfGE 39, 334.

874 BverfGE 39, 355.

875 BVerfGE 39, 350.

876 BVerfGE 39, 334, 351 f.; BVerwG, Urteil vom 29. Oktober 1981 – 1 D 50/80 = BVerwGE 73, 263; BVerwG, Urteil vom 10. Mai 1984 – 1 D 7/83 = BVerwGE 76, 157.

877 BVerwGE 73, 263, 284.

878 BVerwGE 61, 176, 184.

879 Vertrag zwischen der Bundesrepublik Deutschland und der Deutschen Demokratischen Republik über die Herstellung der Einheit Deutschlands (Einigungsvertrag), Anlage I Kapitel XIX A III: Anlage I, Kapitel XIX, Sachgebiet A – Recht der im öffentlichen Dienst stehenden Personen, Abschnitt III Nr. 1 Abs. 4 Nr. 5 EV

Vertrauen des Landes als Dienstherrn und das Vertrauen der Allgemeinheit in seine pflichtgemäße Amtsführung vollständig und endgültig zerstört" habe.[880] Die Rechtsprechung hat sich ansonsten bislang eher zurückhaltend in Bezug auf die Entfernung von Beamten aus dem Dienst gezeigt, solange diese lediglich Mitglieder einer materiell verfassungswidrigen Partei sind, deren Verfassungswidrigkeit durch das Bundesverfassungsgericht allerdings noch nicht festgestellt wurde. Die Literaturmeinung hingegen erachtet teilweise in der bloßen Mitgliedschaft bereits einen Verstoß gegen die Treuepflicht gem. Art. 33 Abs. 5 GG.[881] Letztere Auffassung erscheint hierbei vorzugswürdig. Zwar impliziert eine mangelnde Verfassungstreue nicht gleichzeitig auch eine aktiv vertretene Verfassungsfeindlichkeit.[882] Dennoch dürfte bereits eine stille bzw. passive Mitgliedschaft regelmäßig geeignet sein, durchgreifende Zweifel an der Staats- und Verfassungstreue eines Beamten zu begründen. Sollten diese in tatsächlicher Hinsicht nicht bestehen, so stellte sich im Umkehrschluss die Frage nach der Intention für eine derartige Mitgliedschaft.

2. Eingriff

Die Institution des politischen Beamten ist in Anbetracht der Anforderungen an die Amtsinhaber sowie der sie in sachlicher Hinsicht rechtfertigenden Faktoren nicht mit den Verfassungsgrundsätzen von Neutralität und Verfassungstreue gem. Art. 33 Abs. 5 GG vereinbar. Die Rechtsfigur nötigt ihrem Amtsinhaber stattdessen eine diesen Pflichten widerstrebende Amtsausübung ab, da gerade in einem politisch nicht neutralen Verhalten gleichzeitig auch die Existenzberechtigung der Institution insgesamt, die auf einer Art bedingungsloser Gefolgschaft zur Regierung basiert, gesehen wird. Besonders anhand dieses Widerspruchs wird erneut das Paradoxon deutlich, dass der politische Beamte erzeugt. Das Lebenszeitprinzip wird verfassungsrechtlich

---

880 Vgl. DG Karlsruhe, Urteil vom 13. August 2018 – RDG 1/17. Der Abgeordnete hatte sich während des Bundestagswahlkampfs wiederholt migrantenfeindlich, islamophob und in einer die deutsche Justiz delegitimierenden Weise geäußert, vgl. Pressemitteilung des Oberlandesgerichts Stuttgart, https://oberlandesgericht-stuttgart.justiz-bw.de/pb/,Lde/Startseite/Medien/Urteil+des+Dienstgerichtshofs+fuer+Richter+bei+dem+Oberlandesgericht+Stuttgart+-+Staatsanwalt+durch+Urteil+aus+dem+Dienst+entfernt.

881 *Müller*, in: Model/Müller, Art. 33, Rn. 25; a.A. *Kaiser*, in: Huber/Voßkuhle, Art. 33, Rn. 47.

882 *Lindner*, ZBR 2006, 402, 413.

u.a. damit erklärt, dass ein Beamter nicht „Diener zweier Herren" sein dürfe.[883] Exakt das Gegenteil wird jedoch von den politischen Beamten im Hinblick auf das Neutralitätsgebot verlangt.[884] Mögen die Transformationsfunktion, das besondere Vertrauensverhältnis und sogar die aktive Unterstützung der Regierungspolitik noch mit dem Neutralitätsgebot in Einklang zu bringen sein, so ist dies bei dem Erfordernis einer „fortdauernden politischen Übereinstimmung mit Auffassung und Zielsetzung"[885] der Regierung nicht der Fall. Von den politischen Beamten wird vielmehr verlangt, dass sie sich mit einer bestimmten Regierungspolitik zu identifizieren haben, und zwar nicht nur in sachlicher, sondern auch in höchstpersönlicher Hinsicht (ansonsten liefe der Begriff „Auffassung" leer). Es erscheint angesichts dieser eindeutigen Formulierung beinahe fraglich, ob ein politischer Beamter ein eventuelles inneres Abhandenkommen dieses Anforderungsmerkmals bei seinem Dienstherrn nicht von sich aus anzeigen müsste, um sich in beamtenrechtlicher Hinsicht nicht angreifbar zu machen, da er dem Anforderungsprofil seines Dienstpostens nicht mehr entspricht.

Insbesondere in Bezug auf die politische Treuepflicht jedoch bewirkt die Rechtsfigur eine Durchbrechung des Art. 33 Abs. 5 GG, da sie eine Umgehung dieses beamtenrechtlichen Strukturprinzips bei der Besetzung der Ämter ermöglicht und in bestimmten politischen Regierungskonstellationen sogar einen Verstoß bei der Amtsausführung verlangt. Was die zwingende Notwendigkeit der Rechtsfigur für eine Regierung bislang gerechtfertigt hat, war das Argument der aktiven und von einer inneren Überzeugung geprägten Unterstützung der politischen Vorhaben. Politische Beamte sollen zum engsten Beraterumfeld gehören und die Regierungspolitik dadurch aktiv mitgestalten.[886] Dieser Maßstab wird angesichts des derzeitigen Ämterkreises auch auf die Leitungsämter in den oberen und obersten Behörden des Bundes und der Länder angelegt. Solange die etablierten Parteien ausschließlich selbst die Regierung bildeten, schien es an diesem Modell und dessen

883 BVerfGE 150, 169, 179 f.
884 Vgl. *Spitzlei/Lehner*, PersV 2024, 388, 389.
885 BVerfG, Beschluss vom 28. Mai 2008 – 2 BvL 11/07 –, Rn. 76.
886 Vgl. Rede des Niedersächsischen Innenministers in der Sitzung des Niedersächsischen Landtags vom 17. April 2013, https://www.mi.niedersachsen.de/startseite/aktuelles/presseinformationen/neue-fuehrungsspitzen-bei-drei-polizeidirektionen-114461.html.

Wichtig- und Rechtmäßigkeit keine durchgreifenden Bedenken zu geben. Mittlerweile hegen Regierung und Teile der Opposition jedoch selbst Zweifel an dieser Praxis, welche bislang einen freien Zugriff auf die wichtigsten Verwaltungsämter in Deutschland gestattet hat.[887] Diese Zweifel dürften durchaus berechtigt sein. Angesichts derzeitiger Umfragewerte, insbesondere in den neuen Bundesländern und dort bevorstehenden Landtagswahlen stellt sich die Frage, was es möglicherweise für Konsequenzen hätte, wenn aufgrund eines demokratisch ergangenen, rechtlich nicht zu beanstandenden Wahlergebnisses eine Partei bzw. eine Koalition in Regierungsverantwortung käme, die ihrerseits verfassungsfeindliche Absichten hegt und ein dementsprechendes Regierungsprogramm verabschiedet.[888] Die Diskussion um Verfassungsfeinde im öffentlichen Dienst selbst findet seit jeher statt[889] und hat eine Vielzahl rechtlicher Möglichkeiten zur Entfernung solcher Beamter aus dem Dienst hervorgebracht. Die Blickrichtung hat aufgrund sich ändernder politischer Mehrheitsverhältnisse jedoch einen spürbaren Wandel erfahren, wobei der Fokus sich hierbei verstärkt auf die Argumente richtet, die sich auch mit den verfassungsrechtlichen Zielen von Art. 33 Abs. 2 GG sowie Art. 33 Abs. 5 GG decken: keine direkte Einflussnahme von Regierungen auf das Beamtentum, sondern vielmehr Schutz davor, um eine neutrale sowie funktions- und leistungsfähige Verwaltung aufrechterhalten zu können, auch und insbesondere in Zeiten, in denen der Verfassungsstaat durch die Freiheiten, die er bietet, vielleicht nicht angegriffen, aber zumindest strapaziert und auf die Probe gestellt wird. Wie das Bundesverfassungsgericht hierzu wiederholt festgestellt hat, sind diese verfassungsrechtlichen Garantien kein Selbstzweck, sondern dienen dazu, „eine im politischen Kräftespiel stabile und gesetzestreue Verwaltung zu sichern".[890] Infolge einer zunehmenden politischen Fragmentierung aufgrund der Entstehung neuer Parteien gestaltet sich die Bildung stabiler Regierungsmehrheiten gegenwärtig

---

[887] Dies wird nicht zuletzt anhand der expliziten Aufnahme der politischen Beamten in das Gesetzes zur Beschleunigung von Disziplinarverfahren in der Bundesverwaltung und zur Änderung dienstrechtlicher Vorschriften deutlich.

[888] Aus den gleichen Gründen hat der Bundestag kürzlich eine Verfassungsänderung zur Sicherung des Status' des BVerfG als Verfassungsorgan sowie dessen Organisation vorgenommen, vgl. BGBl. 2024 I Nr. 439 vom 27. Dezember 2024.

[889] Vgl. *Leisner*, Beamtentum, S. 305 ff.

[890] Vgl. BVerfG, Beschluss vom 17. Januar 2017 – 2 BvL 1/10 –, Rn. 27.

insbesondere auf Länderebene immer schwieriger. Eine weitere Folge dieser Parteienzersplitterung ist die Gefahr, dass bei immer mehr Parteien, auf die sich dennoch dieselbe Anzahl an Stimmen verteilt, auch immer mehr Parteien den Einzug ins Parlament nicht schaffen, sodass die Wahrscheinlichkeit für eine Mehrheit zweier Parteien, deren Stimmenanteil bei der Wahl deutlich unter 50 % liegt, größer wird. Wenn diese Mehrheit nun von verfassungsfeindlichen oder zumindest -kritischen Parteien errungen würde, bestünde für diese über die Institution des politischen Beamten eine direkte und weitreichende Möglichkeit zur Einflussnahme auf die gesamte Verwaltung. Wie weitreichend diese Machtbefugnisse nach der derzeitigen Rechtslage sind, sei an einem Beispiel auf Bundes- sowie auf Länderebene verdeutlicht. Im Falle einer Regierungsbildung oder -beteiligung durch eine oder mehrere verfassungsfeindliche Parteien hätten diese zumindest nach der derzeit geläufigen Praxis auch die Möglichkeit, über die Ämter der politischen Beamten auf Bundesebene neu zu befinden.[891] In Bezug auf des Amt des Präsidenten des Bundespolizeipräsidiums hätte dies zur Folge, dass als oberster Vorgesetzter einer Behörde mit 46.000 Polizisten, die nicht nur für die Sicherheit in den Gebäuden des Bundestags verantwortlich ist, sondern im Falle eines inneren Notstands nach Art. 91 GG, zu dessen Schutzgütern die freiheitlich demokratische Grundordnung und somit die Kernsubstanz der Verfassung[892] zählt, eine Person ohne jegliche Auswahlverfahren, Gremienbeteiligungen oder sonstige Zustimmungserfordernisse installiert werden könnte, die dieser selbst ablehnend gegenübersteht. Auf Länderebene sei das Ausmaß der Reichweite der Institution exemplarisch am Beispiel Thüringens, das gem. § 27 Abs. 1 ThürBG über einen der beiden umfangreichsten Kataloge für politische Beamte unter den Ländern verfügt, dargelegt: Bereits am Tag der Übernahme der Regierungsgeschäfte wäre es dem neuen Ministerpräsidenten mit Zustimmung der Landesregierung möglich, ohne Nennung eines Sachgrundes nicht nur sämtliche Staatssekretäre an den Spitzen der Ministerien,

---

891 Die Versetzung der Amtsinhaber obliegt gem. § 54 Abs. 1 GG dem Bundespräsidenten, der insoweit von dem ihm eingeräumten Ermessen Gebrauch machen könnte und die Versetzungen entsprechend nicht vornimmt. Der bisherigen Praxis in Bezug auf die Ämter entspricht dieses Vorgehen allerdings nicht. Zudem könnte des BBG als Bundesgesetz mit einfacher Mehrheit ebenso entsprechend geändert werden wie auch das BVerfGG.

892 *Epping*, in: Epping/Hillgruber, BeckOK GG, Art. 91, Rn. 6.

sondern auch den Verfassungsschutzpräsidenten, die Präsidenten der sieben Polizeidirektionen[893], den Präsidenten des Landesverwaltungsamtes und sogar den Ausländerbeauftragten des Landes in den einstweiligen Ruhestand zu versetzen und unter Verzicht auf entsprechende Stellenausschreibungen gegen Personen aus den eigenen politischen Reihen zu ersetzen. Nicht zuletzt in Anbetracht der beamtenrechtlichen Gehorsamspflicht gegenüber diesem Personenkreis gem. § 62 Abs. 1 S. 2 BBG bzw. § 35 Abs. 1 S. 2 BeamtStG dürfte es naheliegend sein, dass eine derartige Konstellation mit den dargestellten verfassungsrechtlichen Grundsätzen des Art. 33 Abs. 2 GG sowie Art. 33 Abs. 5 GG unvereinbar ist.[894] Innerhalb des Beamtentums herrschen zudem keine demokratischen Strukturen, sondern Weisungsgebundenheit, die grundsätzlich auch dazu verpflichtet, rechtswidrige Anordnungen auszuführen.[895] Für die politischen Beamten ergäbe sich daher ein direkter Widerspruch zwischen dem, was das Verfassungstreuegebot des Art. 33 Abs. 5 GG auf der einen Seite und die besonderen Sacherfordernisse, die das Amt konkret an sie stellt und die unerlässlich für dessen grundsätzliche Rechtfertigung sind, an sie stellt.

IV. Verfassungsrechtliche Rechtfertigung

Fraglich ist, ob die festgestellten Verstöße gegen das Lebenszeitprinzip sowie gegen das Neutralitäts- und Treuegebot verfassungsrechtlich gerechtfertigt sind. Über den Wortlaut der Norm hinaus, wonach die hergebrachten Grundsätze des Berufsbeamtentums lediglich zu berücksichtigen sind, hat das Bundesverfassungsgericht den Gesetzgeber auf die Beachtung dieser Grundsätze verpflichtet.[896] Ebenfalls über den Wortlaut hinausgehend billigt das Gericht, auch unter Zustimmung der Literatur, dem einzelnen Beamten aus Art. 33 Abs. 5 GG einen subjektiven, grundrechtsähnlichen Anspruch zu, dass der

893 Zu denen derzeit ca. 5.700 Polizeivollzugsbeamte zählen, vgl. https://polizei.thueringen.de/.

894 Vgl. hierzu auch *Jaschinski/Steinbach*, Wie man die Sicherheitsbehörden vor einer autoritären Regierung schützt, Spiegel Politik, 14. Januar 2024, https://www.spiegel.de/politik/deutschland/afd-thueringen-wie-man-die-sicherheitsbehoerden-vor-einer-autoritaeren-regierung-schuetzt-a-f489a604-ade0-425f-b761-f23df3a9250a?sara_ref=re-xx-cp-sh.

895 *Balzer*, Republikprinzip und Berufsbeamtentum, S. 106 f.; *Spitzlei/Lehner*, PersV 2024, 388, 392.

896 BVerfGE 25, 142, 148; 15, 167, 195; 11, 192, 203 und seither in StRspr.

Staat die durch die hergebrachten Grundsätze geschaffene persönliche Rechtsstellung nicht verletze.[897] Die Strukturprinzipien des Art. 33 Abs. 5 GG gewähren dem einzelnen (politischen) Beamten somit ein grundrechtsähnliches und somit verfassungsbeschwerdefähiges Individualrecht gegenüber dem Staat.[898] Eine Einschränkung der hergebrachten Grundsätze des Art. 33 Abs. 5 GG ist somit grundsätzlich nur durch kollidierendes Verfassungsrecht möglich.[899] Dabei sind nicht nur etwaige weitere grundrechtliche oder grundrechtsgleiche Positionen in Ausgleich zu bringen, sondern auch die anderen, von Art. 33 Abs. 5 GG gewährleisteten beamtenrechtlichen Strukturprinzipien.[900] Zudem unterliegt Art. 33 Abs. 5 GG selbst Einschränkungen durch andere Verfassungsnormen, da sämtliche in der Verfassung enthaltenen Rechtswerte in einem Verhältnis wechselseitiger Komplementarität und Begrenzung stehen.[901] Eine Grenze für die Einschränkbarkeit der Strukturprinzipien findet sich regelmäßig dort, wo deren Kernbereich betroffen ist.[902] Das Bundesverfassungsgericht hat zudem in Bezug auf bestimmte Beamtenverhältnisse, zu denen es auch die politischen Beamten zählt, wiederholt die Aussage getroffen, dass diese „traditionsgemäß aus dem geschützten Kernbereich des Art. 33 Abs. 5 GG herausgenommen“ seien und daher ein Eingriff in die hergebrachten Grundsätze des Berufsbeamtentums in Bezug auf diese Ämter anerkannt sei.[903] Diese Ausnahmen stünden „funktionsspezifisch in einem untrennbaren Begründungszusammenhang zu den jeweiligen Ämtern, aus deren normativen und faktischen Besonderheiten sie ihre Rechtfertigung schöpfen“.[904] Diese Feststellung trifft jedoch noch keine Aussage darüber, ob die Rechtsfigur des politischen Beamten insgesamt verfassungsgemäß ist.[905] Die bisherige Untersuchung hat gezeigt, dass eine Durchbrechung des

---

897 BVerfGE 12, 87; *Lecheler*, in: HStR V, § 110, Rn. 56.
898 BVerfG, Beschluss vom 24. November 1998 – 2 BvL 26/91 –, Rn. 35.
899 Vgl. *Jarass*, in: Jarass/Pieroth, Art. 33, Rn. 57 f.
900 BVerfG, Beschluss vom 24. April 2018 – 2 BvL 10/16 –, Rn.39; *Kaiser*, in: Huber/Voßkuhle, Art. 33, Rn. 21.
901 *Brosius-Gersdorf*, in: Dreier, Art. 33, Rn. 177.
902 Beispielsweise, wenn das Recht auf Alimentation in Höhe des Existenzminimums angetastet würde, vgl. *Brosius-Gersdorf*, in: Dreier, Art. 33, Rn. 177.
903 BVerfG, Beschluss vom 09. April 2024 – 2 BvL 2/22 –, Rn. 50, BVerfG, Beschluss vom 24. April 2018 – 2 BvL 10/16 –, Rn. 37; *Hamdan*, RiA 2024, 125, 126 f.
904 BVerfG, Beschluss vom 24. April 2018 – 2 BvL 10/16 –, Rn. 37.
905 Vgl. *Bochmann*, ZBR 2023, 325, 331.

Lebenszeitprinzips sowie der Neutralitäts- und Treuepflicht in sachlicher Hinsicht nicht gerechtfertigt ist. Auch die Argumentation des Bundesverfassungsgerichts[906] dahingehend, dass die verfassungsrechtliche Rechtfertigung zur Durchbrechung des Lebenszeitprinzips in einem direkten Zusammenhang zum Umfang des Ämterkreises stehe, begegnet Zweifeln. Die Betrachtung hat vielmehr isoliert für jedes politische Amt zu erfolgen, in dem sie geschieht, und nicht losgelöst für eine Gruppe von Ämtern, für die es möglicherweise gerechtfertigt erscheinen könnte. Wenn die Durchbrechung in Bezug auf nur ein Amt nicht gerechtfertigt ist, da für dieses Amt offensichtlich keine Notwendigkeit zur Besetzung mit einem politischen Beamten besteht, dann kann in Bezug auf einen Eingriff in das Lebenszeitprinzip nicht allein aus dem Grund Raum bestehen, weil der Ämterkreis darüber hinaus insgesamt eng begrenzt ist. Den von einer Versetzung in den einstweiligen Ruhestand und somit einer Durchbrechung des Lebenszeitprinzips betroffenen politischen Beamten wird und darf es auch nicht interessieren, ob diese Durchbrechung in Bezug auf sein Amt möglicherweise dadurch gerechtfertigt sein könnte, dass es neben seinem nur wenige andere und somit einen „eng umgrenzten" Ämterkreis gibt.[907] Würde man der Ansicht des Gerichts in diesem Punkt folgen, dass die Institution insgesamt nur dann verfassungsgemäß ist, wenn auch ihr Ämterkreis eng begrenzt ist, so müsste man angesichts von 800 derzeitig vorhandenen Ämtern wohl auch von einer Verfassungswidrigkeit der Rechtsfigur insgesamt ausgehen.

Eine verfassungsimmanente Rechtfertigung für eine Durchbrechung des Lebenszeitprinzips sowie des Neutralitäts- und Treugebotes könnte sich vorliegend somit ausschließlich aufgrund einer Kollision mit anderen verfassungsrechtlichen Werteentscheidungen oder Instituten ergeben. In diesem Fall wären diese nach dem Prinzip der praktischen Konkordanz durch Abwägung in einen möglichst schonenden und dem Gemeinwohl dienenden Ausgleich zu bringen.[908] Da die Rechtsfigur jedoch selbst keinen hergebrachten Grundsatz des Berufsbeamtentums verkörpert und auch für die Funktionsfähigkeit des Staates keine hervorzuhebende Bedeutung

---

906 BVerfG, Beschluss vom 24. April 2018 – 2 BvL 10/16 –, Rn. 43; Beschluss vom 28. Mai 2008 – 2 BvL 11/07 –, Rn. 76.

907 *Lindner*, ZBR 2011, 150, 157.

908 BVerfG, Beschluss vom 23. Mai 2017 – 2 BvR 883/14 –, Rn. 68.

aufweist, existiert kein verfassungsrechtliches Institut, welches im Rahmen einer praktischen Konkordanz mit den Strukturprinzipien des Art. 33 Abs. 5 GG in Ausgleich zu bringen wäre.[909]

Der Eingriff, den die Institution für das Lebenszeitprinzip sowie für die Neutralitäts- und Treuepflicht bewirkt, ist somit nicht gerechtfertigt und verstößt in unzulässiger Weise gegen Art. 33 Abs. 5 GG.

V. Zusammenfassung

Die Untersuchung hat gezeigt, dass die Rechtsfigur des politischen Beamten in mehrfacher Hinsicht gegen das Leistungsprinzip aus Art. 33 Abs. 2 GG verstößt. Insbesondere das geforderte besondere Vertrauensverhältnis ist kein leistungsbezogenes Eignungskriterium im Sinne der Vorschrift. Die Berufung politischer Beamter erfolgt zudem regelmäßig ohne Ausschreibung, ohne objektivierte Auswahl und nicht nach fachlicher Leistung. Die These, Vertrauen könne ein „modifiziertes Eignungskriterium" sein, führt zur funktionalen Entkernung des Leistungsprinzips und ist verfassungsrechtlich ebenfalls nicht tragfähig.

Die Versetzung in den einstweiligen Ruhestand steht zudem im Widerspruch zum Lebenszeitprinzip aus Art. 33 Abs. 5 GG. Der einstweilige Ruhestand greift tief in das grundrechtsgleiche Statusrecht ein. Die gegenwärtige Praxis, diesen Schritt ohne Nennung sachlicher Gründe zu vollziehen, ist mit dem Lebenszeitprinzip unvereinbar. Sämtliche Lebenszeitbeamte genießen den gleichen verfassungsrechtlichen Bestandsschutz.

Auch der Funktionsvorbehalt des Art. 33 Abs. 4 GG wird unterlaufen, wenn politische Schlüsselpositionen systematisch mit externen, fachlich nicht überprüften Personen besetzt werden.

Die Verwendung verwaltungsexterner Personen dürfte regelmäßig zu einer Schwächung der Funktionsfähigkeit der Verwaltung führen. Der Zugang zu höchsten öffentlichen Ämtern muss dem Kreis leistungsgeprüfter Berufsbeamter offenstehen. Ausnahmen hiervon können nur unter strenger Beachtung der Leistungsprinzips erfolgen.

Die Institution des politischen Beamten ist zudem kein hergebrachter Grundsatz des Berufsbeamtentums. Historisch ist die Figur nicht als

---

909 *Bochmann*, DÖV 2025, 1, 6.

verfassungsrechtlich schutzwürdiges Strukturprinzip entstanden, sondern mit dem Ziel der Durchbrechung eben jener Prinzipien, die Art. 33 Abs. 5 GG schützt. Ihre Beibehaltung ist verfassungsrechtlich weder erforderlich, noch geboten, noch zu rechtfertigen.

Die Rechtsfigur des politischen Beamten ist daher verfassungsrechtlich insgesamt nicht legitimierbar. Das Bundesverfassungsgericht bezeichnet den politischen Beamten als Ausnahmekategorie. Die ihm zugesprochenen Charakteristika sind in tatsächlicher sowie in verfassungsrechtlicher Hinsicht allerdings nicht zu rechtfertigen. Der derzeitige Ämterkreis entspricht zudem nicht den vom Gericht entwickelten verfassungsrechtlichen Maßstäben und Anforderungen (Transformations- und Vertrauensfunktion sowie eine zahlenmäßig enge Begrenzung und die besondere Sachgesetzlichkeit des jeweiligen Amtes). Die Figur ist daher nicht reform-, sondern revisionsbedürftig.

Politische Einordnung

In Anbetracht der bisherigen Rechtsprechung des Bundesverfassungsgerichts im Hinblick auf eine restriktive und zurückhaltende Ausgestaltung öffentlicher Ämter mit politischen Beamten stellt sich die Frage, wie es überhaupt zu einer derart hohen Ausdehnung der Institution kommen konnte. Die Antwort hierfür dürfte in dem Selbstverständnis der jeweiligen Regierungsvertreter zu finden sein, welche seit jeher die höchstrichterliche Rechtsprechung in Bezug auf die Rechtsfigur weitestgehend ignorieren und stattdessen die Leitungsämter der Verwaltung als ihrer Regierung zugehörig erachten. Diese Sichtweise hat zum einen erst zur Entstehung des politischen Beamten geführt und zum anderen zu seiner Ausweitung bis hin zum heutigen Ämterkreis von 800 Stellen geführt, die letztlich einen Bruch der statusrechtlichen Gewaltenteilung bedeutet. Zugleich werden mit der politischen Ämterbesetzung subjektive Gleichheits- und Teilhaberechte und damit der Grundsatz demokratischer Egalität verletzt.[910] Eine politische Einsicht ist in diesem Zusammenhang nicht zu erwarten. Vielmehr existiert eine Fülle an Beispielen, die dokumentieren, dass an einer an Leistungskriterien orientierten Personalauswahl im engen persönlichen Umfeld überhaupt kein Interesse besteht, solange nicht auch die entsprechende Gesinnungsgleichheit vorherrscht.

Im Nachgang an die Bundestagswahl vom 19. September 1965 äußerte sich der neu in das Amt des Bundesministers für Wohnungswesen und Städtebau

910 Vgl. *Brüning*, NVwZ 2024, 1449, 1454 f.

gelangte Ewald Bucher, nachdem er sämtliche Bewerber für das Amt des Staatssekretärs abgelehnt hatte, wie folgt:

> Wenn ich jemand von außerhalb des Hauses nehme, dann nur einen von der FDP.[911]

Der frühere Bremer Finanzsenator Grobecker, zugleich Vorsitzender der Senatskommission für das Personalwesen, schrieb in den 90er Jahren an einen ausscheidenden Bürgerschaftsabgeordneten (der sein Parteifreund war) folgenden Brief:

> Lieber Detlef, unser beider Vereinbarung war, etwas attraktives, sinnvolles zu machen, wo Du das, was Du kannst, auch einbringen kannst. Der Rektor der Hochschule für öffentliche Verwaltung haut in'n Sack. Ich biete Dir an, Hochschullehrer an dieser Hochschule zu werden.[912]

Diese mittlerweile jahrzehntealten Zitate veranschaulichen die bereits zur damaligen Zeit geradezu selbstverständliche Sichtweise der Regierungsverantwortlichen auf die „Verfügungsmasse" der Spitzenämter innerhalb der Verwaltung.[913] Mit einer bemerkenswerten Offenheit hat zudem das Bundesverwaltungsgericht im Jahr 1964 die aus seiner Sicht gesetzgeberische Intention für die Einrichtung der Institution des politischen Beamten offenbart:

> Die rechtliche Möglichkeit, politische Beamte jederzeit in den einstweiligen Ruhestand zu versetzen, ist aus beamten- und haushaltsrechtlichen Gründen geschaffen worden, um die Regierung in die Lage zu versetzen, zur wirkungsvolleren Durchführung ihrer Politik die politischen Ämter ohne Zeitverlust umzubesetzen. Zur Erfüllung dieses Zwecks reichen die sonst üblichen Maßnahmen zur Umbesetzung von Amtsstellen nicht aus.[914]

---

911 Vgl. hierzu: Staatssekretäre: Die Stellvertreter, Der Spiegel, Ausgabe 46, 09. November 1965, https://www.spiegel.de/politik/die-stellvertreter-a-85ce5544-0002-0001-0000-000046274885?sara_ref=re-xx-cp-sh.

912 Vgl. *Dippel*, NordÖR 2009, 102, 105.

913 Ein Zitat, welches eine andere Sichtweise offenbart, stammt vom damaligen Bundeskanzler Konrad Adenauer aus dem Jahr 1959: „Wir haben niemanden gezwungen, unserer Partei beizutreten, wenn er Beamter werden wollte, oder auch, wenn er Beamter war. Wir haben uns immer zurückgehalten", *Adenauer*, Konrad vor dem Wahlmännergremium der CDU/CSU, 7. April 1959, Stenogramm.

914 BVerwG, Urteil vom 29. Oktober 1964 – II C 182.61 – BVerwGE 19, 332, 333.

Wenngleich die öffentlichen Verlautbarungen seitens der Regierungsvertreter zurückhaltender geworden sind, so hat sich an der Versetzungspraxis in den einstweiligen Ruhestand nicht viel geändert.[915] Im Jahr 1987 beispielsweise wurde Bernhard Jagoda zum Staatssekretär im Bundesministerium für Arbeit und Sozialordnung ernannt, obgleich dieser bis zum damaligen Zeitpunkt lediglich das beamtenrechtliche Statusamt eines Obersekretärs innehatte. Im Anschluss an diese Verwendung wurde Jagoda sogar Präsident der Bundesagentur für Arbeit.[916] Bei nur ansatzweiser Beachtung des Leistungsprinzips wären beide Ämter für ihn faktisch unerreichbar gewesen. Als sich im Jahr 1998 nach 16 Jahren ein Regierungswechsel auf Bundesebene abzeichnete, kursierte laut Medienberichten in Bonn bereits lange vor der Wahl im Lager der voraussichtlichen Sieger eine Schwarze Liste mit Namen politischer Beamter, die umgehend in den einstweiligen Ruhestand versetzt werden sollten.[917] Die Angst der politischen Beamten vor dieser Liste sollte nicht unbegründet gewesen sein: innerhalb der ersten Wochen nach der Regierungsbildung Schröder I wurden 65 politische Beamte ruhestandsversetzt.[918] Insgesamt ersetzte die rot-grüne Bundesregierung 1998 rund 60 Prozent der Staatssekretäre und Ministerialdirektoren. Nachdem die CDU im Jahr 2005 wiederum die Bundesregierung anführte, wechselte sie in ihren Ministerien ebenfalls mehr als 40 Prozent der politischen Beamten aus.[919] Als die damalige Bundestagsabgeordnete Christine Lambrecht am 27. Juni 2019[920] die Nachfolge von Dr. Katarina Barley als Bundesjustizministerin antrat, war es ungeachtet zunächst ausdrücklichen Lobes für den nachfolgenden Personenkreis eine der ersten Amtshandlungen der neuen Ministerin, trotz eindringlicher Warnung

---

915 Die Möglichkeiten für die Politik, in Verwaltungsabläufe insgesamt stärker eingreifen zu können, wurde vielmehr gesetzlich weiter vorangetrieben, bspw. durch das Dienstrechtreformgesetz (DRRfG) von 1997, vgl. hierzu *Czerwick*, ZBR 2005, 24, 26.

916 Vgl. *Franz*, DÖD 1999, 49, 52.

917 Vgl. hierzu: Bonner Beamte – Annäherung an den Wahlsieger, Ruhr-Nachrichten Nr. 239, 10. Oktober 1998, S. 2; *Kremer*, DÖD 1998, 269.

918 *Derlien*, in: Derlien/Murswieck, S. 48.

919 Vgl. *Janisch*, Gut abgefedert: Ministerien im Superwahljahr, Süddeutsche Zeitung, 17. Februar 2021, https://www.sueddeutsche.de/politik/politische-beamte-bundesverfassungsgericht-1.5210864.

920 Vgl. Deutscher Bundestag: Christine Lambrecht als Justizministerin vereidigt, https://www.bundestag.de/dokumente/textarchiv/2019/kw26-de-vereidigung-lambrecht-648972.

des Personalratsvorsitzenden und in Anbetracht einer verbleibenden eigenen Amtszeit von lediglich 26 Monaten[921] sowohl die verbeamtete Staatssekretärin als auch die Chefs des Leitungsstabs, der Kommunikationsabteilung sowie des Kabinettsreferats auszutauschen. Der Leiter des Ministerbüros räumte seinen Posten im Zuge dieser Entwicklung freiwillig.[922]

Wie die vorliegende Arbeit anhand zahlreicher Beispiele gezeigt hat, werden auch gegenwärtig die wichtigsten und zentralsten Ämter innerhalb der Verwaltung von Bund und Ländern trotz fortwährender Kritik durch Rechnungshöfe[923], Medien und insbesondere der juristischen Fachliteratur[924] nach wie vor aufgrund von parteipolitischen Erwägungen und Proporz vergeben. Das Einfallstor für diese Praxis bietet die Rechtsfigur des politischen Beamten. Hat der Verfasser in seiner Einleitung noch ausgeführt, dass die Arbeit den Vorwurf der Ämterpatronage nicht zentral aufgreifen wolle, so lautet das Ergebnis der Recherchen und Untersuchungen zur Rechtsfigur des politischen Beamten dennoch, dass dieser Begriff nach wie vor zutrifft.[925] Teilweise kann auch der wohlwollendste Betrachter zu keinem anderen Schluss gelangen, als dass es bei der Besetzung der Stellen in erster Linie darum geht, Parteifreunde und Vertraute um sich herum zu positionieren und andererseits Kontrollmechanismen gegenüber der Verwaltungsspitze zu schaffen, da die politischen Beamten natürlich um ihre ungewisse und von Gnaden der Regierung geprägte Abhängigkeitsposition wissen.[926] Die gegenwärtig prominentesten Beispiele, welche seitens der Landesrechnungshöfe

---

921 Die nächste Bundestagswahl nach Amtsantritt der Ministerin fand am 26. September 2021 statt.

922 Vgl. *Roßmann*, Robert: Lambrecht trennt sich von Staatssekretärin Christiane Wirtz, Süddeutsche Zeitung Online, 28. Juni 2019, https://www.sueddeutsche.de/politik/entlassung-staatssekretaerin-christiane-wirtz-lambrecht-1.4504113; *Wieduwilt*, Hendrik: Neue Justizministerin gibt Spitzenbeamten Laufpass, F.A.Z., 30. Juni 2019, https://www.faz.net/aktuell/politik/christine-lambrecht-neue-justizministerin-wechselt-personal-16261938.html.

923 Vgl. hierzu: Sonderbericht an den Thüringer Landtag und die Thüringer Landesregierung nach § 99 ThürLHO über die Prüfung der „Stellenbesetzung in den Leitungsbereichen der obersten Landesbehörden", https://www.thueringer-rechnungshof.de/files/186E0098A99/Sonderbericht.pdf.

924 Vgl. beispielhaft *Steinbach*, Verlockung der Macht, Verfassungsblog.org, 10. November 2023, https://verfassungsblog.de/verlockung-der-macht/.

925 Vgl. kritisch hierzu *Berg*, MDR 1973, 185, 187.

926 *Hattenhauer*, Geschichte des deutschen Beamtentums, S. 549.

Thüringen und Mecklenburg-Vorpommern umfangreich dokumentiert wurden, dürften sich bei entsprechender Prüfung der Stellenbesetzungen sowie der Biographien der Amtsinhaber in den übrigen Ländern ähnlich darstellen. Was die Diskussion im Nachgang an die Veröffentlichungen der Berichte der Landesrechnungshöfe zudem gut veranschaulicht hat, ist ein offensichtlich nicht vorhandenes Problembewusstsein der Regierungsverantwortlichen, was deren Besetzungspraxis derart sensibler Ämter anbelangt. Die Reaktionen seitens der Landesregierungen auf die Prüfergebnisse einer neutralen Behörde waren vielmehr uneinsichtig und trotzig, da offenkundig ein Anspruchsdenken besteht, als Regierung gleichzeitig uneingeschränkte Herrin über die Ämter an der Verwaltungsspitze zu sein. Dass seitens der Regierungsverantwortlichen auch die zuletzt eindeutig restriktivere Rechtsprechung des Bundesverfassungsgericht, die eine Verfassungsmäßigkeit der Rechtsfigur nur bei einem eng gezogen Ämterkreis bejaht und exemplarisch dem Abteilungsleiter in einem Bundesministerium die für das Amt zwingend erforderliche Transformationsfunktion nahezu abgesprochen hat, diese nicht davon abgehalten hat, den Ämterkreis auf Bundesebene noch um die offensichtlich transformationsfremden Ämter des BSI- sowie des BAMF-Präsidenten zu erweitern, verdeutlicht einmal mehr die Unbedachtheit bzw. Gleichgültigkeit in Bezug auf die strengen verfassungsrechtlichen Vorgaben zur Einsetzung von politischen Beamten. Dies wird auch daran deutlich, dass man trotz einer offensichtlichen Verfassungswidrigkeit bestimmter Ämter wie dem des Direktors beim Landtag und auch dem der Polizeipräsidenten stoisch an der Zuordnung zum Kreis der politischen Beamten festhält und nur in Einzelfällen, wie beispielsweise in Niedersachsen, zumindest teilweise Korrekturen vornimmt, um der Entscheidung des Bundesverfassungsgerichts zu dem Vorlagebeschluss des Oberverwaltungsgerichts für das Land Nordrhein-Westfalen zuvorzukommen. Wenn zudem schon die Enthebung aus dem Amt aus politischen Gründen erfolgt, dann drängt sich der Umkehrschluss auf, dass auch die Berufung in das Amt auf politischen Erwägungen beruht und eben nicht aufgrund eines besonderen Vertrauensverhältnisses oder einer inhaltlichen Übereinstimmung mit den politischen Linien der Regierung.[927] Es steht zudem in einem eklatanten Widerspruch zum verfassungsrechtlichen Leistungsprinzip, wenn öffentliche Ämter bereits im Vorfeld

927 *Anders*, DÖV 1964, 109, 116.

von Wahlen entweder verteilt und gedanklich mit Wunschkandidaten quasi vorbesetzt werden, oder aber bereits angekündigt wird, dass es im Falle eines Wahlsiegs zu einer Vielzahl von Versetzungen in den einstweiligen Ruhestand kommen wird, obwohl man das Personal noch gar nicht persönlich kennt.[928] Trotz der grundsätzlich zu begrüßenden Entscheidung des Freistaats Bayern, auf politische Beamte zu verzichten, ist in Bezug auf die dort vorherrschende Verfahrensweise, was die Besetzung von Führungsämtern anbelangt, ebenfalls Kritik geboten. Zum einen erfolgt die Entscheidung darüber, wem das jeweilige Amt zu übertragen ist, ebenso wie es im Bund und den übrigen Ländern mit den Posten für die politischen Beamten der Fall ist, weder im Zuge einer Stellungsausschreibung und demzufolge, zumindest nicht nachprüfbar, nach den verfassungsrechtlich verpflichtenden Kriterien von Eignung, fachlicher Leistung und Befähigung. Zum anderen wählt die bayerische Staatsregierung in Bezug auf die Ämter aus Art. 45 Abs. 1 S. Nr. 1–3 BayBG ein Verfahren, wonach dem Inhaber das jeweilige Amt gem. Art. 45 Abs. 1 S. 2 BayBG zunächst für fünf Jahre auf Zeit übertragen wird und gem. Art. 45 Abs. 1 S. 6 BayBG erst im Anschluss daran auf Lebenszeit. Zwar hat der Bayerische Verfassungsgerichtshof im Jahr 2014 festgestellt, dass diese Praxis und somit auch den Art. 45 BayBG nicht gegen Art. 95 Abs. 1 Satz 2 BV, wonach das Berufsbeamtentum grundsätzlich aufrechterhalten wird, verstoße[929]. Jedoch hat das Bundesverfassungsgericht einer ähnlich gelagerten Verfahrensweise bereits im Jahr 2008[930] seine Zustimmung nahezu kategorisch verweigert und diese Haltung zuletzt erneut bekräftigt.[931]

Das bereits erwähnte Hamburger Beispiel der zahlreichen Versetzungen von Staatsräten in den einstweiligen Ruhestand unter dem damaligen Ersten Bürgermeister Ole von Beust veranschaulicht zudem, dass es in Spitzenämtern weniger auf ein irgendwie geartetes besonderes Vertrauensverhältnis zur Regierung ankommt, sondern schlichtweg um Kompetenz. Lange Zeit waren die Hamburger Staatsräte, auch Syndici genannt, ein unabhängiges Beratergremium des Senats, das aus Verwaltungsexperten bestand, die bis zur Pensionsgrenze im Amt blieben, was ein Höchstmaß an Kontinuität

---

928 Vgl. *Eschenburg*, Ämterpatronage, S. 62 f.; *Kremer*, DÖD 1998, 269.

929 Bayerischer VerfGH, Entscheidung vom 09.09.2014 – Vf. 2-VII-14.

930 Vgl. BVerfG, Beschluss vom 28. Mai 2008 – 2 BvL 11/07 –, Rn. 78 ff.

931 Vgl. BVerfG, Beschluss vom 16. Dezember 2015 – 2 BvR 1958/13 –, Rn. 47 ff.

und Sachkenntnis garantierte. Noch unter von Beusts Vorgänger Ortwin Runde, der das Amt des Ersten Bürgermeisters von 1997–2001 innehatte, wurde nicht ein einziger Staatsrat in den einstweiligen Ruhestand versetzt. Unter von Beust gab es innerhalb eines Jahres mit Reinhard Struth und Nikolas Hill sogar zwei Neubesetzungen im Amt des Medien- und Kulturstaatsrates.[932] Dass drei verschiedene Amtschefs innerhalb eines Jahres für die Leistungsfähigkeit einer Behörde nicht förderlich sein dürften, dürfte kaum zu bestreiten sein. Die Praxis innerhalb des Senats der Freien und Hansestadt Hamburg hat sich dennoch nicht geändert, was die gegenwärtige Besetzung des Amtes des Staatsrats der Behörde für Inneres und Sport verdeutlicht. Bei einer offenen Stellenausschreibung, die dem Anforderungsprofil des Amtes auch tatsächlich entspricht und einem anschließenden Auswahlverfahren, ausschließlich orientiert an der Leistungstrias, hätte die Besetzung mit dem der regierenden Partei zugehörigen und dort zuvor auch angestellten Pressesprechers vermutlich nicht zustande kommen können.[933]

Bereits 1986 stellte der damalige Präsident des Oberlandesgerichts Braunschweig in Bezug auf das Ausmaß an politischen Beamten fest:

> Des Guten ist zuviel getan, und deswegen ist es höchste Zeit zur Umkehr.[934]

Diese Ansicht verdient gegenwärtig mehr Zustimmung denn je. Der Ämterkreis für politische Beamte hat ein Ausmaß angenommen, das kaum bestreitbar zur unmittelbaren Folge hat, dass die Verwaltung insgesamt geschwächt wird und auch die Motivation der Laufbahnbeamten angesichts der undurchsichtigen Besetzungspraxis erkennbar leidet.[935] Anhand der in dieser Arbeit aufgeführten Beispiele wird vielmehr deutlich, dass die Rechtsfigur des

---

932 *Iken*: Kulturstaatsrat: Staatsräte auf dem Schleudersitz, Hamburger Abendblatt, 05. März 2009, https://www.abendblatt.de/hamburg/article107894594/Kulturstaatsrat-Staatsraete-auf-dem-Schleudersitz.html.

933 Vgl. Lebenslauf Staatsrat Christoph Holstein, https://www.hamburg.de/staatsraete/4483248/christoph-holstein/.

934 *Wassermann*, DÖD 1986, 165, 168.

935 Im Zuge der Veröffentlichung des Sonderberichts des LRH Thüringen zur Stellenbesetzung in den Leitungsbereichen der obersten Landesbehörden äußerte sich der Vorsitzende des Thüringer Beamtenbundes wie folgt: „Der subjektiv wahrgenommene Verlust des Grundsatzes der Bestenauslese im öffentlichen Dienst führt bei den Beschäftigten zu Motivations- und Vertrauensverlust in die Politik. Diese Entwicklung in den letzten zehn Jahren beobachten wir mit Erschrecken", vgl. Politische

politischen Beamten sogar durchaus geeignet ist, eine Regierung zu Fall zu bringen, da die Ruhestandsversetzungen nicht zuletzt seitens der Opposition als Mittel genommen werden, die Regierung anzugreifen und mit einem Fehlverhalten zu konfrontieren, welches sich entweder darin äußert, dass die Ruhestandsversetzung zu spät erfolgt ist oder aber, dass der politische Beamte lediglich ein Bauernopfer sei, um von Fehlern der Regierung abzulenken.[936]

Beamte: „Es darf kein Eindruck von Willkür entstehen", https://www.dbb.de/artikel/politische-beamte-es-darf-kein-eindruck-von-willkuer-entstehen.html.

936 Ein jüngeres Beispiel, bei dem die Ruhestandsversetzung auch die Rücktrittsforderung der Opposition an die zuständigen Ressortministerin zur Folge hatte, ist das der Staatssekretärin im Bundesministerium für Bildung und Forschung, vgl. hierzu: Union fordert Rücktritt von Stark-Watzinger, Taggesschau.de, 17. Juni 2024, https://www.tagesschau.de/inland/innenpolitik/stark-watzinger-staatssekretaerin-100.html.

Schlussbetrachtung

In Bezug auf die Notwendigkeit von Reformansätzen innerhalb des Beamtenrechts wird in der Literatur vereinzelt die Meinung vertreten, dass diese nur dort sinnvoll seien, wo es eine entsprechende staats- oder gesellschaftspolitische Notwendigkeit zur Veränderung gäbe. Habe sich eine Einrichtung jedoch bewährt und entspräche sie auch den grundsätzlichen Erfordernissen unseres demokratischen Staatsaufbaus, so bestünde auch kein Zwang zur Veränderung.[937] Dieser Ansicht ist in Bezug auf die politischen Beamten nicht zu folgen. Wie die vorliegende Untersuchung gezeigt hat, ist die Institution weder verfassungskonform, noch hat sie sich in der Praxis ausreichend bewährt. Das Gegenteil von Letzterem kann zudem nicht dadurch bejaht werden, dass die Rechtsfigur seit 1852 durchgehend existiert und in Ermangelung einer wirksamen rechtlichen Handhabe für den Personenkreis, der aufgrund fehlenden parteipolitischen Wohlwollens am Zugang faktisch gehindert ist, bislang stillschweigend akzeptiert werden musste. Das Institut verursacht zudem verfassungsrechtlich nicht zu rechtfertigende Systembrüche. Es lässt das Leitungsprinzip nahezu gänzlich außer Acht und führt im Ergebnis auch nach wie vor zu einer Ungleichbehandlung (auch innerhalb der Geschlechter[938]), da es die Durchsetzung von objektiven Kriterien wie die Vergleichbarkeit von

937 *Schunke*, Die politischen Beamten, S. 4 f.

938 Frauen sind im Kreis der politischen Beamten seit jeher stark unterrepräsentiert, obgleich sich dieser Umstand allmählich bessert, vgl. hierzu auch *Derlin*, DÖV 1990, 311, 319. Das Land Niedersachsen stellt mit seiner gegenwärtigen paritätischen Besetzung von politischen Ämtern in dieser Hinsicht eine Ausnahme dar, zumal der öffentliche Dienst in Niedersachsen grds. ein gelungenes Beispiel für die Gleichberechtigung

Leistungen durch Leistungsmessung und somit eine notwendige Selektionsfunktion bei der Ämtervergabe außer Acht lässt.[939] Die vorliegende Untersuchung hat zudem gezeigt, dass die vom Bundesverfassungsgericht für die Institution festgelegten Kriterien bereits keinen validen Maßstab für die Frage, ob ein Amt als ein politisches anzusehen ist, bilden. Zudem wurde deutlich, dass sämtliche Ämter, die derzeit von politischen Beamten bekleidet werden, nicht unter jene festgelegten Merkmale des Bundesverfassungsgerichts zu subsumieren sind. Auch die einfachgesetzlichen Normen des § 54 Abs. 1 S. 1 BBG sowie des § 30 Abs. 1 S. 1 BeamtStG sind mit Art. 33 Abs. 2 sowie mit Art. 33 Abs. 4 und 5 GG nicht vereinbar. Der politische Beamte und die Möglichkeit, ihn jederzeit ohne Angabe von Gründen in den einstweiligen Ruhestand versetzen zu können, stellen zudem ihrerseits keinen hergebrachten Grundsatz des Berufsbeamtentums dar.[940] Der Verzicht auf das Rechtsinstitut würde das Berufsbeamtentum nicht in seinem Wesenskern antasten, sondern dürfte es vielmehr stärken, da dessen wesentlichen Grundsätzen in Form der Treuepflicht, des Lebenszeit-, des Neutralitäts- und insbesondere des Leistungsprinzips ohne die Existenz politischer Beamter zu einer stärkeren Geltung verholfen würde. Dass der politische Beamte keine existenzielle Bedeutung für das Beamtentum aufweist, wird zudem am Beispiel des Freistaats Bayern deutlich, der seit jeher auf das Institut verzichtet und dessen Verwaltung in qualitativer Hinsicht keineswegs hinter die der anderen Länder oder auch des Bundes zurückfällt. Vielmehr dürfte das Gegenteil zutreffend sein. Die Beseitigung des politischen Beamten aus den unpolitischen Gefilden des Verwaltungsvollzugs hinterließe somit keine bedenklichen ministerialfreien Räume.[941] Wenn eine Person als Vertreter des Ministers dessen Politik bzw. die der Bundes- oder Landesregierung aktiv mitgestalten und mittragen soll, so wäre es nur konsequent, dass diese Person auch Mitglied der Regierung ist. Im Bund existieren aus diesem Grund seit jeher die parlamentarischen Staatssekretäre, deren Verbleib in einem Ministerium stets an die Amtszeit

---

der Geschlechter darstellt, vgl. *Neuhäuser*, in: BeckOK BeamtenR Niedersachsen, Grundlagen des Beamtenrechts in Niedersachsen, Rn. 26.

939 *Dreher*, Karrieren in der Bundesverwaltung, S. 140 f.

940 Vgl. *Lindner*, NVwZ 2024, 620, 621.

941 Vgl. *Steinbach*, Schutz vor einer Politik durch Köpfe, Verfassungsblog.org, 24. Mai 2024, https://verfassungsblog.de/schutz-vor-einer-politik-durch-kopfe/.

des Ministers gebunden ist.[942] Diese Personengruppe bildet eine Alternative zum politischen Beamten auf Lebenszeit, die sich in der Praxis bewährt hat und verfassungsrechtlich nicht zu beanstanden ist. Mit Nordrhein-Westfalen hat bereits das erste Land dieses Institut übernommen. Es bleibt zu hoffen, dass die übrigen Länder diesem Beispiel ebenfalls folgen werden. Auch in Bayern sind die Staatssekretäre Mitglieder der Regierung und somit keine Lebenszeitbeamten, sondern stehen wie die Staatsminister auch in einem öffentlich-rechtlichen Amtsverhältnis, welches nicht dem Art. 33 GG und somit weder dem Leistungsprinzip noch den weiteren hergebrachten Grundsätzen des Berufsbeamtentums unterfällt.[943] Ein weiterer Vorteil dieser Verfahrensweise besteht darin, dass die politischen[944] bzw. parlamentarischen Staatssekretäre als Mitglieder des Parlaments über ein Rederecht in selbigem verfügen und somit ihrer Rolle als aktive Unterstützer der Regierungspolitik deutlich besser gerecht werden können als ein verbeamteter Staatssekretär, dessen Unterstützung lediglich im Hintergrund erfolgt.

Die Stellen für die höchsten Beamten an der Spitze der Ministerien sowie auch der übrigen oberen Bundes- und Landesbehörden sind daher zukünftig ausschließlich im Wege der Bestenauslese und somit zwingend mittels eines Stellenausschreibungsverfahrens zu besetzen. Im Bereich der Ministerialbürokratie darf durchaus erwartet werden, dass seitens der Hausleitung ein politischer Takt vorgegeben wird. Gleichwohl erwartet werden darf gleichzeitig aber auch das notwendige Maß an Vertrauen gegenüber der Beamtenschaft, dass diesem Takt entsprechend gefolgt wird. Hierzu bedarf es jedoch keines verfassungsrechtlich nicht zu rechtfertigenden Konstrukts in Form eines speziellen Beamtentypus. Die genannten Eigenschaften und Fähigkeiten, die an den derzeitigen Stellen für politische Beamte eingefordert werden, können ebenso durch politisch neutrale, erfahrene und kompetente Beamte, deren Auswahl sich an den verfassungsrechtlich verbrieften Kriterien von Eignung, fachlicher Leistung und Befähigung orientiert, erreicht werden. Der öffentliche Dienst steht zudem mittlerweile in einem direkten Wettstreit mit der Wirtschaft, was den Kampf um die klügsten Köpfe anbelangt.[945]

---

942 Vgl. zur Rolle des parlamentarischen Staatssekretärs auch *Anders*, DÖV 1967, 611.

943 *Frenzel*, ZBR 2008, 243, 251.

944 So sie denn gleichzeitig auch MdL sind.

945 Die Bundesregierung hatte diese Entwicklung bereits zum Zeitpunkt der Wiedervereinigung erkannt, vgl. *Kroppenstedt*, ZBR 1990, 197, 198 f.

Um auch zukünftig eine leistungsfähige Verwaltung aufrechtzuerhalten, benötigt es entsprechend leistungsfähiges Personal. Es ist ein geradezu verheerendes Signal an alle leistungsfähigen potenziellen Bewerber, wenn bspw. ein Bundesministerium Ausschreibungen für Juristen vornimmt, diese aber nach kurzer Recherche Gewissheit darüber erlangen, dass ihre Karriere innerhalb der Behörde auf der Ebene einer Referatsleitung ein Ende finden wird, da die Ämter darüber ihnen nicht offenstehen, egal wie herausragend ihre Arbeitsleistung auch sein mag. Im Gegensatz hierzu die Wirtschaft: kein DAX-Unternehmen würde jemals auf die Idee kommen, seinen Vorstand nach leistungsfremden Kriterien aufzustellen und stattdessen Leute nach dem Kriterium eines „besonderen Vertrauensverhältnisses" einzustellen, statt nach objektiven Leistungskriterien. Einerseits versucht die Politik in sämtlichen gesellschaftlichen Bereichen auf Gleichberechtigung, Gleichbehandlung, paritätische Ämterbesetzung[946] und Antidiskriminierung hinzuwirken, aber gleichzeitig verfährt sie unmittelbar „vor der eigenen Haustür" komplett gegenteilig, indem sie bedeutende verfassungsrechtliche Grundsätze ignoriert und die Transparenz, die sie an anderer Stelle einfordert, selbst vermissen lässt, indem sie zentrale Positionen in ihrem engsten beruflichen Umfeld sowie in den obersten Spitzen der Verwaltung mittels eines nach sachlichen Gesichtspunkten nicht nachvollziehbaren Verfahrens besetzt und somit im Ergebnis auch den Ruf der gesamten Beamtenschaft beschädigt.[947] Es bedarf zudem einer verfassungskonformen Besetzung der Ämter, welche bislang noch den politischen Beamten vorbehalten sind, keiner langen zeitlichen Umstellungsphase: Die derzeit im Amt befindlichen Personen können entweder in diesen verbleiben, oder aber bei einem tatsächlich vorherrschenden Vertrauensbruch, der eine weitere Zusammenarbeit stark erschweren oder gar vereiteln würde, in den einstweiligen Ruhestand versetzt werden. Sämtliche

946 Die gegenwärtige Verfahrensweise bei der Besetzung von politischen Ämtern ermöglicht im Ergebnis eine vollständige Außerachtlassung sämtlicher Gleichstellungs- und Gleichberechtigungsaspekte, da die Auswahl der politischen Beamten ohne die Beteiligung von Personalräten, Schwerbehindertenvertretungen und Gleichstellungsbeauftragten erfolgt. Auch in dieser Hinsicht unterscheiden sich die politischen Beamten von sämtlichen anderen Mitarbeitern des öffentlichen Dienstes.

947 *Lindner*, ZBR 2011, 150, 151 f.

Ämter würden sodann zunächst ausgeschrieben[948] und nach den Kriterien von Eignung, fachlicher Leistung und Befähigung mit den am besten geeigneten Bewerbern aus der Gruppe der Laufbahnbeamten besetzt. Dies würde zudem keineswegs bedeuten, dass ein Amtsinhaber zukünftig nicht mehr ver- bzw. umgesetzt werden könnte. Wenn dienstliche Belange es erforderlich machen, wäre es nach wie vor möglich, beispielsweise einen Abteilungsleiter von einem Ministerium in ein anderes zu versetzen. In diesem Zusammenhang angebracht sein dürfte auch eine Diskussion über die Besoldungen der bisherigen Ämter für politische Beamte, die in den meisten Fällen bei B9 liegt und dem Argument Raum verschafft, dass es zu wenig amtsangemessene Stellen für evtl. zu versetzende bzw. umzusetzende Beamte gäbe, falls dies aus sachlichen Gründen erforderlich sein sollte. In Anbetracht des Besoldungsniveaus auf der Ebene unterhalb der obersten Landes- oder Bundesbehörden dürfte eine Herabstufung auf der Ebene der Haus- sowie auch der Abteilungsleitungen durchaus angezeigt und förderlich sein.

In Bezug auf das Vertrauensverhältnis zu seinem Vertreter ist der Wunsch eines Ministers nach einer vertrauten und politisch nahestehenden Person zudem nachvollziehbar und legitim. Es existiert jedoch kein Erfordernis, dass diese Person zugleich ein Lebenszeitbeamter sein muss, der fernab jeglicher Beachtung des Leistungsprinzips installiert werden kann. Dass es zu einer erfolgreichen und vertrauensvollen Zusammenarbeit zwischen Politik und Verwaltung nicht zwangsläufig eines Vertrauten des gleichen politischen Lagers bedarf, verdeutlicht das Beispiel des Staatssekretärs a.D. Dr. Wolfgang Ischinger, der ab dem Jahr 1982 zunächst persönlicher Referent und somit einer der engsten Mitarbeiter des damaligen Außenministers Hans-Dietrich Genscher (FDP) war, im Jahr 1998 unter dem damaligen Außenminister Joseph Martin Fischer (Grüne) zum beamteten Staatssekretär[949] ernannt

948 Hierbei ist das Anforderungsprofil so zu gestalten, dass unter Berücksichtigung der zwingenden Anforderungen an den jeweiligen Dienstposten möglichst viele geeignete hausinterne sowie auch hausexterne Bewerber berücksichtigt werden können. Gründe, warum zwischen beiden Gruppen differenziert werden sollte, sind nicht ersichtlich und bedeuteten zudem ebenfalls einen Verstoß gegen die in Art. 33 Abs. 2 GG innewohnende Pflicht zur Stellenausschreibung, vgl. hierzu insbesondere: *Lutze*, Die Stellenausschreibung im Beamtenrecht, S. 111, 169, 192 f.

949 Ischinger blieb bis zum Jahr 2001 im Amt und wurde im Anschluss deutscher Botschafter in Washington, was in der Tat als Zeichen dafür gewertet werden kann, dass der Minister mit der Arbeit seines StS durchaus zufrieden gewesen sein dürfte.

wurde und schließlich auf Wunsch der damaligen Bundeskanzlerin Angela Merkel (CDU) im Jahr 2008 den Vorsitz der Münchener Sicherheitskonferenz, die das weltweit führende Forum für Debatten zu den drängendsten internationalen Sicherheitsrisiken darstellt, übernahm.

Der moderne parlamentarische Staat wird zwar insgesamt politisch organisiert.[950] Dies bedeutet jedoch nicht gleichzeitig, dass auch die staatliche Verwaltung an ihrer Spitze zwingend einer Politisierung bedarf. Vielmehr braucht es eine geschlossene bürokratische Einheit ohne eine politisch gebundene und zudem abhängige Leitung. Beamte sind keine Handlanger, sondern vielmehr Bewahrer. Der Gesetzgeber hat das Berufsbeamtentum gem. Art. 33 Abs. 5 GG zeitgemäß auszugestalten. Die Abkoppelung der Ämter in der Verwaltungsspitze von einer unmittelbaren Einflussnahme durch politische Entscheidungsträger ist daher dringend geboten, um auch zukünftig die notwendige Neutralität und Stabilität des Beamtentums zu gewährleisten, sodass dieses weiterhin einen ausgleichenden Faktor gegenüber den das Staatswesen gestaltenden politischen Kräften bilden kann. In seinem Ansbacher Mémoire von 1796 schreibt Montgelas, man könne sich nur „schwerlich darüber hinwegtäuschen, dass allein die Beständigkeit der Untergebenen den Ersatz für den mehr oder weniger häufigen Wechsel der Vorgesetzten schafft und die somit in jedem Zweig die Einheitlichkeit der Prinzipien aufrechterhält, diesen Geist von Ganzheitlichkeit und Kontinuität, der die Seele einer Verwaltung darstellt".[951] Würde in den Spitzenämtern der heutigen Verwaltung ebenfalls eine größere Beständigkeit vorherrschen, wäre dies nicht nur für den Geist von Ganzheitlichkeit und Kontinuität, sondern vor allem für die Verwirklichung des geltenden Verfassungsrechts von entscheidender Bedeutung.

---

950 *Leibholz*, Strukturprobleme der modernen Demokratie, S. 204.

951 Vgl. Original: „Mémoire présenté à M(onsei)g(neu)r le Duc le 30 Septembre 1796", eigenhändiges Manuskript des Maximilian Joseph von Montgelas in Französisch, Übersetzung durch *Zeidler*, Oliver, https://www.hdbg.de/montgelas/pages/hmv33.htm.

Literaturverzeichnis

Ahlers, Michael: Personalrochaden im Rechnungshof, Braunschweiger Zeitung vom 15. Februar 2019, https://www.braunschweiger-zeitung.de/niedersachsen/article216452333/Personalrochaden-im-Rechnungshof.html.

Anders, Georg: Zur Problematik der Institution der politischen Beamten – Nachtrag zum Aufsatz in DÖV 1964, 109 ff., 295 f., 332, Die Öffentliche Verwaltung, 1967, S. 611–613.

Anders, Georg: Zur Problematik der Institution des politischen Beamten, Die Öffentliche Verwaltung, 1964, S. 109–119.

Anschütz, Gerhard: Die Verfassung des Deutschen Reichs vom 11. August 1919: ein Kommentar für Wissenschaft und Praxis, 3. Bearbeitung, 12. Auflage, Berlin 1933.

Arnim, Hans Herbert von: Bleibt Ämterpatronage straflos?, Deutsches Verwaltungsblatt, 2021, S. 481–490.

Arnim, Hans Herbert von: Diener vieler Herren: die Doppel- und Dreifachversorgung von Politikern, München 1998.

Arnim, Hans Herbert von: Der Staat als Beute – Wie Politiker in eigener Sache Gesetze machen, München 1993.

Austermann, Philipp: Änderungsbedarf im Recht der politischen Beamten in Thüringen – Anmerkungen zum Gesetzesentwurf zur Änderung des Thüringer Gesetzes zur Änderung dienstrechtlicher Bestimmungen für politische Beamtinnen und Beamte (LT-Drs. 7/8656), Thüringer Verwaltungsblätter, 2024, S. 128–129.

Badura, Peter: Staatsrecht – Systematische Erläuterung des Grundgesetzes, 7. Auflage, München 2018.

Baltes, Jochen: Die Neutralität des Berufsbeamten – Exemplarische Bestimmung eines hergebrachten Grundsatzes des Berufsbeamtentums, Würzburg 1973.

Balzer, Ralph: Republikprinzip und Berufsbeamtentum, Berlin 2008.

Bamberger, Matthias: Nachamtliche Tätigkeitsbeschränkungen für politische Amtsträger, Berlin 2014.

Battis, Ulrich: Erschüttertes Vertrauen: Die Zwangsbeurlaubung von BSI-Chef Schönbohm und das Beamtenrecht, Verfassungsblog.org vom 20. Oktober 2022, https://verfassungsblog.de/erschuttertes-vertrauen/.

Battis, Ulrich (Hrsg.): Bundesbeamtengesetz, Kommentar, 6. Auflage, 2022 (zit.: *Bearbeiter*, in: Battis: BBG).

Battis, Ulrich: Stellungnahme zur öffentlichen Anhörung zum Thema „Föderalismusreform – Inneres“ des Rechtsausschusses des Deutschen Bundestages gemeinsam mit dem Bundesrat, 28. April 2006, https://webarchiv.bundestag.de/archive/2009/0109/ausschuesse/a06/foederalismusreform/Anhoerung/02_Inneres/Stellungnahmen/Prof__Dr__Dr__h_c__Ulrich_Battis.pdf.

Battis, Ulrich: Hergebrachte Grundsätze versus Ökonomismus: Das deutsche Beamtenrecht in der Modernisierungsfalle?, Die Öffentliche Verwaltung, 2001, S. 308–317.

Battis, Ulrich: Berufsbeamtentum und Leistungsprinzip, Zeitschrift für Beamtenrecht, 1996, S. 193–198.

Battis, Ulrich/*Edenharter*, Andrea: Einführung in das Verfassungsrecht, 7. Auflage, Berlin 2022.

Baum, Gerhart Rudolf/*Benda*, Ernst/*Isensee*, Josef/*Krause*, Alfred/*Merritt*, Richard L.: Politische Parteien und öffentlicher Dienst, Bonn 1982.

Bayerische Staatsregierung: Koalitionsvertrag „Freiheit und Stabilität – Für ein modernes, weltoffenes und heimatverbundenes Bayern“ für die Legislaturperiode 2023–2028, unterzeichnet am 26. Oktober 2023, https://www.bayern.de/staatsregierung/koalitionsvertrag-2023-2028/?utm_source=copilot.com.

Benda, Ernst/*Maihofer*, Werner/*Vogel*, Hans-Jochen: Handbuch des Verfassungsrechts der Bundesrepublik Deutschland, Berlin u.a. 1983 (zit.: Bearbeiter, in: Handbuch des Verfassungsrechts).

Benthues, Hubert: Die „politischen Beamten“ in Preussen – Ihre Entstehungsgeschichte, ihre Sonderstellung und ihre Lage als Parlamentarier, Ohlau in Schlesien 1928.

Berg, Wilfried: Politik, Beamtentum und politische Beamte, Monatsschrift für Deutsches Recht, 27. Jahrgang, 1973, S. 185–190.

Berlin: Der regierende Bürgermeister – Senatskanzlei, Senat beschließt Ernennung der Protokollchefin, Pressemitteilung vom 27. April 2021, https://www.berlin.de/rbmskzl/aktuelles/pressemitteilungen/2021/pressemitteilung.1079347.php.

Bernet, Wolfgang: Zur normativen Regelung des Staatsdienstes in der DDR und zum Rechtsverständnis der Staatsfunktionäre, Zeitschrift für Beamtenrecht, 1991, S. 40–47.

Beyme, Klaus von: Organisationsgewalt – Patronage und Ressorteinteilung im Bereich der Regierung, Die Verwaltung, 1969, Band 2, S. 279–293.

Biermann, Kai: Das plötzliche Ende eines Spionage-Chefs, ZEIT Online vom 27. April 2016, https://www.zeit.de/politik/deutschland/2016-04/bnd-gerhard-schindler-entlassen-bundeskanzleramt.

Bochmann, Günter: Der Beschl. des Bundesverfassungsgerichts v. 09.04.2024 – 2 BvL 2/22 – und seine Auswirkungen für die Festlegung von Ämtern für politische Beamte, Der Öffentliche Dienst, 2025, S. 1–8.

Bochmann, Günter: Politische Beamte – Notwendige Einschränkung von verfassungsrechtlichen Grundsätzen oder legalisierte Förderung von Ämterpatronage und Politisierung der Verwaltung?, Zeitschrift für Beamtenrecht, 2023, S. 325–340.

Böckenförde, Ernst-Wolfgang: Die Organisationsgewalt im Bereich der Regierung – Eine Untersuchung zum Staatsrecht der Bundesrepublik Deutschland, 2. Auflage, Berlin 1998.

Boehme-Nessler, Volker: Wie Haldenwang und Faeser die Demokratie beschädigen, Cicero, 21. Juni 2024, https://www.cicero.de/innenpolitik/machtkritik-oder-delegitimierung-wie-haldenwang-und-faeser-die-demokratie-beschadigen.

Brand, Arthur: Das Deutsche Beamtengesetz (DBG) vom 26. Januar 1937 mit der amtlichen Begründung, den Durchführungs-, Ausführungs- und Ergänzungsvorschriften, Berlin 1937 (zit.: *Brand*, in DBG).

Brandstädt, Claudia/*Zahn*, Ulrich: Die Rechtsstellung der politischen Beamten in Thüringen, Thüringer Verwaltungsblätter 08/2021, S. 177–183.

Braun, Stefan: Praxisprobleme bei Stellenbesetzungsverfahren mit beamtenrechtlichen Konkurrenzsituationen, Neue Juristische Online Zeitschrift, 2019, S. 1585–1592.

Breithaupt, Walter: Empfiehlt sich eine Ergänzung des § 8 BBG hinsichtlich der politischen Beamten?, Die Öffentliche Verwaltung, 1964, S. 331–332.

Brinktrine, Ralf/*Voitl*, Alexander (Hrsg.): BeckOK Beamtenrecht Bayern, 35. Edition, München 2025 (zit.: Bearbeiter, in BeckOK BeamtenR Bayern).

Brinktrine, Ralf/*Hug*, Christian (Hrsg.): BeckOK Beamtenrecht Baden-Württemberg, 33. Edition, München 2025 (zit.: Bearbeiter, in: BeckOK BeamtenR BaWü).

Brinktrine, Ralf/*Schollendorf*, Kai (Hrsg.): BeckOK Beamtenrecht Bund, 37. Edition, München 2025 (zit.: Bearbeiter, in BeckOK BeamtenR Bund).

Brinktrine, Ralf/*Masuch*, Thorsten (Hrsg.): BeckOK Beamtenrecht Hessen, 33. Edition, München 2025 (zit.: Bearbeiter, in: BeckOK BeamtenR Hessen).

Brinktrine, Ralf/*Neuhäuser*, Gert Armin (Hrsg.): BeckOK Beamtenrecht Niedersachsen, 33. Edition, München 2025 (zit.: Bearbeiter, in: BeckOK BeamtenR Niedersachsen).
Brinktrine, Ralf/*Heid*, Daniela (Hrsg.): BeckOK Beamtenrecht Nordrhein-Westfalen, 31. Edition, München 2024 (zit.: Bearbeiter, in: BeckOK BeamtenR NRW).
Brüning, Christoph: Verwaltung und politische Gestaltung, Neue Zeitschrift für Verwaltungsrecht, 2024, S. 1449–1455.
Brüning, Martin: Celler OLG-Präsidentenstelle: Jetzt geht es vor Gericht, Rundblick – Politikjournal für Niedersachsen, 16. Januar 2018, https://www.rundblick-niedersachsen.de/celler-olg-praesidentenstelle-jetzt-geht-es-vor-gericht/.
Bucher, Peter (Bearb.): Der Parlamentarische Rat 1948–1949 – Akten und Protokolle, Band 2: Der Verfassungskonvent auf Herrenchiemsee, Boppard am Rhein 1981 (zit.: Parlamentarischer Rat II).
Bundesamt für Verfassungsschutz: Kompendium des BfV – Darstellung ausgewählter Arbeitsbereiche und Beobachtungsobjekte, Stand: März 2024, Berlin 2024.
Bundeskriminalamt: Präsident Holger Münch, https://www.bka.de/SharedDocs/Personen/DE/Muench.html.
Bundesrat: Warum politische Erwägungen bei der Reihenfolge der Bundesratspräsidentschaft keine Rolle spielen, https://www.bundesrat.de/DE/bundesrat/praesidium/kuenftig/koenigsteiner-abkommen/koenigsteiner-abkommen-node.html.
Bundesrat: Ständiger Beirat, https://www.bundesrat.de/DE/bundesrat/staendiger-beirat/staendiger-beirat-node.html.
Bundesregierung: Regierungssprecher Stefan Kornelius, https://www.bundesregierung.de/breg-de/bundesregierung/bundespresseamt/regierungssprecher-2342492.
Bundesregierung: Ehemaliger Regierungssprecher Steffen Hebestreit, https://www.bundesregierung.de/breg-de/schwerpunkte/steffen-hebestreit-1988244.
Bundesregierung: Faeser: Wer den Staat ablehnt, kann ihm nicht dienen, 01. April 2024, https://www.bundesregierung.de/breg-de/service/archiv-bundesregierung/verfassungsfeinde-entfernen-2165536.
Bull, Hans-Peter: Beamte – die vernachlässigten Hüter des Gemeinwohls? Die Dienstrechtsdiskussion zwischen Standespolitik und Staatstheorie, Die Öffentliche Verwaltung, 2007, S. 1029–1038.

Bull, Hans-Peter: Zukunft des öffentlichen Dienstes – öffentlicher Dienst der Zukunft. Bericht der von der Landesregierung Nordrhein-Westfalen eingesetzten Kommission, Düsseldorf 2003.

Butzer, Hermann/*Epping*, Volker/*Brosius-Gersdorf*, Frauke/*Germelmann*, Claas Friedrich/*Mehde*, Veith/*Rademacher*, Timo/*Waechter*, Kay (Hrsg.): Hannoverscher Kommentar zur Niedersächsischen Verfassung: Handkommentar, 2. Auflage, Baden-Baden, 2021 (zit.: Bearbeiter, in: Hannoverscher Kommentar zur Niedersächsischen Verfassung).

Czerwick, Edwin: Die Reform des öffentlichen Dienstrechts, Zeitschrift für Beamtenrecht, 2005, S. 24–32.

Czisnik, Marianne: Die verfassungsrechtliche Stellung der politischen Beamten, Die Öffentliche Verwaltung, 2020, S. 603–612.

Clarke, Christopher: Preussen – Aufstieg und Niedergang 1600–1947, 2. Auflage, München 2006.

DBB Beamtenbund und Tarifunion: Politische Beamte: „Es darf kein Eindruck von Willkür entstehen", 20. April 2023, https://www.dbb.de/artikel/politische-beamte-es-darf-kein-eindruck-von-willkuer-entstehen.html.

Der Spiegel: Rechnungshof geißelt Personalpolitik von Linken-Ministerpräsident Ramelow, 25. November 2022, https://www.spiegel.de/politik/deutschland/bodo-ramelow-rechnungshof-geisselt-personalpolitik-von-linken-ministerpraesident-a-07be896a-031e-4c3d-ae70-ba7a50ec4a51.

Der Spiegel: Ausgabe 46, Hamburg 1965.

Derlien, Hans-Ulrich/*Murswieck*, Axel (Hrsg.) Regieren nach Wahlen, Opladen 2021 (zit.: Bearbeiter, in: Derlien/Murswieck).

Derlien, Hans-Ulrich: Wer macht in Bonn Karriere? Spitzenbeamte und ihr beruflicher Werdegang, Die Öffentliche Verwaltung, 1990, S. 311–319.

Deutscher Bundestag: Christine Lambrecht als Justizministerin vereidigt, 27. Juni 2019, https://www.bundestag.de/webarchiv/textarchiv/2019/kw26-de-vereidigung-lambrecht-648972.

Deutscher Bundestag: Schröders Nein zur militärischen Option im Irak, 08. Februar 2013, https://www.bundestag.de/webarchiv/textarchiv/2013/42835651_kw06_kalenderblatt_irakkrieg-210866.

Deutsche Digitale Bibliothek: Objekteintrag, https://www.deutsche-digitale-bibliothek.de/item/TOAJEV3S7U33IG3LZ36SVRRUENEEJYBJ.

Deutschlandfunk: BKA-Chef wehrt sich gegen Kritik, 12. März 2014, https://www.deutschlandfunk.de/edathy-affaere-bka-chef-wehrt-sich-gegen-kritik-100.html.

Deutschlandfunk: Interview August Hanning, 27. Februar 2020, https://www.deutschlandfunk.de/hanning-100.html.

Deutschlandfunk: Maaßen wird als Rechtsextremist eingestuft und beobachtet, 01. Februar 2024, https://www.deutschlandfunk.de/maassen-wird-als-rechtsextremist-eingestuft-und-beobachtet-100.html.

Di Fabio, Udo: Die Weimarer Verfassung – Aufbruch und Scheitern, München 2018.

Die Zeit: Affäre um Staatssekretäre: Ermittlungen eingestellt, 23. Juli 2024, https://www.zeit.de/news/2024-07/23/affaere-um-staatssekretaere-ermittlungen-eingestellt.

Die Zeit: Ehemaliger Kölner Polizeipräsident wird Fall für Karlsruhe, 15. Dezember 2021, https://www.zeit.de/news/2021-12/15/ehemaliger-koelner-polizeipraesident-wird-fall-fuer-karlruhe.

Die Zeit: Horst Seehofer und Hans-Georg Maaßen – Koalitionsstreit um den Verfassungsschutzpräsidenten, 23. September 2018, https://www.zeit.de/politik/deutschland/2018-09/horst-seehofer-hans-georg-maassen-koalition.

Die Zeit: Justizminister Maas versetzt Generalbundesanwalt Range in den Ruhestand, 04. August 2015, https://www.zeit.de/politik/deutschland/2015-08/justizminister-maas-versetzt-generalbundesanwalt-range-in-ruhestand.

Diehl, Jörg/*Wittrock*, Philipp: Die Kampfansage, Spiegel Politik vom 04. August 2015, https://www.spiegel.de/politik/deutschland/harald-range-greift-heiko-maas-an-die-kampfansage-a-1046624.html.

Diening, Deike/*Gathmann*, Florian/*Teevs*, Christian/*Weiland*, Severin: Die Bundeswiderspruchsministerin, Der Spiegel, 17. Juni 2024, https://www.spiegel.de/politik/deutschland/umstrittene-fdp-politikerin-bettina-stark-watzinger-ministerin-der-widersprueche-a-bc8e6879-362a-4e56-a9de-933561ee93b3.

Dippel, Martin: Ämterpatronage durch politische Parteien, Zeitschrift für öffentliches Recht in Norddeutschland, 2009, S. 102–108.

Dreher, Christiane: Karrieren in der Bundesverwaltung. Voraussetzungen, Merkmale und Etappen von Aufstiegsprozessen im öffentlichen Dienst, Berlin 1996.

Dreier, Horst (Hrsg.): Grundgesetz Kommentar, Band II, 3. Auflage, Tübingen 2015 (zit.: Bearbeiter, in: Dreier).

Echtler, Ulrich: Der beamtete Staatssekretär, München 1973 (zit: Echtler, Einfluss und Macht in der Politik).
Eckstein, Christoph: Der Grundsatz der Bestenauslese nach Art. 33 Abs. 2 GG in der neuesten verfassungs- und verwaltungsgerichtlichen Rechtsprechung, Zeitschrift für Beamtenrecht, 2009, S. 86–89.
Ellwein, Thomas: Das Dilemma der Verwaltung. Verwaltungsstruktur und Verwaltungsreformen in Deutschland, Mannheim 1994.
Epping, Volker/*Hillgruber*, Christian (Hrsg.): BeckOK Grundgesetz, 64. Edition, Stand 15. November 2025 (zit.: Bearbeiter, in: Epping/ Hillgruber, BeckOK GG).
Epping, Volker/*Lenz*, Sebastian/*Leydecker*, Philipp: Grundrechte, 10. Auflage, Berlin 2024.
Eschenburg, Theodor: Politische Beamte oder beamtete Politiker?, DIE ZEIT, Nr. 13/1967, https://www.zeit.de/1967/13/ politische-beamte-oder-beamtete-politiker.
Eschenburg, Theodor: Büro für staatliche Innenarchitektur – Die Schwierigkeiten grundlegender Reform, DIE ZEIT, Nr. 09/1867, https:// www.zeit.de/1967/09/buero-fuer-staatliche-innenarchitektur.
Eschenburg, Theodor: Staat und Gesellschaft in Deutschland, 5. Auflage, Stuttgart 1962.
Eschenburg, Theodor: Ämterpatronage, Stuttgart 1961.
Eyermann, Erich (Begr.)/*Fröhler*, Ludwig (Begr.)/*Happ*, Michael (Bearb.)/ *Hoppe*, Michael (Bearb.)/*Kraft*, Ingo (Bearb.)/*Schübel-Pfister*, Isabel: Verwaltungsgerichtsordnung, Kommentar, 16. Auflage, München 2022 (zit.: Bearbeiter, in: Eyermann).
Feldkamp, Michael (Bearb.): Der Parlamentarische Rat 1948–1949 – Akten und Protokolle, Band 14: Hauptausschuß, Teilband I, München 2009 (zit.: Parlamentarischer Rat XIV/2).
Feldkamp, Michael (Bearb.): Der Parlamentarische Rat 1948–1949 – Akten und Protokolle, Band 14: Hauptausschuß, Teilband II, München 2009 (zit.: Parlamentarischer Rat XIV/2).
Fisch, Stefan: Politische Beamte und Politisierung von Beamten, in: Nassauer Gespräche, Band 12: Verwaltungslogik und kommunikative Praxis. Wirtschaft, Religion und Gesundheit als Gegenstand von Bürokratie in Deutschland 1930–1960, hrsg. von Thomas Großbölting und Klaus Große Kracht, Stuttgart 2022.
Fischbach, Oskar Georg: Deutsches Beamtenrecht – Eine Sammlung des in der Bundesrepublik Deutschland geltenden Beamtenrechts, Band 4: Bundesbeamtengesetz, Köln 1956 (zit.: *Fischbach*, BBG).

Fischbach, Oskar Georg: Deutsches Beamtenrecht – Eine Sammlung des in der Bundesrepublik Deutschland geltenden Beamtenrechts, Band 1: Deutsches Beamtengesetz nebst dem Bundespersonalgesetz, Köln 1951 (zit.: *Fischbach*, DBG).

Flecken, Hans Ludwig: Gesetzesvorbereitung zwischen politischen Vorgaben, Systemgerechtigkeit und Partikularinteressen, Neue Zeitschrift für Sozialrecht, 2019, S. 769–774.

Franz, Wolfgang: Staatssekretäre und das Leistungsprinzip – Ein Bereich massiven Rechtsbruchs der politischen Klasse, Zeitschrift für Beamtenrecht, 2008, S. 236–243.

Franz, Wolfgang: Dilettanten im Amt – Zu Rechtsbruch und Inkompetenz in Politik und Verwaltung, Berlin 2007.

Franz, Wolfgang: Gilt für die Ernennung von sog. Politischen Beamten das Leistungsprinzip nicht?, Der Öffentliche Dienst, 1999, S. 49–72.

Freie und Hansestadt Hamburg: Staatsrat Christoph Holstein, https://www.hamburg.de/politik-und-verwaltung/senat/staatsraetinnen-und-staatsraete/christoph-holstein-236138.

Freie und Hansestadt Hamburg: Staatsrat Martin Bill, https://www.hamburg.de/politik-und-verwaltung/senat/staatsraetinnen-und-staatsraete/lebenslauf-martin-bill-256698.

Freie und Hansestadt Hamburg: Staatsrätinnen und Staatsräte, https://www.hamburg.de/politik-und-verwaltung/senat/staatsraetinnen-und-staatsraete.

Frenzel, Eike Michael: Das öffentlich-rechtliche Amtsverhältnis und das Recht des öffentlichen Dienstes, Zeitschrift für Beamtenrecht, 2008, S. 243–253.

Friauf, Karl Heinrich/*Höfling*, Wolfram (Hrsg.): Berliner Kommentar zum Grundgesetz, Band 3, Lfg. 2/22 (zit.: Bearbeiter, in: Berliner Kommentar).

Fromme, Friedrich Karl: Von der Weimarer Verfassung zum Bonner Grundgesetz – Die verfassungspolitischen Folgerungen des Parlamentarischen Rates aus Weimarer Republik und nationalsozialistischer Diktatur, 3. Auflage, Berlin 1999.

Frotscher, Werner/*Pieroth*, Bodo: Verfassungsgeschichte – Von der Nordamerikanischen Revolution bis zur Wiedervereinigung Deutschlands, 20. Auflage, München 2022.

Funk, Albert: Bundesrat: Traditionsbruch in der Länderkammer, Tagesspiegel, 27. März 2015, https://www.tagesspiegel.de/politik/traditionsbruch-in-der-landerkammer-8274643.html.

Gaida, Laura: Endstation einstweiliger Ruhestand: Auch diese Minister sägten ihre Vertrauten ab, FOCUS online vom 06. November 2018, https://www.focus.de/politik/deutschland/maassen-ist-nicht-der-erste-fall-endstation-einstweiliger-ruhestand-auch-diese-minister-saegten-ihre-vertrauten-ab_id_9863319.html.

Gathmann, Florian/*Gebauer*, Matthias/*Knobbe*, Martin/*Wiedmann-Schmidt*, Wolf: Am Ende bezahlt Seehofer, Spiegel Politik vom 05. November.2018, https://www.spiegel.de/politik/deutschland/hans-georg-maassen-entlassung-horst-seehofers-bittere-quittung-a-1236825.html.

Geffers, Wilhelm: Die politischen Beamten, Deutsches Verwaltungsblatt, 1955, S. 658–663.

Gesellschaft für Informatik: GI fordert Stärkung der Unabhängigkeit des BSI, 11. November 2022, https://gi.de/meldung/gi-fordert-staerkung-der-unabhaengigkeit-des-bsi-2.

Gmür, Rudolf (Begr.)/*Roth*, Andreas: Grundriss der deutschen Rechtsgeschichte, 15. Auflage, München 2018.

Goldberg, Otto: Die politischen Beamten im deutschen Rechte, insbesondere im Reiche, in Preußen, Dresden 1932 (zit.: *Goldberg*, Die politischen Beamten).

Grabendorff, Walter/*Arend*, Paul: Landesbeamtengesetz Rheinland-Pfalz – Kommentar, 68. Aktualisierung, Stand Dezember 2024 (zit.: Bearbeiter, in: Grabendorff/Arend).

Grigoleit, Klaus-Joachim: Zur Stellung des Landtagsdirektors in Nordrhein-Westfalen, Zeitschrift für Beamtenrecht, 1998, S. 128–132.

Grünning, Klaus, Politische Beamte in der Bundesrepublik Deutschland, Verwaltungsrundschau, 1988, S. 80–87.

Gusy, Christoph, Die „Eignung“ zu einem öffentlichen Amt gemäß Art. 33 II GG, Recht im Amt, 1979, S. 201–207.

Hamdan, Binke: Das verfassungsrechtlich garantierte Lebenszeitprinzip im Beamtentum und seine Ausnahmen, Recht im Amt, 2024, S. 125–128.

Harden, Thomas: Der Generalbundesanwalt – ein politischer Beamter?, Zeitschrift für Rechtspolitik, 2020, Heft 5, S. 148–150.

Hartmann, Bernd J.: Tenure Track und Bestenauslese, Die Öffentliche Verwaltung, 2020, S. 137–144.

Hartung, Fritz: Staatsbildende Kräfte der Neuzeit, Berlin 1961.

Hasselmann, Jörn/*Martens*, Daniela: Berlin sucht einen Polizeipräsidenten, Tagesspiegel vom 07. März 2012, https://www.tagesspiegel.de/berlin/keine-fur-die-zweite-reihe-2073016.html.

Hattenhauer, Hans: Allgemeines Landrecht für die Preußischen Staaten von 1794, 3. Auflage, Neuwied u.a. 1996.
Hattenhauer, Hans: Geschichte des deutschen Beamtentums, in: Handbuch des Öffentlichen Dienstes, Band 1, hrsg. von Walter Wiese, 2. Auflage, Köln 1993 (zit.: *Hattenhauer*, Geschichte des deutschen Beamtentums).
Haubrichs, Wilhelm: Zur Problematik des „politischen Beamten", Zeitschrift für Beamtenrecht, 1964, S. 136–138.
Hauptschluß der außerordentlichen Reichsdeputation vom 25. Februar 1803: die Entschädigung betreffend, Frankfurt a.M. 1803, https://opacplus.bsb-muenchen.de/title/BV001524512.
Haus der Bayerischen Geschichte: Montgelas – Minister vom 1. Februar 1799 bis 2. Oktober 1817, https://archiv.hdbg.de/montgelas/pages/hmv33.htm.
Hebeler, Timo/*Sitzer*, Adina/*Tews*, Julia: Ökonomisierung des öffentlichen Dienstrechts – eine Bestandsaufnahme, Die Personalvertretung, 2012, S. 44–49.
Hellerling, Peer: Gefeuerter ZPD-Chef in Hannover: Uwe Lange erzielt Teilerfolg vor Gericht, Hannoversche Allgemeine Zeitung, 06. Oktober 2023, https://www.haz.de/lokales/hannover/zpd-chef-in-hannover-gefeuert-uwe-lange-erzielt-teilerfolg-vor-gericht-UMHH2R4ZGNCYFFOTZBRNGN5TZM.html.
Henning, Hans-Joachim: Die deutsche Beamtenschaft im 19. Jahrhundert, Stuttgart 1984.
Herrmann, Klaus: Staatssekretäre ohne Beamtenverhältnis – organisationsrechtlicher Pragmatismus oder Verstoß gegen Art. 33 Abs. 4 und 5 GG?, Verwaltungsarchiv, 2010, S. 377–398.
Hesselberger, Dieter: Das Grundgesetz: Kommentar für die politische Bildung, 13. Auflage, 2013.
Hetzer, Wolfgang: Der Bewerbungsverfahrensanspruch, Verwaltungsrundschau, 1998, S. 116–122.
Hillgruber, Christian: Wohlbegründete Ausnahme, Frankfurter Allgemeine Zeitung vom 13. April 2015, https://www.faz.net/aktuell/politik/politische-buecher/politische-beamte-wohlbegruendete-ausnahme-13524138.html.
Hintze, Otto: Die Hohenzollern und ihr Werk 1415–1915, Berlin 1916 (Reprint 1987 Hamburg und Berlin).
Hochbaum, Hans-Ulrich: Gesetzgebung von Mai bis September 1994, DtZ, 1994, S. 401–403.
Hoffmann, Gert: Die Abwahl kommunaler Wahlbeamter als Konsequenz ihrer Einbindung in die Politik, Die Öffentliche Verwaltung, 1990, S. 320–325.

Höfling, Wolfram/*Burkiczak*, Christian: Die Garantie der hergebrachten Grundsätze des Berufsbeamtentums unter Fortentwicklungsvorbehalt, Die Öffentliche Verwaltung, 2007, S. 328–338.

Hofmann, Hans/*Henneke*, Hans-Günter (Hrsg.): Grundgesetz, Kommentar, 16. Auflage, Köln 2025 (zit.: Bearbeiter, in: Hofmann, Henneke).

Hömig, Dieter/*Wolff*, Heinrich Amadeus (Hrsg.): Grundgesetz für die Bundesrepublik Deutschland – Handkommentar, 13. Auflage, Baden-Baden 2022 (zit.: Bearbeiter, in Hömig/Wolff).

Hollmann, Michael (Bearb.): Der Parlamentarische Rat 1948–1949 – Akten und Protokolle, Band 7: Entwürfe zum Grundgesetz (zit.: Parlamentarischer Rat VII).

Huber, Ernst-Rudolf: Dokumente zur deutschen Verfassungsgeschichte, Band 4, 3. Auflage, Stuttgart u.a. 1992.

Huber, Ernst-Rudolf: Deutsche Verfassungsgeschichte seit 1789, Band 2: Der Kampf um Einheit und Freiheit 1830 bis 1850, 3. Auflage, Stuttgart u.a. 1988.

Huber, Ernst-Rudolf: Deutsche Verfassungsgeschichte seit 1789, Band 1: Reform und Restauration 1789–1830, 2. Auflage, Stuttgart u.a. 1981.

Huber, Ernst-Rudolf: Deutsche Verfassungsgeschichte seit 1789, Band 6: Die Weimarer Reichsverfassung, 2. Auflage, Stuttgart u.a. 1981.

Huber, Ernst-Rudolf: Dokumente zur deutschen Verfassungsgeschichte, Band 1, 3. Auflage, Stuttgart u.a. 1978.

Huber, Ernst-Rudolf: Deutsche Verfassungsgeschichte seit 1789, Band 3: Bismarck und das Reich, Stuttgart u.a. 1964.

Huber, Peter Michael (Hrsg.)/*Voßkuhle*, Andreas (Hrsg.): Grundgesetz: GG, Band 2, 8. Auflage, München 2024 (zit.: Bearbeiter, in: Huber/Voßkuhle).

Idel, Stefan: Gleich zwei Staatssekretäre fürs Kultusministerium, NWZ Online, 06. Dezember 2022, https://www.nwzonline.de/politik/zwei-staatssekretaere-fuer-kultusministerium-in-niedersachsen_a_51,10,3035094889.html.

Iken, Matthias: Kulturstaatsrat: Staatsräte auf dem Schleudersitz, Hamburger Abendblatt, 05. März 2009, https://www.abendblatt.de/hamburg/article107894594/Kulturstaatsrat-Staatsraete-auf-dem-Schleudersitz.html.

Hufeld, Ulrich (Hrsg.): Der Reichsdeputationshauptschluß von 1803 – Eine Dokumentation des Zum Untergang des Alten Reiches, Köln u.a. 2003.

Ipsen, Jörn: Parteiengesetz: ParteienG, Gesetz über die politischen Parteien, Kommentar, 2. Auflage, München 2018 (zit.: Bearbeiter, in: Ipsen, ParteienG).

Isensee, Josef/*Kirchhof*, Paul (Hrsg.): Handbuch des Staatsrechts, Band V, 3. Auflage, Heidelberg 2007 (zit.: Bearbeiter, in: HStR V).

Janisch, Wolfgang: Gut abgefedert: Ministerien im Superwahljahr, Süddeutsche Zeitung, 18. Februar 2021, https://www.sueddeutsche.de/politik/politische-beamte-bundesverfassungsgericht-1.5210864.

Jarass, Hans (Begr.)/*Pieroth*, Bodo (Begr.): Grundgesetz für die Bundesrepublik Deutschland, 18. Auflage, München 2024 (zit.: Bearbeiter, in: Jarass/Pieroth).

Jaschinski, Jannik/*Steinbach*, Armin: Wie man die Sicherheitsbehörden vor einer autoritären Regierung schützt, Spiegel Politik, 14. Januar 2024, https://www.spiegel.de/politik/deutschland/afd-thueringen-wie-man-die-sicherheitsbehoerden-vor-einer-autoritaeren-regierung-schuetzt-a-f489a604-ade0-425f-b761-f23df3a9250a.

Jasper, Christian: Religiös und politisch gebundene öffentliche Ämter, Berlin 2015.

Juncker, Wolfgang: Der politische Beamte – ein Widerspruch in sich, Zeitschrift für Beamtenrecht, 1974, S. 205–209.

Kahl, Wolfgang/*Waldhoff*, Christian/*Walter*, Christian (Hrsg.): Bonner Kommentar zum Grundgesetz, Zuletzt erschien Lieferung 234 (Februar 2026) (zit.: Bearbeiter, in BK).

Klotz, Helmut: Nationalsozialismus und Beamtentum, Berlin 1931.

Konnerth, Edwin, Politischer Beamter auf Zeit – In der Forderung sind sich die Parteien einig / Filbingers Vorhaben, Frankfurter Allgemeine Zeitung, Nr. 182 vom 09. August 1972.

Kopp, Ferdinand (Begr.)/*Schenke*, Wolf-Rüdiger (Hrsg.): Verwaltungsgerichtsordnung, Kommentar, 31. Auflage, München 2025 (zit.: Bearbeiter, in: Kopp/Schenke).

Korioth, Stefan: Deutsche Verfassungsgeschichte, Tübingen 2023.

Kortz, Benedikt/*Lubig*, Sebastian: Parteienprivileg und Verfassungstreue der Beamten: Nur eine Scheinkollision? – Eine Erwiderung auf Lindner, ZBR 2006, 402 –, Zeitschrift für Beamtenrecht, 2006, S. 412–415.

Kotulla, Michael: Deutsches Verfassungsrecht 1806–1918 – Eine Dokumentensammlung nebst Einführungen, 2. Band, Berlin 2016.

Krause, Winfried: Sollte das Institut des „Politischen Beamten" ausgedehnt oder eingeschränkt werden?, Der Öffentliche Dienst, 1981, S. 193–196.

Kremer, Eduard: Politische Beamte und einstweiliger Ruhestand – eine historisch – aktuelle Rückbesinnung, Der Öffentliche Dienst, 1998, S. 269–271.

Krieger, Christoph: Anforderungen des Grundgesetzes an Personalauswahlverfahren im öffentlichen Dienst, Mainz 2012.

Kroppenstedt, Franz: Der öffentliche Dienst der Zukunft, Zeitschrift für Beamtenrecht, 1990, S. 197–199.

Kugele, Dieter: Die politischen Beamten in der Bundesrepublik Deutschland, Zeitschrift für Beamtenrecht, 2007, S. 109–115.

Kugele, Dieter: Der politische Beamte: eine Studie über Genesis, Motiv, Bewährung und Reform einer politisch-administrativen Institution, München 1976.

Kümmel, Wilhelm (Begr.): Beamtenrecht, 150. Ergänzungslieferung, Stand: September 2023 (zit.: Kümmel).

Kümmel, Wilhelm (Begr.): Beamtenversorgungsgesetz, 60. Ergänzungslieferung, Stand: November 2023 (zit.: Kümmel BeamtVG).

Landesdirektion Sachsen: Landesdirektion Sachsen nimmt ihre Arbeit auf, Medieninformation Nr. 001/2012 vom 01. März 2012, https://www.lds.sachsen.de/?ID=4530&art_param=405.

Landesrechnungshof Mecklenburg-Vorpommern: Jahresbericht 2023, Teil 1 (Landesfinanzbericht), https://www.lrh-mv.de/Ver%C3%B6ffentlichungen/Jahresberichte/.

Landesregierung Nordrhein-Westfalen: Dr. Bernd Schulte, https://www.land.nrw/staatssekretaerinnen-und-staatssekretaere/dr-bernd-schulte.

Lecheler, Helmut: Der öffentliche Dienst in den neuen Bundesländern – Die Lösung neuer Aufgaben mit alten Strukturen, Zeitschrift für Beamtenrecht, 1991, S. 48–52.

Lecheler, Helmut: Die Beamtenaufgaben nach dem Funktionsvorbehalt des GG, Bonn 1986.

Lechner, Hans (Begr.)/*Zuck*, Rüdiger: Bundesverfassungsgerichtsgesetz, Kommentar, 8. Auflage, München 2019 (zit.: Lechner, in: Lechner/Zuck).

Lenz, Christofer/*Hansel*, Ronald: Bundesverfassungsgerichtsgesetz, Handkommentar, 3. Auflage, Baden-Baden 2020 (zit.: Lenz/Hansel, in: Lenz/Hansel).

Leibholz, Gerhard (Begr.)/*Rinck*, Hans-Justus (Begr.)/*Burghart*, Axel (Bearb.): Grundgesetz – Rechtsprechung des Bundesverfassungsgerichts, Zuletzt erschien Lieferung 96 (November 2025) (zit.: Burghart, in: Leibholz/Rinck).

Leibholz, Gerhard: Strukturprobleme der modernen Demokratie, 3. Auflage, Frankfurt 1974.

Leisner, Walter: Beamtentum. Schriften zum Beamtenrecht und zur Entwicklung des öffentlichen Dienstes 1968–1991, hrsg. von Josef Isensee, Berlin 1995 (zitiert: *Leisner*: Beamtentum).

Lenders, Dirk/*Baumanns*, Thorsten: Beamtenstatusgesetz – Kommentar, 2. Auflage, Siegburg 2022 (zit.: Bearbeiter, in Lenders/Baumanns).

Lenze, Wolfgang: Der politische Beamte in Recht und Politik des Deutschen Reichs und seiner Länder mit vergleichender Darstellung des Rechts in England, den Vereinigten Staaten von Amerika und Frankreich, Berlin 1932 (zitiert: Lenze, Der politische Beamte).

Lindner, Franz Josef: Aktuelle Entwicklungen im Recht der politischen Beamten, Neue Zeitschrift für Verwaltungsrecht, 2024, S. 620–624.

Lindner, Franz Josef: Anmerkungen zur Verschärfung des Disziplinarrechts, Neue Zeitschrift für Beamtenrecht, 2024, S. 217–224.

Lindner, Franz Josef: Das Transformationsamt des politischen Beamten – Zur Verfassungswidrigkeit von § 54 Abs. 1 Nr. 1 Bundesbeamtengesetz, Die Öffentliche Verwaltung, 2018, S. 983–986.

Lindner, Franz Josef: Der Beamte auf Zeit, Zeitschrift für Beamtenrecht, 2018, S. 361–365.

Lindner, Franz Josef: Substanzialität und Traditionalität – Anmerkungen zum Beschluss des Bundesverfassungsgerichts vom 17.1.2017, Zeitschrift für Beamtenrecht, 2017, S. 181–186.

Lindner, Franz Josef: Die „conditio sine qua non"-Formel des BVerfG zum Berufsbeamten – zugleich ein Beitrag zur Verfassungswidrigkeit von Führungsämtern auf Zeit, Deutsches Verwaltungsblatt, 2016, S. 816–821.

Lindner, Franz Josef: Politische Beamte auch im Freistaat Bayern?, Bayerische Verwaltungsblätter, 2012, S. 581–587.

Lindner, Franz Josef: Der beamtenrechtliche Bewerbungsanspruch, Zeitschrift für Beamtenrecht, 2012, S. 181–187.

Lindner, Franz Josef: Der politische Beamte als Systemfehler, Zeitschrift für Beamtenrecht, 2011, S. 150–161.

Lindner, Franz Josef: Berufsbeamtentum und Demokratieprinzip – ein Zwischenruf, Zeitschrift für Beamtenrecht, 2010, S. 26–31.

Lindner, Franz Josef: Verfassungstreue und Parteienprivileg – eine Scheinkollision, Zeitschrift für Beamtenrecht, 2006, S. 402–411.

Lotz, Albert: Politische Beamte in Preußen?, Jahrbuch für Gesetzgebung, Verwaltung und Volkswirtschaft im Deutschen Reich, hrsg. von Gustav Schmoller, 24. Jahrgang, Leipzig 1900 (zit.: Lotz, Politische Beamte in Preußen?).

Lukosek, Sandra (Hrsg.)/*Schlüter*, Alix (Hrsg.): Linien der Rechtsprechung des Bundesverfassungsgerichts – erörtert von den wissenschaftlichen Mitarbeiterinnen und Mitarbeitern, Band 7, Berlin 2024 (zit.: Bearbeiter, in: Lukosek/Schlüter).

Lutze, Liza: Die Stellenausschreibung im Beamtenrecht, Berlin 2023.

Masuch, Thorsten: Fürsorge für politische Beamtinnen und Beamte?!, Die öffentliche Verwaltung, 2025, S. 332–341.

Masuch, Thorsten: Vom harmonischen Beginn und vom streitigen Ende – Politische Beamte im Fokus, Neue Zeitschrift für Verwaltungsrecht, 2025, S. 314–317.

Maunz, Theodor (Begr.)/*Dürig*, Günter (Begr.)/*Herzog*, Roman/*Scholz*, Rupert (Hrsg.): Grundgesetz, Kommentar, 108. Ergänzungslieferung Stand August 2025, München 2023 (zit.: Bearbeiter, in: Dürig/Herzog/Scholz).

Mehde, Veith: Die Bestenauslese bei Professorenstellen zwischen Rechtsschutzgarantie und handlungsfähiger Selbstverwaltung, Zeitschrift für Beamtenrecht, 2018, S. 373–379.

Menkens, Sabine: „Die Euphorie ist einer Ernüchterung gewichen", sagt ein Experte, WELT.de, 17. November 2023, https://www.welt.de/politik/deutschland/article248520332/Kindergrundsicherung-Die-Euphorie-ist-einer-Ernuechterung-gewichen.html.

Metzler-Müller, Karin/*Rieger*, Reinhard/*Seeck*, Erich/*Zentgraf*, Renate: Beamtenstatusgesetz, Kommentar, 6. Auflage, Wiesbaden 2022 (zit.: Bearbeiter, in: Metzler-Müller).

Meyer, Peter Ulrich: Rekord: Ole von Beust entließ bislang 16 Staatsräte, Hamburger Abendblatt, 05. März 2009, https://www.abendblatt.de/hamburg/article106758555/Rekord-Ole-von-Beust-entliess-bislang-16-Staatsraete.html.

Ministerium des Inneren, für Digitalisierung und Kommunen Baden-Württemberg: Landespolizeipräsidentin Dr. Stefanie Hinz, https://im.baden-wuerttemberg.de/de/sicherheit/polizei/personen/landespolizeipraesidentin.

Mlodoch, Peter: Status von Polizeipräsidenten geändert: Kein schneller Rauswurf mehr, in: Weser-Kurier, 16. März 2023, S. 14, https://www.weser-kurier.de/niedersachsen/politik/polizei-niedersachsen-status-der-polizeipraesidenten-aendert-sich-doc7pcgfq7b9gie5ogpkf7.

Mlodoch, Peter: Anke Pörksen nun Staatssekretärin, Weser-Kurier vom 29. Januar 2014, S. 17.

Model, Klaus (Begr.)/*Müller*, Michael: Grundgesetz für die Bundesrepublik Deutschland – Taschenkommentar für Studium und Praxis, 11. Auflage, Köln u.a. 1996 (zit.: Bearbeiter, in: Model/Müller).

Möllers, Christoph: Richter und Staatsanwälte – besser in zwei Vereinen, Verfassungsblog.org, 07. August 2015, https://verfassungsblog.de/richter-und-staatsanaelte-besser-in-zwei-vereinen.

Morstein Marx, Fritz: Grundsätzliche Erwägungen über die Zukunft des Beamtentums, Deutsches Verwaltungsblatt, 1955, S. 6–14.

Müller, Sandra: Experte sieht Fürsorgepflicht im Fall Messari-Becker nicht verletzt, Hessenschau, 02. Mai 2025, https://www.hessenschau.de/politik/entlassungsaffaere-experte-sieht-fuersorgepflicht-im-fall-messari-becker-nicht-verletzt-v1,messari-becker-una-100.html.

Münch, Ingo von (Begr.)/*Kunig*, Michael (Hrsg.): Grundgesetz, 8. Auflage, München 2025 (zit.: Bearbeiter, in: von Münch/Kunig).

Neuhäuser, Gert Armin: Die Besetzung von Spitzenämtern in der Justiz mit politischen Beamten, Neue Zeitschrift für Verwaltungsrecht, 2018, S. 1745–1752.

Neuhäuser, Gert Armin: Die verfassungsrechtliche Pflicht zu einer Ausschreibung öffentlicher Ämter und ihre (allein) verfassungsimmanenten Grenzen, Neue Zeitschrift für Verwaltungsrecht, 2013, S. 176–182.

Neuhäuser, Gert Armin: Formelle Vorgaben des Art. 33 GG für die Berufung von Hochschullehrern, Jahrgang 45: Wissenschaftsrecht, 2012, S. 248–277.

Niedersächsisches Ministerium für Bundes- und Europaangelegenheiten und Regionale Entwicklung: Die Landesbeauftragten für regionale Landesentwicklung, https://www.mb.niedersachsen.de/startseite/regionale_landesentwicklung_und_eu_forderung/die_landesbeauftragten_fur_regionale_landesentwicklung/die-landesbeauftragten-124121.html.

Niedersächsisches Ministerium für Inneres, Sport und Digitalisierung: Digitalisierungsstaatssekretärin Anke Pörksen, https://www.mi.niedersachsen.de/startseite/das_ministerium/sonderstaatssekretarin_anke_porksen/digitalisierungsstaatssekretarin-anke-porksen-244339.html.

Niedersächsisches Ministerium für Inneres, Sport und Digitalisierung: Organisationsreform der niedersächsischen Polizei, https://www.mi.niedersachsen.de/startseite/aktuelles/presseinformationen/-60884.html.

Niedersächsisches Ministerium für Inneres und Sport: Neue Führungsspitzen bei drei Polizeidirektionen, https://www.mi.niedersachsen.de/startseite/aktuelles/presseinformationen/neue-fuehrungsspitzen-bei-drei-polizeidirektionen-114461.html.

Niedersächsisches Ministerium für Inneres, Sport und Digitalisierung: Neue Organisationsstruktur der Polizei, https://www.mi.niedersachsen.de/startseite/aktuelles/presseinformationen/-60838.html

Niedersächsisches Ministerium für Inneres und Sport: Verabschiedung Polizeipräsident Klosa, https://www.mi.niedersachsen.de/startseite/aktuelles/presseinformationen/-62127.html.

Niedersächsisches Ministerium für Wirtschaft, Arbeit, Verkehr und Digitalisierung: Stefan Muhle als Staatssekretär für Digitalisierung vorgeschlagen, https://www.mw.niedersachsen.de/startseite/uber_uns/presse/presseinformationen/stefan-muhle-als-staatssekretaer-fuer-digitalisierung-vorgeschlagen-159847.html.

Niedersächsische Staatskanzlei: Chef der Staatskanzlei Frank Doods, https://www.stk.niedersachsen.de/startseite/die_staatskanzlei/chef_der_staatskanzlei/chef-der-staatskanzlei-frank-doods-241806.html.

Nimz, Ulrike/*Stegemann*, Jana: Landesregierung soll Spitzenposten nicht vorschriftsgemäß vergeben haben, Süddeutsche Zeitung, 22. September 2023, https://www.sueddeutsche.de/politik/mecklenburg-vorpommern-manuela-schwesig-fehler-bei-der-vergabe-von-spitzenposten-1.6249819?reduced=true.

Nipperdey, Thomas Deutsche Geschichte 1800–1860, München 1983.

Norddeutscher Rundfunk: Kritik an LKA Niedersachsen nach RAF-Festnahme, 15. März 2024, https://www.ndr.de/nachrichten/niedersachsen/Kritik-an-LKA-Niedersachsen-nach-RAF-Festnahme,raf472.html.

Oberlandesgericht Stuttgart: Urteil des Dienstgerichtshofs für Richter – Staatsanwalt durch Urteil aus dem Dienst entfernt, https://oberlandesgericht-stuttgart.justiz-bw.de/pb/,Lde/Startseite/Medien/Urteil+des+Dienstgerichtshofs+fuer+Richter+bei+dem+Oberlandesgericht+Stuttgart+-+Staatsanwalt+durch+Urteil+aus+dem+Dienst+entfernt.

Oldiges, Martin/*Brinktrine*, Ralf: Der Landtagsdirektor als politischer Beamter, Die Öffentliche Verwaltung, 2002, S. 943–950.

Otto, Ferdinand/*Schuler*, Katharina: Und wenn Horst Seehofer nicht mitmacht?, ZEIT Online vom 17. September 2018, https://www.zeit.de/politik/deutschland/2018-09/grosse-koalition-hans-georg-maassen-verfassungsschutz-angela-merkel-streit.

Pikart, Eberhard (Bearb.)/*Werner*, Wolfram (Bearb.): Der Parlamentarische Rat 1948–1949 – Akten und Protokolle, Band 5/I: Ausschuß für Grundsatzfragen (zit.: Parlamentarischer Rat 5/I).

Pikart, Eberhard (Bearb.)/*Werner*, Wolfram (Bearb.): Der Parlamentarische Rat 1948–1949 – Akten und Protokolle, Band 5/II: Ausschuß für Grundsatzfragen (zit.: Parlamentarischer Rat 5/II).
Plog, Ernst (Begr.)/*Wiedow*, Alexander (Begr.)/*Groepper*, Michael (Hrsg.)/ *Günther*, Carsten (Hrsg.)/*Schmidt*, Hans-Jochen (Hrsg.)/*Tegethoff*, Carsten (Hrsg.): Bundesbeamtengesetz mit Beamtenstatusgesetz, Beamtenversorgungsgesetz, Bundesbesoldungsgesetz: Kommentar, 478. Ergänzungslieferung, Stand: Mai 2025.
Politik & Kommunikation: Kleemann ist stellvertretender Direktor des Bundesrats, https://www.politik-kommunikation.de/personalwechsel/kleemann-ist-stellvertretender-direktor-des-bundesrats/.
Priebe, Christoph: Die vorzeitige Beendigung des aktiven Beamtenstatus bei politischen Beamten und kommunalen Wahlbeamten, Berlin 1997.
Reich, Andreas: Beamtenversorgungsgesetz, Kommentar, 2. Auflage, München 2019 (zit.: Reich, in: Reich: BeamtVG).
Reich, Andreas: Beamtenstatusgesetz, Kommentar, 3. Auflage, München 2018 (zit.: Reich, in: Reich).
Reich, Andreas/*Preissler*, Ulrike: Bundesbesoldungsgesetz, Kommentar, 2. Auflage, München 2022 (zit.: Bearbeiter, in: Reich/Preissler).
Reuth, Ralf-Georg/*Boss*, Thilo: Schröders Stühlerücken kostet 100 Millionen, Welt am Sonntag, 04. März 2001, https://www.welt.de/print-wams/article609919/Schroeders-Stuehleruecken-kostet-100-Millionen.html.
Roetteken, Torsten von: Anmerkungen zur Einstufung von Polizeipräsidenten als politische Beamte, Neue Zeitschrift für Verwaltungsrecht, 2024, S. 1089–1090.
Roetteken, Torsten von: Der Begriff des öffentlichen Amtes in Art. 33 Abs. 2 GG und seine Bedeutung für Auswahlverfahren, Zeitschrift für Beamtenrecht, 2015, S. 154–160.
Roetteken, Torsten von: Konkretisierung des Prinzips der Bestenauslese in der neueren Rechtsprechung, Zeitschrift für Beamtenrecht, 2012, S. 230–238.
Rosenberg, Martina: Herausforderungen auf allen Ebenen, MAD-Report: Bericht des Militärischen Abschirmdienstes für die Jahre 2021 und 2022.
Roßmann, Robert: Lambrecht trennt sich von Staatssekretärin Christiane Wirtz, Süddeutsche Zeitung, 28. Juni 2019, https://www.sueddeutsche.de/politik/entlassung-staatssekretaerin-christiane-wirtz-lambrecht-1.4504113.
Roxin, Claus: Zur Rechtsstellung der Staatsanwaltschaft damals und heute, Deutsche Richterzeitung, 1997, S. 109–121.

Rundblick Niedersachsen: Pörksen vertritt Niedersachsen künftig im ZDF-Fernsehrat, 10. April 2024, https://rundblick-niedersachsen.de/poerksen-vertritt-niedersachsen-kuenftig-im-zdf-fernsehrat.

Rundblick Niedersachsen: Neue Spitze in Lüneburg: Frank-Thomas Hett ist neuer Präsident des OVG, 04. April 2024, https://rundblick-niedersachsen.de/neue-spitze-in-lueneburg-frank-thomas-hett-ist-neuer-praesident-des-ovg.

Rundblick Niedersachsen: Senat hat entschieden: Ex-Staatssekretär Hett darf sich als OVG-Präsident bewerben, 06. Juli 2023, https://rundblick-niedersachsen.de/senat-hat-entschiedne-ex-staatssekretaer-hett-darf-sich-als-ovg-praesident-bewerben.

Rüther-Bretschneider, Rita: Keine Verbrüderung: Politik braucht professionelle Pressesprecher, Deutscher Journalisten-Verband Landesverband Nordrhein-Westfalen, Journal 4/2015 (zit.: Rüther-Bretschneider in DJW NRW).

Sachs, Michael: Grundgesetz Kommentar, 10. Auflage, erschienen Oktober 2024 (ab dieser Auflage herausgegeben von von Coelln/Mann) (zit.: Bearbeiter, in Sachs, GG).

Sachs, Michael: Gleichheitssätze im öffentlichen Dienst, Zeitschrift für Beamtenrecht, 1994, S. 133–143.

Schelo, Peter: Einführung des Beamten- und Laufbahnrechts in den neuen Bundesländern, Die Personalvertretung, 1991, S. 65–66.

Schmid-Burgk, Hans Clemens: Der Wartestand nach deutschem Beamtenrecht, in: Kölner Studien zum Staats- und Wirtschaftsleben, Reprint 2020 (zit.: *Schmid-Burgk*, Der Wartestand nach deutschem Beamtenrecht).

Schneider, Hans-Peter (Hrsg.): Das Grundgesetz – Dokumentation seiner Entstehung, Band 10, Frankfurt 1996 (zit.: Schneider, Das Grundgesetz).

Schnellenbach, Helmut/*Bodanowitz*, Jan: Beamtenrecht in der Praxis, 11. Auflage, München 2024.

Schulte-Nölke, Hans: Das Reichsjustizamt und die Entstehung des Bürgerlichen Gesetzbuchs, Münster 1995.

Schunke, Reinhard: Die politischen Beamten, Saarbrücken 1973.

Schwarz, Michael: Strukturentscheidungen des Beamtenrechts, Die öffentliche Verwaltung, 2021, S. 1045–1055.

Schwidden, Frank: Aktuelle Fragen zur Sonderstellung und finanziellen Absicherung der politischen Beamten, Recht im Amt, 1999, Heft 1, S. 13–19.

Sehl, Markus/*Genter*, Oskar: So leicht könnte Höcke Verfassungsfeinde zu Spitzenbeamten machen, Legal Tribune Online, 13. Februar 2014, https://www.lto.de/recht/hintergruende/h/afd-thueringen-regierung-staatssekretaer-verwaltung-beamte-verfassungsfeinde-wahlen/.

Sommer, Herbert/*Konert*, Karl-Hans/*Sommer*, Imke: Niedersächsisches Beamtengesetz, Kommentar, Frankfurt 2001 (zit.: Bearbeiter, in: Sommer/Konerth/Sommer).

Spitzlei, Thomas: Modifikation bei der Beteiligung des Personalrats – Unter besonderer Berücksichtigung der Mitbestimmung bei wissenschaftlich und künstlerisch Tätigen, Zeitschrift für Personalvertretungsrecht, 2024, S. 77–81.

Spitzlei, Thomas/*Lehner*, Lukas: Verstoß gegen das Lebenszeitprinzip bei politischen Beamten, Die Personalvertretung, 2024, S. 388–396.

Steinbach, Armin: Schutz vor einer Politik durch Köpfe, Verfassungsblog.de, 24. Mai 2024, https://verfassungsblog.de/schutz-vor-einer-politik-durch-kopfe/.

Steinbach, Armin: Verlockung der Macht, Verfassungsblog.de, 10. November 2023, https://verfassungsblog.de/verlockung-der-macht/.

Steinbach, Armin: Der politische Beamte als verfassungsrechtliches Problem, Verwaltungsarchiv, 2018, S. 2–32.

Steinbach, Armin: Die Versetzung in den einstweiligen Ruhestand – materielle und formelle Fragen zum politischen Beamten, Zeitschrift für Beamtenrecht, 2017, S. 335–340.

Stelkens, Paul (Begr.)/*Bonk*, Heinz-Joachim (Begr.)/*Leonhardt*, Klaus (Begr.)/*Sachs*, Michael (Hrsg.)/*Schmitz*, Heribert (Hrsg.)/*Stelkens*, Ulrich (Hrsg.): Verwaltungsverfahrensgesetz, Kommentar, 10. Auflage, München 2023 (zit.: Bearbeiter, in: Stelkens/Bonk/Sachs).

Stern, Klaus: Das Staatsrecht der Bundesrepublik Deutschland, Band V: Die geschichtlichen Grundlagen des Deutschen Staatsrechts – Die Verfassungsentwicklung vom Alten Deutschen Reich zur wiedervereinigten Bundesrepublik Deutschland, München 2000.

Stern, Klaus: Das Staatsrecht der Bundesrepublik Deutschland, Band I: Grundbegriffe und Grundlagen des Staatsrechts, Strukturprinzipien der Verfassung, 2. Auflage, München 1984.

Stern, Klaus (Hrsg.)/*Becker*, Florian (Hrsg.): Grundrechte-Kommentar, 4. Auflage, Köln 2024 (zit.: Bearbeiter, in: Stern/Becker).

Stern, Klaus (Hrsg.)/*Sodan*, Helge (Hrsg.)/*Möstl*, Markus (Hrsg.): Das Staatsrecht der Bundesrepublik Deutschland im europäischen Staatenverbund, Band II: Staatsorgane, Staatsfunktionen, Finanzwesen, 2. Auflage, München 2022 (zit.: Bearbeiter, in: Stern/Sodan/Möstl).

Strauß, Thomas: Funktionsvorbehalt und Berufsbeamtentum, Berlin 2000.

Süddeutsche Zeitung: Maaßen und die Koalitionskrise, 18. September 2018, https://www.sueddeutsche.de/politik/maassen-koalition-krise-1.4137518.

Tagesschau: Stark-Watzinger trennt sich von Staatssekretärin, 17. Juni 2024, https://www.tagesschau.de/inland/innenpolitik/stark-watzinger-staatssekretaerin-100.html.

Tagesspiegel: Traditionsbruch in der Länderkammer, 27. März 2015, https://www.tagesspiegel.de/politik/traditionsbruch-in-der-landerkammer-8274643.html.

Thiele, Willi: Zur Problematik der Sonderstellung der politischen Beamten, Der Öffentliche Dienst, 1986, S. 257–266.

Thiele, Willi: Die sogenannten politischen Beamten, Der Öffentliche Dienst, 1961, S. 81–87.

Thieme, Werner: Politische Beamte und Ministerialorganisation, Die Öffentliche Verwaltung, 1968, S. 11–12.

Thüringer Rechnungshof: Sonderbericht an den Thüringer Landtag und die Thüringer Landesregierung nach § 99 ThürLHO über die Prüfung der „Stellenbesetzung in den Leitungsbereichen der obersten Landesbehörden", 2021.

Türk, Wolfgang: Hessens Polizeipräsidenten winkt mehr Schutz vorm Minister, Hessenschau.de, 25. Mai 2024, https://www.hessenschau.de/politik/hessens-polizeipraesidenten-winkt-mehr-schutz-vorm-minister-v1,hessen-polizeipraesidenten-politischer-status-100.html.

Vogelsang, Klaus: Der öffentliche Dienst im vereinigten Deutschland – Gedanken zu einer neuen Struktur, Zeitschrift für Beamtenrecht, 1999, S. 200–205.

Ule, Carl Hermann: Zur Entstehungsgeschichte der Institution des politischen Beamten, Die öffentliche Verwaltung, 1964, S. 293–296.

Vahle, Jürgen: Zum Begriff des „politischen Beamten", Deutsche Verwaltungspraxis, 2024, S. 502–505.

Von der Weiden, Klaus: Hochschulkanzler im Beamtenverhältnis auf Zeit?, juris – Die Monatszeitschrift, 2018, S. 427–429.

Voßkuhle, Andreas: In schlechter Verfassung!, DIE ZEIT, Nr. 48 vom 16. November 2023, S. 8, https://www.zeit.de/2023/48/entmachtung-verfassungsgerichte-demokratie-bundesverfassungsgericht?utm.

Wacke, Gerhard: Die Versetzung politischer Beamter in den einstweiligen Ruhestand, Archiv des öffentlichen Rechts 91, 1966, S. 441–502.

Wagner, Fritjof: Der politische Beamte, Recht im Amt, 1985, S. 272–275.

Wagner, Marc: Das Prinzip der Bestenauslese im öffentlichen Dienst, Hamburg 2009.
Wallbaum, Klaus: Regierung lenkt ein: CDU-Mann soll das Oberverwaltungsgericht Lüneburg leiten, Rundblick: Politikjournal für Niedersachsen, 21. März 2024, https://www.rundblick-niedersachsen.de/regierung-lenkt-ein-cdu-mann-soll-das-oberverwaltungsgericht-lueneburg-leiten/.
Wassermann, Rudolf: Der öffentliche Dienst im Griff der Parteien, Der Öffentliche Dienst, 1986, S. 165–168.
Weber, Max: Politik als Beruf, 2. Auflage, München und Leipzig 1926.
Welt: Regierung schickte 53 Spitzenbeamte in Ruhestand, 16. Februar 2013, https://www.welt.de/politik/deutschland/article113679733/Regierung-schickte-53-Spitzenbeamte-in-Ruhestand.html.
Wengst, Udo: Beamtentum zwischen Reform und Tradition 1948–1953, Düsseldorf 1988.
Wichmann, Manfred: Parteipolitische Patronage: Vorschläge zur Beseitigung eines Verfassungsverstoßes im Bereich des öffentlichen Dienstes, Frankfurt 1986.
Wieduwilt, Hendrik: Neue Justizministerin gibt Spitzenbeamten Laufpass, Frankfurter Allgemeine Zeitung, 30. Juni 2019, https://www.faz.net/aktuell/politik/christine-lambrecht-neue-justizministerin-wechselt-personal-16261938.html.
Winkler, Heinrich-August: Der lange Weg nach Westen. Band 1: Deutsche Geschichte vom Ende des Alten Reiches bis zum Untergang der Weimarer Republik, München 2000.
Wolff, Heinrich Amadeus: Der zweite Schritt zur Föderalisierung des Beamtenrechts: Der Entwurf zum Beamtenstatusgesetz, Die Öffentliche Verwaltung, 2007, S. 504–509.
Wussow, Ulrich: Friedrich der Große über Recht und Staat – die Geltung und Bedeutung von Äußerungen des aufgeklärten Absolutisten zweihundert Jahre nach seinem Tod, Die Öffentliche Verwaltung, 1986, S. 168–173.
Yasin, Khawaja Asad: Öffentliche Ämter im Spannungsfeld rechtlicher Anforderungen und politischer Erforderlichkeit, Berlin 2022 (zit.: Yasin, Öffentliche Ämter im Spannungsfeld).
Zwirner, Henning: Politische Treupflicht des Beamten, Baden-Baden 1987.

Sämtliche sich auf das Internet beziehende Zitate wurden letztmals am 05. Juli 2025 auf ihre Aktualität hin überprüft.

www.ingramcontent.com/pod-product-compliance
Ingram Content Group UK Ltd.
Pitfield, Milton Keynes, MK11 3LW, UK
UKHW021931290926
8980IPUK00016B/1569

9 783631 945186